KB039713

승리, 패배, 그리고 교훈

WINS, LOSSES, LESSONS

루 홀츠, 인생에
꼭 필요한 네 가지

승리, 패배, 그리고 교훈

루 홀츠 지음 · 이종민 옮김

WINS, LOSSES, AND LESSONS

Copyright ⓒ 2006 by Lou Holtz All rights reserved
Korean translation copyright ⓒ 2021 by FOREST BOOKS
Published by arrangement with William Morrow,
an imprint of HarperCollins Publishers through EYA(Eric Yang Agency).

이 책의 한국어판 저작권은 EYA(Eric Yang Agency)를 통해
William Morrow, an imprint of HarperCollins Publishers와 독점 계약한
포레스트북스에 있습니다.
저작권법에 의하여 한국 내에서 보호를 받는 저작물이므로
무단전재 및 복제를 금합니다.

개인 생활이나 사업, 사람들과의 관계에서
어려움에 처해도 늘 긍정적으로 헤쳐나가는
모든 이들에게 이 책을 바칩니다.
"매일같이 누군가는 훌륭한 일을 해낸다.
오늘은 내가 바로 그 누군가가 되겠다"라고 말하는
사람을 깊이 존경합니다.

1988년 9월 24일 노트르담대학교 팀을 이끌고
퍼듀대학교를 52:0로 대파한 뒤 기뻐하는 모습.
준비가 되어 있지 않다면 어떤 개인이나 팀도 압박을 받는 상황에서
제 실력을 발휘할 수 없다.

경기 종료 3초 전. 사이드라인에 선 나는 우리 팀 키커 대니얼 위버가 필드를 서성이며 생각을 가다듬는 모습을 바라보면서 타임아웃이 끝나기를 기다리고 있다. 대니얼이 42야드를 넘기는 킥으로 공을 골포스트 사이로 넣어야 하는 순간이다.

    등 뒤에서 불어오는 플로리다의 고른 바람을 고려하면 딱히 긴 거리는 아니지만, 대니얼에게 그리고 우리 팀에 더할 나위 없이 중요한 플레이다. 필드골이 들어가면 우리 사우스캐롤라이나대학교 게임콕스는 108년 팀 역사상 처음으로 볼 경기*bowl game*(미국 대학 미식축구의 포스트 시즌 경기-옮긴이) 2년 연속 승리를 기록하게 된다. 1년 전 새해 첫날 경기에서 24:7로 승리한 데 이어 아웃백볼*Outback Bowl*에서 오하이오주립대를 상대로 2년 연속 승리를 거머쥐는 것이다. 하지만 이보다 더 중요한 건 이 플레이로 지난 3년간 쏟아온 노력과 마음고생, 헌신 그리고 아무도 우리를 믿지 않는 듯할 때도 꿋꿋이 지켜온 스스로에 대한 믿음의 결실을 보게 된다는 사실이다. 대니얼의 킥이 성공하면 대학 미식축구 1부 리그인 디비전 Ⅰ 사상 두 번째로 큰 대반전의 마침표를 찍게 된다. 2년 전만 해도 단 1승도 없이 11전 전패를 기록했던 우리 팀은 지난해에 이어 두 시즌 연속 미국 대학 전체 순위 20위 이내로 시즌을 마치게 된다. 사우스캐롤라이나대학교 역사상 한 번도 이루지 못했던 일이다.

결과가 어떻게 되든 나는 이 선수들과 코치들, 팀 행정 직원 그리고 팬들이 정말 자랑스럽다. 우리 선수들은 끝까지 최선을 다해 뛰어온 끝에 이제 평생토록 간직하게 될 업적 달성을 눈앞에 두고 있다. 물론 지금 내 생각을 이러쿵저러쿵 늘어놓을 상황은 못 된다. 28:28 동점인 상황에서 정규 시간 마지막 플레이인 대니얼의 킥 하나를 남겨놓고 있다. 공이 폴대에 맞거나 바깥쪽으로 휘어버리거나, 우리 팀 홀더*holder*(키커가 차기 좋게 공을 잡아주는 역할을 하는 선수-옮긴이)가 스냅*snap*(센터가 가랑이 사이로 뒤로 던져준 공-옮긴이)을 놓치거나, 아니면 오하이오주립대의 뛰어난 수비수 중 하나가 저지를 뚫고 킥을 블로킹한다면 경기는 연장전까지 가게 된다. 연장전은 절대 피하고 싶은데, 오하이오주립대 선수들이 크게 벌어졌던 점수 차를 좁히면서 자신감에 차 있기 때문이다. 물론 역전패를 걱정하는 건 아니다. 우리 팀 키커들을 나는 전적으로 신뢰한다. 대니얼 위버는 뛰어난 키커이고 에릭 킴리 역시 뛰어난 홀더인 데다, 우리 팀은 시즌 내내 상대의 수비를 멋지게 차단했다.

왜 하필 그때 그런 생각이 들었는지 모르지만, 첫 번째 타임아웃 때 나는 위대한 골프 선수 벤 호건의 말을 떠올렸다. 근면한 직업관으로 유명한 호건은 이렇게 말했다.

"토너먼트에서 실제 경기를 하는 순간은 맥 빠지는 결말이나 다름없다. 토너먼트의 승부는 준비 과정에서 갈린다. 경기는 준비된 동작들을 행동에 옮기는 것에 불과하다."

우리 팀이 패한 날 호건의 말을 곱씹어본 적이 있긴 해도, 미식축구 경기를 '준비된 동작들의 실행'이라고 단순화하고 싶진 않다. 다만, 준비에 관한 호건의 지적은 매우 적절하다고 생각한다. 스포츠가 됐든 사업이나 신앙, 가정사가 됐든 준비 없이는 어떤 개인이나 팀도 압박을 받는 상황에서 제 실력을 발휘할 수 없다. 내가 이번 필드골이 성공하리라고 확신하는 건 우리 팀 키커들이 이런 상황을 수백 번도 더 연습했기 때문이다. 특히 대니얼 위버는 열두 살 때부터 이런 상황을 준비해왔다.

지금쯤 스타디움 저 위 TV 중계 부스에서는 대니얼이 얼마나 압박감을 느낄지를 이야기하고 있을 것이다. 오하이오주립대가 이번 타임아웃을 부른 건 바로 그 때문이다. 상대 수석코치 짐 트레슬이 우리 팀 선수들에게 상황을 고민해보라고 일부러 시간을 끈 것이다. 비슷한 상황에서 나도 상대 팀에 같은 행동을 한 적이 있다. 하지만 이번에 플레이가 끊긴 건 크게 걱정이 되지 않는다. 내가 노트르담대학교 지휘봉을 잡고 있을 당시, 메이저리그 오클랜드 애슬레틱스 감독이던 토니 라루사가 우리 팀 선수들에게 이런 말을 한 적이 있다.

"압박감은 준비되지 않은 임무를 해내도록 요구받을 때 느끼는 겁니다."

우리 팀이 준비가 돼 있다는 걸 나는 안다. 이 플레이는 그저 또 한 번의 반복, 1년 내내 연습해온 것을 실행할 기회일 뿐이다. 만에 하나 필드골에 실패한다고 해도 집중력만 잃지 않으면 우리에겐 여전히 승산이 있고, 그럴 경우 연장전 승리에 희망을 걸어야 한다. 그러면서 혹시 모를 상황에 대비해야만 한다. 이라크전쟁 당시 다국적군 사령관이었던 토미 프랭크스 장군도 "희망은 전략이 아니다"라고 말하지 않았던가.

애초에 이런 상황까지 몰리지 말았어야 했다. 2쿼터까지는 우리 팀이 경기를 압도해 14:0으로 치고 나갔고, 3쿼터에도 두 번이나 추가 점을 내 28:0까지 벌렸다. 내가 사우스캐롤라이나대학교 수석코치로 부임한 이래 우리 팀 최고의 경기력이었다. 하지만 지금은 28:28 동점이 되고 말았다. 3쿼터 후반부터 우리 팀 공격수들이 점수를 내지 못한 반면, 쿼터백 스티브 벨리사리가 이끄는 오하이오주립대 벅아이즈가 벨리사리의 패스에 힘입어 맹렬하게 반격해온 결과다. 벨리사리는 3쿼터 후반 2야드 러닝 터치다운으로 자기 팀에 첫 득점을 안긴 데 이어, 4분 뒤 16야드짜리 터치다운 패스를 성공시키며 점수 차를 28:14로 좁혔다. 우리 팀 공격진이 또다시 공격에 실패한 뒤 벨리사리가 우리 진영 깊숙한 곳까지 패스를 성공시켰지만, 우리 쪽 18

야드 지점에서 스냅을 떨어뜨리는 실수를 범했다. 우리도 상대의 호의에 호응이라도 하듯 스크리미지*scrimmage*(플레이가 시작될 때 양 팀 선수들이 맞서 짜는 스크럼-옮긴이)에서 시작된 첫 공을 놓치며 곧바로 공격권을 반납했다. 세 번의 플레이 뒤에 오하이오주립대가 러닝 플레이로 또 한 번 득점에 성공하면서 터치다운 한 번이면 동점을 만들 수 있는 점수 차까지 따라붙었다. 고개를 들어 스코어보드를 보니 5분이 남아 있었다. 시간은 아직도 충분했다.

우리 팀 쿼터백인 4학년 필 페티는 경기 내내 잘 싸워주었지만, 강력해진 오하이오주립대 수비진에 가로막히는 바람에 전광판 시계가 채 4분을 남겨두지 않은 상황에서 펀트*punt*(득점이 힘들다고 판단될 때 최대한 멀리 차 상대방 진영으로 보내는 킥 플레이-옮긴이)를 택해야 했다. 이어 벨리사리가 우리 팀 수비진을 헤집으며 여섯 차례의 패스 시도를 모두 성공시켰는데, 그 마지막 9야드짜리 패스로 터치다운에 성공하며 28:28 동점을 만들었다. 벨리사리는 후반전 들어 우리 팀 주전 디펜시브백 두 명이 부상으로 빠진 덕을 톡톡히 봤다.

어떻게 이 상황까지 오게 됐는지 시시콜콜 설명했지만 그게 전부는 아니다. 틀림없이 전국의 수많은 '전문가'들이 오하이오주립대가 어떻게 '승기'를 잡게 됐는지에 대해 이러쿵저러쿵 떠들어대고 있을 것이다. 물론 상대도 포기하지 않고 끈질기게 물고 늘어졌지만, 우리 팀 역시 마찬가지였다. 전문가랍시고 경기에서 승기가 이리저리 뒤바뀐다고 떠벌리는 걸 들을 때마다 화가 치밀어 오른다. 승기는 마음먹기에 달린 문제일 뿐이다. 세 시간 전만 해도 이 경기는 0:0 평행선을 달리고 있었다. 1쿼터 거의 내내 그 상황이 이어졌다. 이제 28:28로 다시 동점이 됐을 뿐인데 경기 초반보다 우리가 더 나쁜 상황에 몰렸다고 말하는 건 왜일까? 0:0 동점과 28:28 동점이 무슨 차이가 있단 말인가.

내 생각은 이렇다. 유일한 차이점은 마음가짐이다. 우리 팀 선수들 각자가 다음 플레이에서 상대를 꺾을 수 있다고 생각한다면, 그리고 그다음 플레이 또 그다음 플레이에서도 그런 믿음을 잃지 않는다면, 1쿼터 때보다 지금이 더 상황이 나쁠 이유가 전혀 없다. 물론 터치다운 한두 번의 점수 차로 앞선다면 더할 나위 없겠지만. 모호하기 짝이 없는 '승기의 변화'라는 것 때문에 우리가 불리한 위치로 몰렸다고 생각하는 우를 범하고 싶지는 않다. 나는 후반전에 어떻게 고비에 대처하느냐가 경기가 끝났을 때 승자가 될지 패자가 될지를 좌우한다는 말을 기회 있을 때마다 해왔다. 하지만 오늘 이 필드에서는 양 팀을 통틀어 패자를 찾아보기 힘들다.

심판의 경기 재개 호루라기 소리가 났고, 나는 두 손을 무릎 위에 올린 채 경기장을 주시했다. 공을 스냅하는 순간부터 남은 경기 시간을 알리는 타이머가 다시 돌아가기 시작할 것이다. 대니얼이 준비 동작에 들어간다. 세 걸음 물러선 다음 두 걸음 옆으로 비켜나 자신이 찰 킥을 머릿속에 그려보고, 두 팔을 앞뒤로 흔들어 긴장을 떨쳐낸 뒤, 홀더가 공을 내려놓을 지점을 응시한다. 경기장에 선 모든 선수가 자신이 해야 할 일을 알고 있다. 우리 팀 홀더가 스냅된 공을 잡기 위해 두 손을 들어 올리면, 센터는 마지막으로 한 번 더 가랑이 사이로 힐끔 위치를 확인한다. 수백 번 반복해서 훈련했던 대로다.

스냅이 정위치를 벗어난다. 오하이오주립대 수비수들이 우리 팀 공격수들을 향해 달려든다. 발 빠른 상대 세이프티 두 명이 외곽에서 몸을 날리는 순간, 코너백 한 명은 농구 코트였다면 백보드 상단까지 가닿을 만큼 높이 솟구쳐 오른다. 하지만 홀더가 스냅된 공을 잡아 봉합선이 정 가운데에서 수직으로 위로 향하도록 정확히 내려놓는다. 이어 대니얼이 잰걸음으로 두 발 앞으로 달려들어 공에 시선을 고정한 채 킥을 한다. 공의 살짝 아래쪽을 맞은 걸 보니 아주 잘 차지는 못한 것 같다.

공이 골대를 향해 날아가고 있다.

인간의 두뇌는 놀랍고도 멋진 기관이어서 원자핵의 분열과 감미로운 교향곡, 시와 산문을 떠올릴 수 있다. 대니얼의 킥이 공중을 날아가는 동안 내 생각을 테이프를 빨리 감듯 앞으로 돌리고 싶다는 생각이 든다. 내 첫 코치이자 가장 좋은 친구이며 내 삶에 가장 큰 영향을 미친 롤 모델이었던 외삼촌 루 타이코니비치의 모습이 뇌리를 스친다. 외삼촌이 세상을 떠난 지 5년이 지났지만 미소 띤 그의 얼굴은 여전히 생생하다. 아버지와 리오·존 삼촌, 빌·월트 외삼촌도 생각난다. 이들이 왜소하고 성마른 성격의 어린 꼬마를 미식축구 지도자의 길로 이끌어주었다. 오하이오주 이스트리버풀고등학교 미식축구팀의 웨이드 와츠 코치도 기억이 난다. 후보 수비수에 불과하던 내 가능성을 높이 사, 내가 언젠가 코치의 길을 걸을 수 있도록 대학에 보내야 한다고 우리 부모님을 설득해준 사람이다. 그리고 병원에서 야간 근무를 하며 외아들이 가족 중에 처음으로 대학 문턱을 밟을 수 있게 뒷바라지해준 생활력 강하고 신앙심 깊은 어머니 생각도 머릿속을 스쳐 간다. 코치로 필드에 선 40년 동안 지도한 수천 명의 선수도 떠오른다. 이들 대부분은 대학 문을 나선 뒤로는 단 한 번도 미식축구 경기에 나서지 못했지만, 다들 인생에서 멋진 일들을 이뤄냈다. 덕 디오리오는 연습생 출신으로 두어 차례밖에 출장하지 못했지만, 이제는 내과의사로 성공적인 삶을 살고 있다. 레지 호는 2미터 장신에도 키커 역할에 머물렀지만, 지금은 존스홉킨스대학교에서 외과의로 근무한다. 노트르담에서 뛰었던 플래시 고든은 현재 저소득층 아이들을 위한 캠프를 운영한다. 내가 모신 상사 가운데 단연 가장 깐깐했지만 언제까지나 존경해 마지않을 우디 헤이스(1951년부터 1978년까지 28년간 오하이오주립대를 이끌며 205승 10무 61패의 기록을 남긴 미국 대학 미식축구의 전설적 지도자-옮긴이)도 생각난다. 오늘 우리 상대가 그의 영혼이 깃든 오하이오주립대라는 사실이 더없이 제격이라는 생각이 든다. 그가 이끄는 오하이오주립대 벅아이즈가 내셔널 챔피언십을 차지할 당시 내가 어린 나이로 보조코치를 맡았던 일이 어제 일처럼 생생하다. 그게 벌써 35년 전 일이란 말인가?

대니얼이 찬 공이 크로스바를 향해 빙글빙글 돌며 날아가는 사이 이 모든 기억이 내 머릿속에서 주마등처럼 스치고 지나간다. 이거 아슬

아슬한걸.

내가 보는 각도에서는 공이 크로스바 위로 지나갔는지 아닌지 분간할 수가 없다. 나는 왼쪽 폴대 아래 서 있는 심판을 바라봤다. 그가 멈칫하더니 앞으로 달려 나온다. 성공일까? 우리가 승리한 걸까? 아니면 경기를 더 해야 하는 걸까?

심판이 두 팔을 들어 올리자 모든 게 혼돈 속으로 빠져든다. 혹시라도 골포스트에 페인트칠이라도 했더라면 폴대에 맞고 노 골이 됐을 만큼 공은 간발의 차로 폴대를 비껴갔다. 우리 팀 라인배커 가운데 하나인 제레미아 개리슨이 환호하며 필드로 껑충껑충 뛰어들다가 하마터면 나를 깔아뭉갤 뻔했다. 킥은 성공이었다. 주위를 둘러보니 우리 팀 키커들이 대니얼 위버에게 벌떼처럼 달려드는 모습이 눈에 들어온다. 팀원들이 나를 에워싼다. 선수들이 서로 부둥켜안는다. 그리고 춤을 추며 승리를 축하한다. 모두 그럴 만한 자격이 충분한 이들이다.

필드 한복판에서 오하이오주립대 수석코치 트레슬을 만났다. 악수를 한 뒤 내가 인사를 건넸다.

"최고였어요, 코치. 당신 팀도 대단한 투지를 보여줬어요."

트레슬이 내게 감사를 표한 뒤 답례 인사를 건넨다. 패배 때문에 실망한 기색이지만, 그의 팀이 고개를 떨굴 이유는 전혀 없다. 터치다운을 네 번이나 해야 따라잡을 수 있는 상황이었을 때 포기했더라면, 아마도 오늘 밤 잠을 이루지 못할 것이다. 하지만 오하이오주립대 선수들은 어떤 코치라도 자랑스러워할 만한 용기와 자신감, 투지를 보여주었다. 물론 오늘은 간발의 차로 승리를 놓쳤지만. 미식축구는 승패와 상관없이 선수와 코치 모두 자신의 모든 걸 쏟아냈다는 사실을 알고 필드를 나설 수 있는 종목이다. 오하이오주립대가 다음 시즌에 내셔널 챔피언십을 차지할지 어떨지는 이 순간 알 수 없지만, 트레슬 코치가 이끄는 팀이 탁월한 경지에 이르렀음은 분명히 느낄 수 있다.

우리가 승리한 건 운이 따른 덕이다. 대니얼의 킥이 실패했다면 어떻게 됐을지 나로선 알 길이 없다. 내가 아는 건 우리 팀이 위대한 철학자 아인 랜드가 남긴 금언 가운데 내가 가장 좋아하는 말을 계속해서 실천해나가리라는 사실뿐이다. 랜드는 "성공의 사다리를 오르는 가장 좋은 방법은 기회의 계단을 한 칸씩 밟아 올라가는 것"이라고 말했다. 이 금언이야말로 우리 팀의 특징을 가장 잘 보여주는 말이다. 필드에 선 모든 선수가 기회의 계단을 밟아 오르며 여기까지 왔다.

랜드의 말은 내가 살아온 삶에 대해서도 많은 것을 말해준다. 나는 지금까지 나를 올바른 방향으로 이끌어주고, 그들이 아니었다면 꿈도 꾸지 못했을 기회의 계단을 보여주며 나를 아껴준 사람들을 만나는 행운을 누려왔다. 내 삶의 이야기를 책으로 읽거나 전해 듣는 사람들에게 그 이야기가 기회의 계단이 될 수 있기를, 그래서 너무나 감사하게도 많은 사람이 내게 베풀어준 것처럼 나도 다른 사람들에게 베풀고 이 세상을 떠날 수 있기를 간절히 바란다.

코치라는 직업은 성공의 기회와 함께 의미 있는 존재가 될 기회도 부여한다. 성공한 삶과 의미 있는 삶의 차이는, 성공은 세상을 떠날 때 끝나지만 의미 있는 존재가 되면 세상을 떠난 뒤로도 오래도록 다른 사람의 성공을 도울 수 있다는 것이다. 의미 있는 삶은 세대가 여러 번 바뀌어도 잊히지 않고 남는다. 그게 바로 가르치고 이끌고 코치의 길을 가는 이유다. 경기 현장을 떠날 때면 나도 승리한 코치가 됐다는 생각에 으쓱해진다. 하지만 더 중요하게, 이 젊은이들의 삶에서 내가 의미 있는 사람이었기를 바란다.

차례

01

WINS, LOSSES,
AND LESSONS

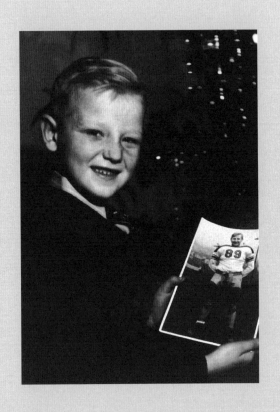

1944년 크리스마스 때 사랑하는 루 외삼촌의 사진을 들고 있는 모습.
외삼촌은 이스트리버폴고등학교 미식축구 선수 출신으로
성 알로이시오 학교에서 내 첫 코치가 됐다.

중요한 건 무엇을 가졌는가가 아니라 누구를 가졌는가다

내가 죽은 뒤 사흘 만에 부활하지 않으리라는 사실을 눈치채고 나면 사람들은 나를 기억에서 지워버릴 것이다. 당연한 일이다. 그런데 나에게 자서전 집필 요청이 들어오리라고 누가 상상이나 했을까. 나의 어린 시절부터 알고 있는 사람들은 아마도 내가 책을 쓰기는커녕 평생 책 한 권도 읽지 않을 것으로 생각할 것이다. 어찌 됐든 이야기를 시작해보겠다.

나는 1937년 1월 6일에 태어났다. 대공황으로 월스트리트가 무너져 내린 지 8년 뒤이자, 당시의 이야기로 존 스타인벡이 퓰리처상을 받은 소설《분노의 포도》를 발표하기 2년 전이었다. 우리 가족의 형편이 얼마나 나빴냐고? 오키Okies(대공황 당시 일자리를 찾아 서부로 몰려든 오클라호마주 출신 사람들을 지칭하는 말-옮긴이)는 아니었지만, 우리 홀츠 집안 사람들은 어딜 봐도 모래바람 휘날리는 중서부에서 건너온 이주노동자라고 오해받기 십상인 몰골들이었다.

당시 많은 아이들처럼 나도 집에서 태어났다. 병원은 비용이 많이 드는 반면 마을 의사인 맥그로 박사가 왕진을 다녔기 때문에, 어디서 아이를 낳아야 할지는 고민의 여지조차 없었다. 내 부모님 앤드루 홀츠와 앤 마리 홀츠는 폴란스비에서 지하의 방 두 칸짜리 집에 세 들어 살고 있었다. 폴란스비는 오하이오와 펜실베이니아 사이에 자리한 웨스트버지니아주에서도 북쪽 끝자락에 있는 작은 제철소 도시다. 신이 내가 이 세상에 나가기에 적당한 장소라고 본 이곳에서 나는 어린 시절을 보냈다. 우리 가족이 사는 집이 남들과 별다를 건 없었다. 서부 펜실베이니아와 동부 오하이오, 웨스트버지니아 주민 대다수가 우리처럼 궁색한 삶을 꾸려가고 있었기 때문이다.

내 아버지의 아버지인 리오 홀츠는 철강회사에서 일하기 위해 펜실베이니아주 로시터에서 폴란스비로 이주했다. 로시터에 살 때 할아버지는 석탄 광부로 일하며 사택에 거주하고 급료를 회사가 운영하는 상점에서만 쓸 수 있는 사내 증서로 받았는데, 훗날 법으로 금지된 고용 노예나 다름없는 삶이었다. 할아버지가 가족을 데리고 삶의 터전을 옮기기까지는 큰 용기가 필요했지만, 탄광에 한 번이라도 들어가 봤다면 왜 그가 그런 마음을 먹었는지 이해할 수 있을 것이다.

할머니 제니 홀츠는 평생 거르지 않고 매일같이 미사를 드릴 만큼 신앙심이 무척 깊은 분이었다. 할머니는 출산 과정에서 첫 두 아이를 잃었는데, 둘 다 남자아이였고 이름이 앤드루였다. 세 번째 아이, 즉 내 아버지가 태어나자 할머니는 또 앤드루라는 이름을 붙여주었다. 세 사람이 줄줄이 같은 이름으로 출생증명서에 사망증명서까지 받았다면 로시터 공문서 보관소 사람들이 기겁할 만한 일이었겠지만, 아버지는 어찌어찌 살아남아 홀츠 집안에서 가장 오래 목숨을 부지한 아이가 됐다. 아버지 아래로는 매리와 에블린이라는 두 여동생과 두 남동생 레오와 존이 있었다.

아버지는 어머니와 결혼한 뒤 일감을 찾기 힘든 상황에서도 폴란스비를 떠나지 않았다. 아버지는 철도 일도 하고, 한동안은 트럭을 몰고, 얼마간은 버스 운전을 하는 등 이것저것 잡다한 일을 했다. 집에 먹을거리가 떨어진 적은 한 번도 없었지만, 마을 사람 대부분이 그랬듯 근근이 입에 풀칠을 하는 형편이었다. 내가 먹을 걸 더 달라고 투정할 때마다 아버지가 "안 돼. 충분히 먹었잖아"라고 타박을 했기에 나는 내가 늘 충분히 먹은 줄 알았다.

우리 가족이 사는 집은 부엌 하나에 화장실을 겸한 방 하나가 전부로, 침대 바로 옆에 세면대가 놓여 있었다. 샤워기나 욕조도 없이 세면대만 덜렁 있었다. 부모님과 누나와 내가 한방에서 살았기에 프라이버시라는 것도 전혀 없었다. 우리 남매는 아기 때는 세면대에서 목욕을 했고, 날씨가 나쁘지 않을 때면 집 밖에서 밥을 먹고, 따뜻하고 편안하기만 하면 어디서든 잠을 청했다. 우리 집에는 옷장이 하나도 없었는데, 옷장이 필요할 일이 없었기 때문이다. 나도 옷이라고는 멜빵바지 하나와 플란넬 셔츠 하나가 전부여서 매일 같은 옷을 입고 다녔다. 어머니가 주말마다 빨래를 해주었는데, 아버지는 늘 이렇게 말했다.

"나가서 놀 때 조심해라. 네 엉덩이에 구멍이 나면 아물겠지만, 바지에 난 구멍은 그렇지 않으니까."

아버지야말로 자신이 한 훈계를 스스로 귀담아들었어야 했다. 어느 날 아버지가 내 단벌 셔츠에 페인트를 엎질렀다. 내가 초등학생 때 일인데, 그때까지만 해도 내가 매일 똑같은 옷을 입고 다닌다는 사실을 아무도 눈치채지 못했다. 아이들은 내가 패션 감각이 형편없어서 똑같은 옷을 네댓 벌 두고 번갈아 입는다고 생각했다. 하지만 셔츠에 페인트가 묻는 바람에 내가 늘 같은 옷을 입는다는 사실이 드러나 버렸다.

우리 집 형편은 가난하다고 말하기에도 부족했다. 매일 아침 눈을 뜰 때마다 궁핍과 맞닥뜨렸고, 매일 밤 또 하루를 버텨낸 데 감사하며 잠이 들었다. 아홉 살 때 나는 신문 배달을 시작했다. 매일 66부의 신문을 66가구에 배달해야 했다. 모든 고객에게 매주 30센트씩 수금도 해야 했다. 매주 고객당 20센트를 신문사에 내고 나면 나머지가 내 몫이었는데, 수금을 못 하면 내 수입에서 차감됐다. 그렇게 주당 평균 6달러를 벌었다.

식구들 모두 가계에 보탬이 되려고 각자 할 수 있는 일을 찾아서 했다. 그 동네 모든 가정이 마찬가지 형편이었다. 내가 아는 누구도 '처분 가능*disposable*'과 '소득*income*'이라는 단어를 묶어 써본 적이 없을 만큼 살림살이가 쪼들렸다. 다섯 살 때 나는 난생처음 콜라를 먹어봤다. 너무 맛있어서 두고두고 아껴먹고 싶었다. 언제 다시 맛보게 될지 알 수 없었기에 두어 모금 마신 다음 콜라병을 창턱에 올려놓았다. 집에 냉장고는커녕 아이스박스조차 없었으니까. 불행히도 다음 날 아침 일어나보니 콜라는 김이 다 빠져 아무 맛도 나지 않았다. 콜라를 쏟아 버리면서 문득 삶이 주는 축복은 아무리 작은 것이라도 영원히 지속되지 않으므로 즐길 수 있을 때 즐겨야 한다는 사실을 깨달았다. 불과 다섯 살 나이에 말이다.

물론 우리 집은 가난했지만 우리에게는 언제든 서로 기댈 가족이 있었다. 나는 요즘 일부 젊은이들처럼 우울증을 앓거나 상담을 받아야 했던 적이 없었을 뿐 아니라 자해를 하거나 다른 사람에게 해코지할 생각을 품어본 적도 없고, 가지지 못한 것들 때문에 조바심 낸 적도 없다. 신과 가족이 나를 사랑한다는 걸 잘 아는, 행복하고 평범한 아이였다. 그거면 충분했다. 오늘날 우리는 너무나 풍요로운 시대와 장소를 살고 있지만, 너무 많은 사람이 부를 독점하는 바람에 그 시간과 공간이 텅 비어가고 있다. 사람들은 공허함을 채워보려고 점점 더 많은 물건을 사고, 더 많은 파티에 참석하고, 더 자주 고급 식당에서 식사하고, 그럴듯한 차를 빌려 타고, 한도가 차도록 신용카드를 긁어댄다. 불행히도 물질적 재화는 결코 가족의 사랑을 대신할 수 없다. 나는 한 번도 그런 문제를 겪지 않았다. 물질적 재화는 전혀 없었지만, 내 주변에는 나를 사랑하는 많은 사람이 있었다.

외할아버지 루이스 타이코니비치와 외할머니 캐리 타이코니비치는 우크라이나 체르노빌 출신이다. 두 분은 청소년 시절 미국으로 건너왔는데, 가진 거라곤 등에 진 옷 보따리가 전부였지만 미국 땅만큼이나 큰 꿈을 품고 있었다. 내 어머니가 장녀였고 아래로 세 남동생 빌과 월트, 루가 있었다. 한동안 나는 친가와 외가를 통틀어 유일한 남자 손자이자 다섯 삼촌에게 유일한 남자 조카였다. 삼촌들과 조부모님은 나를 끔찍이도 아껴 공이 생기면 공원으로 데리고 가 캐치볼을 했고, 농담하는 법을 가르쳐주었으며, 재미있는 농담을 들었을 때 웃는 법까지 가르쳐주었다. 또 집 라디오에서 오하이오주립대와 노트르담대학교의 미식축구 경기 중계가 흘러나오면 나를 무릎에 앉혀놓고 함께 들으며 나를 스포츠의 세계로 이끌어주었다. 이들은 또 내게 '챔프'라는 첫 별명도 지어주었는데, 이 별명은 초등학교 시절 내내 나를 따라다녔으며 청년으로 성숙해가는 동안에도 오래도록 내 가슴에 깊이 남았다. 나는 항상 덩치 작고, 항상 조금은 수줍음을 타고, 항상 모든 무리에서 가장 나이 어린 꼬마였기 때문에 우러러볼 강한 남성 롤 모델이 있다는 게 큰 도움이 됐다. 그중에서도 나와 나이 차가 가장 적은 루 외삼촌이 가장 친한 친구가 돼 매일 반복되는 고난과 곤경을 잊을 수 있게 해주었다.

당시에는 미처 몰랐지만 인격이 형성되던 그 시절 나는 훗날 내 인생의 길잡이가 된 'WIN' 전략을 갈고닦았다. WIN은 '지금 중요한 것은 무엇인가*What's important now*?'의 첫글자를 딴 말로, 힘든 결정에 직면할 때면 늘 던져온 질문이다. 처한 상황이 무엇이든 '지금 중요한 것은 무엇인가?'라고 끊임없이 자문해야 한다. 다음 날 아침에 시험이 있는데 친구들이 심야 콘서트 티켓을 구했다면 '지금 중요한 것은 무엇인가?', 우리 팀이 토요일에 중요한 경기를 앞두고 있어 충분히 휴식을 취해야 하는데 룸메이트가 클럽에 가서 놀자고 하면 '지금 중요한 것은 무엇인가?'라고 물어야 한다. 때에 따라서는 답을 쉽게 구할 수도 있다. 차가 도랑에 처박혔다면 오늘 밤 저녁으로 뭘 먹을지는 중요하지 않다. 아내가 의사에게 나쁜 검진 결과를 받아 들고 돌아왔다면, 내가 골프 코스에서 기록한 점수 따위는 중요도에서 한참 뒤로 밀린다. 어린 시절 아버지가 일주일 동안 일거리를 찾지 못하는 바람에 집에 먹을 게 떨어졌을 때 '지금 중요한 것은 무엇인가?'라는 질문에 대한 답은 쉬웠다. 나가서 몸을 움직여 일하며 어떻게든 살 궁리를 하는 것이다. WIN은 암울한 내리막을 헤맬 때는 물론 승승장구할 때도 적용할 수 있는 전략이다.

내가 자랄 때는 삶에서 정말 중요한 일에 어떻게든 집중하는 방법을 배우지 않고는 살아남을 수 없었다. 두어 세대 전만 해도 사람들이 중요시하는 일들이 지금과 달랐다. 요즘은 권리를 침해당했다고 불만을 제기하는 사람들의 뉴스가 매일같이 쏟아진다. 식당 종업원이 무릎에 커피를 쏟았다고? 당장 그 식당을 고소할 일이다. 머리에 요란한 장식을 하고 학교를 활보했다는 이유로 교사에게 제재를 받았다면? 소송을 맡아줄 변호사가 줄을 서서 기다리고 있다. 표현의 자유 같은 걸 앞세워서 말이다. 이런 일들은 50년 전만 해도 문제조차 되지 않았다. 나와 비슷한 또래이거나 바로 윗세대는 권리와 특권에 관심을 두지 않고 의무와 책임을 신경 썼다. 나는 가족에게 기여할 의무가 있고 내가 버는 수입은 한 푼도 남김없이 가계에 보태야 한다는 사실을 자연스럽게 배웠다. 물론 아홉 살짜리가 그런

짐을 지는 게 '온당'하지 않을 수도 있지만 당시 삶의 방식은 그랬다. 사회에 기여하는 게 아무것도 없다면 보상을 받을 자격도 없었다. 열심히 일하면 뭔가는 혜택을 누릴 수 있지만, 아무것도 안 하고 빈둥대면 어떤 것도 얻을 수 없었다. 이런 사실을 나는 내 이름 쓰는 걸 익히기도 전에 배웠다('Lou'가 그리 쓰기 어려운 이름도 아닌데 말이다). '권리'라는 모호한 개념은 그 뒤로도 한참 동안 떠올려본 적조차 없었고, 청년기가 돼서야 내게 정말 권리가 있을지도 모른다는 생각이 들기 시작했다.

나는 의무의 중요성과 대의를 위한 헌신에 대해서도 배웠다. 대공황을 겪은 미국인들이 '가장 위대한 세대the Greatest Generation'라고 불리는 건 그들의 희생, 즉 어떤 대가를 치르더라도 옳은 일을 하겠다는 조용하면서도 단호한 의지 때문이다. 아버지와 삼촌들이 가장 위대한 세대에 속했다. 진주만 공습이 발발하고 얼마 되지 않아 우리 가족의 남자들은 군에 자원입대했다. 그리고 1년 만에 조용히 전선으로 떠나갔다. 우리는 모두 정부가 전쟁에 쏟는 노력을 지지했다.

아버지가 해군에 입대한 뒤 어머니는 누나와 나를 데리고 오하이오 주 이스트리버풀로 이사했다. 그래서 외할아버지와 외할머니 그리고 (당시 열네 살이던) 루 외삼촌과 함께 살게 됐다. 외할아버지와 외할머니는 우리와 같이 살게 돼 기뻐했지만, 나는 친구들을 폴란스비에 남겨두고 온 터라 썩 달갑지 않았다. 다행히 루 외삼촌이 내게 친형 같은 존재가 되어줬다. 외삼촌은 나에게 미식축구와 야구도 가르쳐주었다. 또 사내아이라면 누구나 가질 법한 궁금증에 대해서도 답을 해주었다. "베티 부프(1930년대 파격적인 노출로 인기를 끈 애니메이션 여성 캐릭터-옮긴이)를 보면 가슴이 울렁거리는 게 정상인가요?" 같은 질문 말이다. 외삼촌은 용돈이 생길 때마다 나를 동네 가게로 데려가 탄산음료를 사주기도 했다.

루 외삼촌은 고등학교 미식축구 선수였다. 이때 나는 체계적인 미식축구를 처음 접하고 푹 빠져들었는데, 가장 큰 이유는 외삼촌이 뛰어난 타이트엔드*tight end*(패스 플레이 때는 패스를 받으러 나가고 러닝 플레이 때는 상대 수비수를 블로킹하는 두 가지 역할을 하는 포지션으로, 팀에서 가장 다재다능한 선수가 맡는다-옮긴이)였기 때문이다. 경기가 있을 때 선수 중 누군가를, 그중에서도 특히 루 외삼촌 같은 사람을 응원하는 건 즐거운 일이었다.

외할아버지는 꽤 보수적인 분이라 나서서 응원하지는 않았지만 열렬한 미식축구 팬이었다. 노트르담대학교의 경기가 중계될 때면 외할아버지는 어김없이 라디오를 들었는데, 중계가 꽤 자주 있었다. 모든 게 크누트 로크니(1930년까지 14년간 노트르담을 미국 대학 미식축구 최강으로 이끈 전설적 지도자-옮긴이) 덕이었다. 수석코치를 맡는 동안 로크니는 학생 수 3,000명에 불과한 노트르담이 6만 석 규모의 미식축구 경기장을 짓도록 대학 측을 설득했을 뿐 아니라, 노트르담 경기가 라디오로 미국 전역에 중계되도록 로비를 했다. 외할아버지는 신의 명령을 받들기라도 하듯 채널을 고정하고 중계를 들었는데, 가톨릭 신자였기 때문이기도 했고 노트르담이 4년 연속 무패 행진을 이어갔기 때문이기도 했다.

승리하는 팀의 팬이 되는 건 즐거운 일이다. 중계방송 내용 전부를 알아들을 수는 없었지만 나도 플레이 하나하나에 귀를 쫑긋 세웠다. 글을 깨우친 뒤로는 신문 스포츠 면을 더듬더듬 읽으며 관심 있는 경기의 요약 기사도 살펴봤다. 나는 외할아버지로부터 '네 명의 기수the Four Horsemen'라고 불리던 노트르담의 전설적인 후위 선수 해리 스터드레허, 짐 크롤리, 돈 밀러, 엘머 레이든의 이야기를 들었고 이들이 내셔널 챔피언십을 차지한 1924시즌에 대한 이야기도 들었다. 외할아버지는 독실한 가톨릭 신자라면 누구나 노트르담을 응원해야 한다고 강조하곤 했다.

외할아버지는 유머와 담을 쌓은 분은 아니었지만 상당히 까칠한 성격의 소유자였다. 나는 외할아버지가 직접 전화를 받는 걸 한 번도 본 적이 없다. 외할아버지는 전화기 바로 옆에 앉아 있을 때조차 외할머니한테 전화 좀 받으라고 호통을 쳤다. 또 외할머니가 커피에 크림 넣는 걸 깜빡하기라도 하면 부엌을 서성이며 연신 볼멘소리를 해댔다. 외할아버지는 좋은 남편이었지만 확실히 보수적인 분이었다. 당시 나는 너무 어려서 할아버지가 얼마나 큰 스트레스를 견뎌내야 했는지 헤아리지 못했다. 두 아들과 사위가 바다 건너에서 서구 문명을 지키기 위해 싸우고 있으니 오죽했겠는가. 지금 와서는 우리 모두 외할아버지를 조금 더 너그럽게 이해했어야 한다는 생각이 든다.

내가 기억하는 가장 큰 다툼은 1945년 봄, 당시 고등학교 2학년이던 루 외삼촌이 입대 원서를 들고 온 날 벌어졌다. 외삼촌은 아직 나이가 어려서 자원입대를 하려면 외할아버지의 동의 서명이 필요했다. 하지만 외할아버지는 외삼촌의 생각을 탐탁지 않게 여겼다. 고성이 몇 차례 오간 뒤 외할아버지는 결국 마지못해 승낙하고 루 외삼촌의 입대 서류에 서명했다. 석 달 뒤 전쟁이 끝났다. 루 외삼촌은 뒤늦게 입대한 대다수 병사처럼 귀가 조치됐고, 아버지와 다른 외삼촌들도 곧이어 집으로 돌아왔다.

친척들 가운데 전쟁 얘기를 입에 올리는 사람은 아무도 없었다. 누구도 전선에서 벌어진 일에 관해 내게 이야기보따리를 풀어놓지 않았다. 이들이 바다 건너에서 펼친 활약상에 관한 특집 기사는 어디에도 실리지 않았고, 우리 집의 누구도 애써 묻지 않았다. 아마도 아버지와 외삼촌들은 행정병이었거나 야영지에서 변소를 파는 일을 했을지도 모른다. 그로부터 수십 년이 흘러 아버지가 세상을 떠나고도 몇 년이 더 지나서야 나는 아버지가 해군에서 어떤 일을 했는지 알게 됐다.

　노트르담의 수석코치를 맡고 있던 어느 날 난데없이 해군 재향군인회 직원으로부터 전화가 한 통 왔다. 전화를 건 사람은 아버지가 제2차 세계대전 당시 실제로 해군으로 복무했는지 알고 싶어 했다. 나는 그에게 아버지가 사람들에게 비교적 잘 알려진 상륙작전용 함정 LST보다 조금 작은 LCI라고 불린 소형 상륙용 주정舟艇을 타고 태평양에서 근무했지만, 한 번도 그 이야기를 한 적은 없다고 말했다. 그 얼마 전에 나는 역시 전쟁에 대해 입을 꾹 다물고 사는 월트 외삼촌이 벌지 전투(제2차 세계대전 막판 독일의 대반격으로 연합군이 막대한 피해를 본 전투-옮긴이)의 최전방에 섰다는 사실을 알게 됐고, 역시 군복무 이야기는 입 밖에도 꺼내지 않는 빌 외삼촌이 벨기에에서 전투에 투입됐다는 사실도 알게 됐다. 이런 사실들을 알게 된 건 순전히 전쟁 기간에 내가 그 두 외삼촌의 부모인 외할아버지 외할머니와 함께 살았기 때문이다. 아버지가 해군 복무 시절에 대해 입도 뻥긋하지 않은 채 세상을 떠난 뒤였기 때문에, 나는 이 전화 통화에서 많은 걸 기대하지 않았다. 내게 전화한 남자는 재향군인 신문에 '앤드루 홀츠와 LCI에서 함께 복무했던 분을 찾습니다'라고 짤막한 광고를 냈다.

한 달쯤 뒤 콜로라도스프링스에 사는 한 남자의 전화를 받았는데, 그는 대뜸 "코치 양반, 내가 당신 아버지와 해군에서 함께 근무한 것 같은데요"라고 말했다. 그가 아버지에 대해 하는 말을 들어보니 사실인 듯했다. 내가 아는 한 아내와 두 아이를 이스트리버풀로 이사시킨 뒤 LCI에서 복무한 폴란스비 사람은 아버지가 유일했다. 그는 실제 아버지와 함께 복무했다는 사실을 확인할 수 있는 사진을 몇 장 보내왔다.

또 전쟁 와중에 자신이 쓴 일기장도 보내왔다. 당시만 해도 상세한 기록을 남기는 건 명백한 군법 위반이었기 때문에 전쟁에 관해 당사자가 현장에서 직접 남긴 기록은 찾아보기 힘들었다. 일기를 쓴 건 규칙 위반이었지만, 나는 그가 그렇게 해줘서 정말 기뻤다. 그의 글을 통해 나는 아버지가 사이판 전투에 참전했다는 사실을 알게 됐다. 아버지는 미드웨이 해전에도 참전했는데, 태평양에서 전세를 뒤엎는 계기가 된 중요한 전투였다. 나는 아버지와 동료 수병들이 일본군 조종사의 자살 공격을 우려해 제로센(자살 공격에 주로 사용된 일본군 주력 전투기-옮긴이)이 접근하는지 늘 망을 봤다는 사실도 알게 됐다. 또 전쟁이 끝날 무렵 아버지가 일본 본토 침공을 준비 중이었다는 사실도 알아냈다. 일기장에 담긴 내용을 믿기 힘들어 나는 책상을 떠나지 못했다. 아버지가 역사상 가장 대단한 전투에 여러 차례 참전했는데 나는 그 사실을 까맣게 모르고 있었던 것이다.

일기 주인의 허락을 받아 나는 일기장을 몇 부 복사해 나보다 두 살 위인 셜리 누나와 내가 열 살 때 태어난 동생 비키에게 건네주었다. 두 사람도 믿기 어려워했지만, 지나고 나서 생각하니 누구도 놀랄 일이 아니었다. 군 복무는 아버지 세대라면 누구나 당연히 짊어져야 할 짐 같은 것이었다. 그 세대 사람들은 그걸 자랑삼아 떠벌리기는커녕 입 밖에 꺼내지도 않았다. 그저 할 일을 했을 뿐이고, 끝이 나서 집으로 돌아온 것뿐이었다. 호들갑을 떨어댄 건 정작 전장에 서지도 않은 사람들이었다.

그때부터 나는 운동선수든 정치인이든 사업가든, 지나치게 기뻐하며 '나 좀 봐' 하는 식으로 으스대는 걸 끔찍이도 싫어하게 됐다. 우리 팀 선수라면 터치다운을 하고도 아무 일도 아니라는 듯 행동하기를 바랐다. "엔드존*end zone*(미식축구에서 볼을 가지고 들어가면 터치다운 득점이 되는 지역-옮긴이)에 있는 게 익숙하게 보여야 한다"라고 선수들에게 늘 강조했는데, 이 말에는 더 큰 뜻이 담겨 있었다. 내가 정말 하고자 한 말은 진정한 영웅은 말없이 당당하게 행동으로 보여준다는 것이다. 묵묵히 할 일을 하고 나서 이뤄낸 성과가 스스로 빛을 발하게 해야 한다. 이 같은 교훈이 내 뇌리에 깊이 박힌 것처럼 우리 선수들의 기억에도 오래도록 남기를 바란다.

아버지는 제대 후에도 가족과 함께 계속 오하이오에 남기로 했다. 폴란스비에서는 일자리를 찾기 힘들었지만, 이스트리버풀은 대도시는 아니어도 더 기회가 많고 규모도 더 큰 소도시였기 때문이다. 몇 군데 임시직을 거친 끝에 아버지는 지역 버스 운전사로 고정적인 일자리를 잡았다. 나는 아버지가 입대하던 해에 성 안토니오 학교 수녀 선생님들이 1학년 빈자리를 메울 수 있게 다섯 살 나이에 초등학교에 들어갔고, 아버지가 돌아왔을 때는 이미 5학년이었다. 누나와 나는 한꺼번에 전학 수속을 밟았고, 우리 가족은 이스트리버풀에 정착했다.

오하이오강 기슭에 접한 도시인 이스트리버풀은 봄철만 되면 홍수가 나서 강물에 잠기다시피 했다. 겨울에는 폭설이 내렸고, 여름에는 수영장 안에 들어가 있어도 땀이 날 만큼 무더웠다. 나는 전형적인 중서부 지역 사내아이로 세인트루이스 카디널스를 열렬히 응원했다. 당시 카디널스는 해리 브리친이 마운드를 지켰고 조 가라지올라가 포수, 마티 매리언이 유격수, 레드 쇤디엔스트가 2루, 화이티 쿠로브스키가 3루, 니피 존스가 1루를 맡았으며 테리 무어와 에노스슬러터, 스탠 뮤지얼이 외야에 섰다. 무더운 여름 저녁이면 나는 비버 크릭 개울에서 실컷 헤엄을 친 다음 라디오를 켜서 카디널스 경기 중계방송을 들었다. 아니면 경마장에 가 사람들이 무리 지어 들어갔다가 줄지어 나오는 모습을 지켜보며 시간을 때우기도 했다.

그즈음 신문 배달을 시작했는데, 내가 맡은 구역인 마을 동쪽은 불량배들이 사는 동네여서 신문 꾸러미를 품에 안은 채 가파른 길을 숨도 돌리지 않고 달음질쳐 올라가야 했다. 목요일 자 신문은 32면이나 돼 신문 꾸러미를 들고 언덕을 올라가는 건 단단한 땅을 쟁기로 가는 것만큼이나 힘이 들었다. 대신 토요일 자 신문은 18면밖에 되지 않아 다소 수월했다(50년이 지나도록 그런 사소한 것들이 기억나다니 놀라울 따름이다).

대학 미식축구를 처음 현장에서 지켜본 건 1946년으로, 리오 삼촌이 피츠버그대학교와 일리노이대학교 경기에 데려가 줬다. 그날 경기의 최고 수훈 선수는 버디 영이라는 일리노이 러닝백*running back*(쿼터백에게 짧은 패스를 받아 전진하는 공격수-옮긴이)으로, 스크리미지 라인에서 시작된 두 번째 플레이에서 67야드를 달려 터치다운을 성공시켰다. 바로 그 순간부터 나는 일리노이의 팬이 돼 외할아버지가 노트르담 경기를 챙기듯 일리노이 경기를 꼼꼼히 살피기 시작했다.

물론 그 시절에 노트르담을 응원하지 않는 게 쉬운 일은 아니었다. 1946년부터 1949년까지 노트르담은 막강한 전력을 자랑했다. 노트르담 수석코치 프랭크 리히는 우리 고향에서 영웅처럼 추앙받는 존재로, 14년 동안 7년이나 무패로 시즌을 마쳤다. 미식축구 명문 노트르담의 잣대로 봐도 정말 대단한 기록이었다. 그 승리의 대부분을 나는 라디오 옆에 죽치고 앉아 들었으며, 훗날 코치가 된 뒤에는 그를 더욱 존경하게 됐다. 노트르담의 전설로 통하는 무스 크라우스가 내게 리히에 대한 이야기를 몇 시간씩이나 들려준 덕이다. 크라우스는 선수와 코치, 구단 직원으로 50년이나 노트르담에 몸담은 인물로, 나는 그의 생생한 이야기를 계속 듣고 싶어서 질문을 쏟아내곤 했다.

얼마 뒤 나도 새로 전학한 성 알로이시오 학교에서 미식축구 선수가 됐다. 몸무게 40킬로그램이 채 안 되는 작은 덩치쯤이야 느리고 허약한 체력으로 만회하는 미식축구계의 신동이었다. 첫 경기 출장은 원숙하기 그지없는 아홉 살 나이의 5학년 때였다. 당시 성 알로이시오 학교는 7학년과 8학년으로 팀을 꾸리기로 했는데, 5학년인 내가 출전할 수 있었던 건 내가 가장 좋아하는 루 외삼촌이 코치를 맡은 덕이다. 미식축구 코치는 외삼촌이 짧은 군 복무를 마치고 돌아온 뒤 거쳐 간 많은 직업 가운데 하나였다. 제대 후 집에 돌아왔을 때 외삼촌은 매주 구직 활동을 하면 정부가 1년간 주당 20달러를 지급한다는 사실을 알게 됐다. 그래서 제철소 사장부터 파이 공장 품질 검사원, 1층짜리 건물의 엘리베이터 운전원까지 말도 안 되는 온갖 곳에 지원했다. 외삼촌이 어떻게 성 알로이시오의 미식축구 코치를 맡게 됐는지는 여전히 미스터리지만, 나는 외삼촌이 이끄는 팀에서 뛰게 돼 무척 기뻤다.

물론 그 첫해 내 '경기 출장'은 순전히 수업 차원에 불과했다. 상대 팀이 어디든 나는 양 팀을 통틀어 가장 키가 작고 나이도 가장 어렸다. 그래도 나는 기죽지 않았다. 사이드라인에서 작전 지시를 하는 외삼촌 뒤를 졸졸 따라다니며 "뛰게 해주세요, 삼촌. 전 준비됐어요. 할 수 있단 말이에요. 제발요. 절 넣어주세요"라고 졸라댔다. 웰스빌 성모수태 학교와 경기를 하게 됐을 때, 마침내 루 외삼촌이 내 간절한 호소에 응답했다. 외삼촌은 내 어깨 보호대를 집어 들더니 세이프티*safety*(축구의 골키퍼에 해당하는 최종 수비수-옮긴이)로 들어가라고 지시했다. 이 꼬맹이가 종종걸음치며 필드로 나서는 모습을 지켜보며 상대 팀 코치가 어떤 생각을 했을지 짐작하긴 어렵지 않다. 틀림없이 자기 팀 선수들에게 하프백*halfback*(러싱 공격을 하는 러닝백의 일종-옮긴이)이 라인 돌파에 성공하기만 하면 터치다운은 식은 죽 먹기라고 말했을 것이다. 내가 후위 수비수로 투입된 뒤 첫 플레이에서 상대 팀 하프백이 우리 팀 라인배커*linebacker*(수비 라인 바로 뒤에 서는 2열 수비수-옮긴이)들을 쏜살같이 제친 뒤 나를 향해 돌진해 왔다.

나는 그만 그 자리에 얼어붙고 말았다. 그때까지 연습해온 온갖 동작, 외삼촌이 내게 가르쳐주려고 했던 모든 기술, 애써 반복해온 온갖 훈련 내용이 머릿속에서 순식간에 자취를 감춰버리고 대신 그 자리에 손가락 하나 까딱하기 힘들 만큼 엄청난 두려움이 밀려들었다. 키가 2미터나 돼 보이는 상대 팀 하프백은 폭주하는 스포츠카처럼 맹렬한 속도로 내게 달려들었다. 나는 살짝 태클을 하는 시늉을 하긴 했지만, 그를 피해야 한다는 생각밖에 없었다. 조금 이따가 루 외삼촌에게는 헬멧이 흘러내려 눈을 가려버렸다고 말할 작정이었는데, 어느 정도는 사실이기도 했다. 당시 내 머리에 맞는 작은 헬멧이 시중에 있었는지 어떤지는 모르겠지만, 어쨌든 성 알로이시오에는 없었다. 솔직히 고백하자면, 난 그 녀석과 맞닥뜨릴 생각 자체가 없었다.

경기장 밖으로 나왔을 때 나는 루 외삼촌의 눈에서 그때까지 한 번도 보지 못했던 무언가를 봤다. 외삼촌은 자존심 상하고 실망한 데다, 내가 플레이를 시도조차 하지 않고 포기했다는 사실에 상처받은 듯했다. 우리 팀 동료들도 마찬가지였다. 대놓고 그렇게 말한 사람은 없었지만 그럴 필요도 없었다. 동료들을 실망시켰다는 걸 나 자신이 잘 알았고, 내가 안다는 걸 동료들도 알았다. 세상의 온갖 핑계를 다 갖다 붙여도 내가 주어진 책임을 저버렸다는 사실은 부인할 수 없었다. 지금 생각해보면 나는 필드에 나설 자격이 없었다. 아홉 살에 불과한 내가 상대해야 할 선수들은 아침 9시에 면도를 해도 경기 시작 무렵이면 수염이 다시 거뭇해질 만큼 웃자란 아이들이었다. 하지만 이것 역시 내가 코치와 동료들에게 한 다짐을 지키지 못한 핑계가 되지 못했다.

그날 얻은 깨달음은 이후 선수로 뛰는 내내, 그리고 코치를 시작한 뒤로도 한동안 내 뇌리를 떠나지 않았다. 코치와 동료들의 기대를 저버렸을 때 느끼는 정신적 고통이 필드에서 받을 수 있는 어떤 육체적 고통보다도 훨씬 크다는 사실을 절감한 것이다. 그때 나는 어떤 플레이든 다시는 포기하지 않겠다고 자신에게 맹세했다. 나와 맞선 녀석이 나보다 몸무게가 90킬로그램쯤 더 나간다고 해도(불가 능한 일도 아니었다) 내게 주어진 책임을 저버리지 않겠다고 마음먹었 다. 흠씬 두들겨 맞거나 짓이겨질 수도 있지만, 포기해서 코치와 동 료들을 실망시키지는 않겠다고 다짐했다.

그해 말 미들랜드초등학교와의 경기에 다시 출전했는데 상대 팀 선수들은 군대를 다녀온 뒤에 8학년에 복학한 게 틀림없다고 생 각될 만큼 덩치가 컸다. 하지만 나는 종횡무진하며 태클을 스무 차 례나 성공시켰다. 상대편 선수들은 나보다 더 크고 더 강하고 더 빨 랐는데, 이후 선수로 뛰는 내내 내가 맞닥뜨린 상황이었다. 훗날 사 람들이 내게 70킬로그램도 안 되는 몸무게로 켄트주립대 라인배커 로 뛸 때 어떤 기분이었냐고 물어보면 늘 이렇게 대답했다.

"글쎄요. 한 번도 90킬로그램이 나가본 적이 없어서 모르겠는데 요."

멍청한 게 어떤 기분이냐고? 내가 알 리가 있나. 한 번도 똑똑해 본 적이 없으니. 내가 할 줄 아는 일이라곤 신이 내게 준 그대로를 받 아들여 내 장점을 활용하고 내 약점을 최소화하는 것뿐이었다.

코칭 스태프가 내게 특정 방향에서 덩치 큰 수비수를 가로막으 라고 주문했는데 그 수비수가 나보다 몸무게가 20킬로그램이나 더 나가고 가슴에 털이 숭숭 난 데다 황소처럼 콧김을 씩씩 내뿜으며 자기 앞을 가로막으려는 사람을 째려보고 있다면, 나는 그 친구와 불가침 협정을 맺고 싶었다. '네가 나를 치지 않으면 나도 너를 치지 않겠다' 하는 식으로 말이다. 하지만 그런 전략은 당연히 먹히지 않기 때문에 나는 덩치 큰 녀석들을 막아서는 법을 익혔다. 상대 팀 러닝백들은 방향을 종잡을 수 없는 내 블로킹을 피하는 법을 배워야 했다. 이런 깨달음은 코치가 됐을 때 큰 도움이 됐다. 만약 특정 방향에서 수비수를 블로킹할 수 없다면(보통 수비수인 라인배커가 공격수인 풀백보다 몸무게가 10~15킬로그램 정도 더 나가는 대학 미식축구에선 흔한 일이다), 블로킹을 맡은 선수는 아예 수비수에게 찰싹 달라붙어야 한다. 상대의 블로킹을 읽어내고 이에 적절하게 대응하는 건 공을 가지고 뛰는 선수의 몫이다. 누군가에게 능력 이상의 일을 요구한다고 해서 그 선수의 실력이 더 나아지는 건 아니며, 그렇게 요구하는 코치만 나쁜 사람처럼 보일 뿐이다.

나는 5학년부터 7학년까지 꼬박 3년간 루 외삼촌 밑에서 뛰어 선수 시절 만난 어떤 코치보다 오래 외삼촌의 지도를 받았다. 그 뒤로 삼촌은 통신판매 업체에서 정규직으로 일하게 돼 코치를 그만둬야 했다. 삼촌의 지도를 받는 동안 나는 기량이 향상됐고 성 알로이시오는 1년간 무패 행진을 이어갔다. 하지만 나와 상대 팀 선수들의 체격 차이는 갈수록 더 커져만 갔다. 고등학교 1학년 때도 나는 몸무게가 45킬로그램이 채 안 됐다. 비쩍 마른 데다 혀 짧은 소리까지 했기에 놀림을 당하기 딱 좋았다. 다행히 만사를 웃으며 넘기는 방법을 터득한 터라 나는 사람들의 마음을 금세 무장 해제했다. 누구에게도 위협적인 존재가 아니었기 때문에 아이들은 나를 놀리기는 해도 그다지 심하게 괴롭히지는 않았다. 놀림과 괴롭힘을 감내하는 법을 배운 덕에 모욕은 내가 성공의 의지를 다지는 데 오히려 도움이 됐다. 가족의 사랑과 특히 삼촌들이 내게 보여준 믿음 덕에 나는 남들보다 더 높은 자존감을 유지할 수 있었다.

나는 우등생은 아니었지만 학업적인 면뿐 아니라 성공을 위해 누구나 갖춰야 할 무형의 자산을 얻었다는 점에서 좋은 교육을 받았다. 올바르게 행동하라는 가르침을 학교의 수녀 선생님들과 가족들이 머릿속에 아로새겨주었다. 그래서 항상 올바른 행동만 했냐고? 물론 그러진 못했지만, 잘못된 결정을 할 때마다 항상 책임이 뒤따른다는 사실을 배웠다. 수녀 선생님들은 학교에서 내가 올바른 행동을 하지 않을 때 벌을 주셨고, 우리 가족도 집에서 내가 실수를 저지르면 그에 맞는 처분을 내렸다. 학교에서 벌을 받았다는 얘기를 집에 가서는 입도 뻥긋하지 않았는데, 그러면 벌이 두 배로 는다는 걸 알았기 때문이다. 집으로 쪼르르 달려가 "선생님이 때렸어요. 인권 단체에 고발해주세요"라고 칭얼대는 건 내가 선택할 수 있는 길이 아니었다. 그런데 유감스럽게도 오늘날엔 우리 문화와 가정에서 '올바르게 행동하자'라는 태도가 상당히 퇴색했다. 과거든 현재든 미래든, 청소년에게 주어야 하는 가장 중요한 가르침은 권위에 대한 존중이다. 부모와 손윗사람, 선생님, 법률 집행 기관, 군대를 존중하고 다른 사람의 소유물을 존중하는 태도 말이다. 어린 시절 나는 이런 가르침을 집에서 배우고 학교에서 다시금 되새겼다.

고교 시절 내내 나는 교내 아르바이트와 운동 관련 일을 하느라 친구를 사귈 시간이 별로 없었다. 고등학교에 다니는 동안에는 데이트도 한 번 못 했다. 같은 반 친구들이 무도회에 갈 때도 나는 여전히 모래밭에서 트럭 놀이를 했다. 하지만 졸업반이 되면서 좋은 친구를 많이 사귀었는데, 그중에는 50년이 지난 지금까지도 1년에 한 번꼴로 모임을 갖는 평생 친구 일곱 명이 있다. 나까지 모두 여덟 명의 오랜 친구 가운데 둘은 세상을 떠났지만, 그들의 우정에 얼마나 감사하는지 말할 기회가 있었던 걸 다행으로 생각한다.

관계의 끈이 얇아지는 건 서로 계속 연락을 하지 않기 때문이다. 친구들과 나는 그런 일이 일어나게 내버려 두지 않았다. 친구들은 다들 똑똑하고 재치 있고 유머가 넘쳤는데, 그들 틈에서 나는 따분한 편에 속했고 성적도 가장 나빴다. 하기야 내가 하위권을 채워주었으니 친구 녀석들이 상위권을 차지하지 않았겠는가. 그 친구들은 훗날 변호사, 수학 박사, 약사, 엔지니어, 대학교수, 라디오 방송국 임원이 됐고, 한 사람은 자동차회사 다임러 크라이슬러에서 임원까지 승진했다. 아 참, 그리고 한 사람은 미식축구 코치가 됐다. 친구들은 내가 예상 밖의 직업을 선택한 데 대해 아직도 웃음을 터뜨리곤 한다.

어렸을 때도 우리는 참 많이 웃었다. 솔로몬 왕은 "친절한 말 한마디가 분노를 물리친다"라고 했고, 배우 지미 듀랜트는 "웃는 사람은 총을 쏘지 않는다"라는 말을 남겼다. 두 격언 모두 내게 도움이 됐다. 어려서부터 나는 유머 감각을 갈고닦아 친구를 사귈 때는 물론이고 더 중요한 상황에서도 충분히 활용했다. 고교 시절 중요한 기말시험 날, 교실 안에 긴장감이 너무 팽팽해 나는 아무도 제 실력을 발휘하지 못할까 봐 걱정이 됐다. 선생님이 시험지를 나눠준 뒤 엄한 목소리로 말했다.

"부정행위 낌새만 보여도 즉시 10퍼센트 감점 처리할 테니 알아서들 해."

그 말을 듣자마자 나는 책상에서 교과서를 꺼냈다.

"루 홀츠, 너 지금 뭐 하는 거니?"

나는 이렇게 대꾸했다.

"저는 90점이면 충분해요."

미식축구의 관점에서 볼 때 고등학교 시절 내 선수 경력은 특별하다고 할 만한 게 없다. 두드러진 활약을 한 적은 한 번도 없었지만, 그 대신 좋은 팀 동료가 되려고 노력했다. 쿼터백 없이 전위에 블로커 두 명을 앞세워 사이드라인 양쪽으로 대여섯 가지 러닝 플레이를 펼치는 전통적인 싱글 윙 포메이션에서 나는 블로킹백*blocking back*(러닝백이나 풀백 중에 수비수를 블로킹하거나 공을 잡은 자기편 선수를 보호하고 길을 터주는 역할에 치중하는 선수-옮긴이) 역할을 맡았다. 이 포메이션은 꽤 잘 통했다. 우리 팀은 내가 2학년 때 8승 2패, 3학년 때 9승 무패 1무를 기록했다. 두 시즌 다 나는 이렇다 할 활약을 못 했지만, 무의식적으로 우리 팀 코치들을 연구하며 정말 많은 것을 배웠다. 실제 플레이를 하는 것만큼이나 옆에서 지켜보는 것만으로도 많은 걸 배울 수 있다. 경기 중 허들*huddle*(플레이 직전 선수들이 필드에서 하는 작전회의-옮긴이) 때면 나는 팀원 각자의 임무가 무엇인지 그리고 각자가 써야 할 기술이 무엇인지 전부 알았다. 명사와 동사도 구분하지 못하고, 디오니소스와 디온*Dion* (디오니소스의 별칭-옮긴이)이 뭐가 다른지조차 모르는 학생이었지만, 이런 내 자세가 코치들에게 깊은 인상을 주었다. 다른 친구들과의 가장 큰 차이점은 미식축구를 배우고 싶어 한다는 것이었다. 그때 얻은 교훈은 배움은 배우려는 욕구가 있을 때 비로소 이뤄질 수 있다는 사실이다. 우리 팀 코치들은 가르치려는 열의가 대단했기 때문에 내가 배우고 싶어 한 것도 지극히 당연했다. 어쩌면 당신은 이름조차 들어본 적이 없겠지만, 글렌다 던랩과 루 벤데티는 이런 자세를 몸소 보여준 분들이다.

미식축구를 학습하는 내 능력이 우리 팀 수석코치 웨이드 와츠의 눈에 띄었다. 와츠 코치는 내가 2학년이던 해 우리 팀이 무패로 시즌을 마친 뒤 캔튼매킨리고등학교의 수석코치 제의를 수락했다. 새로운 자리를 맡기 위해 떠나기 전 와츠 코치는 우리 부모님에게 면담을 요청했다. 그 때문에 나는 살짝 고민에 빠졌다. 코치가 부모 면담을 해야 할 만큼 내가 잘못한 게 무엇인지 도무지 짐작이 가지 않았기 때문이다. 늘 뭔가 바보 같은 짓을 해온 터라 바지 지퍼를 내리고 다녔다는 정도의 가벼운 사고를 문제 삼는 게 아닌 것만은 분명했다.

면담 자리에서 와츠 코치가 부모님에게 이렇게 말했을 때 나는 얼마나 놀랐는지 모른다.

"루는 꼭 대학에 가서 언젠가 코치가 돼야 한다고 생각합니다."

어머니와 아버지도 너무 놀라 처음에는 아무 말도 하지 못했다.

어머니는 고등학교 졸업반 때 졸업생 대표로 고별사를 할 만큼 우등생이었지만, 아버지는 초등학교 3학년 때 학교를 중퇴하고 일터로 나서야 했다. 우리 가족 가운데 누구도 대학은 꿈도 꾸지 못했다. 대학은 재능 있고 선택받은 소수를 위한 곳이지 나를 위한 곳은 아니었다.

어색한 침묵이 흐른 뒤 부모님이 와츠 코치에게 다시 한번 말씀해달라고 했다.

"루는 대학에 가서 코치가 돼야 합니다."

와츠 코치는 같은 말을 되풀이했다. 부모님은 여전히 충격을 받은 얼굴이었다. 아버지는 내가 미식축구 경기에서 뛰는 모습을 딱 한 번 봤다. 오하이오 얼라이언스고등학교와의 원정경기였는데, 우리 팀 전세버스를 운전한 사람이 아버지였다. 그날 내가 임시 주장을 맡았는데 패하고 말았다. 그리고 어머니는 내가 고등학교를 무사히 졸업하기만을 기도해왔을 뿐 내가 운동경기에서 뛰는 모습을 단 한 번도 본 적이 없었다. 이전부터 어머니는 내게 고등학교에서 운영하는 대학 진학 예비 과정을 수강하라고 강력히 권했다. 그래서 나는 라틴어 수업을 3년이나 들었다. 하지만 나에게 대학 진학은 아프리카의 어느 작은 나라를 방문하는 것만큼이나 관심 밖의 일이었다. 더더군다나 코치가 된다는 건 생각조차 해본 적이 없었다. 나는 뛰어난 운동선수도, 그리 성숙한 학생도 아니었다.

하지만 내게는 천성적으로 가르치고 싶어 하는 성향이 있었다. 앞서도 말했듯이, 미식축구 필드에 서면 나는 나 자신의 임무가 무엇인지는 물론이고 다른 선수들의 임무가 무엇인지도 알았다. 훈련을 할 때나 경기 도중 후보 선수로 대기할 때면 다른 선수들이 나보다 훨씬 더 잘 임무를 수행할 수 있는 신체 기능을 갖췄는데도 내가 그들을 붙잡고 어떤 플레이를 어떻게 해야 할지 설명하는 일이 잦았다.

와츠 코치는 내 안에 있는 이런 자질을 보고 내가 코치가 돼야 한다고 판단한 것이다. 그리고 우리 부모님은 와츠 코치의 말이 옳다고 판단했다. 따라서 나는 대학에 가야 했다. 하지만 나는 "싫어요"라고 말했다. 와츠 코치와 부모님은 "아니야, 가야 해"라고 고집했다. 결국에는 우리 집안에서 늘 해온 방식대로 타협을 봤다. 내가 대학에 간 것이다.

가난하긴 했어도 나는 주위 사람들의 사랑 덕분에 청년으로서 꿈꿀 수 있는 가장 풍요로운 교육을 받았다. 중요한 건 '무엇을' 가졌는가가 아니라 '누구를' 가졌는가라는 걸 나는 어린 나이에 깨달았다. 내게는 나를 아끼고 내가 잘 커가기를 간절히 바라는 가족과 코치, 선생님 그리고 친구들이 있었다. 이 사람들이 없었다면 세상의 모든 부를 거머쥔다고 해도 아무런 의미가 없었을 것이다. 이들의 사랑이야말로 내가 필요로 한 부의 전부였다.

02

WINS, LOSSES,
AND LESSONS

대학과 나를 지도해준 코치들,
그리고 내가 사귄 친구들이 내가 직업적으로 진로를 찾아가는 데
도움을 주었다. (켄트주립대 제공)

성공은
스스로 내리는 선택이다

와츠 코치가 나에게 대학에 가서 코치가 돼야 한다고 말하기 전까지 내 삶의 포부라고는 자동차와 여자친구, 지갑에 5달러 정도는 있는 것, 그리고 제철소 취직이 전부였다. 이 중 어떤 것도 가져본 적이 없었기 때문에 내게는 죄다 근사하게 들렸다. 나는 미식축구 수비수로 뛰는 것보다 선반공으로 일하는 게 더 어울린다고 생각했다. 훗날 내가 노트르담대학교 코치가 됐을 때 와츠 코치는 이렇게 말했다.

"루, 네 부모님에게 네가 코치가 돼야 한다고 말했을 때 고등학교 코치를 얘기한 거였지 대학교 코치를 말한 건 아니었어. 그것도 노트르담이라니, 나조차도 까무라칠 뻔했어."

몇 년 뒤 와츠 코치는 캘리포니아에서 일자리를 잡은 뒤 그곳에서 은퇴했다. 내가 노트르담 수석코치로 부임한 첫해에 와츠 코치의 부인이 내게 전화해 이렇게 말했다.

"남편의 건강이 좋지 않아요. 전화 한 통 해주면 기운을 차리는 데 틀림없이 도움이 될 것 같아요."

나는 전화를 걸었을 뿐 아니라, 와츠 코치를 애너하임에서 열리는 노트르담대학교와 서던캘리포니아대학교의 경기에 초대하면서 "저희랑 같이 팀 버스를 타고 가시죠"라고 권했다. 나는 와츠 코치를 내 아내 자리에 앉게 했고, 우리 팀은 경기에서 38:37로 승리했다.

이듬해 나는 또 전화를 걸어서 이렇게 말했다.

"코치님, 노트르담에서 열리는 경기를 보신 적이 한 번도 없죠? 서던캘리포니아전을 여기 와서 보시지 않을래요?"

그는 요청대로 노트르담으로 왔고, 우리 팀과 함께 사이드라인에 섰다. 그다음 해에도 나는 서던캘리포니아와의 경기 때 그를 LA로 초대했다. 와츠 코치와 나는 그 전통을 11년 동안 이어갔다. 그는 내가 노트르담에서 은퇴한 지 두 달 만에 세상을 떠났다. 와츠 코치가 별세한 뒤 그의 부인은 내게 노트르담과 서던캘리포니아의 경기가 그가 모두의 예상보다 더 길게 살 수 있게 해준 힘이 됐다고 말했다. 그녀는 "그 주말 경기가 남편이 살아야 할 이유였어요"라고 말해주었다.

와츠 코치가 우리 부모님에게 나를 대학에 보내야 한다고 말했을 때만 해도 나는 이후 일이 어떻게 풀릴지 짐작조차 하지 못했다. 어머니와 아버지는 내게 고등 교육 기관에 진학하게 될 거라고 말할 때 단단히 마음을 먹었겠지만, 그렇게 결정하기까지는 결코 쉽지 않았을 것이다. 물론 두 분도 내가 학업을 계속 이어가기를 바라긴 했지만, 그럴 형편이 못 됐다. 내가 대학에 가더라도 겨우 생필품을 지원할 수 있는 정도였고 등록금과 기숙사비, 책값까지는 감당할 여력이 없었다. 그래서 어머니는 이스트리버풀 시립병원에 간호조무사로 취직했고, 낮에는 집에서 당시 열 살이던 여동생 비키를 돌볼 수 있도록 밤 11시부터 다음 날 아침 7시까지 밤샘 근무를 했다. 셜리 누나가 당시 그 병원에서 간호사로 근무 중이어서 어머니가 일자리를 잡는 데 도움을 줄 수 있었다.

내가 대학에 진학했을 때 형제들 가운데 누구도 언짢게 생각하지 않았다. 우리 집에는 화장실이 하나뿐이었기 때문에 셜리 누나는 더할 나위 없이 나를 축하해줬고, 여동생 비키는 오빠가 대학에 들어간다는 사실을 무척 기뻐했다. 어머니는 이 모든 일을 가능케 하기 위해 해야 할 일을 했다. 내가 켄트주립대에 진학할 수 있었던 건 다른 사람들의 희생 덕분이었다. 나는 자주 당시를 회상한다. 뭔가 대단한 일을 해냈다는 생각에 나 자신이 대견해질 때마다 내게 더 나은 삶을 살 기회를 주기 위해 우리 가족 구성원이 어떤 일을 해줬는지를 떠올린다.

누구나 현재 자신이 누리는 것들에 대해 감사해야 할 사람이 있기 마련이다. 성공한 사람을 볼 때마다 그의 삶에서 그의 성공을 위해 희생한 사람들을 생각해야 한다. 크든 작든 모든 성취에는 희생이 따른다. 아버지를 비롯해서 제2차 세계대전에 참전한 수백만 명이 이 나라의 자유를 지키기 위해 팔다리나 재산, 심지어 목숨까지 바쳤다. 이들보다 앞선 세대도 그렇고, 뒷세대에 땅과 바다에서 싸운 병사들도 마찬가지다. 오늘날 후방에서는 코치와 교사들이 자신의 이름을 기억할 수도 있고 아닐 수도 있는 학생들에게 기회를 제공하기 위해 전에 없는 노력을 기울이고 있다. 그리고 부모들도 두 세대 전 부모들이 그랬듯, 자녀들이 더 나은 삶을 누릴 수 있도록 많은 것을 바쳐 희생한다. 내 경우에는 나를 대학에 보내기 위해 어머니가 밤을 (그리고 밤잠의 대부분을) 포기했다. 그래서 늘 이런 말씀을 드리고 싶다.

"고마워요, 엄마. 진심으로 사랑합니다."

또 나는 아버지가 오하이오 주민인 덕에 겨우 대학에 들어갈 수 있었다. 주 법률에 따르면 주립대학은 1분기 동안 해당 주 주민의 입학을 허용해야 했다. 그렇게 입학한 학생은 등록금을 내고 강의에서 낙제점을 받지 않으면 계속 학교에 다닐 수 있었다. 하지만 낙제를 하면 집으로 돌아가야 했다. 대학들은 진지하게 학업에 임하는 학생과 그렇지 않고 시간이나 때우며 집을 떠난 몇 달 동안 재미나 보려는 학생을 구별하기 위해 신입생들의 첫 분기를 최대한 까다롭게 만들었다.

우리가 켄트주립대를 선택한 건 입학 정원에 여유가 있었던 데다 차를 얻어 타고 갈 수 있을 만큼 캠퍼스가 가까웠기 때문이다. 첫 학기 등록금 175달러는 내가 모아둔 돈으로 냈다. 중고 쉐보레를 사려고 열심히 모았는데, 아버지가 그 돈을 등록금과 책값으로 쓰는 게 더 낫겠다고 말했다. 동의할 수 없었지만 그 문제에 관한 한 내 생각은 그다지 중요하지 않았다. 차 살 돈을 등록금으로 썼기 때문에 입학 전 학교에 볼 일이 있어 갈 때는 길가에 서서 엄지손가락을 치켜들고 히치하이크를 해야 했다. 당시 우리는 이를 '엄지 세우기*thumbing*'라고 불렀는데, 많은 청소년에게 이동의 방편이 됐다. 이스트리버풀에서 곧장 애크런으로 가는 차를 얻어 타지 못할 때면, 45번 국도에서 세일럼으로 가는 트럭을 얻어 탄 다음 14번 국도에서 켄트로 가는 또 다른 차를 얻어 탔다. 당시만 해도 지금과는 다른 시절이었다. 낯선 사람과 함께 차를 타는 일이 그럭저럭 괜찮은 교통수단의 차원을 넘어 당연하게 받아들여졌다. 차가 있는 사람은 차가 없는 사람에게 도움의 손길을 내밀었다. 차가 없으면 엄지손가락을 치켜들고 다른 사람들의 선의에 기댔다. 나는 한 번도 차를 얻어 타지 못한 적이 없는데, 대학 등록을 마친 뒤로는 특히 더 그랬다. 나도 모르는 사이에 어머니가 나 대신 학군단*ROTC*에 지원서를 낸 덕이기도 하다. 처음에는 썩 내키지 않았지만, 얼마 지나지 않아 제복을 입은 학생일수록 아무 문제 없이 차를 얻어 탈 수 있다는 사실을 알게 됐다.

기숙사에 들어갔기 때문이기도 하지만, 일단 입학하고 나자 교통수단이 문제가 아니었다. 공부를 잘하고 싶었지만 그때까지 교실에서 내가 어땠는가를 생각해보면 내 '갈망'만으로 좋은 결과를 낼 수 있을지 자신이 없었다. 그때 나는 훗날 인생이 바뀌는 순간이었음을 깨닫게 된 경험을 했다. 켄트주립대로 떠나기 전 여름 식료품점에서 물건을 고르던 중, 어머니 친구 두 분이 내가 있던 통로 건너편에서 나누는 얘기를 듣게 됐다. 호백 부인이 이렇게 말했다.

"앤 마리 홀츠가 아들 대학 보내는 데 돈을 허비하겠다니 믿을 수가 없어."

그러자 토프트 부인이 대꾸했다.

"그러게 말이야. 야간 근무를 하며 모은 돈이라는데. 그런 낭비
가 있나."

한 칸 너머 통로에서 내가 듣고 있다는 사실을 두 사람은 몰랐
지만, 이들의 말은 내 마음에 깊은 상처를 남겨 1학년 내내 번민하게
했다. 어머니가 나를 위해 희생한다는 건 알았지만, 어머니 친구들
인 '우리 마을 사람들'조차 내가 공들여 가르칠 가치가 없다고, 내가
틀림없이 실패할 거라고 생각한다는 걸 알게 됐기 때문이다. 그런데
그 상처는 얼마 안 가 아주 다른 감정으로 바뀌었다. 잘하고 싶다는
내 '갈망'은 불타는 투지가 됐다. 나는 무슨 수를 써서라도 낙제는 하
지 않겠다고, 특히 대학 생활에 적응하는 게 만만치 않은 1학년을 잘
넘기겠다고 다짐했다.

이때가 몇 가지 이유에서 전환점이 됐다. 어머니 친구들의 험담
을 듣고 난 뒤에 나는 '아주머니들 말이 맞을 거야. 난 대학에 갈 자
격이 없어. 어머니의 돈과 시간을 낭비해서는 안 되지'라며 자포자
기할 수도 있었다. 처음으로 힘든 수업을 만나거나 엄격한 교수를
만났을 때, 아니면 처음으로 어려운 시험과 씨름할 때 그분들의 말
을 핑곗거리로 삼을 수도 있었다. 어쨌든 나는 대학에 오지 말았어
야 할 사람이니까. 하지만 나는 그 길로 가지 않았다. 기분이 좀 상한
건 맞지만 나는 그 험담을 내면화해서 도전으로, 내가 해내지 못할
것으로 생각하는 사람들과의 경쟁으로 승화했다. 비록 그 사람들은

내가 자신들과 겨룬다는 걸 전혀 몰랐을 테지만 말이다. 그러니 오히려 그 두 분에게 감사해야 마땅한 일이다.

내 목표는 낙제하지 않고 학기를 버텨내고, 학교에 끝까지 남아 학위를 따서 그들의 생각이 틀렸음을 증명해 보이는 것이었다. 하지만 대학 생활은 호락호락하지 않았다. 입학 첫해에 나는 고전을 면치 못했는데, 가장 큰 이유는 기초 학업이 되어 있지 않았고 좋은 공부 습관도 갖추지 못했기 때문이다. 그렇지만 내겐 매일같이 나를 돕고 격려해주는 친구들이 있었다. 게다가 낙제하지 않겠다는 내 각오도 단단했다. 결국에는 헌신과 투지가 언제나 승리하기 마련이다.

많은 사람이 경쟁을 두려워하지만 그럴 필요가 없다. 우리는 모두 깊은 곳에 재능과 능력을 간직하고 있는데, 경쟁이 그것들을 끌어낸다. 반면 실패에 대한 두려움은 재능을 억압한다. 나는 늘 경쟁을 즐겨왔다.

노트르담 시절에는 체육이사인 딕 로젠탈과 부총장 보상 신부, 스포츠 홍보팀장 로저 발디세리와 친선 골프 경기를 즐기곤 했다. 모두 친절한 사람들이고 서로를 위해서라면 뭐든 해주고 싶어 하는 친구들이지만, 그 '친선' 대결에서 접전이 벌어지면 상당히 비우호적인 분위기가 되곤 했다. 하루는 내가 홀인원을 기록했는데(내 생애 세 번째 홀인원이었다), 이구동성으로 "묻고 더블로!"를 외쳤다. 생애 최고의 샷을 날렸는데 얻은 반응이라곤 내기의 판돈을 두 배로 늘리자는 의미인 '묻고 더블로'가 전부라니. 이렇게 경쟁심 강한 사람들이 또 있을까!

대학 입학 첫해엔 매사에 감사하는 마음을 느낄 새가 없었다. 대부분 시간을 책과 씨름하며 보낸 데다, 이런저런 건강 문제로 애를 먹기도 했다. 첫 학기가 끝나기 3주 전에는 급성 인후염에 걸렸는데 병원에만 가면 금세 나을 수 있는 병이었다. 하지만 호주머니 사정 때문에 치료를 받지 않았더니, 학기가 끝날 즈음 집에 왔을 때는 체온이 섭씨 40도까지 오르고 온몸이 펄펄 끓어올랐다. 나는 그만 정신을 잃었고 그 뒤 4주간 혼수상태에 빠졌다. 내 몸은 거의 한 달 내내 아슬아슬한 상황을 치달았는데, 내 학점 역시 마찬가지였다. 다행히도 이해심 있는 몇몇 교수가 놓친 부분을 보충할 기회를 주었다. 여전히 밀린 공부를 따라잡아야 했으니 봐준 게 아니라 기회를 준 것이지만, 나로선 더 바랄 게 없었다.

1학년 때 내가 배운 내용 중에서 유일하게 기억하는 것이라곤 오하이오와 미시간이 민병대를 소집해 서로 전쟁을 벌인 적이 있다는 사실뿐이다. 분쟁은 톨레도라는 도시를 누가 차지하느냐 때문에 일어났다. 역사책에는 어느 쪽이 이겼는지 기록돼 있지 않지만, 우리 오하이오주 사람이 톨레도 따위를 '지키려고' 전쟁에 나섰을 리가 만무하므로 미시간이 승리했다고 추정하는 게 마땅하다. 그런 토막 상식 말고는 기억나는 게 하나도 없다.

하지만 자기절제와 준비, 공부 습관과 함께 좋은 교사와 좋은 학생이 된다는 게 어떤 의미인지에 대한 깨달음은 이후 50년간 내 머릿속을 떠나지 않았다. 지금도 나는 대학 신입생일 때 배운 준비 방법과 학습 도구를 사용하지 않는 날이 하루도 없다. 한 예로 나는 강의에서 뒤처지지 않으려면 미리 읽어둬야 한다는 사실을 배웠다. 누군가가 교재를 읽으라고 시킬 때까지 기다린다면 이미 뒤처진 것이다. 그렇게 두 번만 기다린다면 영영 따라잡지 못한다. 책 읽는 속도가 그다지 빠른 편이 아닌 데다 고등학교 때 좋은 공부 습관을 기르지 못했기 때문에, 나는 다른 학생들보다 한발 앞서나가기 위해 사전에 과제를 예측하고 관련 자료를 미리 읽는 법을 배웠다.

그보다 훨씬 더 중요한 건 다른 사람이 원하는 바를 이룰 수 있게 도와주면 나 자신도 원하는 바를 이룰 수 있다는 사실을 일찌감치 배웠다는 것이다. 인생은 제로섬 게임이 아니다. 내가 이겼다고 해서 누군가 다른 사람이 져야 할 필요는 없다. 내 친한 친구이자 최고의 동기부여 강사인 지그 지글러가 20년 넘게 귀에 못이 박이도록 되풀이해온 말이지만, 내게는 그저 자연스럽게 받아들이게 된 원칙이다.

학점을 잘 받고 싶으면 교수들을 만족시켜야 한다. 이를 위해서는 강의에 대해 그리고 교수들에 대해 열정과 설렘, 흥미를 보여줘야 한다. 교수 한 사람 한 사람이 자신의 강의가 가장 중요할 뿐 아니라 내 관심을 끄는 '유일한' 강의라고 믿게 해야 한다. 그뿐만이 아니라 성실함과 열심히 노력하겠다는 의지도 보여줘야 한다. 그건 뇌수술이나 핵물리학처럼 어려운 일이 아니다. 누구나 자신에게 관심을 보이는 사람에게 관심을 갖는다. 인간의 본성이다.

코치와 선수 간에도 똑같은 관계가 성립한다. 코치가 하는 말 한

마디 한마디를 믿고 따르며, 진심 어린 태도로 코치의 철학에 열정과 헌신으로 화답하고, 매일 땀 흘려 노력하는 선수가 코치의 존경과 찬사를 받기 마련이다. 반면 아무리 재능이 뛰어나도 코치의 가르침에 마지못해 따르는 시늉이나 하고, 지시를 무시하거나 안주하는 태도를 보이는 선수는 성공하기 힘들다.

대학은 내게 그다지 복잡하지 않았다. 강의를 고르고 교수를 택할 때는 올바른 선택을 해야 했다. 그다음에는 열심히 노력해서 그 교수들을 만족시켜야 했다. 교수들이 내게 만족하면 나도 그들에게 만족할 수 있었다.

　나는 훌륭한 교사가 되는 데 필요한 자질도 배웠는데, 훌륭한 교수들을 많이 만난 덕이다. 역사 교수인 카플란 박사는 굉장히 박식하고 열정도 넘치는 분으로, 내가 역사를 전공으로 택하도록 격려해주었다. 그분을 보면서 나는 좋은 교사가 되려면 첫째 가르치는 과목에 통달해야 하고, 둘째 자신의 지식을 일관되고 흥미로운 방식으로 표현해 학생들이 이해할 수 있게 해야 하며, 셋째 교직에 열정을 가지고 있어야 한다는 사실을 배웠다. 내가 만난 훌륭한 교수들은 모두 이 세 가지 자질을 빠짐없이 갖췄지만, 형편없는 교수들은 어김없이 이 가운데 한두 가지가 부족했다. 나는 유능한 코치가 되려면 좋은 교육법에 관한 원칙들을 받아들여야 한다는 걸 알았다. 하지만 그렇게 빨리 내 능력을 시험하게 될 줄은 미처 몰랐다.

　켄트주립대에서 1학년을 마친 뒤 나는 집으로 돌아와 이스트리버풀에 있는 방 두 개짜리 부모님 집 현관에서 잠을 잤다. 우리 집 형편이 나아져 다른 집 지하에 세 들어 사는 신세를 면한 뒤였다. 아버지가 버스 운전사로 고정적인 일거리를 잡아 3,200달러를 주고 작은 집 한 채를 산 것이다. 누이 둘이 방 하나를 쓰고 부모님이 다른 방을 썼기에 나는 여름이면 현관에서 자고 겨울에는 거실 바닥에서 잘 수밖에 없었다. 그래도 부엌이랑 욕실이 따로 있었으니 폴란스비의 옛날 집보다는 상황이 좋아진 셈이다.

그 첫 여름방학 때 집에 머무는 동안, 고등학교 3학년 때 지도를 받았던 프랭크 스마우스 코치를 우연히 만났다. 스마우스 코치는 라베나고등학교 수석코치를 맡고 있었는데, 그 학교는 우리 집에서 불과 몇 킬로미터 거리에 있었다. 내가 켄트주립대 2학년에 올라갈 예정이라는 말을 듣자 스마우스 코치는 "라베나 1학년생 팀을 지도해보지 않겠니?"라고 제안했다. 당시는 고등학교 팀 코치를 맡을 때 교원 자격증은 물론 대학 학위도 필요하지 않았다. 고교 1학년 팀 코치를 맡은 사람들 대부분은 교사도 아니고 교육청에 고용된 사람도 아니었다. 이들은 그저 미식축구를 사랑하는 사람들로, 요즘으로 치면 사회인 리그나 주니어 리그 코치와 비슷하다. 나는 스마우스 코치의 제안을 받아들여 2학년 가을을 주말 오후마다 켄트와 라베나를 히치하이크로 오가며 보냈다.

그해에 나는 실수란 실수는 다 저질렀다. 무엇보다 나는 무척이나 위축돼 있었다. 처음 라베나에 갔을 때 나는 여전히 덩치 작고 조금은 수줍음을 타는 열여덟 살 청년이었다. 내게는 언어 장애도 있었는데, 평생 고치려고 애썼지만 지금도 내 말을 귀 기울여 들어보면 분명히 드러난다. 코치라고 해도 나보다 두세 살, 많아야 네 살 아래에 불과하고 대부분 나보다 덩치가 큰 데다 말도 또박또박 잘하는 선수들을 가르치는 일은 꽤 어려운 도전이었다.

다행히도 라베나고등학교에는 뛰어난 선수가 꽤 있었다. 우리는 내가 이스트리버풀에서 선수로 뛸 당시 썼던 공격 전술인 싱글 윙 포메이션을 사용했는데, 우리 팀 테일백 조엘 다우닉은 코치들의 실수를 상당히 감춰줄 만큼 재능이 넘쳤다. 다우닉은 졸업 후 다트머스대학교에 진학해 대학 리그에서 뛰어난 활약을 펼쳤다. 다우닉은 지도하기 편한 선수였다. 다른 선수들은 그만큼 재능이 있거나 내 지시를 잘 받아들이지 않았다. 코치의 길에 첫발을 내디디면서 나는 동기부여와 소통, 집중에 대해 많은 깨달음을 얻었다.

나는 블로킹이나 태클 기술의 시범을 보이려고 패드도 착용하지 않고 스크리미지 한가운데로 뛰어든 적이 여러 차례 있었다. 선수들이 깜짝 놀라곤 했지만, 나는 일을 제대로 하고 싶다는 열정에 넘쳤다. 내가 패드도 차지 않고 선수들 무리 한가운데로 뛰어들 수 있다면, 나보다 훨씬 덩치 큰 녀석들이 장비를 완전히 갖춰 입고 그렇게 하지 못할 이유가 없었다. 나는 선수들에게 "기왕 뭔가를 할 거라면 능력이 미치는 한 최선을 다해라. 그러지 않을 거라면 너희 시간이나 내 시간을 허비하지 마라"라고 말했다. 코치 생활을 하는 내내 내가 되풀이해온 말이다. 당시 내게 중요했던 건 그 선수들의 기량이 얼마나 뛰어난가가 아니었다. 중요한 건 그들이 보여준 노력이었다. 나는 뛰어난 선수가 아니었기 때문에 나보다 육체적으로 뛰어난 선수들과 대등한 경기를 하려 해도 플레이 하나하나에 전력을 다해야 했다. 나 자신의 신체적 단점을 극복함으로써 더 나은 코치가 될 수 있었던 건 모든 플레이에 최선을 다한다는 게 어떤 의미인지 알고 있었기 때문이다. 신체적 그리고 정신적으로 임무를 감당할 능력이 없어서가 아니라 단지 성공에 필요한 노력을 기울이지 않아서 실패하는 사람을 나는 아직도 이해할 수가 없다. 할 수 있는 한 최선을 다하지 않을 거라면 애당초 무엇 때문에 시도를 하는 건가?

내가 깨달은 또 다른 교훈은 코치는 나이나 체격, 외모가 중요한 게 아니라 맡은 일에 능통하고 지식을 팀에 전수해서 선수들이 할 수 없다고 지레 포기했던 일을 하도록 영감을 불어넣어야 한다는 사실이다. 당시 내가 한 일은 나를 가르쳐준 훌륭한 교사와 코치들을 따라 하려고 애쓴 것뿐이었다.

내가 그분들을 꽤 잘 흉내 냈나 보다. 우리 1학년 팀은 그해 가을 한 경기도 내주지 않았다. 전승 행진은 스마우스 코치에게 깊은 인상을 주었다. 그해 스마우스 코치가 켄트주립대 보조코치로 왔는데, 내게 새로운 제안을 했다.

"루, 내년 가을엔 미식축구 선수로 뛰도록 해. 대학 리그에서 뛰어보면 더 좋은 코치가 되는 데 도움이 될 거야."

대학 팀에 지원한다는 사실에 마음이 벅찼다. 나는 미식축구는 물론 그와 관련된 모든 게 좋았다. 켄트주립대를 대표해 뛸 수 있다면 영광이라고 생각했다. 하지만 대부분 사람은 내가 성공하지 못할 것으로 여겼다. 나는 몸무게 75킬로그램으로, 우리 팀에서 가장 덩치가 작은 선수였으니 말이다. 벌써 3학년이니 대학에서 스포츠 선수로 도전을 시작하기에는 다소 늦은 시기였지만, 당시 나는 4년 내에 졸업하기는 어려운 상황이었다. 어머니가 처음에 ROTC 지원서를 쓸 때 어머니도 나도 ROTC와 체육 과목은 학점을 전부 인정받지는 못한다는 사실을 미처 몰랐다. 나는 ROTC와 체육 두 과목 다 수강했기 때문에 재학 기간이 4년 반이 될 수밖에 없었다. 외할아버지와 외할머니는 이런 사실을 받아들이지 못했다. 4년 과정의 학교에 진학해 모든 과목을 이수했는데 왜 졸업을 못 하느냐는 것이다. 그나마 좋은 소식은 ROTC에 지원한 덕에 대학에서 다섯 번의 가을을 맞게 됐고, 그래서 3년간 미식축구 선수로 뛸 자격을 갖게 됐다는 사실이었다.

그 시간을 나는 최대한 현명하게 사용했다. 어떤 친구는 내가 망신을 당할까 봐 걱정했지만, 최선을 다하면 망신당할 일은 없다는 게 내 마음가짐이었다. 강의실에서 좋은 결과를 낸 것처럼 필드에서도 성공할 수 있다고 믿었다. 나 자신에 대한 믿음보다 중요한 건 아무것도 없었다.

한 해 전 여름 나는 새로운 도전에 대해 값진 교훈을 얻었고, 그 뒤로 내가 지도하는 모든 선수에게 그 교훈을 전하려고 노력해왔다. 어느 날 절친한 친구 일곱 명과 함께 더운 여름날이면 늘 그랬듯 오하이오강에서 수영을 하고 있었는데, 일행 가운데 하나가 1.5킬로미터쯤 떨어진 강 반대편으로 헤엄쳐 건너자고 깜짝 제안을 했다. 꼴찌가 걸어서 다리를 건너 돌아와 차를 몰고 나머지 사람을 태우러 가기로 했다.

"난 안 할래."

네빗 스톡데일이 말했다.

"안 한다니 무슨 말이야?"

내가 물었다.

"난 그렇게 멀리는 헤엄 못 쳐."

"할 수 있어. 그리고 네가 못 건너면 내가 구해줄게."

"날 위해 그렇게 해주겠다고?"

"물론이야. 약속할게."

네빗이 함께 헤엄치게 하고 싶었던 건 내가 꺾을 수 있는 유일한 상대가 그였기 때문이다. 꼴찌만 면하면 되는 경주에서 만만한 상대가 하나 있다면 나쁠 게 없으니까.

절반이 좀 넘는 지점까지는 모든 게 계획대로 흘러갔다. 네빗은 잘 따라붙었지만 나보다 먼저 결승점에 도달할 가능성은 없어 보였다. 누가 가장 먼저 도착할지는 관심도 없었다. 내 신경은 온통 꼴찌를 면하는 데 쏠려 있었다. 그때 갑자기 네빗이 말했다.

"안 될 것 같아."

"할 수 있다니까."

내가 말했다.

"아냐, 못 하겠어. 구해줘 루."

구해주겠다고 약속을, 맹세를 한 터였다. 나머지 친구들은 이미 다 강을 건너 강둑에서 햇볕을 쬐고 있었다. 네빗과 나 둘만 물속에 남아 있었다. 그래서 나는 내가 할 수 있는 유일한 행동을 했다. 네빗이 물에 빠지게 내버려 둔 채 반대편 물가로 계속 헤엄친 것이다.

네빗은 1, 2분쯤 허우적대더니 돌아서서 출발했던 곳으로 다시 헤엄쳐 갔다. 그것이 목숨을 건질 유일한 방법이라고 본 것 같다. 1.5킬로미터 거리를 수영으로 건널 수 없다고 생각했기 때문에 결국 그는 2킬로미터가 넘는 거리를 헤엄친 것이다.

나는 내가 대학 미식축구에서 선수로 뛸 수 있을지 확신이 서지 않았지만, 1.5킬로미터를 헤엄칠 자신이 없다고 2킬로미터를 헤엄칠 생각은 없었다. 나는 미식축구팀에 입단했고, 어떤 변명도 하지 않겠노라 스스로 다짐하면서 내가 가진 것을 쏟아냈다.

나는 인사이드 라인배커와 아웃사이드 라인배커로 뛰었지만 뛰어난 선수는 아니었다. 그래도 팀 동료와 코치들의 존경을 받았는데, 내게는 그 존경이 필드에서 이룬 성취보다 더 중요했다. 동료 가운데 키 190센티미터에 몸무게가 120킬로그램에 육박하는 라인맨으로 클리블랜드 출신인 슈거 볼 킹과 친구가 됐고, 그 덕에 나를 애먹이는 사람도 거의 없었다. 슈거 볼 같은 친구가 곁에 있으니 시비를 걸어 오는 사람이 없어 좋았다(슈거 볼은 스물여섯 살의 나이로 세상을 떠났다. 훗날 나는 유명 권투 프로모터인 돈 킹에게 슈거 볼이 자신의 동생이라는 사실을 들어 알게 됐다).

노력과 태도 덕분에 나는 여러 가지를 나보다 훨씬 더 재능이 뛰어난 동료들만큼이나 잘 해냈다. 나는 팀 내 누구보다 더 기본기를 갖추는 데 땀을 흘렸고, 경기를 배우기 위해 필요한 건 뭐든 했다. 그러는 과정에서 재능이나 타고난 능력 없이도 성공할 수 있다는 사실을 배웠다. 제시간에 훈련장에 나타나고, 더 열심히 공부하고, 코치들이 요구하는 온갖 사소한 일을 해냄으로써 깡마르고 동작이 굼뜬 풋내기도 결국 다른 선수들과 어깨를 나란히 할 수 있게 됐다.

물론 나도 부끄러운 행동을 한 적이 있다. 어버이날 딱 한 번 어머니가 내 경기 모습을 보러 왔는데, 오하이오주 마이애미대학교와의 경기였다. 경기 중 전형적인 '눈에는 눈, 이에는 이' 상황이 벌어졌다. 상대편 선수 하나가 나를 밀쳤고 나도 그를 밀쳤다. 그가 나를 때리자 나도 그를 때렸고, 우리는 둘 다 즉각 퇴장을 당했다. 어리석은 행동이었고 그 뒤로는 절대 그런 일이 없었지만, 그날 이후 어머니는 내가 뛰는 모습을 다시는 보러 오지 않았다.

당시 켄트주립대에는 델타 입실론이라는 남학생 사교 클럽이 있었는데, 뛰어난 청년들의 모임으로 그들과 지금까지도 가깝게 지낸다. 내가 아직 공식적으로 가입 서약을 하지는 않았을 때 회원 몇 사람이 저녁 식사에 나를 초대해줘 함께 식사를 했고, 그들을 따라 여학생 클럽 회관으로 가 창 밑에서 구애의 세레나데를 불렀다. 그런 다음 술집들이 늘어선 곳으로 몰려갔다. 우리가 들어간 술집은 그중에서도 가장 활기 넘치는 래트스켈러라는 바였다.

나는 술은 입에 대지 않았지만, 그래도 그들과 함께하는 시간이 즐거웠다. 그러던 중 회원 가운데 한 명이 오늘이 자기 생일이라고 말하자, 눈 깜짝할 사이에 여학생 몇이 다가와 그에게 키스를 해 주었다. 그 순간 나는 입회하기로 마음을 굳혔다. 그때까지 난 데이 트를 해본 적이 한 번도 없었다. 아니 학교 무도회조차 가본 적이 없었다. 여자와 사랑을 나눈 적도, 키스를 해본 적도, 그 밖에 10대 청년이 꿈꾸는 어떤 일도 해본 적이 없었다. 남학생 사교 클럽은 사회적으로 받아들여지기에 적절한 장소인 것 같았다. 나는 곧바로 가입 서약을 했다. 훌륭한 결정이었다. 졸업하기 전까지 나는 자랑스럽게 도 여덟 번의 여학생 사교 클럽 공식 행사 중에 일곱 번 초대를 받아서 남학생 클럽 신기록을 세웠다.

데이트를 즐기는 틈틈이 나는 트레버 리스 수석코치의 소개로 멀린스라는 곳에서 수위로 일했고, ROTC 복무 대가로 매달 29달러 50센트를 받았다. 미식축구와 활발한 남학생 사교 클럽 활동에 학점을 3.0 안팎으로 유지하면서 아르바이트까지 하느라 정신없이 바빴지만 매우 행복한 시간이었다. 나는 나날이 자신감이 커졌다.

그러던 어느 날 부모님에게 전화가 와 곧장 집으로 오라고 했다. 나는 왜 그러는지 영문도 모른 채 히치하이크로 이스트리버풀로 돌아갔다. 어머니와 아버지가 사소한 일로 내게 와달라고 한 적이 없기 때문에 심각하고 다급한 문제가 생겼음을 직감했다. 집에 도착하니 온 가족이 거실에 모여 있었다. 어머니가 대화를 주도하며 아버지와 갈라설 예정이라고 선언했다.

처음에는 무슨 말인지 이해하지 못했다. 갈라선다고? 뭘 가르는

데? 잠시 후 나는 어머니가 '이혼'이라는 말을 하지 않았을 뿐 이혼에 대해 얘기한다는 걸 깨달았다. 독실한 가톨릭 가정인 우리 집에서 그런 단어는 금기어였기 때문이다.

"이제 우리는 따로 살 게 될 거야." 어머니가 말했다. "상의해봤지만 다른 길은 없는 것 같구나."

나는 놀라 말문이 막혔지만, 지금 생각해보면 그런 일이 일어나리라는 걸 충분히 짐작할 수 있었다.

아버지는 평생 한 번도 물질적인 것을 손에 쥐어본 적이 없는 사람인데, 한때는 그나마 잡은 일자리마저 없어질 위기에 처했다. 아버지가 일하는 버스회사와 록스프링스 놀이공원을 포함해 이스트리버풀에서 몇 개 회사를 운영하던 스미스 씨가 갑자기 세상을 떠났기 때문이다. 그의 상속인들은 버스회사를 운영하지 않으려 했고 이스트리버풀시 당국도 대중교통에 손을 댈 생각이 없었기 때문에, 버스회사는 폐업이 불가피해 보였다. 아버지는 또다시 실업자 신세가 될 것 같았다.

하지만 예상 못 했던 반전이 하나 있었다. 성 알로이시오 학교는 스미스 씨 회사의 버스들을 전세 내서 가톨릭 신자 학생들의 통학버스로 사용하고 있었다. 버스회사의 폐업이 임박하자 성 알로이시오의 신부님들이 아버지에게 버스 두어 대를 마련해 전세 통학버스를 운영해보지 않겠냐고 제안했다. 아버지는 이 제안을 수락했다. 이 합의 소식을 들은 이스트리버풀시에서 아버지에게 시를 위해 버스회사를 운영하지 않겠냐고 제안했다. 아버지는 어떤 노선이 이윤이 많이 남는지 알고 있었기 때문에, 시에서 돈벌이가 되지 않는 노선을 떠넘기지 않는다는 조건으로 그 제안도 받아들였다. 몇 달 사이에 아버지는 버스 운전사에서 이스트리버풀 버스회사의 사장으로 변신했다.

그 거래로 아버지가 엄청난 부자가 된 건 아니지만 꿈에도 생각지 못했던 돈을 손에 넣었다. 그뿐만이 아니라 마을 사람들이 다 알아보고 존경하는 '사업가'가 됐다. 이 정도면 초등학교 3학년을 끝으로 학교라곤 다녀본 적 없는 가난한 동네 출신 사내의 어깨에 힘이 잔뜩 들어갈 만도 하다. 어느 때부턴가 아버지는 늦은 시간까지 집에 들어오지 않았다. 그리고 쓰지 말아야 할 장소에서 쓰지 말아야 할 방법으로 돈을 썼고, 다른 여성들의 관심을 받아들이기 시작했다. 전형적인 성공의 함정에 빠져든 것이다. 새로 손에 쥔 부와 명성 덕에 아버지는 자신이 천하무적에 투명인간이 됐다고 착각했다. 성공한 많은 사람이 그렇듯, 아버지는 어디든 가서 무슨 일이든 하고도 책임은 질 필요가 없다고 생각했다. 돈이 있으니 어떤 일이든 할 수 있었고, 누구의 눈에도 띄지 않기를 바랐기 때문에 누구도 그를 보지 못했다. 물론 아버지는 좋은 사람이고 나는 아버지를 사랑했다. 하지만 아버지는 뛰어난 면도 많았지만, 성공을 감당할 능력은 갖추지 못했다.

코치 생활 내내 나는 선수들과 학생들에게 성공에는 사람을 취하게 하는 힘이 있다고 충고해왔다. 살면서 우리는 힘든 시간을 견뎌내야 하지만(누구나 어려운 결정과 힘든 선택을 해야 한다), 마찬가지로 성공을 감당할 채비 역시 해야 한다. 운동선수일수록 특히 더 그렇다. 기량이 뛰어난 학생 운동선수들이 집에 갈 버스요금조차 없는 처지에서도 우리 팀에서 뛰려고 얼마나 많이 찾아왔는지 모른다. 이들은 강의실에서 열심히 노력하고 경기장에서는 한 층 더 땀 흘리며 온갖 역경을 이겨내고 학교생활을 헤쳐나간다. 그런 노력의 결과 미국 프로미식축구리그^{NFL}에 지명된 소수의 행운아에게는 하룻밤 사이에 세상이 달라진다. 계약이 축제 날 색종이 조각처럼 쏟아지고 미녀들이 같이 방에 들어가고 싶어 줄을 선다. 수백 명이 친구가 되고 싶어 한다. 20대 초반 남성에게는 특히나 비현실적인 경험이 아닐 수 없다. 그런 갑작스러운 성공을 감당하려면 큰 용기와 성숙함이 필요하다. 경제적으로 하류 계층 출신이라면 특히 더 그렇다. 어떤 선수는 이 같은 상황에 잘 대처하지만, 불행히도 그러지 못하는 선수도 있다. 누구보다 내가 잘 안다. 아버지를 통해 직접 목격했으니까.

부모님의 결별로 나는 엄청난 충격을 받았다. 학교로 돌아온 나는 그 순간부터 내 힘으로 돈을 벌어 학교를 마치겠다고 다짐했다. 아버지의 더러운 돈은 한 푼도 받지 않겠다고 마음먹었다. 한편으로는 아버지가 손에 쥔 부가 오래가지 않을까 봐 걱정이 되기도 했다. 온전히 집중하지 않는다면, 기업을 성공적으로 운영하면서 직원들을 다독이고 수천 가지 세세한 일을 챙길 순 없으니 말이다. 그때 나는 아버지가 이스트리버풀 운송 업계의 거물 노릇을 할 날도 얼마 남지 않았다고 생각했다.

슬프게도 내 우려는 얼마 안 가 현실이 됐다. 부실 경영과 형편 없는 기획 때문에 아버지의 사업은 파산했다. 아버지와 어머니는 이혼은 하지 않았지만, 다시 화해하지도 않았다. 아버지는 대공황이라는 최악의 구렁텅이를 굳은 의지로 버텨낸 좋은 사람이었다. 일본군 조종사들의 자살 공격과 미드웨이나 사이판 같은 전장의 공포를 불평 한마디 없이 견뎌냈다. 하지만 다른 많은 사람처럼 아버지에게도 성공은 감당하기엔 너무 큰 무게였다.

아버지의 몰락은 내게 무척 깊은 인상을 남겼고, 그때부터 나는 내가 지도하는 모든 선수에게 성공에 대처하는 능력이 얼마나 중요한지를 일깨우려고 노력해왔다.

켄트주립대에서 보낸 마지막 1년 반 동안은 대학 생활을 경험하는 데 전념했다. 미식축구 선수 생활을 통해 부분 장학금을 받았고, ROTC 급료에다 이런저런 아르바이트를 하며 생계를 꾸려갈 수 있었다. 남학생 클럽 회관에서 숙식을 해결하며 에디라는 아름답고 재능 있는 여성과 사귀었고(4학년 때 에디에게 애정의 표시로 클럽의 장식 핀을 선물했다), 미식축구 선수로서 특별한 활약을 펼치지는 못했지만 모두가 예상했던 것보다는 큰 성공을 거뒀다.

어느 날 저녁 클럽 회관에서 하고 싶은 말은 무엇이든 하되 대답은 요구할 수 없는 '진실의 시간'을 가졌다. 미식축구팀 동료이자 클럽 회원으로 내가 대단히 좋아하는 토니 잠피노와 마리오 피사넬리는 내가 미식축구팀에 지원한다는 소리를 듣고 제정신이 아니라고 생각했었다고 털어놓았다.

"루가 일주일도 버티지 못할 것으로 생각했지."

두 사람은 내가 합격하는 걸 보고 나에 대해 존경심을 갖게 됐다고 덧붙였다. 이 말이 내게는 무척 큰 의미로 다가왔다.

두 사람의 존경은 내 선수 경력이 끝나고도 한참 더 이어졌다. 선수 자격이 1년 남아 있던 4학년 봄, 나는 시즌 봄 훈련에서 무릎을 다쳐 애크런 병원으로 후송됐다. 무릎 연골이 파열됐다는 진단이 나왔다. 무릎 연골 파열은 지금도 여전히 큰 부상이긴 하지만 당시에 비하면 손톱 옆에 난 거스러미에 불과하다. 내가 지도한 선수들 중에는 무릎 관절경 수술을 받고도 이틀 만에 목발을 짚고 필드에 서고 6주 뒤에는 체력단련실에 복귀한 선수도 있었다. 하지만 내 무릎 위에 남겨진 절개 부위 흉터를 보면 당시 의사가 메스를 손에 쥔 채 재채기라도 한 것 아닐까 하는 생각이 들 정도다. 나는 그해 여름 내내 운동을 쉬어야 했을 뿐 아니라, 다리가 반응을 보이지 않아서 캠프에 복귀했을 때는 절름발이처럼 걸어야 했다. 그래도 마음속으로 나는 준비가 돼 있었고, 조금만 더 근육이 풀리면 될 것 같았다. 하지만 뛸 수 없다는 사실을 깨닫기까지는 그리 오랜 시간이 걸리지 않았다. 6개월 만에 다리는 회복됐지만(그 뒤로는 무릎이 말썽을 부린 적이 한 번도 없다), 이미 시즌이 끝난 뒤였고 내 선수 경력도 조용히 막을 내렸다.

물론 실망스러웠다. 부상으로 선수 경력을 끝맺고 싶은 사람이 어디 있겠는가. 다행히도 켄트주립대 코칭 스태프는 내가 어떤 인생을 살고 싶어 하는지 알고 있었다(당시 수석코치였던 트레버 리스는 선수 시절 오하이오주립대에서 타이트엔드로 뛰었었고, 릭 포르사노는 훗날 해군과 디트로이트 라이언스에서 수석코치가 됐다. 돈 매카퍼티는 1970년 돈 슐라의 후임으로 볼티모어 콜츠의 수석코치에 선임됐다. 그리고 프랭크 스마우스는 신시내티 벵골스에서 슈퍼 스카우터가 됐다). 코치들은 나를 도우려고 졸업 전 마지막 몇 달 동안 무스 패스커트를 보조하며 1학년 팀을 지도하는 일을 제안했다. 나는 즉시 수락했다.

남학생 클럽 회원이자 팀 동료였던 존 콘스탄티노스도 1학년 팀의 지도를 거들었다. 존은 졸업 전에 선수 자격이 만료됐는데, 켄트 주립대로 편입할 때 코칭 스태프가 약간 편법을 쓴 게 빌미가 됐다. 팀에 합류한 첫해에 내가 그에게 이렇게 물은 적이 있었다.

"존, 전공이 뭐야?"

그러자 그가 대답했다.

"내년에 공학사 학위를 받고 졸업할 거야."

"정말? 졸업식이 아주 기대되는걸."

"무슨 뜻이야?"

"우리 학교에는 공과대학이 없거든."

포르사노 코치가 공학 전공을 선택할 수 없다고 일러주는 걸 깜빡한 탓에 존은 전공을 수학으로 바꿨고, 졸업을 위해 추가로 더 다니게 된 한 학기 동안 나와 함께 1학년 팀을 지도했다.

당시엔 1학년 학생들은 대학 대표로 경기에 나설 수 없었기 때문에, 우리 두 사람의 주된 임무는 선수들이 만족스럽고 바람직한 생활을 하도록 관리하면서 블로킹과 태클 기술을 가르치는 것이었다. 실전은 몇 경기 안 했지만 훈련은 일주일에 5일이나 했다. 거기에 더해 존과 나는 매주 토요일마다 다른 대학으로 차를 몰고 가서 다음 주 맞붙을 상대 팀의 전력을 탐색했다. 코칭 스태프는 우리가 하는 일에 깊은 인상을 받은 듯했고, 켄트주립대는 그해 7승 2패를 기록했다.

대학은 내게 새로운 세계를 열어주었다. 켄트주립대에서 만난 사람들과 나를 지도해준 사람들, 내가 사귄 친구들은 내가 꿈에도 가능하리라고 생각하지 못했던 기회, 내가 딴 학위보다 훨씬 더 큰 기회를 제공해줌으로써 훗날 내가 직업적인 경력을 쌓아가며 밟게 될 길을 열어주었다.

인생은 살면서 만나는 사람과 하는 행동 그리고 내리는 결정이 한데 모여 이뤄진다. 나는 가족 가운데 누구도 갖지 못한 기회를 누릴 수 있게 해준 멋진 가정에서 나고 자란 행운아였다. 또 내 미래에 관심을 기울여주고, 큼지막한 안경을 걸치고 혀 짧은 소리를 하는 왜소한 체구임에도 그 이상의 무언가가 내 안에 있음을 알아봐 주고, 배우는 법을 익히도록 이끌어주고, 성공으로 가는 사다리의 첫 번째 계단에 발을 올릴 수 있게 해준 코치와 스승들을 모실 만큼 운이 좋은 사람이었다.

인생은 우리 모두에게 일련의 선택지를 제공한다. 우리가 내리는 결정들이 우리의 성공 여부를 좌우한다. 다른 누군가가 아닌 오직 나 자신이 내가 한 선택에 책임이 있음을 받아들이고, 내가 한 선택을 놓고 다른 사람을 비난하기를 거부할 때 성공을 위한 청사진을 손에 넣게 된다. 다른 사람이 내 길을 선택하게 하고, 그래서 일이 뜻대로 풀리지 않을 때 남 탓만을 한다면 이는 자기 자신을 속이고 기만하는 것이다. 현재 처한 상황이 좋든 나쁘든, 내가 내린 결정에서 비롯된 것이라는 사실을 받아들여야만 상황을 변화시킬 수 있고 앞으로 더 나은 선택을 할 수 있다. 올바른 선택이 성공으로 향한 길을 열어주며, 인생에서 성공을 결정하는 건 다른 누구도 아닌 나 자신이다.

03

WINS, LOSSES,
AND LESSONS

켄터주립대 졸업 기념사진.
직업군인의 길을 걸을까 고민했지만
내 천직은 미식축구 필드에 있다는 걸 알고 있었다.

첫인상은
두고두고 남는다

대학 졸업 후 첫 직장을 걱정할 필요는 없었다. ROTC는 임관 후 6개월간 의무적으로 군 복무를 해야 하므로, 나는 졸업반 때 무직 신세가 돼 방세를 못 낼까 봐 애 끓으며 여기저기 면접을 보러 다니지 않아도 됐다. 의무 복무는 꽤 기분 좋은 일이었다. ROTC를 썩 좋아한 건 아니지만 누구나 조국을 위해 봉사할 의무가 있다고 생각했다. 그뿐만이 아니라 군에서 다진 통솔력과 규율, 목표 의식, 기어코 임무를 완수하겠다는 집중력은 코치가 됐을 때 무척 값진 자산이 됐다. 행진을 좋아하진 않았어도 절도 있게 모두가 보조를 맞추는 모습은 보기 좋았다.

당시 미국은 전쟁 중은 아니었지만 준비 태세는 어느 때보다 높았다. 한국전쟁이 교착상태로 끝나면서 38선을 사이에 두고 남북으로 병력이 대치하고 있었다. 처칠 총리의 '철의 장막' 연설이 여전히 귓가에 생생했는데, 소련군 탱크가 헝가리의 부다페스트를 짓밟고 동독 사람들이 장벽 너머 서베를린으로 가려다가 총에 맞는 모습을 지켜볼 때 특히 더 그랬다. 쿠바 혁명 역시 기억에 선명한데, 그로부터 3년도 안 돼 소련이 마이애미에서 140킬로미터밖에 떨어지지 않은 곳에 미사일을 배치하면서 미국은 전쟁 직전 상황에 내몰리게 됐다. 군에 입대하기에는 불안한 시절이었다. 내가 장교로 임관할 시점에 미군이 전투 중인 지역은 아마도 없겠지만(당시는 미국이 베트남에 군사 고문을 파견하기 3년 전이었다), 이 나라의 용감한 병사들이 세계 곳곳에서 일촉즉발의 위기 지역을 지키고 있었다.

졸업 당시 나는 내 인생의 다음 해에 뒤따를 일들에 대한 명확한 비전이 있었다. 하지만 불행히도 대학 문을 나서는 심정이 더없이 무겁기도 했다. 무엇보다 여자친구였던 에디가 졸업 직전 결별을 선언했기 때문이다. 나는 9일 내리 폭음을 하며 이별을 자축했는데, 그때까지 한 번도 해본 적 없는 일탈이었다. 남학생 클럽 회원들의 노골적인 부추김을 포함해서 유혹이 적지 않았지만, 나는 집을 떠나 학교에 다니는 동안 절대 술을 입에 대지 않겠다고 어머니에게 한 약속을 지켜왔다. 하지만 졸업식이 끝나자마자 애크런과 주변 도시의 싸구려 술집을 전전하며 술로 슬픔을 달래기 시작했다. 유치하고 어리석은 행동이었지만, 술이 깼을 때보다 취했을 때가 더 많았다.

그렇게 열흘째 되던 날 아침, NFL 뉴욕 자이언츠의 수비수가 내 머리를 깔아뭉개서 입안에 모래가 들어간 것 같은 느낌으로 잠에서 깬 나는 일어나 앉아 욱신거리는 눈을 비비며 혼잣말을 내뱉었다.

"너 도대체 무슨 짓을 하고 있는 거야? 누군가 다른 사람이, 널 좋아하지도 않는 사람이 이런 식으로 네 삶을 망치게 내버려 둘 거야?"

답은 너무나 분명했다. 다른 누군가가 내 행복을 좌지우지하게 해서는 안 된다. 내 감정에 책임을 질 수 있는 사람은 나 자신뿐이다. 내가 할 수 있는 선택은 처한 상황에서 최선을 다하거나, 자기 연민에 허우적대며 평생 주정뱅이로 사는 것 둘 중 하나였다. 나는 다시는 누구도 내 행복을 규정하게 내버려 두지 않겠다고 다짐했다. 삶에서 다른 모든 게 마음먹은 대로 되지 않는다고 해도 자신의 감정은 통제할 수 있다. 상황이 낙관적이든 암울하든 상관없이, 그 상황을 기분 좋게 맞을지 아니면 의기소침해서 맞을지는 스스로 선택할 수 있다. 누구도 그 선택권을 빼앗아갈 수 없다. 나는 긍정적인 마음으로 털고 일어서는 쪽을 선택했다.

그날 이후로 나는 모임 자리에서 분위기상 한잔하거나 저녁 식사 때 가끔 와인을 곁들이는 것 이상으로 술을 마신 적이 단 한 번도 없다. 내가 결코 원치 않는 두 가지인 슬픔과 우울증이 알코올과 관련이 있음을 깨달은 건 다행스러운 일이었다. 나는 그 일이 신이 예비한 삶의 계획이 다양하고 흥미로우며, 그 계획 안에서 일어나는 모든 일에는 다 이유가 있다는 증거라고 생각한다.

정신을 차린 뒤 짐을 싸 들고 집으로 돌아왔다. 조지아주 포트 베닝 군 기지에 입소하기 전까지 열흘 정도의 여유가 있어서 친구인 개리 캘버트, 잭 굿원과 함께 뉴욕에 며칠 다녀오기로 했다. 어느 일요일 저녁 우리는 돈을 모아 차를 몰고 뉴욕으로 가 피커딜리 호텔에 묵으면서 뮤지컬 「마이 페어 레이디」와 「뮤직맨」을 관람하며 정말 즐거운 시간을 보냈다. 그날 이후 뉴욕에 수천 번은 더 가봤지만(심지어 한동안 뉴욕에서 일한 적도 있는데, 그 얘기는 뒤에서 하겠다), 1959년 봄 친구들과 함께한 그 일주일보다 더 좋았던 적은 한 번도 없다.

뉴욕에서 집으로 돌아오는 길에 잭이 피츠버그에 들러 여자들을 좀 만나고 싶어 했다. 나는 그럴 마음이 전혀 없었지만 운전대를 잡은 잭이 내 뜻을 무시하는 바람에 피츠버그로 가게 됐다.

우연인지 필연인지, 우리가 만난 여자들 중에 세인트프랜시스 병원에서 X선 기사로 일하는 베스 바커스가 있었다. 나와 같은 고등학교에 다녔으며 피츠버그로 와 친구 두 명과 함께 살고 있었다. 베스를 만났을 때 나는 그녀의 아름다움과 생기발랄함에 매료됐다. 안면은 있지만 그때까지는 한 번도 그녀에게 관심을 둔 적이 없었다. 물론 고등학생 때 난 어떤 여자에게도 그다지 관심이 없긴 했지만. 베스는 생기 넘치고 똑똑하고 성격 좋고 유머 감각도 뛰어났다. 베스의 부모님은 두 분 다 심지 굳고 근면한 분들로, 이스트리버풀에서 식료품점을 연 지 얼마 안 된 때였는데 나중에 큰 성공을 거뒀다. 베스는 세 자매의 맏이였다. 바로 아래 동생 브렌다는 두 살 아래였고, 막내 재나는 스무 살이나 어렸다. 이 모든 사실을 나는 피츠버그에 짧게 머무는 동안 알게 됐다. 그뿐만이 아니라 베스가 다음 날 이스트리버풀에 있는 집에 갈 예정이라는 것도 알게 됐고, 데이트 신청을 해서 그녀의 승낙을 받아냈다.

포트 베닝에 입소하기 전까지 사흘밖에 남지 않았다. 그 사흘 동안 베스와 나는 매일 만나 데이트를 했다. 마지막 날 내가 피츠버그 공항에서 자정에 떠나는 비행기를 타야 했는데, 그날도 우리는 영화를 한 편 함께 봤다. 영화가 끝난 뒤 잠시 대화를 나누고 나니 당초 예정보다 한 시간 정도 늦어졌다. 밤 10시 30분이 다 돼 집에 도착했는데, 피츠버그 공항은 우리 집에서 차로 한 시간은 족히 걸리는 거리였기 때문에 시간이 정말 빠듯했다.

공항으로 가는 내내 어머니는 눈물을 흘렸고 아버지는 내게 호통을 쳐댔다. 아버지는 심기가 불편했다. 대중교통 업계에 오랫동안 몸담아왔기 때문에 아버지는 내가 타든 안 타든 비행기는 제시간에 떠난다는 걸 알고 있었다. 그날 일로 나도 분명히 깨달았다. 비행기는 확실히 이륙한 뒤보다는 땅에 있을 때 타기가 더 쉽다는 걸.

나는 무거운 여행가방들을 들고 게이트를 향해 달려갔다. 가방은 수화물로 부칠 것들이었다. 그건 문제 될 게 없었다. 뭐 내 짐을 맡아준다는데. 시간은 충분했다.

그때 탑승구 직원이 내 명령서를 요구했다. 비행기에 탑승하려면 명령서를 보여줘야 했다. 나는 놀라서 그만 눈이 휘둥그레졌다. 나는 "여행가방 맨 밑바닥에 있는데요"라고 대답했다.

"어떤 여행가방 말이죠?"

직원이 되물었다.

"방금 수화물로 부친 가방이요."

이제 비행기를 놓치는 건 기정사실처럼 보였는데, 그건 내가 군 경력을 무단이탈로 시작하게 될 거라는 의미였다. 다행히 나는 여행

가방을 돌려받았고 소지품을 헤집어서 비행기 출입문이 닫히기 불과 몇 초 전에 명령서를 찾아냈다. 작별 인사를 하는 내게 어서 타라고 소리소리 질러대던 아버지 목소리가 아직도 귓가에 생생하다.

복무 기간 중에는 부모님에게 편지를 한 통도 쓰지 않았다. 피츠버그 공항에서 무뚝뚝하게 작별 인사를 건네던 모습을 보고 부모님이 내게 신경도 쓰지 않는다고 생각했기 때문이다. 참 유치한 생각이었지만, 나는 부모님과 연락을 주고받지 않는 게 내 반감을 드러내는 방법이라고 생각했다. 자식의 부모 사랑이 부모의 자식 사랑에 결코 비할 바가 못 된다는 걸 이제는 잘 안다. 하지만 당시엔 상처 입은 쪽은 나라고 생각했다. 장교 훈련을 받는 첫 5주 동안 편지를 단 한 통도 받지 못했으니까. 알고 보니 부모님이 내게 편지를 보내지 않은 건 내가 부모님께 편지를 하지 않아서였다. 부모님한테는 내 주소가 없었고 주소를 알아내려고 그다지 애쓰지도 않았다. 나는 부모님에게 화가 났고, 부모님은 나 때문에 섭섭해했다.

같은 소대에 있던 한 친구가 나를 딱하게 여겨 내 이름과 주소를 온갖 광고 우편 발송회사에 보냈다. 입소 6주 차가 되자 나는 편지 한 통 못 받는 신세에서 누구보다 편지를 많이 받는 사람이 됐다. 하지만 불행히도 모든 편지가 다 광고 우편물이었다. 나는 셀 수 없이 많은 대형 경품 행사의 수상자가 됐고, 동부 해안의 모든 해변 휴양지에서 내가 환불 보장 여행상품을 구매하기만 하면 토스트 기계를 사은품으로 증정하려고 난리였다. 베스에게는 편지를 몇 통 보냈지만 베스는 한 번도 답장을 하지 않았다. 얼마 뒤부터 나도 더는 편지를 보내지 않았다.

바깥세상과 연락이 끊긴 것도 서러운데 그해 여름을 조지아주 콜럼버스와 앨라배마주 피닉스시티 사이에 있는 채터후치 계곡에서 나야 했다. 매일 기온이 섭씨 30도를 넘고 상대습도가 95퍼센트에 육박하는 곳이다. 포트 베닝에서 보낸 마지막 주엔 야전 훈련을 하면서 비 오는 날 땅을 박박 기며 보냈다. 야전에서 복귀한 날 아침에는 장비 검열을 받았다. 군복 구입 비용을 아껴 돈을 모으려고 했기 때문에 나는 군복이 두 벌뿐이었다. 훈련을 떠나기 전에 기지 세탁소에 내가 없는 동안 여벌 군복을 가져가 세탁해달라고 부탁해두었다. 하지만 세탁소는 내 기대를 저버렸고, 새벽 2시에 부대로 복귀했을 때 군복은 때 묻고 구겨진 채로 여전히 내 사물함에 들어 있었다. 다행히 우리 중대에는 곤경에 처한 나를 구해줄 좋은 친구가 많았다. 그중 한 사람인 마크 후버가 나와 사이즈가 같아서 아침 6시 검열을 위해 내게 군복을 한 벌 빌려주었다. 결국 아무 문제 없이 넘어갔지만 그때 문득 이런 생각이 들었다.

'오늘 밤을 죽을 때까지 잊지 않을 거야. 이보다 더 비참한 순간은 없을 테니까.'

내가 죽든 살든 신경 쓰는 사람이 아무도 없을 거라는 생각이 들었는데, 아무리 봐도 그럴 리 없는 일인데도 무력감이 밀려들었다. 그 뒤로 무력감이나 절망감이 엄습할 때면 늘 포트 베닝에서 보낸 그 마지막 밤 내가 어떤 심정이었는지, 그 힘든 시간을 어떻게 끈기와 인내로 버텨냈는지를 떠올린다.

그다음 주에 나는 짧은 휴가를 거친 뒤 켄터키주 포트 녹스로 전보 발령을 받았다. 전입신고일 전날 나는 차를 몰고 포트 녹스로 가서 호텔에서 하룻밤 잘 잔 뒤 다음 날 아침 샤워와 면도를 하고 새로 다린 정복을 입고 5분 남짓 차를 몰아 사령관 사무실로 갔다. 나 말고도 그날 아침 전입신고를 한 사람이 다섯 명 더 있었는데, 나처럼 미리 오지 않고 밤샘 운전을 해서 아침에 도착했다. 그래서 다들 군복이 잔뜩 구겨지고 부스스한 얼굴에 당장 면도를 해야 할 만큼 수염이 자라 있었다. 그들 사이에서 나는 거의 패션 잡지 모델처럼 보였다.

대단할 게 없는 상황이었지만, 기지 사령관이 내 용모에 무척 감명을 받았는지 먼저 내게 말을 걸었다. 어느 학교에 다녔는지, 장래 희망이 뭔지 등을 물었다. 우리는 미식축구 얘기를 나눴고, 나는 군복무를 마친 뒤에 교사와 미식축구 코치가 되고 싶다고 말했다. 첫날이 끝나기도 전에 사령관은 내게 군법과 복무 규정, 징벌 조항 수업을 맡아 가르칠 의향이 있느냐고 물었다. 나는 즉석에서 수락했다. 임무가 부여될 거라고 짐작은 했지만, 교관 자리를 제안받으리라고는 전혀 예상하지 못했다.

그날 일로 나는 첫인상은 값을 헤아릴 수 없을 만큼 중요하므로 좋은 첫인상을 남겨야 한다는 교훈을 얻었다. 사령관이 나를 지목한 건 내 용모 때문이었다. 그날이라고 내가 딱히 더 키가 크거나 잘생겨 보였을 리는 만무하지만, 깔끔하게 면도를 하고 옷을 다려 입은 것이 큰 차이를 만들어낸 것이다. 포트 녹스에서 복무하는 내내 나는 가장 인기 있는 군법 교관이었는데, 아마도 수업에 재미와 흥미를 더하려고 애썼기 때문이었던 것 같다. 사격과 수류탄 훈련장에서도 나는 가장 열정적인 교관이었다. 당시 외쳐댔던 명령들이 아직도 기억에 생생하다.

"좌측 확인! 우측 확인! 사선 확인! 안전 깃발 올려! 안전 깃발 흔들어! 사격 개시 7초 전! 사격 중지! 자물쇠 잠그고 약실 확인! 사로 진입!"

교관은 굉장한 직업이었고, 그 첫 신고일에 말쑥하게 갖춰 입지 않았더라면 잡지 못했을 기회였다.

그 뒤로 50년 동안 나는 이때 얻은 교훈을 내가 지도하는 모든 선수에게 가르쳤다. 내가 코치를 맡은 모든 팀 선수들은 경기가 있는 날이면 코트 차림에 넥타이를 매고 버스에 올랐다. 셔츠 자락이 삐져나온 선수가 있으면 누구라도 두 번 다시 같은 실수를 범하지 않도록 주의를 주었다. 팀의 복장 규정과 용모 규정을 시행하는 문제에 관한 한 나는 한 치의 양보도 없었다. 우리가 하루에 100명을 만나면, 1,000명이 용모를 보고 우리를 평가한다. 이웃들은 집 앞 잔디밭과 집의 정돈 상태를 보고 우리를 평가하고, 길에서 마주치는 사람은 차가 얼마나 깨끗한지를 보고 우리를 평가한다. 항상 공평한 건 아니지만 언제나 어김없는 진실이다. 외모는 중요하다. 따라서 잘 관리해야 한다.

포트 녹스 복무가 너무 좋아서 직업군인으로 전환할까 하고 진지하게 고민했다. 나는 목적의식을 가지고 자기 구두를 닦는다는 게 정말 좋았다. 모든 임무가 중요했고 모든 병사가 모든 상황에서 최선을 다하도록 요구받았다. 군인이 되면 소명 의식을 갖게 된다. 자기 자신이나 자신의 경력보다 더 중요한 일들, 몸 바쳐 희생하고 싸우고 목숨까지 던질 만한 가치가 있는 일들이 있음을 깨닫는다. 그런 명쾌함이 나를 사로잡았다. 6개월의 의무 복무 기간이 끝났을 때 정규 장교의 길을 걸을지를 놓고 정말 많은 고민을 하면서, 지원 서류를 요청해 숙소에 받아두기까지 했다. 하지만 속으로는 내 진정한 천직이 미식축구 필드에 있다는 걸 알고 있었다. 내 고등학교 시절에는 와츠 코치가, 대학 시절에는 리스 코치가 이를 간파했다. 군복을 입고 있든 고등학교나 대학 팀 유니폼을 입고 있든, 나는 교사이자 코치였다. 내 미래는 교실과 필드에 있었다. 문제는 어느 학교에서 일자리를 잡느냐뿐이었다.

군 복무를 마치자마자 여기저기서 코치 제안을 받을 것으로 생각했다면 오해다. 나는 장비 관리를 담당하는 자리조차 구할 수 없었다. 그래서 어쩔 수 없이 집으로 돌아와 이스트리버풀 시립병원에서 수술실 바닥을 청소하는 일을 했다. 그 일이 매력적이지 않았다고 말하는 것으론 턱없이 부족할 것 같다. 타일에 묻은 피를 닦아내는 일이 내가 고대해온 직업은 아니었으니까. 사실 그건 포트 녹스에서 맡았던 임무에 비해서도 크게 뒷걸음친 일이었다. 유일하게 좋은 점은 베스도 이스트리버풀로 돌아와 같은 병원에서 X선 기사로 일하게 된 것이었다. 우리는 관계의 불씨를 되살려 다시 만남을 시작했다.

이스트리버풀 병원에서 일하는 몇 달 동안 나는 베스와 데이트를 하면서 코치와 교사로서 경력을 시작하기 위해 갖은 노력을 기울였다. 중서부 지역의 모든 학교에 이력서를 보냈다. 하지만 오하이오, 펜실베이니아, 웨스트버지니아, 미시간주의 교육감들은 역사 교사와 미식축구 코치 지망생 루 홀츠를 만나본 적도 얘기를 들어본 적도 없고, 나 역시 그들을 알지 못했다.

그 기간에도 나는 트레버 리스 수석코치를 비롯한 대학 시절 코치들과 계속 연락을 하며 지냈다. 내가 자리를 잡지 못하고 헤맨다는 걸 알게 된 리스 코치가 오래전 해군 복무 시절 함께했던 전우로 아이오와대학교 수석코치를 맡고 있는 포레스트 에바셰브스키에게 전화를 걸었다. 두 사람의 통화를 직접 들은 건 아니지만 내가 알기로는 대략 이런 말들이 오갔다.

"포레스트, 루 홀츠를 영입해야 해."

"루 누구라고?"

"루 홀츠 말이야. 몇 년 전에 우리 팀 라인배커로 뛰었고 1학년 팀 코치를 맡기도 했던 녀석이지. 좋은 친구이고 언젠가는 괜찮은 코치가 될 재목이야."

"그거 아주 아주 강력한 추천이긴 한데 지금은 빈자리가 없어."

"그럼 조교로 채용하면 되잖아."

"난 조교를 쓰지 않는데?"

"그렇다면 더더욱 루를 데려가야지."

"글쎄…, 모르겠네."

"잘됐군. 루한테 당신이 자리를 마련할 거라고 말해둘게."

이런 대화가 오가던 바로 그즈음 나는 마침내 한 고등학교의 벽을 뚫었다. 코니어트고등학교의 얼 비더만 코치가 내게 보조코치 자리를 제의한 것이다. 그래서 난 코치가 될 가망 없이 병원 바닥이나 청소하던 신세에서 동시에 두 곳에서 코치 제의를 받은 사람이 됐다.

여느 상황이었다면 에바셰브스키 코치의 제의를 즉각 수락하고 아이오와로 가는 첫 버스에 올랐을 것이다. 하지만 그때는 베스가 내 청혼을 수락한 뒤였다. 그래서 나는 코니어트로 가 고등학교 역사 교사이자 미식축구 코치로 평생을 보내기로 마음먹었다. 정말 열심히 한다면 오하이오에 있는 큰 고등학교의 수석코치가 될 가능성도 없지 않지만, 그건 몇 년 뒤에나 생각해볼 일이었다. 당장은 터를 잡고 인생과 직업 경력을 새롭게 시작하겠다고 마음먹었다.

그런데 갑자기 베스가 결혼할 준비가 안 된 것 같다고, 그리고 실은 다른 사람을 만나보고 싶다고 통보했다. 1960년 7월 8일 저녁 9시에 일어난 일이다. 에디가 떠났을 때처럼 또다시 9일 연속 술독에 빠져 살 마음은 없었지만, 오하이오를 서성이며 매일같이 베스 생각을 떠올리고 싶지도 않았다. 그날 밤 10시에 나는 비더만 코치에게 전화를 걸어 그의 제의를 거절하고는, 곧바로 오랜 친구 네빗 스톡데일과 함께 아이오와로 향했다. 출발한 지 두어 시간쯤 흘렀을 때 네빗이 내 기분을 풀어주려고 이렇게 말했다.

"루, 너랑 베스는 애증의 관계인 것 같아. 너는 베스를 사랑하고, 베스는 너를 미워하는."

네빗과 나는 밤새 차를 몰아 아이오와에 도착했다. 내 평생 그렇게 많은 옥수수를 본 건 처음이었다. 베스와의 결별 때문에 지칠 대로 지치고 상심한 데다 잔뜩 화가 났지만 동시에 앞에 놓인 취업 기회에 대한 기대감에 들떠 있었다.

드디어 우리는 아이오와대학교에 도착했고, 나 혼자 에바셰브스키 코치를 만났다. 그는 내가 나타난 데 적잖이 놀란 눈치였다. 에바셰브스키 코치는 "오하이오에 있는 고등학교 팀 코치를 하겠다는 줄 알았는데?"라고 말했다.

"아닙니다, 선생님, 아니 코치님. 코치님 밑에서 일하려고 왔습니다."

나는 최대한 자신감 넘치는 목소리로 대답했다. 그리고 행동도 그렇게 했다. 대학원에 등록하고 방을 구하는 등 세세한 일들을 다 처리한 다음 이스트리버풀로 돌아왔다. 이번에는 짐을 꾸려 아이오와대 미식축구 프로그램의 유일한 대학원생 보조코치 자격으로 아이오와로 향했다.

그 첫 일자리와 이를 둘러싼 상황이 무엇을 의미하는지는 세월이 한참 흐른 뒤에야 분명히 깨닫게 됐다. 내가 아이오와로 간 건 베스가 나를 떠났기 때문이다. 실연이라는 불행이 닥치지 않았다면 그 자리를 수락할 일도 없었을 것이다. 그런데 만약 그때 아이오와로 가지 않았다면, 내 삶은 어떤 방향으로 흘러갔을까? 아마도 평생 오하이오에서 고교 코치를 했을지도 모른다. 고교 코치가 나쁘다는 게 아니라, 그랬다면 아무도 루 홀츠에 대해 들어보지 못했을 테고 당신이 이 책을 읽을 일도 없을 것이다. 끔찍한 역경이라고 생각했던 일이 내 생애 최고의 선택으로 이끌어준 것이다.

감사하게도 내게는 졸업한 선수를 살뜰히 챙겨준 리스 코치와 밤새 나와 함께 아이오와까지 차를 몰아준 네빗 같은 친구들이 있었다. 성 알로이시오의 수녀님들은 늘 이렇게 말씀하셨다.

"신은 동물과 어린아이 그리고 어리석은 자들을 돌보신다."

당시 내가 그중 어디에 속했는지는 모르겠지만, 자비로운 신과 좋은 친구들이 나를 돌봐준 것만은 틀림이 없다.

하지만 당시에는 내가 얼마나 훌륭한 결정을 내렸는지 짐작조차 하지 못했다. 아이오와에 도착했을 때 수중에는 셋방을 구하고 나면 첫 급료를 받을 때까지 근근이 버틸 수 있는 돈밖에 없었다. 아이오와주를 통틀어 아는 사람이 전혀 없었지만 대학 미식축구팀에 몸담게 됐고, 그 경력이 내가 꿈에도 가능하리라고 생각해본 적 없는 길로 나를 이끌었다.

04

WINS, LOSSES,
AND LESSONS

1961년 구월 22일,
베스와 결혼한 건 내 생애 최고로
현명한 결정이었다.

배움 없는 삶은
단 하루도 의미가 없다

배움은 차곡차곡 쌓아가는 과정이다. 그 대상이 무엇이든 기본기를 터득하는 게 우선이므로, 오랜 시간을 쏟아 기본을 익혀야 한다. 양자물리학으로 넘어가려면 사칙연산부터 할 수 있어야 한다. 미술 학도가 수업 첫날 캔버스 앞에 앉아 "렘브란트처럼 그리는 방법을 가르쳐주세요"라고 요구해서는 안 될 말이고, 작가 수업을 막 시작한 학생이 단숨에 퓰리처상을 받을 만한 소설을 써 내려가기를 기대해서는 안 된다. 기초를 완벽하게 터득하고 난 다음에야 비로소 다음 단계로, 그다음 단계로, 또 그다음 단계로 나아가 목표에 도달할 수 있다. 재능 있는 사람들도 모두 오랜 시간에 걸쳐 자신의 재능을 계발했고, 나 역시 마찬가지다.

아이오와에서 나는 계층 구조의 밑바닥에 있는 말단 직원이었지만 전혀 불만이 없었다. 정교하게 조정된 산업 장비처럼 작동하는 대학 미식축구 프로그램에 발을 들여놓은 것만으로도 나에겐 어마

어마한 행운이었다. 에바셰브스키 코치는 오랫동안 아이오와의 지휘봉을 잡고 대단한 성공을 거둬온 지도자다. 그의 휘하에 있는 무척이나 박식한 코치들이 시간을 들여 내게 복잡하기 그지없는 코치의 임무를 가르쳐주었다. 제리 번스, 아치 코드로스, 밥 플로라, 햅 해플, 올린 트레드웨이가 그들이다. 코치 일에 대해 내가 알고 싶었던 모든 것이 바로 내 앞에 주어졌다. 나는 그저 죽도록 열심히 배우기만 하면 됐다.

유일한 조교 보조코치로서 나는 코칭 스태프가 필요로 하는 것이라면 무엇이든 했다. 나는 미식축구계의 일벌레였다. 주당 60~100시간씩 일하며 팀 사무실에서 살다시피 했고, 경기 분석 영상을 들고 코치들 사이를 분주히 오가는 한편, 블로킹과 태클 시범 때면 팔을 걷어붙이고 직접 뛰어들었으며, 온갖 잔심부름을 도맡는가 하면, 1학년생 팀 지도를 돕기도 했다. 경기 당일에는 기자석에 배치돼 제리 번스를 도왔다. 잡일은 죄다 내 몫이었다. 그래도 난 신이 났다. 에바셰브스키 코치가 세탁 일을 맡겼어도 기꺼이 했을 것이다. 왜 안 그렇겠는가. 불과 얼마 전까지만 해도 나는 이스트리버풀 시립병원에서 바닥에 묻은 피를 닦아내고 있었는데, 이젠 이 분야 최고 코치의 문하생이 돼 지도자 수업을 받고 있으니 말이다.

나는 석사 학위를 받기 위해 대학원 강의도 들어야 해서 항상 바빴다. 예전에 학부에선 역사를 전공했지만 석사 과정으로는 체육교육학을 선택했다. 체육팀 행정실과 체육학과 사무실이 같은 건물에 있기 때문이기도 했고, 대학 측이 내게 척추이분증이나 근육위축병

같은 육체적 어려움을 겪는 장애 아동을 대상으로 한 체육교육 강의를 맡겼기 때문이기도 했다. 레드 막스 박사가 내 선배였는데 정말 대단한 사람이었다.

나는 여지껏 그런 문제를 안고 있는 사람들 앞에 나서본 적이 없고, 특히 어린이 환자를 접해본 적이 없어서 처음엔 걱정스러웠다. 하지만 오래지 않아 이 아이들이 정서적으로는 여느 아이들과 다를 바가 전혀 없다는 사실을 깨달았고, 그런 깨달음을 얻기도 전에 아이들에게 커다란 감동을 받았다. 살면서 여러 번 푸념도 하고 자기 연민에 빠졌던 나 자신에게 화가 났다. 물론 시련을 겪은 적도 꽤 있지만, 휠체어에 앉아 옴짝달싹 못 한 적은 한 번도 없지 않은가! 나는 똑바로 앉아 혼자 힘으로 밥을 먹을 수 있지 않은가! 그 아이들과 함께하면서 나는 우리 대부분이 얼마나 운이 좋은 사람들인지 깨달았다. 그뿐만이 아니라 사소한 모욕에 불평을 늘어놓는 사람들에 대한 인내심도 줄어들었다. 처한 상황이 아무리 나쁘더라도, 그보다 더 나쁜 상황에 몰린 누군가가 있기 마련이다. 그런 사실을 잊지 않고 기억하면 삶이 훨씬 더 편안해지고 자신에게 주어진 축복을 즐길 수 있다.

당시 나는 더할 나위 없이 행복한 나날을 보냈는데, 아이오와가 9승 1패를 질주했을 때 특히 더 기뻤다. 우리 팀은 사우스벤드 원정 경기에서 노트르담대학교를 꺾으며 전국 2위로 시즌을 마쳤다. 무명의 조교인 나는 사이드라인에 서서 그 모든 감동의 순간을 지켜봤다.

내 개인 생활 역시 궤도에 올랐다. 포기를 모르는 끈기와 안 된다는 대답을 받아들이지 않는 집요함 하나로 매달린 끝에 결국 베스가 내 청혼을 다시 한번 고려하도록 설득하는 데 성공했다. 베스가 처음 결혼 약속을 깼을 때 나는 두 가지 선택지가 있다고 판단했다. 그녀가 다른 사람을 사귀며 나를 잊게 내버려 두든가, 포기를 거부하고 계속 집요하게 매달려서 나 자신, 그리고 우리 두 사람이 함께할 미래에 대한 믿음을 지켜내는 것이다. 나는 후자를 선택했다.

내 생각에 성공과 행복을 위해 가장 중요한 자질은 끈기다. 그무엇도 끈기를 대신할 수는 없다. 재능만으로는 어림도 없다. 재능이 있어도 성공하지 못한 사람이 얼마나 많은가. 천재성 역시 마찬가지다. 천재이면서 아무것도 이루지 못한 사람은 너무나도 흔하다. 교육만으로도 안 된다. 세상은 학식 있는 낙오자들로 넘쳐난다. 오로지 끈기만이 모든 것을 가능케 한다. 내 또래들은 모두 베이브 루스가 홈런 714개를 때려냈다는 사실을 안다. 하지만 나는 그가 삼진도 1,300번 넘게 당했다는 사실을 아는 몇 안 되는 사람 가운데 하나다. 베스가 몽둥이를 휘두르며 쫓아낼 때까지는 그녀를 단념하지 않겠다고 마음먹은 건, 모든 성공적인 관계의 비결은 끈기라는 사실을 알았기 때문이다. 내가 계속 애를 쓴다면 우리 사이가 잘될 가능성이 있었다. 하지만 내가 포기하면 우리 관계는 끝날 수밖에 없었다. 내가 다시 연락한 뒤로 우리는 데이트를 이어갔는데, 내가 사랑의 불씨를 되살렸거나 베스의 거부감을 완전히 누그러뜨린 듯했다. 어느 쪽이었든 베스가 마침내 고개를 끄덕였다. 우리는 1961년 여름에 결혼식을 올리기로 했다.

나는 내 삶이 제 궤도에 올랐다고 생각했다. 내가 좋아하는 분야에서 숭배하고 존경하는 코치들을 위해 일하고 있다. 게다가 결혼하고 싶은 여자가 내 두 번째 청혼을 승낙했다. 그리고 아이오와대에서 석사 학위를 받을 예정이다. 잘못될 일이 뭐가 있겠는가.

시즌 최종전이 끝난 뒤에야 그게 아니라는 걸 알게 됐다. 노트르담을 꺾은 뒤 작은 전세기 두 대에 나눠 타고 사우스벤드에서 돌아오는 길에 에바셰브스키 코치가 은퇴를 선언했다. 제리 번스가 아이오와의 수석코치 자리를 물려받게 됐다. 에바셰브스키 코치가 떠난다는 소식이 슬펐던 건 내가 1년짜리 계약자 신분이었기 때문이다. 나는 에바셰브스키 코치가 다음 시즌에도 나를 데리고 있거나 다른 대학에 소개해주기를 바랐다. 어쨌든 나는 쓸모가 많은 심부름꾼이었으니까.

다른 한편으로, 아이오와에는 내가 필요하다고 믿었다. 없어서는 안 될 존재는 결코 아니었지만(내가 아는 건 별로 없어도 누구든 대체될 수 있다는 사실만큼은 알았다), 아이오와에는 내가 해온 온갖 사소한 일을 처리할 사람이 코칭 스태프 중에는 아무도 없었다. 아이오와에 계속 남는 데 아무런 문제가 없을 것으로 생각했다. 번스 코치도 나를 좋아했고 내가 팀을 위해 한 모든 일에 고마워했다. 그 사실을 알게 된 건 나를 해고하면서 그가 그렇게 말해줬기 때문이다.

알고 보니 번스 코치는 곧 결혼할 조교를 코칭 스태프로 쓰고 싶어 하지 않았다. 조교는 만능 일꾼으로 온갖 일을 도맡아야 하고, 언제든 부르면 달려올 수 있는 미식축구광이어야 한다는 게 그의 생각이었다. 에바셰브스키 코치를 위해 내가 그랬던 것처럼 말이다. 하지만 번스 코치는 기혼남은, 특히나 신혼일 때는 집에서 해야 할 일들이 많다고 생각했다. 금요일 밤늦도록 미식축구팀 사무실을 지키는 일은 가정 문제를 불러일으킬 수 있다고 말이다. 당시 나는 베스가 개의치 않을 것으로 생각했지만, 번스 코치의 논리 역시 이해했다. 그는 수하의 코치가 젊은 아내에게 "집에 언제 올 건가요?"라는 전화를 받는 걸 원치 않았다.

당시 내가 맞닥뜨린 역설적 상황에 대해 농담을 던질 수 있을 만큼 초연했더라면 (그리고 성숙했더라면) 좋았을 것이다. 베스와 나를 다시 하나로 이어준 집요한 끈기 덕분에 나는 일자리를 잃게 됐다. 하지만 난 웃을 수 없었고 울고만 싶었다. 어쨌든 일자리를 잡는 게 급했다.

리스 코치가 내 소식을 듣고 켄트주립대 보조코치 자리를 제의했다. 대단한 기회였기에 나는 즉각 수락했다. 하지만 불행히도 켄트주립대 체육이사가 나의 채용을 불허하며 리스 코치에게 모교 출신이 아닌 코치를 선택하라고 통보했다. 당시 말도 안 되는 처사라고 생각했고, 지금도 그 생각엔 변함이 없다. 리스 코치도 어이없어하긴 마찬가지였다. 그래서 나는 실직 상태를 면치 못했다.

불행 중 다행으로 번스 코치가 나 혼자 끙끙대며 고민하게 내버려 두지 않았다. 아이오와에서 내 마지막 임무 가운데 하나는 봄 훈련 기간 중 한 주 동안 우리 팀을 찾은 방문 팀 코치들을 접대하는 것이었다. 바비 보든이 아이오와를 찾은 데 이어 훗날 미네소타 바이킹스 코치가 된 버드 그랜트, 버지니아주 윌리엄앤메리칼리지에서 수석코치와 체육이사를 겸하고 있는 밀트 드루어도 왔다. 보든과 그랜트는 나이 어리고 경험 없는 풋내기 보조코치를 구하고 있지 않았다. 하지만 드루어 코치는 그랬다. 번스 코치를 비롯한 우리 팀 코치들이 좋은 말을 해준 덕에 드루어 코치가 내게 후위 공격 및 수비 담당 코치 자리를 제의했다. 나는 두말없이 수락했다.

역사적인 도시인 버지니아주 윌리엄스버그에는 한 번도 가본 적이 없지만, 아이오와시티도 마찬가지였다. 에바셰브스키 코치 밑에서 일하러 오기 전까지는 한 번도 와본 적이 없었다. 물론 걱정이 되기는 했다. 어떤 형태가 됐든 나는 변화를 즐기는 사람이 아니었으니까. 하지만 이 새로운 기회에 가슴이 뛰기도 했다. 윌리엄앤메리 캠퍼스를 방문했을 때는 가슴이 더욱 벅차올랐다. 윌리엄스버그는 그때까지 내가 가본 곳 가운데 가장 아름다운 도시였다. 시내로 들어서자 마치 시간을 거슬러 식민지 시대 버지니아로 돌아간 듯한 기분이 들었고, 캠퍼스는 버논산과 몬티첼로를 하나로 합쳐놓은 것 같았다. 처음 본 순간부터 학교가 아주 마음에 들었다.

하루라도 빨리 윌리엄스버그로 이사해 가족으로서 함께 삶을 시작하고 싶었다. 하지만 먼저 아이오와에서 석사 학위를 받기 위해 논문을 제출하고 구술시험을 끝내야 했다. 그리고 결혼식도 올려야 했다. 두 가지 일이 1961년 7월의 나흘 동안 일어났다.

살면서 내리는 결정 중 중요한 것들은 신과 어떤 관계를 맺는가, 누구와 결혼하는가, 어디에 살 것인가, 어떤 직업을 선택할 것인가 그리고 다른 사람들에게 어떤 본보기를 보이는가 등이다. 그중에서도 신과의 관계가 단연코 가장 중요하다. 그다음으로 중요한 결정은 자신과 맞는 짝을 찾아 결혼하는 것이다. 잘못된 상대와 결혼한다면 마우이섬에 사는 백만장자일지라도 삶이 비참해질 수 있다. 반면 자신과 맞는 상대와 결혼한다면 클리블랜드에서 정화조 청소를 해도 행복해질 수 있다.

베스와 결혼한 건 내 생애를 통틀어 가장 현명한 결정이었다. 내 말에 귀 기울여줄 누구에게라도 나는 44년 동안 예쁘고 사랑스러운 아내와 결혼 생활을 이어오며 아내와 모든 것을 나눌 수 있었고, 아내가 아니었다면 어떤 것도 이루지 못했을 것이라고 말한다. 코치는 집을 살 때도 해고됐을 때 얼마나 빨리 되팔 수 있는지를 기준으로 삼아야 하는 직업이다. 40년 동안 우리는 40개월에 한 번꼴로 모두 열두 번을 이사했다. 휴가용 주택 판매 사원이나 부랑자 등이 이보다 더 자주 이사를 하겠지만 별반 차이는 없을 듯싶다. 정말 탄탄한 관계도 뒤흔들고 시험하는 집시 같은 삶이다. 하지만 난 행운아였다. 베스는 우리가 이사를 할 때마다 아주 편안하게 처리해주었다. 집은 가족이 사는 곳의 주소에 불과하지만, 가정은 가족을 둘러싼 환경이다. 아내는 나를 응원하면서 나와 함께 팔을 걷어붙이고 우리가 사는 모든 장소를 사랑이 넘치는 가정으로 가꾸었다.

우리는 1961년 7월 22일 결혼식을 올렸고, 첫 집에서 신혼 첫날 밤을 보냈다. 그에 앞서 나는 7월 18일에 구술시험을 치르고 논문을 승인받기 위해 차를 몰고 아이오와시티로 갔다. 꼬박 이틀이 걸리는 일로, 결혼 예행연습을 위해 이스트리버풀로 돌아와야 하는 나로서는 엄청난 압박감을 느꼈다. 예행연습을 두어 시간 앞두고 집에 돌아왔는데 걱정스러운 소식이 기다리고 있었다.

"당신 아버지가 우리 결혼사진을 찍어준다고 하시네요."

베스가 말했다. 우리 결혼 계획을 베스에게 맡긴 터였다.

"설마, 농담이시겠지."

농담이 아니었다. 아버지는 우리 결혼식의 공식 사진사를 맡겠다고 자청했을 뿐 아니라, 안 된다는 대답을 받아들이려 하지 않았다. 아버지는 사진을 무척 좋아해서 온갖 촬영이 가능한 좋은 카메라와 필름, 렌즈를 가지고 있었다. 하지만 딱 하나 문제가 있었다. 아버지가 제대로 된 사진을 찍지 못한다는 것이다. 아버지의 집은 이스트리버풀에서 사진보다 카메라가 더 많은 유일한 집이었다.

"아버지에게 우리 결혼사진을 맡길 순 없어요."

내 말에 베스가 고개를 끄덕이더니 이렇게 말했다.

"좋아요. 당신이 아버지를 해고하면 되겠네요."

"내가 아버지를 고용한 게 아닌데?"

"나도 그런 적 없어요. 그리고 당신 아버지잖아요."

그래서 난 어쩔 수 없는 선택을 했다. 문제를 그냥 무시하고 아버지에게 결혼사진 촬영을 맡긴 것이다. 그 결과 우리 결혼식에서 건진 유일한 사진은 폴라로이드 즉석카메라를 가지고 온 하객에게 받은 것뿐이다.

그 흐릿한 사진을 보면 지금도 입가에 미소가 피어오른다. 다른 한편으로 그 사진은 누군가의 기분을 상하게 하더라도 자기 자신과 다른 사람들에게 정직해야 한다는 사실을 끊임없이 일깨워준다. 최고의 결과를 얻어내기를 바란다면 최고의 사람들을 고용해서, 그들에게 무엇을 원하는지 분명히 밝힌 다음, 그들과 맺을 관계의 조건에 대해 합의점을 찾아야 한다. 식당에서 치킨 누들 수프를 주문할 때면 나는 수프가 따끈해야 하고 크래커 한두 개를 곁들여달라고 말한다. 나온 음식이 그와 다르다면 불만을 드러내는 게 정직한 태도다. 나는 누군가의 감정을 다치게 하지 않으려고 차갑게 식은 수프를 먹을 생각은 없다. 무례한 짓을 하라고 부추기는 게 아니다. 불만을 긍정적인 방식으로 드러냄으로써 그 사람이 아니라 그의 행동을 비판할 수 있다. 하지만 품질에 대한 기대치를 타협한다면 나 자신의 개인적 수준을 끌어내릴 뿐 아니라 감정을 다칠까 봐 걱정한 상대방에게도 못 할 짓을 하는 셈이 된다.

코치 생활 내내 나는 결혼사진보다 더 중요한 일들에 대한 냉엄한 현실을 사람들에게 말해줘야 했다. 보조코치들의 성과가 우리가 서로 합의한 기준에 미치지 못했을 때는 아무리 오래 친구 사이로 지냈더라도 해고해야만 했고, 인성은 뛰어나지만 임무 수행이 미흡한 선수라면 벤치에 앉혀야 했다. 그 사람들을 해고하지 않거나 후보로 돌리지 않는다면 화기애애한 분위기를 지키려고 그저 그런 전력을 받아들이는 결과를 초래한다. 그건 우리 팀에 공정한 처사가 아닐뿐더러 내가 해고하거나 벤치에 앉힌 사람들에게도 몹쓸 짓이 된다. 내 아들 스킵은 노트르담에서 내가 맡은 팀의 선수로 뛰었고, 사우스캐롤라이나에서는 내 밑에서 코치를 맡았다. 자주는 아니어도 스킵이 필드에서 플레이를 그르칠 때면 나는 이를 분명히 지적했다. 아무리 거북하더라도 진실을 직시하는 게 계속 사탕발림을 하는 것보다 언제나 더 낫다.

당시 나는 아버지에게 이렇게 말했어야 했다.

"아버지, 사랑해요. 하지만 앞자리에서 우리 결혼식을 즐기셨으면 좋겠어요. 전문 사진사를 고용할게요."

아버지가 잠깐 기분이 상할 수는 있었겠지만, 진실을 말씀드리는 편이 모두를 위해 더 좋았을 것이다. 그 뒤로 나는 그런 실수를 그리 자주 되풀이하지는 않았고, 많은 사람에게도 그런 실수를 피하라고 조언해왔다.

불행히도 사람들에게 꼭 들어야 할 말을 하는 건 쉽지 않아서, 대부분 사람은 아예 입을 다물어버리는 쪽을 택한다. 대중문화에서 사례를 하나 들자면, 최근 줄지어 등장하는 경연 프로그램의 하나로 미국에서 가장 인기 있는 TV 프로그램 「아메리칸 아이돌」을 꼽을 수 있다. 내가 어렸을 때는 팻 분과 글래디스 나이트 같은 스타를 발굴해낸 「테드 맥의 오리지널 아마추어 아워」라는 프로그램이 있었다. 나는 노래를 못해 이 프로그램을 거의 보지 않았고 출연할 꿈도 꾸지 않았다. 혹시 내가 주제 파악을 못 하더라도 주변에는 내게 진실을 말해줄 책임감 있고 다정한 어른들이 많았다. 그들은 분명히 이렇게 말해주었을 것이다.

"루, 너는 재능이 꽤 있지만 노래는 아닌 것 같구나."

요즘 「아메리칸 아이돌」에서 재능 자체가 부족한 가수들이 오디션에 참가하는 모습을 보면 놀랍기도 하고 측은하기도 하다. 이 프로그램의 심사위원 중 한 사람인 사이먼 코웰은 '마음씨 고약한 늙은이'라는 악평을 듣는데, 이는 그가 사람들에게 진실을 말하기 때문이다. 참가자 가운데 일부는 아예 노래를 할 줄 모른다는 사실 말이다. 마음 상할까 봐 지금껏 누구도 이들에게 진실을 말해주지 않았다는 사실은 오늘날 우리가 가진 가치관의 슬픈 현주소를 보여준다. 감정을 배려한다고 진실을 감추는 일이 너무 잦다. 그건 비극이며, 내가 40년 넘게 피하려고 노력해온 일이기도 하다.

결혼 피로연이 끝나자마자 베스와 나는 차에 올라타 동쪽으로 떠났다. 날씨가 어찌나 덥던지 둘 다 반바지 차림에 차창을 모두 내리고 달렸다. 애초 계획은 펜실베이니아 아니면 서부 버지니아쯤에서 멈춰 형편이 허락하는 한 괜찮은 호텔에서 신혼 첫날밤을 보내는 것이었다(썩 여유로운 형편은 아니었지만). 그리고 다음 날 아침 일어나 윌리엄스버그로 차를 몰고 갈 생각이었다. 윌리엄앤메리칼리지에서 그해 버지니아주 고등학교 코치들을 대상으로 강습회를 개최하기 때문에 나는 월요일 아침까지 캠퍼스로 돌아가 행사를 주관하고 주요 연사인 보 스켐베클러와 우디 헤이스를 위한 여행 가이드 역할도 해야 했다. 신혼여행이라고 보기 힘든 일정이었지만 우리는 그 정도로도 충분했고, 우리 형편에 감당할 수 있는 최선이기도 했다.

그런데 불행히도 결혼식 당일인 1961년 7월 22일은 제1차 불런 전투(남북전쟁 초기인 1861년 북군이 크게 패한 전투-옮긴이) 100주년 기념행사가 열리는 토요일이었다. 역사를 전공했으니 남북전쟁 당시 가장 유명한 전투의 100주년 기념일을 알 것으로 생각하겠지만, 왜 도로에 차들이 넘쳐나고 호텔에 빈방이 없는지 나는 전혀 몰랐다. 밤 10시에 동부 펜실베이니아의 근사해 보이는 한 호텔에 도착했을 때 프런트 직원이 나를 보더니 말 그대로 헛웃음을 터뜨렸다.

"오늘 밤엔 빈방을 찾을 수 없을걸요?" 직원이 말했다. "100주년을 맞아 전투를 재연하는 행사를 하고 있어요. 참여자가 20만 명이나 된답니다. 브리즈우드부터 윌리엄스버그까지는 빈방이 하나도 없어요."

그래서 난 밤새도록 다시 차를 몰았고 조수석에 앉은 베스는 대시보드에 두 발을 올려놓은 채 잠을 청했다. 다음 날부터 우리는 스캠베클러 부부를 접대하며 신혼여행을 보냈는데, 바라던 만큼 좋은 한 주가 됐다. 스캠베클러 부부 역시 우리처럼 일주일 전에 결혼식을 올린 다음 우리처럼 신혼여행 기간에 코칭 강습회에 참여했기 때문에, 우리는 그들과 어울리며 꽤 즐거운 시간을 보냈다.

어쨌든 우리는 멋진 곳에 있었다. 윌리엄앤메리는 내가 일해본 곳 가운데 최고의 장소였다. 코치 경력 중 어떤 기간보다 그곳에서 후위 코치로 보낸 시간이 행복했다. 우리가 사랑해 마지않는 도시, 전국에서 어떤 곳보다 아름답고 친절한 학교에 몸담았을 뿐 아니라 내가 아는 어떤 보조코치보다 더 멋진 집에 살았다. 드루어 코치가 윌리엄스버그에 집을 지어 나갔기에 미식축구팀 수석코치에게 배정된 교수 사택이 비어 있었다. 베스와 나는 그 사택에 입주해서 우리 집처럼 편안하게 지내며 곧바로 브리지 클럽에도 가입했다. 수입은 많지 않았지만 돈이 많이 필요하지도 않았다. 베스와 나는 함께 지내는 시간이 더 늘었고, 우리는 부부로서 함께하는 첫 친구들을 사귀었다. 팀 트레이너인 몬트 링케나우거와 팀 주치의 조지 올리버 박사는 평생 친구가 됐다. 내가 맡은 어떤 자리에서도 두 번 다시 가질 수 없었던 정말 즐거운 시간이었다.

윌리엄앤메리는 아이오와와 꽤 달랐다. 예스러운 남부 취향에 기분 좋은 격식을 갖춘 캠퍼스뿐 아니라 윌리엄앤메리 사람들은 아이오와 팬들처럼 미식축구에 열정적이거나 치열하지 않았다. 아이오와에서는 한 시즌에 2패만 해도 충격으로 받아들여졌지만, 이곳에서는 2패로 시즌을 마치면 종신 코치 계약을 제의받을 수도 있었다. 젊고 경험 없는 후위 코치가 대학 코치 경력을 시작하기에는 더할 나위 없는 환경이었다. 그 자리에 7~8년쯤 머물렀더라면 내 경력은 꽤 달라졌을 것이다. 하지만 지금 생각하면 다행스럽게도, 머지않아 역경이 찾아왔다.

밀트 드루어의 후위 코치로 3년을 일하고 나자 나는 편안한 일상에 젖어 애써 변화를 줄 마음이 달아난 상태였다. 첫딸 루앤이 태어났고, 우리 부부는 둘 다 삶이 만족스러웠다. 하지만 인생에서 변화는 피할 수 없는 일이다. 성공한 사람은 변화에 적응하고 변화를 즐기기까지 하지만, 변화를 두려워하고 거부하는 사람은 곤경에 빠진다. 사람들이 대부분 그렇듯 나 역시 변화를 그리 좋아하진 않았지만, 변화가 닥쳐오면 그 변화를 기회로 삼으려고 전력을 다했다. 1964년 초 드루어 코치가 지역 최대 은행인 클래리틴신탁의 사장에 선임돼 윌리엄앤메리 미식축구팀 수석코치직을 사임했을 때도 그랬다. 드루어 코치는 이후 회장이 됐고 버지니아주에서 가장 성공한 은행가로 은퇴했다.

수석코치 자리가 공석이 된 뒤로 나는 가장 먼저 후임 수석코치를 제안받은 사람 가운데 하나였다. 윌리엄앤메리 체육이사와 학장이 왜 나를 수석코치로 선택하지 않았는지 나로서는 알 도리가 없지만, 지금 와서 생각해보면 수석코치 선임 과정에서 최종 후보 2인에 오른 것만도 놀라운 일이었다. 당시 나는 스물여섯 살에 보조코치 경력을 통틀어봐야 3년이 전부였으니, 수석코치가 될 준비가 전혀 되어 있지 않았다. 어림도 없었다. 만약 그때 내가 선임됐더라면 실패했을 테고, 그랬다면 내 경력이 어떻게 흘러갔을지 장담하기 어렵다. 당시 최종 후보로 선택된 2인 중 다른 한 명은 막 캘리포니아 대학교에서 해임된, 훗날 버펄로 빌즈를 이끌고 네 차례나 슈퍼볼에 진출한 마브 레비였다.

학교 당국이 마브를 선택했을 때 나는 깜짝 놀랐다. 도대체 무슨 생각들을 한 거지? 그가 경험 많은 코치이긴 하지만, 나는 이미 이 학교에서 자리를 굳힌 붙박이인 데다 수석코치직을 간절히 바랐는데! 그게 스물여섯 살 청년의 논리였다. 좀더 경험을 쌓은 루 홀츠였다면 내가 아닌 마브가 수석코치가 된 게 얼마나 큰 축복이었는지 깨달았을 것이다. 하지만 당시만 해도 나는 상처받았고 무시당했다고 느꼈다.

수석코치 자리를 마브에게 빼앗기면서 나는 현실에 안주하는 상황에서 강제로 벗어나게 됐다. 새로운 코치 자리를 구해야 했고, 윌리엄앤메리에서 한 것보다 훨씬 더 잘해서 내가 수석코치 재목이라는 걸 모두에게 입증해야 했다. 드루어 코치가 사임하지 않았더라면 하지 않았을 일들이다. 근사한 집과 괜찮은 직업에 좋은 친구들과 브리지 게임을 즐기고, 여름에는 골프도 몇 번 치면서 큰딸 루앤과 손바닥 치기 놀이를 하며 꽤 만족스러운 삶을 살았을 것이다. 하지만 매일 아침 태양이 떠오르듯 변화가 우리 삶에 어김없이 찾아들었고, 나는 행동에 나서야 했다.

나는 보조코치로 와달라는 제의를 몇 군데서 받았다. 켄트주립대 시절 옛 포지션 코치*position coach*(쿼터백 코치, 라인배커 코치 등 특정 포지션을 책임지는 코치를 통칭하는 말-옮긴이)였던 릭 포르사노가 코네티컷대학교 수석코치에 선임됐다는 소식을 접했을 때, 나는 틀림없이 그가 내게 보조코치 자리를 제의할 것으로 생각했다. 내 생각이 맞았다.

코네티컷에서 우리는 훌륭한 코칭 스태프를 이뤄 임무를 완수했지만, 그곳의 생활 방식이 우리가 바랐던 만큼 가족생활에 도움이 되지는 않았다. 코네티컷주 스토스는 버지니아주 윌리엄스버그가 아니었다. 도시에서 살기 좋은 구역에 있는 집들은 우리가 감당할 수 있는 가격대를 넘어섰고, 안 좋은 구역은 원수에게도 경험하게 하고 싶지 않을 만큼 형편없었다. 게다가 코네티컷은 버지니아보다 눈이 훨씬 많이 내렸다. 중서부 지역의 활력 넘치는 분위기에서 자랐지만 베스도 나도 추운 날씨를 그다지 좋아하지 않았다. 이 사실을 어떤 사람들은 대단히 의외로 받아들였는데, 특히 내가 이전에 코치를 맡았던 세 곳 중 두 군데 모두 '열대 기후'로는 분류되지 않는 미네소타와 인디애나주 사우스벤드여서 더욱 그랬다. 하지만 나는 늘 추운 날씨를 싫어했고, 둘째 스킵을 낳고 셋째 케빈을 임신한 베스도 툰드라 기후가 아닌 지역에서 보내고 싶었을 것이다.

코네티컷에서 보낸 두 시즌 동안 번민의 순간들이 많았다. 주어진 일 자체가 나빴던 건 아니다. 릭 포르사노는 훌륭한 코치이자 정말 좋은 친구로 우리를 위해 할 수 있는 건 무엇이든 해주었다. 하지만 나는 러닝머신 위를 달리는 것처럼 답답했다. 내 나이 스물여덟 살에 두 아이의 아버지로, 괜찮은 보조코치이긴 하지만 손에 쥔 돈도 별로 없고 딱히 발전의 기미도 없이 답보 상태에 빠져 있었다. 그래서 베스와 나는 식탁에 앉아 우리 자신에게 세 가지 간단한 질문을 던져봤다.

1. 정말 계속 코치를 하고 싶은가? 힘든 직업인 데다 수습 기간에는 근무 시간은 긴 반면 급료는 빈곤선 수준이거나 그 이하이고, 고용 보장이라는 것도 없어서 다음 경기의 승패에 좌우된다. 이게 우리가 가족으로서 원하는 것일까?
2. 우리는 차라리 로스쿨에 진학해야 할까? 질문의 주어를 '우리'

라고 한 건 그 같은 결정에 따른 희생이 가족으로서 우리 모두에게 지워질 수밖에 없기 때문이다. 로스쿨은 대개 학생 자신보다도 가족에게 더 가혹한 짐이 된다.

3. 역사학 박사 학위를 따 대학에서 강의를 해야 할까? 이는 분명 우리가 심각하게 고려한 선택지였다. 나는 가르치는 일을 무척 좋아했다. 코치 외에 우리가 고려한 선택지 가운데 이쪽의 성공 가능성이 가장 컸다.

우리는 오래 기도하고 긴 시간 대화하면서 많은 것들을 적어봤다. 그 논의를 통해 직업을 선택하는 데 중요한 우리의 신조를 끌어냈다. 첫째, 좋아하는 일을 해야 한다. 좋아서 하는 일은 일이 아니다. 아침에 출근하는 게 끔찍하게 싫고 근무 시간이 끝나기만 학수고대한다면 직업 전환을 심각하게 고민해봐야 한다. 둘째, 잘하는 일을 찾아야 한다. 골프 치는 걸 좋아하더라도 라운딩 때마다 100타를 친다면, 이를 직업으로 삼았다간 굶어 죽기 십상이다. 마지막으로, 돈을 줄 사람을 찾아내야 한다. 좋아하는 일이 있고 그 일을 잘한다고 해도, 누구도 그 일의 대가로 돈을 지불하려 하지 않는다면 직업으로 삼을 수는 없다. 나는 스니커즈 초콜릿 바 먹는 걸 좋아하고 아주 잘 먹는다. 하지만 불행히도 스니커즈 바를 먹는 대가로 내게 기꺼이 돈을 지불할 사람을 아직 만나지 못했기 때문에 내 삶의 그런 측면은 직업으로 적절치 않다.

우리가 만든 목록을 살펴보며 자아성찰을 거듭한 끝에 베스와 나는 5년 더 코치 일을 계속해보기로 했다. 5년 뒤면 내 나이 서른셋이다. 일이 잘 풀리면 영원히 코치 일을 하게 될 것이고, 그렇지 않다고 해도 직업을 바꾸기에 충분히 젊은 나이다.

흉금을 터놓고 가족회의를 한 지 2~3주쯤 뒤에 신이 우리의 삶을 위해 예비해둔 계획에 대해 신호를 보내왔다. 전혀 예상치 못하게 마빈 배스 코치의 제의를 받아 사우스캐롤라이나대학교 보조코치로 일하게 된 것이다. 당시 나는 마빈 배스를 몰랐을 뿐 아니라 사우스캐롤라이나에는 아는 사람이 하나도 없었다. 하지만 수비 총괄 코치 버드 카슨이 바비 도드의 후임으로 조지아공대로 옮겨가면서, 그가 사우스캐롤라이나에서 맡았던 자리가 내게 돌아왔다. 릭 포르사노를 떠나고 싶진 않았지만, 사우스캐롤라이나가 더 좋은 기회라고 생각했다. 게다가 사우스캐롤라이나는 날씨도 따뜻해 임신한 배스에게 더 좋을 터였다. 우리는 이 제의가 코치라는 직업이 나에게 맞는 길이라고 알려주는 신호일지도 모른다고 생각했다.

있는 돈을 탈탈 털어 새집 계약금을 내고 가족들 짐을 꾸려 사우스캐롤라이나주 컬럼비아로 온 지 두 달이 지났다. 4월의 어느 이른 아침, 나는 신이 얼마나 유머 감각이 뛰어난지, 특히 우리 삶에 대해 신이 세워둔 계획을 알아냈다고 생각할 때 그분이 어떤 유머를 발휘하는지 알게 됐다. 이삿짐 상자를 다 풀지도 못하고 액자를 전부 벽에 걸지도 못한 상황에서 잠에서 깨 신문을 집어 들었는데 '마빈 배스 사임'이라는 기사 제목이 눈에 들어왔다. 나는 "우리 코치랑 친척 관계라도 되나?"라고 혼잣말로 중얼거렸다.

몇 시간 안 지나서 나는 기사 제목에 언급된 마빈 배스가 나를 사우스캐롤라이나로 부른 그 사람이 맞다는 걸 알게 됐다. 배스 코치가 사임한 것이다. 그날 퇴근 전에 사우스캐롤라이나대학교 토머스 존스 총장이 보조코치 전원을 대상으로 회의를 소집했다. 우리 중 누구도 회의가 끝났을 때 실직자가 되지 않으리라고 장담할 수 없는 상황이었다.

"많은 분이 깜짝 놀라셨을 줄 압니다."

총장이 입을 열었다.

"지금 장난해요?"라고 실제로 외치는 사람은 없었지만, 회의실 안의 전반적인 정서는 그랬다. 존스 총장은 헛기침을 하고는 말을 이어갔다.

"이 학교를 위해 가능한 한 최고의 수석코치를 선임할 생각이라는 사실을 여기 있는 모든 분이 아셨으면 합니다. 아울러 제가 선임한 코치가 여러분 중 누군가를 보조코치로 함께하길 원하지 않는다고 해도 대학이 적당한 기간 고용을 보장할 것이라는 사실도 아셨으면 좋겠습니다."

내가 손을 들었다.

"예, 질문 있나요?"

총장이 물었다.

"있습니다. 적당한 기간이라는 게 얼마 동안인가요?"

존스 총장은 그런 사소한 세부 사항은 중요하지 않다는 듯 고개를 비스듬히 기울이며 어깨를 으쓱해 보였다. 그러고는 "아, 한 달 정도죠"라고 대답했다.

회의가 끝난 뒤 나는 베스에게 전화를 걸어 이렇게 말했다.

"나머지 이삿짐 상자들은 아직 풀지 말아요."

존스 총장은 폴 디첼이라는 훌륭한 코치를 체육이사로 선임했다. 나는 디첼과 모르는 사이였을 뿐 아니라, 내 지인 중에 디첼을 아는 사람도 없었다. 하지만 디첼은 공정하다는 평을 받는 사람이어서 그가 보조코치들을 면담하러 캠퍼스에 왔을 때 나는 좋은 인상을 주려고 최선을 다했다.

내가 그 일을 썩 잘해내지 못한 게 분명하다. 면담이 끝난 지 채한 시간도 안 돼 그는 나를 해고했다. 그래도 디첼 코치는 내게 몇 마디 격려의 말을 건넸다. 나쁜 소식을 통보받은 뒤 사무실을 나가려할 때 그가 말했다.

"루, 한 가지만 더요."

"뭔데요?"

내가 물었다.

"직업을 바꿔볼 생각은 해본 적 없나요?"

집에 돌아오자마자 나는 이력서를 꺼내 들고 신경을 잔뜩 곤두세웠지만, 4월에 코치 자리를 찾는 건 마이애미에서 눈덩이를 찾는 격이었다. 불가능하지는 않아도 가망이 거의 없는 일이었다. 그렇게 우리는 이러지도 저러지도 못하는 신세가 됐다. 나는 실직자가 됐고, 저

축한 돈은 집을 사는 데 전부 쏟아부은 뒤였다. 케빈이 태어나면 이제 아이가 셋이나 된다. 게다가 우리는 아는 사람이 아무도 없는 도시에 살고 있었다. 그런 것들만 빼면 모든 게 훌륭했다.

나는 스물여덟 살 나이에 벌써 세 개 주에서 보조코치 자리를 세 번이나 옮겨 다닌 신세가 됐다. 딱 한 번 수석코치에 지원했지만 퇴짜를 맞았고, 이제 두어 달 뒤면 무일푼으로 거리에 나앉게 됐다. 이건 내가 꿈꿔온 삶이 아니다. 신이 나를 시험하시는 건지 아니면 내가 그분의 뜻을 거부하거나 잘못 해석한 건지 의아했다. 우리는 오래도록 기도하고 도움을 갈구하며 성경에 의지했다. 한 구절에서 우리가 나아갈 길을 발견했다. 사도 바울이 쓴 로마서다. 5장 3~4절에서 바울은 이렇게 말했다.

"우리가 환난 중에도 즐거워하는 것은 환난은 인내를, 인내는 연단을, 연단은 소망을 이루는 줄 알기 때문이다."

우리에게 닥친 역경을 기뻐할 마음은 별로 없었지만 포기할 생각도 없었다. 5년 더 코치 일을 해보기로 마음먹은 터였기 때문에, 오랜 논의 끝에 베스와 나는 우리 계획을 고수하기로 했다. 베스는 비뇨기과 의사 그룹과 함께 일하는 X선 기사로 다시 일터로 나섰고, 나는 집에서 아이들을 돌보며 전화를 걸고 이력서도 보냈다. 그리고 가장 중요하게는 좋은 아버지가 되려고 노력했다. 나는 인내를 연단으로, 연단을 소망으로 바꾸기 위해 최선을 다했다.

이 기간에 나는 기저귀를 갈고 아이들에게 냉장고에서 음료수를 꺼내주는 틈틈이 자리에 앉아 살면서 이루기를 원하는 목표에 대해 곰곰이 생각해봤다. 그리고 그 목표들을 다섯 개 범주로 나눠봤다.

1. 남편과 아버지로서 하고 싶은 일
2. 종교적으로 하고 싶은 일
3. 직업적으로 이루고 싶은 일
4. 금전적으로 하고 싶은 일들
5. (개인적으로) 열정을 위해 하고 싶은 일

다 끝내고 나니 항목이 무려 108개나 됐다. '열정을 위해' 란에 나는 '비행기에서 뛰어내리기', '항공모함에 착륙하기', '잠수함 타기', '자니 카슨이 진행하는 「투나잇 쇼」 출연하기', '스네이크강에서 급류 타기', '세계 최고의 골프 코스에서 라운딩하기', '백악관 만찬에 참석하기', '교황 알현하기', '그림처럼 아름다운 아프리카 사파리 여행하기', '나보다 동작이 굼뜬 사람 하나 데리고 스페인에서 황소와 나란히 달리기' 같은 것들을 적었다. 그로부터 40년이 흐른 뒤 나는 이 목록에서 단 두 개만 빼고 모든 항목을 실천했다.

내가 만든 목표와 우선순위들을 어서 베스에게 보여주고 싶었다. 그날 밤 베스가 퇴근했을 때 내가 만든 목록을 자랑스럽게 내보였다. 베스는 읽고 나더니 고개를 끄덕였다. 그러고는 종이를 뒤집어 뒷면에 뭔가 적힌 게 없는지 살펴봤다.

"왜 그래요?"

내가 물었다.

"뭔가 빠뜨린 것 같은데요."

"뭘?"

"글쎄요, 나라면 첫 페이지 맨 위에 큰 글씨로 이렇게 적었을 텐데. '일자리 구하기!'라고."

또 한 번 아내가 넓은 시야로 생각의 균형을 잡아주었다.

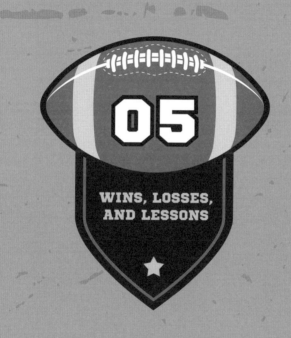

05

WINS, LOSSES,
AND LESSONS

우디 헤이스는 전국 최고의 코치였지만
그의 밑에서 일해달라는 제의를 받았을 때
결정은 생각만큼 쉽지 않았다.

목표 달성을 가로막는 건 좌절이 아니라 나 자신이다

위기만큼 정신을 집중하게 하는 것도 없다. 역사를 통틀어 정말 비범한 천재적 행동들은 대개 혼란의 와중에 피어났다. 원자핵 분열은 제2차 세계대전이 한창일 때 미국 과학자들이 핵 개발 전선에서 나치와 경쟁하는 과정에서 실현됐고, 닐 암스트롱은 나사*NASA*가 소련과 벌인 치열한 우주 개발 경쟁 덕분에 달 표면을 걸었다.

더 작은 규모로는 미식축구팀이 경기 시작 후 4쿼터 전반까지 내내 무기력하게 끌려가다가 막판에 기적적으로 역전승을 거두는 장면을 들 수 있다. 드문 일이 아니다. 막다른 골목에 몰려 이기든 지든 기회는 한 번뿐이라는 사실을 깨달으면, 감각이 날카롭게 곤두서면서 경기력이 향상된다. 코치로서 항상 선수들이 모든 경기 모든 플레이에서 실력을 100퍼센트 발휘하게 하려고 애쓰지만, 실제로 선수들이 그럴 수 있으리라고 믿을 만큼 내가 순진하지는 않다. 하지만 경기 종료 몇 분을 남겨두고 뒤지고 있거나 동점일 때는 우리 선수들이 더 깊이 파고들고, 더 열중하고, 한 단계 더 기량을 끌어올릴 수 있는 뭔가를 자기 안에서 찾아내는 모습을 볼 수 있었다. 그건 인간의 본성이다. 기회가 지금밖에 없을 때 누구나 '지금'에 집중하는 경향이 있다.

나 역시 마찬가지다. 실직 상태에서 아이들을 돌보고 있을 때 나는 가족과 나 자신을 위해 세워둔 목표들에 눈에 불을 켜고 몰두했다. 베스가 출근해서 일하는 동안 기저귀를 가는 건 그 목표들 중에 없었다. 다행히 전업주부 남편 역할은 그리 오래가지 않았다. 폴 디첼에게 다른 직업을 고려해본 적 없냐는 질문을 받은 지 두 달 뒤에 나는 전화를 한 통 받았다. 내가 컬럼비아를 곧 떠나지 않을 거라는 사실을 알게 된 디첼 코치가 미식축구팀을 위해 학업 연락 담당관을 맡아줄 누군가가 필요하다고 판단한 것이다. 그는 내게 이렇게 제안했다.

"급여 삭감을 받아들이는 조건으로 선수들 학사 업무를 담당하고 전력 탐색 팀을 맡아준다면 직원으로 고용할 수도 있네."

"급여가 얼마나 삭감되는 건가요?"

내가 궁금해서 물었다.

"3,000달러일세."

요즘 코치들 같으면 그런 요청을 쉽게 받아들일 수 있었을 것이다. 기본 급여가 10만 달러쯤 되면 3,000달러 삭감은 전혀 부담될 게 없으니까. 하지만 1965년에 내 연봉은 겨우 1만 1,000달러였다. 3,000달러면 연봉의 27퍼센트나 된다. 급여 삭감을 받아들일 경우 연봉이 8,000달러도 안 된다. 부양해야 할 자녀 셋에 아내가 있는 상황이어서 훨씬 더 힘겹게 받아들였어야 할 결정이지만 나는 디첼 코치의 제의를 수락했다.

　당시 코치들은 어떤 수준에 속해도 많은 돈을 받지 못했기 때문에 금전적 고려는 늘 부차적인 문제였다. 때는 6월로 한 해 중 그 시기에는 취업 기회도 없었다. 계속 코치 일을 할 거라면 아무리 하찮은 자리라도 공석이 생기는 1월에 자리를 구하는 게 훨씬 쉬운 일이었다. 게다가 나는 입증해 보일 게 있었다. 코치는 내가 선택한 직업이었기에, 나는 디첼 코치와 그의 보조코치들에게 내가 얼마나 코치 일을 진지하게 생각하는지 보여주고 싶었다. 그래서 강등이 분명해 보일지라도 그 제안을 받아들일 수 있었다.

　베스는 내가 팀에 복귀한 그날 바로 일을 그만두었다. 우리 두 사람 다 다른 선택은 생각조차 해보지 않았다. 우리 둘 다 부모로서 우리의 책임은 아이들을 직접 우리 손으로 키우며 사랑과 안정감을 주는 것이므로, 부모 가운데 한 사람은 집에 있어야 한다고 생각했다. 자랄 때 내 곁에는 항상 어머니와 누나, 할아버지, 할머니, 삼촌들이 있었기 때문에 나는 아이들 곁을 지키는 게 얼마나 가치 있는 일인지 잘 안다. 내가 학교에서 돌아왔을 때 집이 비어 있던 적이 한 번도 없었고, 가족이나 친지가 아닌 사람 손에 맡겨진 적도 한 번도 없었다. 요즘엔 보육 시설에 보내거나 유모를 두는 게 흔한 일이 됐고 많은 사람이 효과적이라고 여기지만, 우리 부부는 아니었다. 우리는 그렇지 않아도 빠듯한 살림살이에 허리띠를 더 졸라매면서 그해를 사랑과 기도 그리고 8,000달러의 돈으로 버텨냈다.

그 시즌에는 그래도 뛰어난 미식축구팀을 많이 만나볼 수 있었다. 루이지애나주립대와 앨라배마대, 조지아대, 플로리다주립대 같은 팀들로 사우스캐롤라이나의 대학 팀은 하나도 없었다. 나는 줄곧 상대 팀 전력 탐색 임무를 수행했기 때문에 그해 사우스캐롤라이나 경기는 단 한 게임도 현장에서 지켜보지 못했는데, 우리 팀이 1승 9패의 참담한 성적을 기록했으니 썩 나쁜 일만도 아니었다.

전력 탐색 일을 하면서 나는 계획과 준비에 대해 더 많이 배우고 전국에서 가장 뛰어난 코치들을 현장에서 관찰할 기회를 얻었다. 그들의 공격과 수비, 스페셜팀*special teams*(펀트나 킥, 킥 리턴 등 킥과 관련된 플레이를 전담하는 선수들-옮긴이)을 관찰하는 것 못지않게 왜 그들이 그런 플레이를 하는지 알아내는 것도 중요했다. 승리와 성공의 방정식은 다양하다는 사실도 분명히 깨닫게 됐다. 앨라배마의 폴 '베어' 브라이언트 코치와 루이지애나주립대의 찰스 매클렌던 코치는 스타일이 서로 달랐지만, 훌륭한 팀은 모두 블로킹과 태클을 무척 잘한다는 공통점이 있었다. 훌륭한 팀은 게임의 기본기를 필드에서 실천에 옮겼다. 이를 지켜보면서 나는 전국에서 기본기를 가장 잘 가르치는 교사가 되겠다고 각오를 다졌다.

우리 팀 선수들의 학사 업무를 다루면서도 많은 걸 배웠다. 당시에는 몰랐지만 선수들은 코치들이 자신을 얼마나 아끼는지 깨닫기 전까지는 코치가 미식축구에 얼마나 해박한지 같은 건 신경 쓰지 않는다. 코치로서 선수가 무사히 대학을 졸업할 수 있게 돕는 것보다 더 보람된 일은 없었다.

코치 초년생 시절부터 나는 학생 운동선수가 되려면 먼저 학생이 돼야 한다고 늘 말해왔다. 대학 체육에서는 대학 자체가 체육보다 중요한 만큼, 나는 모든 학생 선수가 학업을 최우선 과제로 삼아야 한다고 믿었다. 현실적으로 졸업 후에 프로 선수로 뛰는 이들은 소수에 불과하며, 프로가 된다고 해도 NFL의 평균 선수 수명은 4.2년밖에 안 된다. 이는 설사 프로 선수로서 경기를 뛸 수 있게 되더라도 스물일곱 살이면 미식축구 선수 경력이 끝난다는 뜻이다. 인생 전체로 보면 3분의 1이 지났을 뿐이다.

나는 우리 선수들이 반드시 강의에 출석하고, 혼자서 공부하거나 필요할 경우 개인교사의 도움도 받게 했다. 강의를 따라잡지 못해 어려움을 겪는 선수가 있으면, 일주일에 두 번씩 꼭 면담을 해서 문제를 해소하고 진전 상황을 기록했다. 선수들은 학업에 문제가 있을 때 나와 상의할 수 있다는 걸 알았고, 나는 선수들이 학업 목표를 달성하도록 돕기 위해 할 수 있는 건 뭐든지 했다. 하지만 선수의 학점 문제를 놓고 교수를 찾아가는 일은 절대 하지 않았다.

바로 그런 철학을 나는 지도자 생활 내내 변함없이 지켰다. 어디서 코치를 하든 늘 선수들에게 공부를 잘하라고 격려했다. 때론 내가 할 일이 거의 없을 때도 있었다. 노트르담의 간판 수비수 플래시고든이나 프랭크 스탬스 같은 선수들은 학업 성적이 좋았다. 대부분의 상위 대학 미식축구팀은 상근직 학업 상담사를 고용했다. 노트르담의 마이크 드시코와 서던캘리포니아의 제이슨 파파스는 그중에서도 단연 최고였다. 나는 태도 문제 때문에 선수와 면담을 하거나 선수 어깨에 손을 올리고 도서관을 가리킨 경우가 많았다. 윽박질러야 할 때도 있었고, 토닥여줘야 할 때도 있었고, 가끔은 정색하고 앉아 허심탄회한 대화를 나눠야 할 때도 있었다. 하지만 내 목표는 늘 변함없었다. 우리 팀에서 뛰는 모든 학생 선수가 가진 능력 범위 내에서 최고의 운동선수이자 최고의 학생이 되게 하는 것이다.

나 스스로도 결코 하지 않았고 나와 함께 일한 사람들도 절대 하지 않은 행동은 선수에게 '쉽고 편한' 길을 택해 그럭저럭 버텨보라고 조언하는 것이었다. 선수가 '그럭저럭 버티기'만을 원한다면 우리 팀이 아닌 다른 곳을 선택해야 했다. 내 주변 사람들도 마찬가지다. 내가 상사로 모시거나 내 밑에서 일하거나 내 주변에서 일한 사람 누구도 교수에게 특별히 학점을 잘 달라고 청탁하거나 우리 선수 중 누군가를 잘 봐달라고 요청하는 법이 절대 없었다. 그런 행동을 우리는 고려조차 해본 적이 없고, 내가 용납하지도 않았다.

그리고 고등학교 생물 과목에서 간신히 C를 받은 선수가 의예과 전공을 택한다고 해도 도움을 주면 주었지 선수가 학문적으로 큰 뜻을 품는 걸 말린 적은 한 번도 없다. 누군가가 다른 말을 하면 난 개인적으로 모욕감을 느낀다. 고등학교 때 공부를 못해서 다들 대학에 가도 성적이 나쁠 것으로 생각하는 게 어떤 기분인지 기억하기 때문이다. 켄트주립대에 처음 발을 들였을 때 내 이마에는 '기대치 낮음'이라는 낙인이 찍혀 있었다. 하지만 나는 학부에서 우수한 성적을 거두고 석사 학위까지 땄다. 내가 할 수 있다면 내가 지도하는 선수들도 할 수 있다는 걸 나는 안다.

모두가 그렇듯 나도 학점 인플레이션에 대해, 그리고 배우는 게 거의 또는 전혀 없이 건성건성 학교를 마치는 요즘 운동선수들에 대해 들어봤다. 심지어는 제대로 알지도 못하면서 떠들어대기 좋아하는 스포츠 기자들에게 내가 그런 기만행위들을 눈감아줬다는 비난을 들은 적도 있다. 하지만 나는 코치들이 '미식축구 필드에 선 긋는 법'이나 '농구의 기초' 같은 말도 안 되는 강의를 하고, 선수들이 그런 강의를 우수한 성적으로 수료하는 걸 용납하지 않는다. 우리 팀에서 그런 부정행위가 벌어졌다면, 관련된 코치가 누구든 해고하고 선수를 정학시켰을 것이다.

1965년만 해도 우리 팀에는 그런 문제가 전혀 없었다. 선수들이 무슨 수를 써서라도 낙제하지 않고 학교에 남아야 할 동기가 유난히 뚜렷했기 때문이다. 당시는 린든 존슨 대통령이 베트남이라는 작은 동남아시아 국가에 파견한 군사 고문단에 무장 조치를 취한 직후였다. 이어 징병제가 전면 시행됐다. 재학 중인 대학생들에게는 징병 유예 혜택이 주어졌지만, 낙제하거나 중퇴하는 학생들은 지역 징병위원회에서 입영 대상자로 분류됐다. 징병 유예는 그 시대 많은 학생에게 분명하고 큰 동기부여 요소가 됐고, 그 결과 모든 학교에서 학생들의 성적이 향상됐다. 또 한 번 위기가 집중력을 높였고, 전국의 학생들이 강의실에서 더 열심히 공부했다.

인간은 편안한 일상을 뛰어넘어 자신을 채찍질하도록 타고나지는 않았다. 안락의자와 리모컨을 발명한 것이 고난을 즐기려는 의도가 아님은 물론이다. 하지만 고난이 우리를 더 강하게 하고, 고난을 겪지 않았다면 결코 알지 못했을 것들을 우리에게 가르쳐준다는 사실은 누구도 부인하지 못할 것이다. 성 베드로는 우리에게 고난을 "즐기고", "고통스러운 시험이 여러분을 괴롭게 하더라도 놀라지 말고 여러분에게 무슨 이상한 일이 일어난 것처럼 여기지 말라"라고 요구했다. 고난은 자연스러운 삶의 일부로, 고난에 무릎 꿇지만 않는다면 인격을 함양하고 삶의 우선순위를 정하는 데 오히려 도움이 된다.

그 완벽한 예가 내가 지도하는 주전 선수들의 자체 연습경기 상대가 되어주는 후보조 선수들이다. 그들 가운데 상당수는 연습생 아니면 부분 장학금을 받는 학생들로, 사우스캐롤라이나에서 단 한 경기도 선발 출장할 가망이 없는 선수들이었다. 전미 대표에 뽑힐 재목도 아니었고 대부분은 스스로 그걸 알고 있었다. 열심히 노력해봐야 누구도 큰 기대를 걸지 않았다. 누군가를 실망시킬 일 자체가 없는 것이다. 고난에 따른 어떤 보상도 기대할 수 없었기 때문에 고난은 이들에게 중요한 문제가 아니었다. 내가 부임할 때까지 누구도 후보조를 위한 기준을 세워주지 않았다. 나는 이들에게 우리가 뭔가 할 바에는 능력이 미치는 한 최선을 다해보자고 말했다.

처음에 이들은 얼떨떨해했다.

'도대체 무슨 꿍꿍이지? 어차피 후보조 선수 중 단 한 명도 경기

당일에 박수갈채를 받지 못할 텐데 무엇하러 고통과 고난, 희생을 감내해야 한단 말이야?'

내 대답은 간단했다. 열심히 노력하고 고난을 감수하는 건 이를 통해 더 나은 사람이 될 수 있기 때문이다. 다른 사람들의 칭찬과 찬사에서 보상을 찾으려 한다면 실망할 수밖에 없다. 한 번의 패스 실패 또는 한 번의 패배만으로도 환호성이 잦아들고 찬사가 사라지기 때문이다. 반면 내적인 보상, 즉 고통과 땀, 눈물을 통해 얻는 보상은 영원히 남는다. 후보조 선수들은 이런 사실을 이해했고, 이에 따라 태도와 기량도 달라졌다.

후보조에는 주목할 만한 선수가 많았지만, 그중에서도 특히 프레디 지글러가 독보적이었다. 지글러는 연습생 출신 1학년 와이드리시버로 빠르지는 않아도 투지가 넘쳤다. 그는 이후에 사우스캐롤라이나를 대표해 애틀랜틱 코스트 콘퍼런스ACC의 올스타 리시버에 선정됐다.

사람들은 기대를 받는 만큼 성과를 낸다. 아이에게 대수 시험 통과를 기대하면 아이는 더도 덜도 아니고 시험에 통과하는 데 필요한 만큼만 노력한다. 학생에게 B학점을 기대하면 딱 B학점을 받아 온다. 하지만 예를 들어 '전 과목 A학점' 같은 탁월함을 기대한다는 사실을 알아듣게 이해시키고, 그 목표를 달성했을 때 얻게 될 보상을 말해주고, 완벽함에서 한 치만 모자라도 엄중한 결과가 뒤따를 것이라는 사실을 알려주면 학생은 무슨 수를 써서라도 완벽한 학점을 받아내려고 한다. 내가 후보조에게 전력을 다하는 척 시늉만 하면서 그들이 주전 선수들의 기를 살려주기를 기대했다면, 선수들은 정확히 그대로 따랐을 것이다. 하지만 내가 오로지 탁월함을 요구했기 때문에 후보조 선수들은 모두의 기대를 훌쩍 뛰어넘는 수준까지 기량을 끌어올렸다. 이것이 내가 선수 시절 코치들로부터 지도받은 방식이자 내가 아는 유일한 지도 방식이다.

11월 말 디첼 코치가 기량이 뛰어난 사우스캐롤라이나의 1학년 팀(당시만 해도 1학년은 대학 대표팀 간 미식축구 경기에 출장이 불가능했는데, 이 규정은 1973년 개정됐다)과 후보조의 경기를 마련하기로 했다. 누구도 후보조의 활약을 기대하지 않았다. 정규 시즌 동안 1승 9패에 그친 미식축구팀의 주전에서조차 밀린 선수들이었다. 반면 1학년 팀에는 재능이 넘치는 선수들이 포진해 있었다.

결과는 후보조의 압승이었다. 그러자 마치 내셔널 챔피언십을 차지한 듯한 분위기가 연출됐고, 후보조 선수들은 기뻐서 어쩔 줄을 몰랐다. 경기를 지켜본 사람도 별로 없었다. 치어리더도 밴드도 사이드라인의 기자들도 관중들의 함성도 없었지만, 선수들은 전혀 개의치 않았다. 그때까지 그들을 괴롭힌 건 응원의 함성이나 스포트라이트의 부족이 아니라 자기 자신들이었다. 그들에게 주어진 기회라고는 이겨서는 안 될 상대와 맞서야 하는 경기 상황뿐이었다. 하지만 후보조는 이번 경기에서 승리했을 뿐 아니라 경기를 완전히 압도했다.

얼마 지나지 않아 디첼 코치가 내 급여를 원래대로 되돌려주고, 내가 따르는 조지 테리를 체육 담당 이사보로 승진시킨 뒤, 나를 후위 수비 코치로 임명했다. 다음 시즌에 우리 팀은 성적이 더 좋아졌는데, 2학년 선수 몇 명이 걸출한 활약을 보인 데 힘입어 5승 5패를 기록했다. 하지만 그 5승이 내게는 앞선 봄에 우리 후보조가 승리한 자체 연습경기만큼 감명 깊지 않았다. 후보조의 젊은이들은 비록 기량은 뛰어난 편이 아니었지만 자신들이 생각했던 한계 이상까지 스스로 채찍질했는데, 영광이나 명성을 위해서가 아니라 해낼 수 있다는 자기만족을 위해서였다. 나는 지금까지 지도해온 선수들을 통틀어 이 청년들을 가장 자랑스럽게 생각한다.

1967시즌 동안 나는 내 친구인 릭 포르사노에게 만약 기회가 생긴다면 오하이오주립대에서 코치를 맡아 우디 헤이스와 함께 일하고 싶다고 말했다. 그건 세상이 깜짝 놀랄 정도의 이야기가 아니었다. 우디는 전국에서 가장 유능한 코치였고, 오하이오강 기슭에서 자란 나는 오하이오주립대를 '가고 싶은 곳' 순위 중 천국에서 몇 계단 아래쯤으로 꼽고 있었다. 그러니 헤이스 코치와 일하고 싶다고 말하는 건 "야, 복권에 당첨되면 좋겠다"라고 말하는 거나 다름없었다.

　그런데 오히려 내가 놀랄 일이 생겼다. 릭이 에스코 사르키넨과 점심 약속을 주선해준 것이다. 사르키넨은 오하이오주립대에서 선수로 뛸 당시 전미 대표에 선발된 적이 있고, 인간적으로도 정말 훌륭한 사람이다. 우리는 점심을 잘 먹었고(사르키넨이 약속 시간보다 45분 늦긴 했다), 식사를 하는 동안 나는 언젠가 오하이오주립대에서 헤이스 코치를 위해 일하고 싶다는 진심 어린 바람을 거듭 밝혔다. 당시 헤이스 코치는 누군가를 고용할 입장이 아니었기 때문에 나는 이 대화를 식사 자리에서 나누는 환담 정도로만 여겼다.

오하이오주립대는 그해 성적이 썩 좋지 않았고, 공격 라인 코치 해리 스트로블은 은퇴했다. 헤이스 코치가 코칭 스태프를 개편하기로 했는데, 내가 그 개편의 일부분이 되리라고는 짐작조차 하지 못했다. 나는 사우스캐롤라이나 생활이 무척 만족스러웠고, 베스도 컬럼비아를 좋아했다. 날씨도 좋았고, 아이들은 집 근처를 돌아다니며 친구를 사귀고 삶을 즐기고 있었다. 누군가와 팀을 옮기는 문제를 이야기하는 것 자체를 꺼리지는 않았지만, 일자리를 찾는 중은 분명 아니었다.

1968년 1월 전국 코치협의회 참석차 뉴욕에 갔다. 나는 미국 미식축구코치협회AFCA 서기를 맡고 있었는데, 협회장인 디첼 코치가 임명했다. 당시 디첼 코치는 훌라볼Hula Bowl(매년 1월 하와이에서 열리는 대학 미식축구 올스타 경기-옮긴이)에서 코치를 맡는 바람에 회의에 올 수 없었지만, 나는 회의록 작성을 위해 참석했다. 내 생일인 1월 6일을 브로드웨이에서 보내게 된 건 뜻밖의 기쁨이었다.

또 다른 기쁨은 협의회 첫날 AFCA 사무총장을 맡고 있던 듀크대학교 코치 빌 머리가 내게 이사회 만찬 자리까지 남아달라고 요청했을 때 찾아왔다. 나는 신이 났다. 그것 보라고. 강팀과는 거리가 먼 ACC 소속 학교에서도 무명의 후위 코치지만 미식축구에서 가장 뛰어난 코치들과 함께하는 만찬에 초대받은 몸이라니까. 그건 꽤 큰 영광이었다. 나는 요청을 즉각 수락했다. 만찬장에 내려갔을 때 내

흥분은 두 배가 됐다. 내가 앉은 테이블에는 시러큐스대학교 코치 벤 슈발츠발더와 펜실베이니아주립대 수석코치 찰스 '립' 엥글, 그리고 내가 우리 시대 최고의 우상으로 흠모하는 우디 헤이스 코치가 앉아 있었다.

늘 그렇듯 헤이스 코치가 좌중의 대화를 주도했다. 윌리엄앤메리 시절 나는 결혼식을 올린 다음 주에 우리 학교가 주최한 코치 강습회에서 한 번 그를 만난 적이 있지만, 그는 나를 기억하지 못했다. 내 소개를 했을 때 그의 눈에서 묘한 표정이 스치는 걸 봤다. 한참 시간이 지난 뒤에 비로소 알게 된 사실이지만, 헤이스 코치는 내 얼굴을 에스코 사르키넨이 오하이오주립대 후위 수비 코치 후보 중 한 사람이라고 말해준 이름과 연결 짓고 있었다. 헤이스 코치가 내게 후위 수비 포메이션과 사우스캐롤라이나에서는 특정한 패스 방식을 어떻게 처리하는지 묻기 시작했을 때도 나는 그저 예의상 건네는 말이려니 생각했다. 하지만 나도 모르는 새 면접을 본 것이었다.

뉴욕에서 보낸 한 주가 끝나기 전, 회의 기록이나 좀 하고 공연 한두 편 보는 게 전부라고 생각하고 떠난 여행에서 나는 두 건의 일자리를 동시에 제의받고 중대한 결정을 내려야 하는 상황이 됐다.

첫 번째 제의는 사우스캐롤라이나에서 내가 이어받은 자리의 전임자였던 버드 카슨에게 받았다. 카슨은 전설적인 바비 도드의 후임으로 조지아공대 수석코치를 맡고 있었는데, 도드는 팀을 사상 최초로 내셔널 챔피언십으로 이끈 인물이다. 카슨은 꽤 훌륭한 선수들과 함께 세계 최고 수준의 팀을 물려받았다. 그가 코칭 스태프 합류를 제의할 만큼 나를 높이 평가한다는 데 나는 어깨가 으쓱해졌다.

내 서른한 번째 생일이던 바로 그날 나는 호텔 방에서 우디 헤이스 코치의 전화를 받았다.

"루, 우리 팀 후위 수비 코치를 제안하고 싶네. 언제 오하이오주립대로 올 수 있겠나?"

그가 물었다. 나는 너무나 놀라 머뭇거리다가 겨우 입을 열었다.

"코치님, 정말 영광입니다. 사우스캐롤라이나로 돌아가 아내와 상의해야 할 것 같습니다. 다음 주에 전화 드려도 될까요?"

이어진 침묵은 기껏해야 3초 남짓이었겠지만 마치 한 시간처럼 느껴졌다.

"서두르게."

헤이스 코치가 대답했다.

실직 상태로 집 거실에 앉아 108가지 인생 목표를 적어 내려간 지 채 2년도 안 지났다. 그런데 보조코치로서는 더 바랄 게 없는 최고의 일자리 제의를 두 건이나 받아 든 채 뉴욕발 비행기에 몸을 싣고 집으로 돌아왔다. 유일한 문제는 두 가지 제의를 다 받아들일 순 없다는 것이었다.

베스와 나는 모든 가족 문제를 결정할 때 그랬듯 두 건의 제의를 놓고 기도를 드렸다. 시간이 많지 않았다. 버드 카슨과 우디 헤이스는 코칭 스태프 구성을 마무리한 다음 신입생들과 입단 계약을 맺고 1968시즌을 준비해야 했다. 우리 부부는 신에게 답을 달라고, 괜찮다면 되도록 빨리 달라고 기도했다.

신은 우리 집에 전화를 하지 않았고, 불행히도 나는 그가 기도에 응답하는 방식에 그다지 익숙하지 않았다. 그래서 나는 내 입장이라면 누구라도 할 만한 선택을 했다. 다른 코치들에게 조언을 구한 것이다. 이들의 대답은 조지아공대 쪽으로 크게 기울었다. 우선 내가 의견을 구한 사람들이 버드 카슨과 아는 사이였고, 그가 거느린 코치들과 내가 잘 어울리리라는 걸 알았다. "우디 헤이스는 제정신이 아니야"라는 말도 두 번 이상 들었다. 또 폴 디첼은 헤이스 코치와 썩 좋은 사이가 아니었다. 그는 오하이오주립대로 가지 말라고 나를 설득하기 위해 하와이에서 서둘러 돌아왔다.

"그 학교에 가면 안 돼." 디첼 코치가 말했다. "거긴 날씨도 춥고 골치 아픈 곳이야. 동문들과 팬들을 만족시키기가 전국 어느 곳보다 까다롭지. 게다가 검증된 미치광이 아래에서 연 단위 계약 신세로 일해야 하잖아."

일리가 있는 말이었다. 내 심장은 오하이오주립대로 가는 게 올바른 선택이라고 말하고 있었지만, 내 상식과 은행 계좌는 어서 짐을 꾸려 애틀랜타로 달려가라고 소리치고 있었다. 버드 카슨은 내게 연봉 1만 3,000달러 외에 집 계약금과 이사 비용, 차량 운행 비용에 매년 가족과 함께 플로리다로 휴가를 다녀오는 비용까지 제공하겠다고 제의했다(마지막 특전은 비공식적인 보너스였다. 2주가량 플로리다 남부의 고등학교 유망주 선수들을 둘러보는 형태로, 지극히 합법적이고 썩 괜찮은 보상책이었다). 반면 헤이스 코치는 집 계약금이나 차량 제공은 물론 보너스나 기타 어떤 특전도 없이 순전히 연봉 1만 3,000달러만 제의했다. 손쉬운 결정이었어야 옳았다.

그때 내가 제의를 받았다는 소식이 이스트리버풀까지 전해지면서 우리 집 전화기 벨이 울리기 시작했다. 가장 강경한 의견은 루 외삼촌에게서 나왔는데, 외삼촌은 이렇게 말했다.

"꼭 오하이오주립대로 가야 해. 선택의 여지가 없어. 왜 다른 곳으로 갈 생각을 하는 건데?"

다른 친척들도 집요하긴 마찬가지였다. 추수감사절 저녁 식사 자리에서 따뜻하게 환영받고 싶다면, 헤이스 코치의 제의를 수락하고 최대한 빨리 오하이오주립대로 가는 편이 나아 보였다.

버드 카슨과 헤이스 코치 두 사람 다 빠른 답을 원하는 상황이어서 나는 두 곳 중 한 학교만 방문할 여유가 있었다. 나는 이미 애틀랜타에 호텔 예약을 해둔 상태였다. 하지만 떠나기 전 일요일 밤 계획을 바꿔 오하이오주 콜럼버스로 날아갔다. 그리고 헤이스 코치와 이틀을 함께 보내며 그가 하는 말을 귀 기울여 듣고 그가 하는 질문에 대답했다. 이미 공식적으로 코치 자리를 제의받은 뒤였는데도 지금까지 해본 어떤 여행보다 치열한 여정이었다. 헤이스 코치는 함께 일하자고 설득할 때조차 상대방이 긴장을 늦추지 않게 하는 재주가 있었다. 그와 몇 차례 점심을 함께한 가운데 한 번은 부트렉 스윕*bootleg sweep*(쿼터백이 사이드라인 쪽으로 빠져서 펼치는 러닝 플레이의 일종-옮긴이)에 대한 방어책부터 내가 어떤 차를 모는지까지 샅샅이 캐물은 다음 헤이스 코치는 내 눈을 뚫어지라 쳐다보며 말했다.

"스파이스는 어쩔 건데?"

내 두뇌가 바삐 움직이기 시작했다. 스파이스라, 스파이스…. 내가 모르는 새로운 작전 대형 이름인가? 내가 곧바로 대답을 못 하자 헤이스 코치가 소금과 후추 통을 집어 들었다.

"스파이스 말이야. 닭 요리에 양념 뿌릴 거냐고."

"아뇨 괜찮아요, 코치님. 닭은 이대로 좋아요."

그제야 나는 대답을 할 수 있었다.

꼬박 이틀에 걸쳐 끝장 토론을 펼치고 나서야 나는 헤이스 코치의 보조코치들과는 단 한 명도 대화를 나눌 기회를 갖지 못했다는 사실을 깨달았다. 꽤 신경 쓰이는 일이었다. 내가 코칭 스태프의 일원이 될 거라면 적어도 함께 일할 사람들을 만나 대화를 나눠야 했다. 하지만 내가 그 문제를 꺼내자 헤이스 코치는 이렇게 말했다.

"그건 걱정하지 말게. 나를 위해 일하는 거지 그 사람들을 위해 일하는 건 아니니까."

이 말을 듣자 내 머릿속의 온갖 경보장치가 한꺼번에 울려대기 시작했다. 그는 왜 자기 보조코치들과 대화를 허락하지 않는 걸까? 헤이스 코치에 대해 들은 부정적인 말들이 전부 사실인 건 아닐까?

"코치님, 보조코치들과 대화를 나누는 건 정말 중요하다고 생각합니다."

내가 재차 요청했다. 5~6초가량 죽일 듯 째려보는 시선이 레이저 광선처럼 또 한 번 내게 꽂혔다. 그가 마침내 입을 열었다.

"좋네. 타이거 엘리슨을 만나보게."

타이거는 1학년 담당 코치로, 헤이스 코치와는 선수 시절 데니슨

대학교에서 함께 뛰었던 사이다. 그는 내가 만나본 사람 가운데 가장 호인이기도 했다. 오하이오주립대 미식축구 프로그램에 관해 대화를 나눌 때 그는 나를 정말 편하게 대해주었다. 헤이스 코치 아래서 일하는 게 어떤지 묻자 그가 웃음을 터뜨리며 말했다.

"다시 군에 입대한 기분 같다고나 할까." 그 정도는 감당할 수 있었다. 나는 군 복무 시절이 정말 좋았으니까. "엄하고 깐깐하고 공격적이지만 전체적으로는 좋은 사람이에요. 훌륭한 리더이기도 하고."

내가 듣고 싶었던 말은 그게 전부였다. 집에 돌아왔을 때 나는 베스에게 이렇게 말했다.

"우디 헤이스 밑에서 일할 수 있을 것 같아요. 타이거 엘리슨이 그 밑에서 일할 수 있다면 나도 할 수 있어요."

오하이오주립대의 정책상 체육 담당 이사회와 체육이사 딕 라킨스가 나를 고용하겠다는 헤이스 코치의 결정을 승인해야 했다. 그 승인은 2주 뒤에나 이뤄질 예정이어서 그때까지 나는 기술적으로 고용 상태가 아니었다. 그 14일 동안 나는 습관 때문에 바보처럼 사우스캐롤라이나 사무실로 출근했다. 사우스캐롤라이나의 코칭 스태프는 내가 오하이오주립대로 가지 않게 설득하려고 끈질기게 애를 썼다.

"헤이스는 미치광이라니까. 그 밑에서 일할 수 있다고 생각하는 자네도 미쳤고."

디첼 코치도 다시 한번 강조했다. 이들 모두 내가 사우스캐롤라이나에 남거나 아니면 조지아공대로 가기를 바랐다. 마침내 그들이

　　　　　　　　　　　　　　　　승리, 패배, 그리고 교훈

이겼다. 내가 얼마나 끔찍한 실수를 저질렀는지 일주일가량 듣고 나자 나는 헤이스 코치에게 그의 팀에 합류하지 않겠다고 말하기로 마음을 고쳐먹었다.

나는 헤이스 코치가 스카우트에 공을 들이고 있는 톰 캄파냐 주니어라는 선수의 집에 가 있다는 사실을 알아냈다. 그 선수의 아버지를 알고 있었기 때문에(우리도 그 선수가 사우스캐롤라이나에 입단하도록 설득하고 있었다) 별 어려움 없이 선수 집으로 전화를 걸어 헤이스 코치와 전화 연결이 됐다.

"코치님." 나는 단도직입적으로 용건을 말했다. "오하이오주립대로 가지 않기로 했습니다."

헤이스 코치의 호흡이 점점 거칠고 가빠지더니 급기야 헐떡이는 한 마리 짐승처럼 들리기까지 했다. 그러더니 그는 전형적인 우디 헤이스 스타일로 2분간 욕하기 세계 신기록이 틀림없을 만한 말들을 퍼부어댔다. 귓가에 대고 은근히 속삭이는 협박이 아니었다. 만약 그 집의 어머니가 가까이 있었다면 헤이스 코치는 그녀의 아들을 스카우트할 생각을 접어야 했을 것이다. 나는 전화를 끊기 일보 직전까지 갔다. 믿기 힘들 정도의 폭언을 2분 정도 듣고 있자니 당장 전화를 끊어야 한다는 생각이 들었지만, 마음을 바꾼 건 나니까 그가 욕을 하게 내버려 둬야 한다고 판단했다. 솔직히 말해 그가 고함치고 욕을 하는 동안 나는 속으로 이렇게 중얼거렸다.

'루 홀츠, 이 제의를 거절한 건 옳은 선택이었어.'

호흡이 정상으로 돌아오자 헤이스 코치가 이렇게 말했다.

"좋아, 좋다고. 안 오겠다는 말이지. 괜찮아. 하지만 한 가지만 말해두겠네. 자네가 평생 잊지 않게 될 사실 말이야. 그게 뭐였든 간에 자네 마음속에는 애초에 오하이오주립대로 오고 싶게 한 이유, 내가 코치 자리를 제안했을 때 받아들이라고 말을 건넨 작은 목소리, 그 이유, 그 목소리가 여전히 그대로 있을 거야. 지금은 안 들릴지 몰라도 여전히 자네 마음에 있어. 내 밑에 와서 일하고 싶어 했던 이유가 여전히 자네 마음속에 있다는 말일세. 지금은 잠잠할지 몰라도 사라진 건 아니야."

그의 말이 옳았다. 그리고 나도 그 사실을 알고 있었다.

"코치님." 내가 말했다. "1분 전만 해도 이 전화를 끊어야겠다고 생각했어요. 하지만 지금은, 혹시… 제의가 여전히 유효하다면, 마음을 바꿔 제의를 수락하고 싶은데요."

그는 잠시 말이 없었고, 나는 영원히 기회를 날려버린 것으로 생각했다. 주저하는 것은 우디 헤이스가 가볍게 여기는 덕목이 아닌데, 나는 세상에서 가장 우유부단한 사람처럼 보였던 게 틀림없다. 몇 초 정도 뒤에 그의 한숨 소리가 들려왔다.

"이사회는 내일이야." 그가 이어서 말했다. "모레 학교에서 만나도록 하지."

06

WINS, LOSSES,
AND LESSONS

1968년 내셔널 챔피언십을 차지한 뒤
라스베이거스에서 함께한 오하이오주립대 코칭 스태프의 모습.
우리 모두 훗날 훌륭한 경력을 쌓아갔다.
위쪽부터 조지 촘프(미국 해군사관학교 수석코치), 루디 허바드(플로리다
A&M대학교 수석코치), 얼 브루스(오하이오주립대 수석코치), 루 매컬러프
(아이오와주립대 체육이사), 나, 빌 멀로리(콜로라도대학교와 인디애나주립대
수석코치), 휴 하인드먼(오하이오주립대 체육이사). (라스베이거스 뉴스국 제공)

탁월함은 신념과
온전한 헌신에서 비롯된다

오하이오주립대로 처음 출근하던 날, 20센티미터나 되는 폭설이 내리고 기온도 온종일 섭씨 영하 6도를 밑돌았다. 우리가 콜럼버스로 이사하리라는 사실을 알게 됐을 때 베스는 내게 늦은 생일 선물로 겨울 코트를 한 벌 선물했는데 첫 출근에 딱 맞춰 도착했다(날씨가 안 좋은 날이라고 해봐야 두꺼운 카키 바지에 스웨터를 걸치는 게 고작인 사우스캐롤라이나에서 두 번의 겨울을 났더니 겨울옷이 대부분 없어지고 말았다). 코트 깃을 단단히 여미고 문밖을 나섰는데 밀려드는 매서운 공기에 폐가 오그라드는 느낌이었다. 시속 25킬로미터를 넘는 바람을 타고 보도에 쌓인 눈이 흩날려 체감 온도는 영하 20도 안팎까지 떨어졌다.

추위가 그날의 유일한 충격은 아니었다. 신임 보조코치들이 선수들과 나란히 앉아 아침을 먹는 식당에서 나는 코트를 의자 등받이에 걸쳐놓고 커피잔을 다시 채우러 갔다. 돌아와 보니 새 코트(내가 가진 옷 가운데 유일하게 바람막이 재킷보다 두꺼운 코트)가 온데간데없이 사라지고 만 것이다. 식당 안을 이리저리 살펴보고 몇몇 학생에게 물어도 봤지만 아무런 소득이 없었다. 그해 들어 가장 추운 날 나는 얇은 면 셔츠에 오하이오주립대 야구 모자를 쓰고 첫 코칭 스태프 회의 장소로 향했다. 이런 차림이면 적어도 헤이스 코치가 나약하다고 비난하지는 않겠지. 내가 멍청할지는 몰라도 나약하지는 않다니까.

오하이오주립대 홈구장인 세인트 존 아레나에서 열린 코칭 스태프 회의는 신임 코치 전원이 처음 함께하는 자리였다. 여기에는 훗날 체육이사가 된 휴 하인드먼, 오하이오주립대 수석코치가 된 얼 브루스, 해군사관학교 지휘봉을 잡은 조지 촘프, 인디애나주립대로 간 빌 멀로리, 플로리다A&M대학교 수석코치가 된 루디 허바드, 아이오와주립대 체육이사가 된 루 매컬러프와 내가 참석했다. 몇 분 일찍 도착한 나는 추웠지만 기대감에 차 있었다. 훌륭한 조합의 코칭 스태프였다. 회의실에 모인 코치들의 잠재력을 생각하자 흥분이 밀려들었다.

그때 헤이스 코치가 도착했다. 그의 모습이 보이기 전에 목소리부터 들려왔다. 그의 말투에선 상스러움이 묻어났다. 그때 나는 파이프 담배를 피워 물고 있었는데, 스물여섯 살 때 베스가 파이프를 선물한 뒤로 계속 이어온 습관이었다(궐련이나 시가는 평생 입에 대본 적이 없다). 헤이스 코치가 나를 바라보더니 손가락으로 파이프를 가리키며 말했다.

"무슨 생각으로 파이프 담배를 피우는 거지? 폴 브라운 밑에서는 절대 일 못 하겠는걸. 브라운은 파이프 담배 피우는 사람은 다 게

으르고 자만심에 빠졌다고 하거든."

나는 헤이스 코치가 폴 브라운을 좋아하지 않는다는 걸 알고 있었다. 동문 가운데 일부가 브라운을 오하이오주립대 수석코치로 선임했어야 한다고 주장했기 때문이다. 그래서 나는 이렇게 받아쳤다.

"코치님, 그래서 코치님이 폴 브라운보다는 현명하신 거죠. 그런 터무니없는 말은 안 믿으시잖아요."

헤이스 코치는 말없이 나를 몇 초 동안 바라봤다. 내 재치 있는 말대구에 놀란 듯한 눈치였다. 어쨌든 그는 내 파이프 담배에 대해 더는 언급하지 않았다.

그 첫 회의에서 코치들과 나는 헤이스 코치와 한 보조코치가 어떤 학생의 학업 문제를 놓고 몸싸움을 벌이는 걸 뜯어말렸다. 헤이스 코치는 그 보조코치가 이 선수의 학업에 충분히 시간을 들이지 않는다고 생각했다. 보조코치가 동의하지 않는다고 정중히 밝히자, 헤이스 코치가 다가가 셔츠를 움켜쥐면서 드잡이가 시작됐다. 헤이스 코치는 요즘 상담 전문가들이 하는 말로 '분노 조절 장애'를 앓고 있었다. 시즌 첫 회의에서 그토록 쉽게 흥분하는 수석코치는 그때껏 한 번도 본 적이 없었다. 그 자리의 모든 코치가 달려들어 상황이 감당하지 못할 만큼 나빠지기 전에 둘을 떼어놓았다. 나도 자리에서 벌떡 일어났지만 다른 사람보다는 한발 늦게 나섰다. 만에 하나 문쪽으로 뛰쳐나가야 할 경우에 대비하고 싶어서였다.

싸움을 뜯어말린 건 시작에 불과했다. 그 뒤에도 헤이스 코치는 뭔가 다른 일에 화가 났는지 영사기를 집어 들더니 복도 쪽으로 난 유리문을 향해 내동댕이쳤다. 또 다른 코치를 붙잡고 싸움을 벌이는 건 별로 구미가 당기지 않았는지 그는 값비싼 영사기를 망가뜨리고 유리문을 부수는 것으로 분을 풀었다(그날 이후 체육이사의 명령으로 세인트 존 아레나의 모든 영사기는 탁자에 쇠사슬로 단단히 고정됐다).

그런 다음 헤이스 코치는 마치 아무 일도 없었다는 듯 회의를 이어갔다. 사실 역사 강의 비슷한 것이었는데, 나는 헤이스 코치가 확실히 보통 사람과는 다르다는 생각을 했다. 저린 다리를 펴며 고개를 숙인 채 방을 나갈 때 기차처럼 요란한 소리를 내며 내 뇌리를 뒤흔든 생각은 '세상에, 루. 너 도대체 무슨 짓을 한 거니?'였다. 그때 내 뒤에 있던 코치가 바비 러셀의 유명한 노래를 흥얼거렸다.

"신은 작은 파란 사과를 만들지 않으셨고 인디애나폴리스에는 여름엔 비가 오지 않는다네."

뒤돌아보니 우리의 음유시인 타이거 엘리슨이, 헤이스 코치가 '전체적으로는 좋은 사람이고 훌륭한 리더'라며 나를 안심시켰던 장본인이 서 있었다.

"타이거, 지금 노래가 나와요?"

내가 물었다.

"입을 여니 멜로디가 흘러나왔을 뿐이야."

"그래요, 참 대단하군요. 하지만 방금 회의실에서 일어난 일들을 보지 않았나요?"

그는 웃음을 터뜨리더니 내 어깨에 손을 얹었다.

"걱정하지 말아요, 젊은이. 익숙해질 테니까."

승리, 패배, 그리고 교훈

이런 세상에! 주먹다짐에다 영사기가 날아다니는 광경에 익숙해질 거라니!

"아니, 헤이스 코치가 좋은 사람이고 훌륭한 리더라고 했잖아요."

그가 역시나 싱긋 웃으며 대답했다.

"이봐, 훈족 아틸라(5세기 로마제국을 침공해서 온 유럽을 공포에 떨게 했던 훈족의 왕-옮긴이)도 훌륭한 리더였어. 그렇다고 그를 저녁 식사에 초대할 건 아니잖아."

그 순간 내가 보기 좋게 속아 넘어갔다는 걸 깨달았다. 헤이스 코치가 다른 보조코치들은 접촉하지 못하게 하면서도 타이거 엘리슨을 만나게 한 건, 그가 살면서 누구에 대해서도 나쁜 말을 해본 적이 없는 사람이기 때문이었다. 타이거는 훈족 왕 아틸라조차 칭찬할 방법을 찾아내는 사람이었다! 헤이스 코치는 그걸 알고 타이거에게 구인 담당 대변인을 맡긴 것이다.

그해 봄과 여름 내내 나는 헤이스 코치에 대해 훨씬 더 많은 것을 알게 됐다. 모든 사람이 그에 대해 한 말들은 전부 다 사실이었다. 그는 깐깐하고 엄하지만 무척 영리하고 박식했다. 변덕스러운 성미라는 평판도 틀리지 않았다. 그가 옆에 있으면 어떤 일이 벌어질지 전혀 예측할 수 없었다. 그런 한편으로, 뛰어난 전술가이기도 했다. 조금 시간이 지나자 나는 그가 발끈하고 화를 낼 때 많은 경우 뭔가를 주장하기 위한 계산된 행동이라는 사실을 알아차렸다. 그는 사람들이 자신을 실제보다 더 다혈질이라고 생각해서 자신이 화를 폭발시킬

까 두려워 최선을 다하기를 바랐다. 지금까지 내가 만나본 사람 가운데 35년간 노트르담대학교 총장을 지낸 시어도어 헤스버그 신부 다음으로 헤이스 코치가 비범한 사람이라고 생각한다.

헤이스 코치는 모든 사람의 강점과 약점을 간파하는 놀라운 재주를 가진 사람으로, 그렇게 알아낸 강점과 약점 모두를 거리낌 없이 그대로 드러냈다. 만약 당신이 그가 생각하는 것보다 자신을 더 부풀려 생각하고 있다면, 그는 여지없이 당신을 짓밟으며 자기중심적 실수를 일깨워줄 것이다. 하지만 만약 당신이 좌절해서 정말로 큰 어려움에 처했다면, 그가 가장 먼저 당신의 어깨에 두 손을 얹고 격려해줄 것이다. 내가 그의 밑에서 코치로 일한 뒤로 그는 내 고향인 이스트리버풀을 지나칠 때마다 어김없이 우리 어머니에게 전화를 걸어 안부를 물었다.

나는 승리하는 팀을 만들어내는 법에 대해서도 그에게 많은 것을 배웠다. 훈련은 마치 신병 훈련소에 재입소한 듯 격렬했다. 군대에서는 그래도 훈련 사이사이 휴식이라도 취할 수 있었지만, 헤이스 코치의 훈련은 필드에 도착해서 그가 마지막으로 호루라기를 불 때까지 쉴 틈 없이 이어졌다. 봄 훈련 기간에 나는 그가 풀백이 태클을 피하는 법 같은 플레이 하나를 놓고 온종일 이야기하며 지도하는 모습을 본 적도 있다.

그는 선수 개개인의 성향을 속속들이 파악했으며, 상대 팀이 그 성향을 어떻게 자신들에게 유리하게 이용하려고 할지도 알았다. 훗날 NFL 역사상 가장 무시무시한 선수가 된 우리 팀 2학년 디펜시브백 잭 테이텀은 상대의 작전을 넘겨짚고 과잉 반응하는 경향 때문에 잘 짜인 플레이 액션*play-actions*(러닝 플레이를 하는 척하다가 패스로 전환하는 작전-옮긴이)이나 카운터 플레이*counter plays*(쿼터백이 예정된 코스의 반대편으로 상대방을 유인해 타이밍을 뺏은 뒤 원래 방향으로 돌아가는 작전-옮긴이), 부트렉, 리버스*reverses*(공을 잡은 선수와 리드 블로커가 반대 방향으로 뛰는 플레이-옮긴이) 등에 취약점을 드러냈다. 헤이스 코치가 이를 간파하고 자체 연습경기 때면 미스디렉션 플레이*misdirection plays*(공격진이 상대 수비수를 반대 방향으로 현혹하는 플레이를 총칭하는 말-옮긴이)를 반복 훈련하게 했다. 잭이 속임수에 넘어가거나 과잉 반응하면 헤이스 코치는 이렇게 고함을 쳐댔다.

"미시간도 널 그렇게 속이려 들 거야!"

때론 헤이스 코치가 도를 넘어 선수들을 우격다짐으로 몰아붙인다는 생각이 들기도 했다. 하지만 적어도 그는 차별 없이 모두에게 공평하게 고함을 질러댔다. 코치든 간판선수든 삼류 선수든 가리지 않고 모두에게 엄했다. 그는 모두에게 할 수 있는 최선을 다하라고, 그리고 자신의 높은 잣대를 받아들이라고 요구했다.

전미 대표로 뽑힌 우리 팀 태클 루퍼스 메이스와 데이브 폴리가 자신이 원하는 자세로 정렬하지 않으면, 헤이스 코치는 돌격하는 아파치 전사처럼 악을 써댔다. 그는 선수 각자가 준비 자세를 취했을 때 양손에는 얼마만큼 무게를 싣고 두 발에는 또 얼마만큼 무게를 실어야 하는지 알았고, 전미 대표라도 허리 각도가 살짝 비뚤어져 어느 한쪽으로 기울기라도 하면 혼쭐을 냈다. 그는 또 스크리미지 라인에 선 선수의 머리 위치에 대해서도 엄격했다. 선수가 왼쪽을 보고 있다가 같은 방향으로 뛰쳐나가면 헤이스 코치는 다시는 그쪽을 쳐다보지 못하게 헬멧 왼쪽을 내리쳤다. 그가 요구한 세부적인 사항들은 사람을 미치게 할 정도였는데, 우리 팀 선수들 대부분이 어리긴 해도 인생의 절반 이상을 미식축구 선수로 뛰어왔음을 고려하면 특히 그랬다.

헤이스 코치는 반복 훈련을 통해 기본기를 갖추는 걸 중요시했다. 보통 팀 훈련의 절반을 블로킹과 태클 개인 지도에 할애했는데, 이는 스크리미지 라인에서 벌이는 일대일 맞대결과 함께 그가 집착에 가깝게 중요시한 부분이다. 하지만 분명히 해둘 게 있는데, 코치들과 선수들은 마침내 부모를 존경하듯 헤이스 코치를 따르고 존경하게 됐다. 물론 모든 보조코치가 헤이스에 대해 이러쿵저러쿵 뒷말을 하곤 했지만, 일단 수석코치가 되면 모두 헤이스 코치와 똑같은 방식으로 팀을 지도했다.

우디 헤이스는 인간은 스스로 생각하는 것보다 훨씬 더 큰 능력을 발휘할 수 있고, 개개인의 기량은 그에게 주어지는 기대에 달려 있다는 내 신념이 옳다는 걸 확인해주었다. 오하이오주립대는 1968 시즌을 2학년생 열두 명으로 시작했다. 당시는 1학년생에게는 출전 자격이 주어지지 않을 때였다. 그렇게 미숙한 팀에 뭘 기대해야 할지 아무도 알지 못했다. 연초만 해도 미시간과 퍼듀가 우리보다 예상 순위가 높았다. 실망스러운 1967시즌이 끝난 뒤 많은 전문가는 오하이오주립대가 최소한 3~4패 정도는 하고 시즌을 마칠 것으로 예상했다. 썩 나쁘진 않아도 그다지 고무적이지 않은 전망이었다. 여론은 퍼듀가 콘퍼런스 1위를 차지한 뒤 내처 내셔널 챔피언십 우승까지 차지할지도 모른다는 쪽으로 기울었다. 이들의 적수가 될 만한 유일한 팀은 당시 '테일백 U'라고 불리던 서던캘리포니아대학교였다. 서던캘리포니아에는 O. J. 심프슨이라는 걸출한 젊은 러닝백이 기록이란 기록은 전부 갈아치우고 있었다. 대부분 여론조사에서 퍼듀와 서던캘리포니아가 전국 최상위 팀으로 꼽혔다(미국 대학 미식축구는 시즌 전과 시즌이 진행되는 동안 코치와 기자단 등의 여론조사로 팀 순위를 정한다-옮긴이).

헤이스 코치는 이런 여론조사 결과를 믿지 않았을 뿐 아니라 우리 중 누구도 2등이나 3등에 안주하지 못하게 했다. 그는 우리에게 단지 미시간과 퍼듀를 꺾는 데 만족하지 말고 그들을 '압도하는' 편이 좋을 거라고 으름장을 놓았다. 그의 시계에 차선책을 위한 시간은 존재하지 않았다. '우디의 분노'를 피하고 싶다면 선수와 코치 모두 그의 기대를 뛰어넘는 편이 좋았다.

그 시즌에 우리가 대부분 경기에서 승리한 건 우리가 상대보다 더 강인하고, 더 잘 훈련돼 있고, 더 자신감에 넘치고, 더 기본기가 뛰어났기 때문이다. 이는 우리 선수들에게 엄청난 심리적 이점으로 작용했다. 많은 상대 팀 테일백들이 마크 스티어나 잭 테이텀, 짐 스틸왜건 같은 선수들과 맞닥뜨릴 때 약간은 겁을 먹고 스크리미지 라인에 섰다. 우리 선수들은 투지 넘치는 경쟁자들로, 패배는 이들의 선택지에 없었다. 그래서 점수로 앞서는 데 만족하지 않고 상대를 육체적으로 무릎 꿇리려고 했다. 헤이스 코치는 가볍게 스치듯 거는 태클이 좋다고 생각했고, 공을 가진 선수의 가슴을 스치듯 미는 태클을 선호했다.

그 시즌에서 우리 팀 개막전이자 내가 오하이오주립대로 옮긴 뒤 첫 번째 경기 상대는 서던메소디스트대학교였다. 그때까지 나는 살면서 한 번도 경기 때문에 그렇게 긴장해본 적이 없었다. 나는 서던메소디스트와 관련하여 입수 가능한 모든 경기 영상을 연구하고 전력 탐색 보고서를 통째로 암기했다. 하지만 개막전에서는 상대 팀의 전력을 가늠하기 힘들뿐더러 자기 팀 선수들이 어떤 경기력을 보일지조차 알기 어렵다. 우리는 최선을 다해 준비했지만, 경기 당일에 중요한 건 압박을 받는 상황에서 실력을 발휘하는 것이다. 심기일전해 임무를 완수하는 팀이 있는가 하면, 경기 전에 아무리 준비를 철저히 해도 그러지 못하는 팀이 있다.

다행히 우리 팀은 전자에 속했다. 서던메소디스트의 뛰어난 쿼터백 척 힉슨은 일흔여섯 번이나 패스를 던지며 1960년대 당시로는 파격적인 공중전을 펼쳤는데, 그 패스 중 마흔 번을 성공시키며 420야드를 전진해 전미대학체육협회*NCAA* 신기록을 세웠다. 하지만 그가 실패한 서른여섯 번의 패스 중에서 여섯 번을 우리 팀이 가로채기에 성공했다. 우리는 상대 러닝 플레이도 철저히 차단해 경기 내내 50야드의 러닝 침투만 허용했다. 공격에서는 우리 팀 2학년 쿼터백 렉스 컨이 4학년 주전처럼 활약했다. 렉스는 145야드의 패스 플레이를 성공시키고 러닝 플레이도 227야드나 진두지휘했는데, 풀백 짐 오티스와 테일백 존 브로킹튼의 폭발적인 러닝 덕분이었다. 결국 우리가 35:14로 승리했다.

경기가 끝난 뒤 어떤 일이 벌어질지 나는 전혀 감을 잡지 못했다. 물론 우리 팀이 승리하긴 했지만, 내가 지도하는 후위 수비진은 패스를 400야드 넘게 허용했으니 후위 코치가 크게 칭찬받을 만한 날은 아니었다. 선수들이 샤워를 마치고 라커룸으로 나오자 헤이스 코치가 내 뒤로 걸어오더니 내 어깨에 손을 얹고는 눈발 휘날리는 캠퍼스에 도착한 첫날부터 내가 그토록 듣고 싶었던 두 마디 말을 내뱉었다.

"좋은 경기였네."

세상을 모두 얻은 기분이었다. 오하이오주립대 코치로 치른 첫 경기는 성공적이었다. 마침내 고비를 넘어 수비코치로 인정받은 듯했다.

하지만 그 기분은 고작 하루 반나절밖에 이어지지 못했다. 이틀 뒤 헤이스 코치는 사소한 규율 위반을 이유로 나를 해고했다. 내 기억에 훈련 도중 우리 세이프티 중 하나가 공격수를 막아선 뒤 웃음을 보였던 것 같고, 내가 그 선수를 야단치지 않자 헤이스 코치가 내게 불같이 화를 내며 현장에서 나를 해고한 것이다. 이때가 그해 내가 헤이스 코치에게 당한 대여섯 차례의 해고 가운데 처음이었다. 헤이스 코치 자신이 이런 일이 있을지 모른다고 경고한 대로였는데, 그는 자기 말은 글로 썼을 때만 진담으로 받아들여야 한다고 덧붙였었다. 실제로 그가 글로 남긴 적은 한 번도 없지만, 나로서는 차라리 말보다는 글로 남겨주길 바랐던 적이 몇 번 있긴 하다.

얼마 지나지 않아 나는 헤이스 코치를 존경할 뿐 아니라 무척 좋아하게 됐다. 한번은 특유의 육두문자 독백을 또 한바탕 퍼붓고 난 뒤 그가 내 쪽으로 손을 흔들며 이렇게 말했다.

"내가 무엇 때문에 자넬 고용했는지 모르겠어."

그 말에 발끈한 나는 잠자코 있을 수가 없었다. 그래서 이렇게 대꾸했다.

"괜찮은 수비코치 가운데 코치님을 참아 넘길 수 있는 유일한 사람이니까요."

순간적으로 나는 그가 내 머리를 박살 낼지도 모른다고 생각했다. 하지만 4~5초 정도 뚫어질 듯 나를 노려보던 그가 마침내 입을 열었다. 그는 "자네 말이 맞을 거야"라며 슬그머니 자리를 떴다. 이후로는 그에게 절대 말대꾸를 하지 않았다. 그가 한 번은 눈감아줬지만, 두 번째는 그다지 운이 좋지 않을지도 모른다고 생각했기 때문이다.

두 번째 경기에서 우리는 무척 실력이 뛰어난 오레곤대학교를 21:6으로 완파했다. 그때부터 우리는 탄력이 붙었다고 느꼈다. 우리 팀은 어리지만 재능이 있었고, 당시로선 믿기 힘들 만큼 놀라운 기록들을 만들어냈다. 우리 공격수들은 경기당 평균 440야드를 전진했는데, 당시는 한 경기에 패스 플레이를 스무 번만 성공시켜도 전면적인 공중전으로 여겨지던 시절이었으니 그야말로 경이적인 수치였다. 그뿐만이 아니라 우리는 시즌 처음 두 경기에서 상대 팀을 56:20으로 압도하면서 무척 실력 있는 두 미식축구팀을 패스 플레이에서도 완벽하게 제압했다. 우리 팀은 플레이를 거듭할수록 자신감이 붙었다. 하지만 중요한 시험대는 그다음 주에 기다리고 있었다. 전국 1위 팀 퍼듀를 안방으로 불러들여 벌이는 홈경기였다.

내가 오하이오주립대에 합류한 순간부터 헤이스 코치는 내 주된 임무를 분명히 짚어주었다. 그는 "퍼듀를 꺾을 방법을 찾아내야만 해"라고 내게 말했다. 헤이스 코치는 소속 콘퍼런스가 없는 서던 메소디스트나 오레곤과 치른 경기는 시범경기 취급을 했다. 시즌은 퍼듀전부터 비로소 시작되는 만큼 반드시 이겨야 했다. 승리가 아니라면 내 개인적으로도 실망스러울 수밖에 없었다.

그래서 나는 그해 봄과 여름 그리고 초가을 몇 주에 걸쳐 퍼듀의 공격진을 연구했다. 그렇게 해서 알아낸 사실은 별로 고무적이지 않았다. 퍼듀에는 전미 대표 듀오인 쿼터백 마이크 핍스와 러닝백 르로이 키스가 포진하고 있었는데, 둘 다 막을 방법이 없어 보였다. 퍼듀는 러닝과 패스, 블로킹 능력 모두 우수하거나 탁월한 완벽한 팀이었다. 어떤 포지션에도 약점이 없어 보였다. 우리 팀 선수들이 승리하려면 일생일대의 활약을 펼쳐야 한다는 걸 나는 알았다.

어느 날 밤 코칭 스태프가 원정 숙소에 모여 빌 맥스테드라는 연주자의 연주를 듣고 있었다. 무척 즐거운 시간을 보내고 있는 내게 휴 힌드먼이 말했다.

"퍼듀와 경기할 때면 그렇게 기분 좋진 않을 거야."

나는 기죽지 않고 우리가 퍼듀를 완파할 거라고 말했다. 그러자 휴가 그 말을 재빨리 냅킨에 썼고, 우리는 100달러 내기를 하기로 하고 각자 이름을 적었다. 정말 그럴 생각은 아니었지만 물러설 마음도 없었다. 게다가 나는 우리 팀 수비 라인 코치 빌 멀로리와 라인배커 코치 겸 수비 총괄 코치 루 매컬러프를 굳게 믿었다.

경기 시작을 몇 분 앞두고 나는 라커룸을 둘러보며 우리 수비수 한 사람 한 사람의 어깨에 손을 얹었다. 선수들은 내가 지도한 어떤 그룹보다 더 차분하고 집중력 있게 출전 채비를 잘 갖추고 있었다. 처음으로 나는 헤이스 코치가 1년 내내 보여온 낙관론에 공감하기 시작했다. 나는 전국 1위 팀을 꺾는 게 가능할 뿐 아니라 꼭 승리할 수 있다고, 그것도 접전을 벌일 필요 없이 이길 수 있다고 생각하며 라커룸을 나섰다.

전반전은 수비 싸움이었다. 민첩하고 변화무쌍한 퍼듀의 수비진에 공격 리듬이 무너지면서 우리 팀은 단 1점도 뽑지 못했다. 하지만 우리 수비수들도 퍼듀에 그대로 갚아주었다. 퍼듀의 처음 세 차례 공격에서 핍스와 키스에게 시즌 내내 한 번도 경험해보지 못했을 강도로 태클을 가하자, 두 사람은 막막해하는 기색이 역력했다. 우리는 퍼듀의 자신감마저 마구 흔들어놓았다. 퍼듀의 전진을 저지할 때마다 우리 팀은 승리를 예감하기 시작한 반면, 상대 팀은 갈수록 더 조급해졌다. 홈경기라는 사실이 유리하게 작용했다. 퍼듀를 펀트 상황으로 내몰 때마다 관중들도 믿음을 갖기 시작했다.

하프타임을 알리는 신호가 울렸을 때 우리는 처음 필드를 밟을 때와 똑같은 상태로 필드를 나섰다. 스코어보드에 두 팀 모두 단 1점도 올려놓지 못한 상황이었다. 점수는 0:0 무승부였지만 우리 선수들은 터치다운 두 번의 점수 차로 앞서기라도 한 듯 의기양양했다. 기자와 해설자들은 퍼듀가 불가항력적인 자연의 힘이라도 되는 양 칭송해왔다. 필드에서 그들과 30분간 겨루고 나자 우리 선수들은 그들 역시 그저 또 하나의 뛰어난 미식축구팀일 뿐 천하무적이 아니라는 사실을 깨달았다. 후반전에도 퍼듀의 전진을 저지하면서 우리 공격에서 몇 점 뽑아내면 그뿐이었다.

후반전 첫 플레이인 퍼듀의 두 번째 공격 시도에서 리시버가 갑자기 방향을 바꿔 외곽으로 달려 나갔고, 이때 핍스가 완벽한 패스를 했다. 우리 팀으로선 다행스럽게도 스페셜 커버리지*special coverage*(변형된 패스 수비 형태-옮긴이)를 통해 잭 테이텀이 상대 패스를 완벽하게 읽고 외곽으로 날아가는 패스를 향해 몸을 날렸다. 테이텀과 엔드존 사이에는 치어리더 한 명밖에 없었다. 하지만 공이 손에 맞는 바람에 테이텀이 공을 떨어뜨렸다.

이어진 퍼듀의 세 번째 공격 시도가 승부의 분수령이 됐다. 퍼듀의 사이드라인에 선 모든 이들이 조금 전 자신들이 얼마나 큰 위기를 넘겼는지 알았다. 두 번째 공격 시도 패스를 잭 테이텀이 가로채기한 다음 득점까지 했더라면 경기장은 열광의 도가니가 됐을 테고 승기를 뒤집기는 무척 힘들었을 것이다. 마찬가지로 만약 퍼듀가 이번 공격에서 득점에 성공한다면, 관중의 함성을 잠재우며 반대로 승기를 잡을 수 있게 된다.

핍스가 센터가 건넨 스냅을 잡았을 때, 나는 무슨 일이 일어날지 즉각 알아챘다. 앞선 플레이에서 공의 반대편에 있던 리시버가 전진하다가 대각선으로 돌아서자 핍스가 또 한 번 그림처럼 멋진 패스를 연결했다. 하지만 공은 우리 팀 디펜시브백 테드 프로보스트의 손에 빨려 들어갔다. 프로보스트가 엔드존까지 질주하지 못하게 막아설 선수는 핍스뿐이었지만, 둘은 경쟁 자체가 되지 않았다. 테드는 득점을 위해서는 누구든 제칠 수 있는 선수였다. 그는 거의 어떤 제지도 받지 않고 내처 달려 경기 첫 터치다운을 성공시켰다.

퍼듀는 끝내 따라붙지 못했다. 3쿼터 후반 우리 팀은 또 한 번 패스를 가로채기해 퍼듀 진영 13야드 선까지 치고 나갔고, 빌 롱이 그 지점에서 득점에 성공해 점수를 13:0으로 벌렸다. 그걸로 승부는 끝이 났다. 미숙하고 저평가된 오하이오주립대 벅아이즈는 압도적인 경기력으로 전국 1위 팀을 꺾고 승자가 돼 필드를 떠났다.

나는 주체하기 힘들 만큼 기뻤다. 우리 팀 수비진이 전국 최고의 팀을 무득점으로 꽁꽁 묶었을 뿐 아니라, 홈경기에서 그것도 전국 방송을 통해 중계를 지켜보는 시청자 앞에서 완승을 거뒀기 때문이다. 오하이오주에서 자란 나로서는 무척 짜릿한 승리였는데, 관중석에 친구와 (루 외삼촌을 포함한) 가족들이 와 있어서 특히 더 그랬다. 승리의 기쁨을 내가 아는 모든 사람과 나누고 싶었다. 시내로 나가 악수를 하고, 모든 고향 사람들과 경기 내용을 되짚어보면서 그때까지 내가 경험해보지 못했던 승리를 축하하고 싶었다.

　　　　　　　　　　　　　　　　　　　　승리, 패배, 그리고 교훈

하지만 딱 한 가지 문제가 있었다. 헤이스 코치는 이미 다음 주 경기를 생각하고 있었다는 점이다. 승리 직후 라커룸에서 그는 이렇게 말했다.

"모든 보조코치는 오후 7시에 코치실에 모이도록 해."

"오늘 저녁이요?"

누군가가 물었다.

"그럼, 다음 주 토요일이겠어?"

우리는 모두 서로 얼굴을 쳐다보며 헤이스 코치가 "농담이야, 친구들. 나가서 즐거운 시간 보내게"라고 말해주길 기다렸지만, 그런 말을 들을 순 없으리라는 걸 알고 있었다. 헤이스 코치도 퍼듀를 상대로 따낸 승리를 우리만큼이나 높이 평가했지만, 큰 승리 하나에 안주할 마음은 없었다. 다음 주 수요일에는 노스웨스턴대학교를 상대해야 했는데, 헤이스 코치는 눈앞에 닥친 과제에 대한 우리의 집중력을 흐트러뜨리는 그 무엇도 원치 않았다. 그의 목표는 모든 경기에서 승리하는 것이었다. 이를 위해 1년 중 최고의 승리를 거두고도 심야 축하 파티를 포기해야 한다면, 우리는 어김없이 그렇게 해야 했다. 시즌이 끝나면 파티를 즐길 시간은 충분히 있을 터였다. 이 순간만큼은 다가올 위업을 위해 희생해야 했다.

그날 밤 코치실에서는 불만의 목소리가 높았지만, 그해 말이 되자 헤이스 코치의 까다로운 기준이 우리가 정상에 서는 데 도움이 됐음을 모든 보조코치가 깨달았다. 위대한 성취는 큰 희생을 필요로 하는데, 헤이스 코치는 코치나 선수들이 지나치게 들뜨거나 지나치게 가라앉는 것을 결코 용납하지 않았고, 각각의 승리는 우리 모두가 소망하는 목표를 이루기 위해 한 시즌 내내 이어갈 여정에서 한 걸음 더 내딛는 것에 불과하다는 사실을 결코 잊지 않게 해주었다. 그 목표는 바로 내셔널 챔피언십 우승이었다.

퍼듀전 승리 이후 우리 팀의 경기력은 눈덩이처럼 가속도가 붙었다. 그다음 주 토요일 노스웨스턴을 45:21로 완파했는데, 공격에서 총 565야드나 전진했다. 그다음 경기에서는 짐 오티스가 129야드에 달하는 러닝에 성공하며 강적 일리노이를 꺾었다. 그 뒤로도 승리가 계속 쌓여갔다. 미시간과 위스콘신, 아이오와를 꺾으면서 시즌 최종전을 앞두고 전국 순위 2위로 올라섰다.

정규 시즌 최종전은 미시간대학교와의 홈경기로, 오하이오주립대 팬들이 목 빠지게 기다려온 일전이었다. 대학 미식축구에는 앨라배마대:오번대, 서던캘리포니아대:UCLA, 조지아대:조지아공대, 육군:해군 등 쟁쟁한 라이벌 관계가 꽤 있지만, 가장 열기가 뜨거운 대결은 단연 오하이오주립대:미시간대 경기다. 이 라이벌전이 치열한 이유는 부분적으로는 두 팀 다 실력이 뛰어나기 때문이다. 미시간과 오하이오는 해마다 어김없이 빅텐 콘퍼런스(미국 중서부와 동부 열네 개 대학이 속한 NCAA 최강의 콘퍼런스-옮긴이) 우승을 놓고 경합해왔다. 볼 챔피언십 시리즈*BCS*가 도입되기 전까지만 해도 빅텐 콘퍼런스 우승은 로즈볼*Rose Bowl*[빅텐 콘퍼런스 1위 팀과 팩-10(Pac-10) 콘퍼런스 1위 팀이 벌이는 플레이오프 경기-옮긴이] 출전권 확보를 의미했다.

또 다른 요인은 상당수 오하이오 사람들이 미시간 사람들을 몹시 싫어하고 상당수 미시간 사람들도 오하이오 사람들을 끔찍이 싫어하기 때문이다. 1970년대 말 미국 자동차 산업이 불황을 겪으며 플린트나 미시간 같은 도시들이 유령 도시나 다름없이 몰락했을 때 이런 글씨가 적힌 자동차 범퍼 스피커가 유행했다.

'이봐, 상황이 더 나빴을 수도 있어. 오하이오에 살았더라면 어쩔 뻔했냐고.'

두 주와 두 학교는 그저 서로를 싫어했다.

우리 팀 입장에서는 미시간을 꺾고 로즈볼에 진출해서 하이즈먼 트로피(매년 대학 미식축구 최고 선수에게 주는 상-옮긴이)를 수상한 심프슨과 상대할 필요가 있었다. 주 간 라이벌 대결만으로는 성에 차지 않는 듯 미시간은 우리 팀의 내셔널 챔피언십 도전을 가로막는 유일한 장애물이었다. 누구도 우리 팀을 막을 수는 없었다. 하지만 만약 우리가 패하면 미시간이 로즈볼에 진출할 테고, 그렇게 되면 우리는 볼 경기가 열리는 동안 집을 지키고 있게 된다. 이 경기야말로 '승자가 모든 것을 차지하는' 승부였다.

전반전이 끝났을 때 우리가 21:14로 앞섰지만, 라커룸에서 헤이스 코치가 고래고래 질러대는 소리를 들었다면 우리 팀이 터치다운 세 번의 점수 차로 크게 뒤진다고 생각했을 것이다. 헤이스 코치는 미시간을 꺾는 정도가 아니라 완전히 무너뜨려 굴욕을 안기기를 원했고, 우리는 그가 바라는 대로 했다. 우리 수비수들이 후반전에 미시간을 무득점으로 꽁꽁 묶는 동안, 공격수들은 네 차례 더 터치다운을 성공시켰다.

경기 종료 채 1분이 남지 않은 상황에서 마지막 득점에 성공했을 때 헤이스 코치가 2점 컨버전을 시도하라는 사인을 보냈다[터치다운에 성공한 팀은 킥(추가 1득점) 또는 2야드 지점에서 터치다운을 재시도하는 2점 컨버전(추가 2득점) 중 하나를 선택할 수 있다-옮긴이]. 뜻밖의 지시에 모두가 놀랐지만, 특히 터치다운 성공 후 무심코 필드를 거닐던 우리 팀 쿼터백이 가장 크게 놀랐다. 헤이스 코치가 미친 듯 작전 사인을 냈고, 우리 공격수들은 다시 한번 엔드존을 넘어 2점을 보태 최종 점수는 50:14가 됐다.

경기 후 기자들이 앞다퉈 헤이스 코치에게 2점 컨버전 지시에 대해 질문을 던졌다. 그중 한 기자가 소리쳐 물었다.

"무슨 생각이었나요, 코치? 왜 2점을 시도했죠?"

헤이스 코치는 조금도 주저하지 않았다.

"3점을 따낼 방법은 없었으니까요."

헤이스 코치는 로즈볼 경기를 일주일쯤 앞두었을 때 패서디나에서 나를 다섯 번째로 해고했다. 앞선 네 차례의 해고는 교내 또는 학교 주변에 있을 때 일어난 일이어서 그런 해고가 그다지 크게 눈길을 끌지는 않았다. 하지만 새해 첫날 내셔널 챔피언십을 놓고 벌이는 볼 경기에서는 모든 일이 실제보다 부풀려진다. 당시 헤이스 코치가 내게 숙소 배정 책임을 맡겼기 때문에, 나는 모든 선수에게 묵을 방 번호를 알려주고 코칭 스태프 부인들의 호텔 체크인과 체크아웃까지 도와야 했다. 아무도 좋아하지 않는 지원 업무지만 누군가는 해야 할 일이었고 헤이스 코치가 그 일을 맡긴 사람이 바로 나였다.

나는 선수들과 코치들의 할리우드 쉐라톤 호텔 체크인을 아무 문제 없이 처리한 다음, 코칭 스태프 부인들이 도착했을 때 로비에서 이들을 맞을 생각이었다. 하지만 그날 저녁 나는 LA의 번화가인 선셋 스트립에서 교통 체증에 갇혀 세 시간 가깝도록 옴짝달싹 못하고 있었다. 그때까지 LA에 와본 적이 한 번도 없어서 악명 높은 교통 체증을 전혀 몰랐다. 앞으로 갈 수도 뒤로 갈 수도 없었고, 벗어날 다른 샛길도 없었다. 한마디로, 할 수 있는 게 아무것도 없었다. 그래서 나는 결국 호텔에서 제공한 차량에서 내려 가까운 공중전화를 찾아 타이거 엘리슨에게 전화를 걸었다. 나는 반쯤 혼이 나간 상태였다. 밤 11시에 취침 점호를 해야 하는데, 그때까지 호텔에 도착하지 못할 게 뻔했다.

"타이거, 루예요."

"이런 루, 지금 어디야?"

"선셋 스트립에 있는 공중전화예요."

"도대체 거기서 뭘 하고 있는데?"

"교통 체증에 갇혔어요. 방금 차에서 내렸는데 여기서 빠져나갈 방법이 없네요. 대신 취침 점호를 해주셨으면 해요."

그가 웃음을 터뜨리며 말했다.

"여기 일은 내가 알아서 할 테니, 당신은 거기 일이나 잘 해결해보라고."

나는 도로를 가득 메운 차들과 씨름하면서 스스로 다독였다.

'타이거가 이미 다 알아서 해줬을 테니까. 코칭 스태프 부인들을 각자 방으로 안내하고 정해진 시간에 취침 점호도 했을 거야.'

하지만 나로서는 불운하게도 타이거가 방을 돌며 점호를 하는 동안 복도를 거닐던 헤이스 코치와 맞닥뜨렸다.

"타이거, 지금 뭐 하는 거야?"

"취침 점호 중이에요."

"뭐? 루는 어디 있는데?"

"선셋 스트립에요."

타이거는 이렇게 대답하면서 '교통 체증에 갇혀 있어요'라는 말을 빼먹었다. 헤이스 코치는 내가 차에 갇혀 있는지 아니면 클럽에서 술독에 빠져 있는지 알 도리가 없었다. 그가 아는 사실이라곤 내가 있어야 할 곳에 있지 않고 선셋 스트립에 있다는 것뿐이었다.

다음 날 아침 나는 아침을 먹으러 가는 길에 경고를 받았다.

"이봐, 루." 엘리베이터로 걸어가는 내게 조지 촘프가 말을 건넸다. "조심하는 게 좋을 거야. 헤이스 코치님이 자네를 찾고 있는데 기분이 좋지 않아 보여."

빌 멀로리도 로비에서 나를 붙잡고 이렇게 말했다.

"헤이스 코치님이 자네를 찾아내기 전에 자네가 먼저 그가 어디 있는지 알아내서 몸을 피하는 게 좋을 거야."

마침내 타이거 엘리슨을 만났을 때 내가 물었다.

"타이거, 어젯밤 취침 점호를 대신 해줘서 고마워요. 헤이스 코

승리, 패배, 그리고 교훈

치에게는 뭐라고 설명하셨나요?"

"어, 그래." 그가 대답했다. "나를 보더니 자네가 어디 있는지 묻더라고. 그래서 선셋 스트립에 있다고 말씀드렸지."

내가 세계에서 가장 긴 교통 체증에 갇혀 있었다는 것도 말했는지 타이거에게 물을 틈조차 없었다. 헤이스 코치가 나를 발견하고는 성난 황소처럼 달려들었기 때문이다. 그는 사전에 실린 온갖 지저분한 단어를 다 동원해 나를 꾸짖었다. 3분가량 그는 호텔 로비에 있는 모든 사람을 아연실색하게 했다. 선수들과 코치들, 부인들, 기자들 그리고 아침 브리지 게임을 하며 커피를 홀짝이던 몇몇 여성까지 그 욕설을 낱낱이 들었다. 헤이스 코치는 나를 해고한다는 말을 끝으로 고함을 멈췄다. 그런 다음 내게 자초지종을 설명할 기회는커녕 아침 인사를 건넬 틈도 주지 않고 씩씩거리며 자기 방으로 돌아가 버렸다.

헤이스 코치가 요란스레 자리를 뜬 뒤로도 식당에는 15초는 족히 정적이 흘렀다. 나는 자리에 앉아 커피를 한 잔 마셨다. 갑자기 입맛이 싹 달아나버려 식사는 전혀 하지 못했다.

헤이스 코치는 사과하길 좋아하는 사람이 결코 아니었다. 그가 "유감이네"라고 말하는 건 "자네 같은 친구한테 이 대학의 돈과 시간을 허비했다는 게 유감이군"처럼 야단을 칠 때가 아니면 한 번도 들어본 적이 없는 것 같다. 하지만 그에게는 후회의 마음을 드러내는 다른 방법이 있었다. 아침 식사 자리에서 한바탕 퍼부은 그날, 내가 늦은 이유를 알게 된 헤이스 코치는 빅텐 콘퍼런스 연회에서 무척 독특한 방식으로 사과를 했다. 연회는 전설적인 코미디언 밥 호프를 포함해서 2,500명이 참석한 더할 나위 없이 큰 규모였다. 커피와 디저트를 즐기는 시간에 헤이스 코치가 미식축구 경기에 대해 그리고 그해 시즌이 자신에게 얼마나 중요한 의미인지에 대해 몇 마디 했다. 그러고 난 뒤 그는 자신의 코칭 스태프를 소개했다. 내 차례가 됐을 때 그가 퍼부은 찬사는 너무 도가 지나쳐 당황스러울 지경이었다. 그는 마치 나 혼자 힘으로 팀의 로즈볼 진출을 이뤄낸 것처럼, 그리고 우리가 내셔널 챔피언십을 차지한다면 단연 내가 가장 큰 기여자라는 식으로 말했다.

연회장을 메운 청중이 어떤 생각을 했을지 가늠하기조차 힘들었다. 헤이스 코치의 찬사가 끝도 없이 이어졌다. 그때 청중을 둘러보다가 내 초대로 참석한 루 외삼촌과 리오 삼촌을 발견했다. 헤이스 코치의 발언이 끝났을 때 루 외삼촌은 미국에서 가장 자부심에 찬 사람이 돼 있었다. 그때 비로소 나는 헤이스 코치가 내가 받을 수 있는 최고의 방식으로 사과를 했음을 깨달았다.

로즈볼 역사상 최고의 명승부로 펼쳐진 경기에서 우리 오하이오주립대 팀은 0:10의 초반 열세를 뒤집고 27:16 역전승을 거뒀다. 경기 초반만 해도 우리 팀은 깊은 수렁에 빠진 듯했다. 헤이스 코치가 내게 O. J. 심프슨에게 터치다운 하나도 허용해서는 안 된다고 경고한 터였다. 2쿼터에서 서던캘리포니아가 자기 진영 20야드 라인에서 첫 공격을 시도했다. 심프슨이 패스를 받아 80야드를 질주해 터치다운에 성공했다. 헤이스 코치가 고함을 쳤다.

"왜 O. J.가 80야드나 전진한 거야?"

나는 이렇게 대꾸했다.

"80야드면 터치다운에 충분하니까요, 코치님."

남은 경기에서 심프슨은 공을 스물여덟 번이나 더 잡았지만 우리는 그에게 90야드 전진만을 허용하며 단단히 틀어막았고, 공격에서는 우리 팀 2학년생들이 제 몫을 해냈다. 내가 코치를 맡는 영광을 누린 경기 가운데 단연 최고의 경기였고, 그해 우리 팀은 오하이오주립대의 오랜 역사에서 가장 위대한 팀이었다. 우리는 코치 투표와 기자단 투표에서 모두 만장일치로 1위에 꼽히며 내셔널 챔피언십을 차지했다.

우승 타이틀을 거머쥐면서 우리 팀과 재능 있는 보조코치 가운데 많은 이들이 집중적인 조명을 받았다. 운 좋게도 나 역시 큰 관심을 받았다.

무패로 마감한 그해 시즌이 끝난 직후 여름, 나는 앞서 보조코치로 3년간 멋진 시간을 보냈고 베스와 나 둘 다 여전히 좋은 친구들이 있는 윌리엄앤메리칼리지 데이비스 패셜 총장의 전화를 받았다. 나를 제치고 수석코치가 됐던 마브 레비가 NFL 워싱턴 레드스킨스로 옮기게 돼 막 사임한 뒤였다. 패셜 총장은 수석코치 선임위원회를 구성할 생각이 없었다. 내가 원하기만 하면 수석코치 자리는 내 것이라고 했다. 트레이너 몽 린케나우저와 윌리엄앤메리 팀 닥터 조지 올리버가 그의 결정에 영향을 미친 게 분명했다.

나는 제의를 수락했다. 이젠 헤이스 코치에게 이 사실을 알려야 했다. 헤이스 코치 집으로 전화를 걸어 집으로 찾아뵙겠다고 말했다. 우리 집에서 헤이스 코치 집까지 짧은 거리를 차를 모는 동안 나는 할 말을 되뇌며 그가 어떤 반응을 보일지 가늠해보려고 애썼다. 그의 집 거실에 들어섰을 때 나는 입안이 바짝 마르고 목이 메어 하마터면 할 말을 잊을 뻔했다.

"코치님." 나는 간신히 말문을 열었다. "윌리엄앤메리 수석코치 자리를 제안받았어요. 수락하려고 합니다."

그의 입에서 처음 나온 말들은 글로 옮기기에는 적절치 않다. 그는 고래고래 소리를 질러대며 거실을 이리저리 오갔다. 그러더니 쓰고 있던 안경을 벗어 벽난로 안으로 내동댕이쳐 산산 조각을 내버렸다. 그러고는 또 한바탕 욕설을 퍼부었는데, 그쯤 되니 나는 웃음이 터져 나오는 걸 참느라 입술을 깨물어야 했다. 안경을 벽난로 안으로 던져 깨뜨리는 행동이 재미있게 느껴졌다. 그런 상황에서도 웃음을 잃지 않은 덕에 긴장을 풀고 마음을 열어 내 생각을 털어놓을 수 있었다. 한바탕 퍼붓던 헤이스 코치가 조금 잠잠해진 사이 내가 입을 열었다.

"코치님이 듣고 싶지 않은 말인 건 알지만, 저도 이제 서른두 살이고 제 목표는 항상 수석코치가 되는 것이었어요. 이게 바로 그 기회예요. 이런 기회를 가능하게 해준 분들을 가장 마음 아프게 할 거라는 사실을 알지만, 제가 평생 이루기 위해 노력해온 목표예요. 화가 나신 건 알지만 이 결정에서 저를 응원해주시기를 진심으로 바랍니다."

헤이스 코치의 얼굴 근육이 풀어지더니 내 생각엔 그가 실제로 한숨을 내쉬는 듯했다.

"이해하지." 그가 말했다. "그리고 자네를 진심으로 응원하네. 하지만 떠나기 전에 두 가지를 처리해줬으면 해."

"물론이죠, 코치님. 필요하신 건 뭐든지요."

내가 대답했다.

"좋아, 내가 자네 후임으로 누굴 기용하든 시간을 내서 그에게 최종 수비 전술을 가르쳐줬으면 해."

다음 시즌에도 우리 팀 모든 선수가 그대로 뛰기에 우리 수비 전술을 그대로 유지하고 싶었던 것이다.

"좋습니다."

내가 계속 얼쩡대는 걸 용인하기만 한다면 그가 부탁하지 않아도 어차피 할 일이었다.

"그리고 두 번째는 내가 지금 '승리를 향한 핫라인'이라는 책을 쓰고 있는데, 패스 수비에 관한 장을 자네가 써줬으면 해."

"물론입니다, 코치님."

대답은 했지만 이 부탁은 약간 걱정이 됐다. 당시만 해도 나는 어떤 출판물에도 글을 써본 적이 없었다. 내가 아는 주제이긴 했지만 헤이스 코치가 무엇을 어떤 방식으로 말하고 싶어 하는지 확신할 수 없었다. 그래도 나는 기꺼이 한번 해보고 싶었다.

한 달이 안 돼 헤이스 코치는 해군사관학교 소속이던 딕 워커를 내 후임으로 기용했다. 나는 충분히 오랜 시간 머물며 워커가 패스 수비에 대해 자신만의 견해를 가지고 수비에 대해 자신의 존재를 각인시키고 싶어 하는 것을 확인했고, 기꺼이 그가 원하는 대로 따라주었다. 모든 코치는 선수들의 존경과 완전한 주목을 받아야 하는데, 딕 워커가 고용된 뒤로 내 존재는 혼란을 불러일으켰다. 그래서 나는 최대한 빨리 팀을 떠났다.

헤이스 코치가 자신의 책을 위해 부탁한 장도 몇 번이나 다시 고쳐 쓰고 편집을 해서 결국 완성했다. 내가 쓴 장을 보여주려고 찾아갔을 때 그는 자신의 사무실에 있었다.

"좋아."

원고 뭉치를 받아 들며 그가 말했다. 그러고 나서 책상에 앉아 원고를 읽기 시작했고, 나는 초조하게 선생님의 확인을 기다리는 아이처럼 그 옆에 서 있었다. 헤이스 코치는 간간이 고개를 끄덕이며 무척 신중하게 원고를 넘겼다. 마침내 다 읽고 난 다음 그가 고개를 들고 말했다.

"그래, 잘 썼네."

이어 그는 주머니에 손을 넣어 수표책을 꺼내더니 수표를 하나 써서 내게 건넸다. 나는 손사래를 치며 말했다.

"아뇨, 받지 않겠습니다."

"받지 않겠다고?"

그가 물었다.

"예 코치님, 받을 수 없어요. 제게 그 모든 걸 베풀어주셨는데 최소한 이 정도는 해드려야죠."

"이 수표를 안 받으면 이 사무실에서 나갈 수 없어."

그가 말했다.

"아뇨, 절대 못 받겠습니다."

그러자 그가 수표를 접어 내 셔츠에 욱여넣는 바람에 가슴 주머니의 실밥이 뜯어졌다. 당시만 해도 셔츠가 여러 벌이 아닐 때라 그가 막 망가뜨린 셔츠를 대신할 새 옷을 사는 데 수표가 도움이 되리라는 생각이 잠깐 들었다. 하지만 헤이스 코치처럼 내가 숭배해온 사람에게 돈을 받을 수는 없었다. 그건 앞선 10년 동안 배운 것보다 더 많은 걸 지난 1년간 가르쳐준 사람에게 보내는, 나의 마지막 감사 인사였다. 나는 수표를 꺼내 쳐다보지도 않고 조각조각 찢어버렸다.

"수표 쓰시는 시간보다 제가 찢어버리는 시간이 더 빠를걸요. 얼마나 계속하고 싶으세요?"

내가 물었다.

그 말을 듣더니 그가 결국 미소를 지었다. 그러고는 내 모든 노력에 감사를 표하고 악수를 청하며 윌리엄앤메리에서의 성공을 빌어주었다.

코치 생활 내내 그랬듯 요즘도 헤이스 코치 생각을 자주 한다. 그는 알려진 대로 다혈질에 논란거리를 몰고 다니는 데다 매정하고 엄하면서도, 내가 함께해본 사람 가운데 가장 영감을 주는 사람이었다. 세월이 흘러 내가 오하이오주립대를 떠나고 헤이스 코치가 지도자에서 은퇴한 뒤에 나는 그가 나를 비롯한 수많은 사람에게 얼마나 훌륭한 스승이자 놀랍도록 큰 영향을 준 사람이었는지 깨달았다. 그뿐만이 아니라 우리 삶에 긍정적 영향을 미치는 사람들이 전부 성인 군자처럼 행동하지는 않는다는 사실도 알게 됐다. 심성은 착하기 그지없는데 거친 입심으로 허세를 부려 그렇지 않게 보이는 사람이 때론 우리에게 가장 큰 가르침을 주고, 떠난 뒤까지도 계속 우리 삶에 영향을 미치기도 한다. 헤이스 코치는 내게 그리고 그와 함께한 모든 선수와 코치들에게 그런 사람이었다.

　헤이스 코치에 대해 내가 유일하게 후회하는 건 내가 찢어버린 수표에 그가 금액을 얼마 적었는지 한 번도 물어보지 못한 것이다. 내가 쓴 장의 가치를 그가 얼마라고 생각했는지 늘 궁금했다. 30달러였을까? 아니면 3,000달러? 유감스럽게도 이제는 결코 알 수 없는 일이 됐다.

07

WINS, LOSSES,
AND LESSONS

윌리엄앤메리 수석코치로 부임한 1969년 촬영한 홍보 사진.
처음으로 수석코치를 맡은 나는 권위는 자리에 저절로 따라오기 마련이며,
얻어야 할 것은 존경이지만 존경은 리더십을 스스로 입증할 때
비로소 얻을 수 있다는 사실을 미처 알지 못했다.

(윌리엄앤메리칼리지 박물관 제공)

이끌어주기를 바랄 때
이끄는 일은 어렵지 않다

내가 윌리엄스버그로 떠난 뒤로도 아내는 오하이오에 남아 넷째이
자 막내인 리즈를 출산했다. 1969년 6월 23일 리즈가 태어나고 8월
에 온 가족이 윌리엄스버그로 다시 이사했다. 수석코치가 됐다는 책
임감에 짓눌리지는 않았지만, 늘 그렇듯 나는 큰 실수를 몇 가지 저
질렀다. 무엇보다 큰 실수는 선수들 그리고 전임자 마브 레비를 보
좌하던 코치들을 윽박질러 권위를 세우려 한 것이다. 수석코치가 되
면 권위는 저절로 따라오기 마련이라는 사실을 미처 몰랐다. 내가
얻어내야 할 것은 존경이었지만, 존경은 리더임을 스스로 입증할 때
비로소 얻을 수 있다.

당시 나는 수석코치를 맡기엔 젊은 나이였고, 그래서인지 겁 없
이 뛰어들어 대부분 영역에 손을 댔다. 선수들은 물론 코치들에게까
지 조바심을 냈다. 나는 루 홀츠가 아닌 우디 헤이스가 되려고 애를
썼다. 헤이스 코치는 세상에 단 한 사람뿐이라는 사실을 몰랐던 것

이다. 헤이스 코치가 선수들을 다그친 것처럼 엄청난 강도의 훈련으로 선수들을 스파르타 병사처럼 몰아붙였다. 공수 모두에서 우리에겐 오하이오주립대 같은 선수 자원이 없는데도 오하이오주립대의 공격과 수비 전략을 따라 했다. 미식축구팀 수석코치로 보낸 첫해는 성공과는 완전히 거리가 멀었다.

그뿐만이 아니라 나는 수석코치라는 자리에는 당연히 스트레스가 따른다는 사실조차 예상하지 못했다. 보조코치일 때는 자신이 맡은 특정 전문 분야에만 집중하고 그 밖의 것들은 크게 신경 쓰지 않아도 되는 호사를 누릴 수 있다. 후위 수비 코치는 후위 선수들만 신경 쓰면 된다. 공격 라인 코치는 라인맨들만 잘 관리하면 그만이다. 필드에 선 긋는 일은 누가 하고 후원자들에게 감사 전화는 누가 할지, 장비 운송은 누가 맡고 세탁물은 누가 분류할지 챙기는 건 다른 사람 몫이다. 하지만 수석코치가 되고 나니 모든 포지션의 모든 선수를 살펴야 할 뿐 아니라 선수들과는 직접 관련이 없으면서 매주 책상 위에 올라오는 수백 가지 문제까지 다뤄야 했다. 앞서 윌리엄앤메리에서 처음 코치 생활을 시작했을 때와는 전혀 달랐다. 그때도 시즌 중에는 미식축구에 빠져 살았지만, 그래도 오전에는 남편과 아빠 노릇을 하고 나서 오후 일찍 훈련장에 나갈 여유가 있었고, 시즌이 끝나면 사교 생활을 즐길 수도 있었다. 하지만 이제 수석코치가 되고 보니 아침에 집을 나서면서 아내와 아이들에게 키스를 나눌 겨를조차 없었다. 온갖 곳을 돌아다니면서도 아이들 침대맡은 지키지 못했고, 숱한 사람들과 이야기를 나누면서도 정작 아내와는 대화할

틈이 없었다.

시즌 개막전 채비를 마쳤을 때 우리 팀 선수들은 이미 진이 빠진 상태였다. 팀을 훈련시키고 단련시키는 것과 선수들을 무리하게 몰아붙이는 것 사이에는 미묘하지만 분명한 차이가 있다. 하지만 나는 그 차이를 전혀 몰랐다. 신시내티대학교와 치른 개막전에서 우리 팀은 경기 내내 앞서갔지만 4쿼터에 역전당하고 말았다. 그 경기에서 좋았던 점이라곤 헤이스 코치가 자기 팀 쿼터백들을 데리고 와서 경기를 지켜봤다는 사실뿐이다. 경기가 끝난 뒤 그는 우리 팀 선수들에게 무척 긍정적인 말을 해주었다.

그다음 주에 우리 팀이 템플대학교를 꺾으면서 나는 수석코치로서 첫 승을 거뒀다. 하지만 그해 전체적인 성적은 참담했다. 우리 팀은 3승 7패를 기록했는데, 숫자로 보기보다 실제 상황은 더 안 좋았다. 몇몇 선수가 개인적으로 크게 활약하지 않았다면 우리는 그해 단 1승도 거두지 못했을지 모른다.

그중에서도 특히 뼈아픈 패배는 내 친한 친구 바비 보든이 이끄는 웨스트버지니아대학교와 맞붙은 경기에서 당했다. 윌리엄앤메리 보조코치이던 1962년 우리 부부는 플로리다로 미뤄뒀던 신혼여행을 떠났는데, 그곳에서 바비의 집에 머물며 그의 가족에게 신세를 졌다. 당시 바비는 플로리다주립대 보조코치였다. 그때부터 쭉 우리는 변함없이 우정을 이어왔다. 하지만 이제 바비는 우리 팀 맞수인 웨스트버지니아의 수석코치였고, 그날 오후 그는 승부가 사실상 결판난 뒤로도 한참 더 간판 러닝백 두 명을 교체하지 않고 계속 경기를 뛰게 했다. 점수 차가 크게 벌어졌는데도 웨스트버지니아 선발진은 교체되지 않고 필드에 남아 끝장을 보고 말았다. 경기가 끝난 뒤 나는 볼멘소리로 물었다.

"바비, 왜 그랬어? 우린 친구잖아."

바비가 내 눈을 뚫어지라 쳐다보며 대꾸했다.

"실점을 줄이는 건 네 일이지 내 일이 아니야. 점수에 만족하지 못하면 더 열심히 선수를 스카우트하든가 아니면 더 열심히 훈련을 시키라고. 난 우리 팀을 지도하고 너는 네 팀을 지도해야지. 한 사람이 두 팀을 다 책임질 순 없잖아."

그 말이 내 가슴을 아프게 후벼 팠다. 부분적으로는 그의 말이 옳다는 걸 나도 알고 있었기 때문이다. 망신당하고 싶지 않다면 더 좋은 선수를 선발하고, 더 잘 준비하고, 선수들을 더 잘 지도해야 했다. 우리 팀이 형편없는 시즌을 보낸 책임은 오로지 내게 있었다. 다음 해에 문제를 바로잡을 수 있는 사람도 나뿐이었다.

1970년 겨울, 오프 시즌에 대대적인 변화를 가해야 한다는 사실을 잘 알고 있었다. 하지만 말처럼 쉬운 결정이 아니었다. 수석코치직을 수락할 때만 해도 미식축구팀 운영에 대해 구체적인 구상과 확고한 믿음이 있었다. 그 구상이 먹혀들지 않았다는 사실이 놀라울 따름이었다. 나는 우디 헤이스와 포레스트 에바셰브스키, 릭 포르사노, 폴 디첼에게 배운 온갖 장점을 한데 모아 필승 전략을 만들어둔 터였다. 우리 팀이 패했을 때 내가 선택할 수 있는 대응 방식에는 몇 가지가 있었다. 내 미식축구 스타일을 믿고 따르지 않았다고 선수들을 비난하거나, 아니면 코칭 스태프를 개편할 수도 있었다. 어쨌든 내 잘못 때문에 졌을 리는 없으니까. 하지만 그 대신 거울을 들여다보고 자성하며, 이 팀에 대한 내 접근 방식을 바꿔야겠다고 결심할 수도 있었다.

접근 방식 자체를 바꾸는 게 물론 타당한 해결책이었다. 하지만 유감스럽게도 자기반성은 말처럼 쉬운 일이 아니다. 사업이나 미식축구, 아니면 인생 전반에서 너무 늦기 전에 자신의 단점을 직시하지 못하는 사람들을 수없이 봐왔다. 나도 그런 사람이 될 수는 없었다. 고장 나지 않은 걸 고칠 필요는 없다고 생각하는 편이지만, 뭔가가 제대로 돌아가지 않는다면 고치거나 버리거나 둘 중 하나는 해야 한다. 나는 윌리엄앤메리를 떠날 생각이 없었으니, 유일한 대안은 무엇이 문제인지 찾아내서 고치는 것뿐이었다.

연초에 나는 코칭 스태프 회의를 소집했다.

"우리 팀의 강점이 뭔지 문제점은 또 뭔지 찾아내서 나열해봅시다." 내가 보조코치들에게 말했다. "먼저, 우리의 강점은 뭔가요?"

꼬박 30초가 지나도록 회의실엔 침묵만 흘렀다. 그러다가 마침내 코치 한 명이 입을 열었다.

"센터가 훌륭하죠."

우리 팀 센터는 분명 대단히 뛰어났다. 그게 전부였다. 이번에는 문제점이 뭔지 물었다. 코치들이 저마다 한마디씩 거들었다. 우리에겐 실력이 검증된 쿼터백이 없었다. 지난 시즌이 끝난 뒤 졸업하지 않은 리시버는 한 명뿐인데, 그나마 지난 시즌에 패스 네 개를 잡아내는 동안 공을 열한 번이나 떨어뜨렸다. 센터 한 명을 빼면 공격 라인도 허술하기 짝이 없었다. 게다가 대학 리그 수준에서 좋은 성적을 낸 러닝백도 없었다. 수비진은 그나마 좀 나았지만 다들 체구가 너무 작고, 한마디로 '경기를 압도할 만한 속도'를 갖춘 선수도 없었다.

"좋아요." 긍정적인 면과 부정적인 면을 모두 나열한 다음 내가 말했다. "공을 가지고 앞으로 나갈 수 없다면 적어도 뒷걸음질은 치지 맙시다."

이와 함께 우리는 오하이오주립대 식의 공격 전략을 폐기하고 정확성을 우선하는 전략인 비어 공격 포메이션_veer offense_(스냅 이후 쿼터백이 상대 수비를 보고 공격 형태를 바꾸는 옵션 플레이의 하나—옮긴이)을 도입했다. 우리 팀은 비어 포메이션을 가장 먼저 도입한 팀 중 하나였는데, 이는 큰 강점으로 판가름 났다. 비어 포메이션을 창안한 건 휴스턴대학교이고, 윌리엄앤메리칼리지는 전국에서 이를 도입한 세 번째 팀쯤 된다. 결국에는 많은 팀이 비어 포메이션을 사용해서 1970년대 말에는 가장 인기 있는 공격 전술이 됐다. 지금도 고등학교 팀들은 상당수가 이 전술을 사용해 큰 성공을 거둔다. 미셔워커펜고등학교는 이 전술로 정규 시즌 경기에서 60승 이상을 거뒀고, 역시 이 전술을 사용한 캘리포니아의 드라살고등학교는 151연승이라는 기록을 세우기도 했다.

간단히 설명하자면 비어 포메이션은 정확한 작전 이행과 팀워크를 바탕으로 한 트리플 옵션*triple-option*(양쪽에 러닝백을 두고 러닝백에게 공을 전해주거나, 쿼터백이 직접 들고 뛰거나 뒤에 뛰어오는 러닝백에게 토스를 하는 러닝 옵션 플레이-옮긴이) 공격 전술이다. 나는 우리가 이 전술을 숙달하기만 하면 상대 팀이 정말 수비를 잘해야 우리를 막을 수 있을 것으로 생각했다. 경쟁 팀들을 면밀히 조사해본 결과 대부분 팀이 우리보다 선수들 수준이 뛰어나 기량만으로는 우리에게 승산이 없음이 분명해 보였다. 우리 팀은 강팀들이 대거 포진한 서던 콘퍼런스의 일정을 소화해야 할 뿐 아니라 노스캐롤라이나, 웨이크포리스트, 웨스트버지니아, (버지니아공대의 전신인) VPI, 툴레인, 마이애미처럼 하나같이 규모가 크고 미식축구 프로그램도 강한 대학 팀들을 상대해야 했다. 이들 중 어느 팀 하나에게라도 승산이 있으려면 상대 팀이 방어하기 힘들 만큼 공격을 더 잘, 효과적으로 수행해야 했다.

우리는 필 모저와 토드 부시넬이라는 뛰어난 선수 두 명을 신입생으로 뽑았는데, 두 사람은 공격진에 대단한 활기와 속도를 보태주었다. 윌리엄앤메리 입학 첫해에 필은 1,300야드, 토드는 780야드의 러닝 전진을 기록했다. 이전까지 학교 자체 러닝 기록은 720야드로 수십 년째 깨지지 않고 있었다. 필과 토드가 러닝에 성공할 수 있었던 건 우리가 훈련 때 비어 포메이션 실행을 반복 연습해서 선수 대부분이 잠결에도 맡은 임무를 수행할 수 있을 정도가 됐기 때문이다.

9월 초가 되자 나는 우리가 고비를 넘겼다고 느꼈다. 우리 팀은 경기가 거듭될수록 자신감을 얻었다. 선수들은 상대가 누구든 러닝 플레이를 펼칠 수 있다고 생각했고, 더는 내가 자신들이 할 수 없는 일을 요구한다고 생각하지 않았다.

그래도 우리는 노스캐롤라이나와 마이애미, 웨스트버지니아, 웨이크포리스트에 패하며 시즌 승률 5할을 넘기지 못했다. 하지만 상대를 막지 못해 패한 경기들은 아니었다. 우리는 30점은 뽑을 수 있다는 생각으로 모든 경기에 임했고, 패한 경기에서도 보통 그 정도 득점은 기록했다.

마침내 우리는 서던 콘퍼런스 우승을 차지했고, 그 결과 텐저린볼*Tangerine Bowl*에 초대장을 받아 전국 11위 톨레도와 대결했다. 포스트 시즌 볼 경기 진출은 윌리엄앤메리 사상 세 번째로, 지금까지도 이 학교의 마지막 볼 경기 출전 기록으로 남아 있다. 선수들은 감격했고, 나 역시 기쁨을 주체하기 힘들었다. 텐저린볼에서는 (전반전을 앞선 끝에) 톨레도에 패하긴 했지만 우리 팀의 앞날에 서광이 비치는 듯했다.

나는 수석코치로서 자신감도 더 붙었다. 두 시즌을 치르고 나니 주어진 역할을 좀더 편안하게 받아들이게 됐고, 선수들과 보조코치들도 팀이 나아가는 방향에 더 자신감을 갖게 됐다. 우리 팀의 발전을 알아챈 건 우리 자신만이 아니었다. 콘퍼런스 우승을 차지한 뒤 오프 시즌에 나는 노스캐롤라이나주립대 수석코치 선임위원회로부터 편지를 받았다. 노스캐롤라이나는 수석코치 얼 에드워즈가 은퇴한 뒤 임시 코치를 선임한 상태로, 팀을 이끌 정규 수석코치를 찾고

승리, 패배, 그리고 교훈

있었다. 나는 그들이 물망에 올린 여러 코치 가운데 하나였다. 수석 코치 경력 2년에 불과한 사람이 후보에 오른 건 기분 좋은 일이었지만 그다지 진지하게 생각하지는 않았다. 베스와 나는 윌리엄스버그 생활이 무척 행복했기 때문에 떠날 마음이 전혀 없었다.

그 무렵 윌리엄앤메리 총장으로 나를 영입했던 패셜 박사가 은퇴했다. 윌리엄앤메리 체육팀들을 ACC 소속 학교들 수준까지 끌어올려 언젠가 윌리엄앤메리를 ACC로 옮긴다는 게 패셜 박사의 구상이었다. 나는 그의 생각이 달성 가능한 훌륭한 목표라고 생각했지만, 패셜 박사가 은퇴하자 그의 구상도 함께 사라졌다. 후임 총장은 체육팀들을 다른 방향으로 끌고 가려고 했다. 한 단계 낮은 디비전 I-AA였다.

나는 잘못된 판단이라고 생각했지만 그 결정 뒤에 깔린 교내 정치에 휘말리지는 않았다. ACC에서 뛰면 매주 전국에 TV로 생중계되는 가운데 5~7만 명에 달하는 관중 앞에서 경기를 펼치고, 최고 수준에서 경쟁하기를 원하는 전국 최고의 선수들을 영입할 수 있고, 대학 미식축구 최고 콘퍼런스에 속한 학교들에 주어지는 금전적 보상도 얻게 된다. 반면 디비전 I-AA는 팀의 발전 측면에서 한 걸음 후퇴하는 것이었다. 잘못된 건 전혀 아니지만, 철학 자체가 다른 결정이었다.

내 임무는 미식축구팀을 지도하는 것이었다. 우리 팀은 신입생도 알차게 충원했고, 봄 훈련도 썩 잘 마쳤다. 시즌이 개막됐을 때 우리는 아주 좋은 경기를 펼쳐 세 번째 경기에서 툴레인을, 시즌 개막

4주 차에는 이스트캐롤라이나를 꺾었다. 5주 차에 나는 노스캐롤라이나주립대 수석코치 선임위원장을 맡고 있는 체육이사 윌리스 케이시의 전화를 받았다. 그는 "노스캐롤라이나주립대로 오실 가능성에 대해 만나서 얘기하고 싶습니다"라고 말했다.

"감사합니다. 영광이네요. 하지만 저는 윌리엄앤메리에 매인 몸이어서 시즌이 끝날 때까지는 만나뵐 수 없습니다. 시즌이 끝나면 기꺼이 만나드리겠습니다."

"그건 너무 늦어요."

그가 말했다. 그의 말이 무슨 뜻인지 잘 알았다. 12월이면 신입생 중에 일찌감치 입학을 확정 짓는 선수가 나오기 시작하므로, 선수 선발 시즌이 시작되기 전에 코치를 임명할 필요가 있었다.

"죄송합니다." 내가 다시 말했다. "저는 이 팀에 의무가 있는 사람이에요. 만약 지금 제가 노스캐롤라이나 코치였더라도 다른 학교 제의에 똑같은 말을 했으리라는 점을 이해해주시기 바랍니다."

"이해합니다. 하지만 그렇게 오래 기다릴 순 없어요. 입장이 그러시다면 당신은 이제 더는 우리 팀 수석코치 후보가 아닙니다."

"실망스럽지만 이해합니다."

그걸로 끝이라고 생각했다. 노스캐롤라이나주립대는 시즌이 끝나기 전에 수석코치를 선임할 것이고, 나는 당분간은 계속 윌리엄앤메리를 이끌게 될 터였다. 내가 미처 몰랐던 건 노스캐롤라이나주립대의 의사 결정자들이 나에 대해 얼마나 샅샅이 조사했는가였다. 우리 팀이 무척 전력이 강한 이스트캐롤라이나를 꺾은 뒤 이스트캐롤라이나가 노스캐롤라이나를 큰 점수 차로 꺾었다. 그것이 노스캐롤라이나주립대 관계자들의 관심을 끌었던 것 같다.

그해 시즌 후반 우리는 채플힐 원정경기에서 노스캐롤라이나대학교^{UNC}와 맞붙었다. 우리 선수들은 윌리엄앤메리 미식축구 역사상 최고의 경기를 펼쳤다. 정말 대단한 경기였다. 59분 동안 우리는 한 번도 뒤처지지 않았다. 경기 초반 우리가 7:0으로 앞서나갔지만, 7:7 동점이 됐다. 우리가 다시 14:7로 달아났지만, 14:14로 다시 한번 동점을 허용했다. 21:14로 벌렸지만 다시 21:21 동점, 28:21로 다시 앞서나갔지만, 또다시 28:28 동점이 됐다. 다시 우리가 35:28로 앞선 상황에서 경기 종료 2분을 남겨두고 있었다.

2분이 남은 가운데 UNC가 공격권을 쥔 상황에서 우리는 상대 진영 깊숙한 곳에서 두 차례 연속 공격 시도를 차단했다. UNC는 세 번째 공격 시도에서 여전히 10야드를 전진해야 하는 상태로, 우리는 두 번의 플레이만 잘하면 대반전을 완성할 수 있었다.

UNC의 쿼터백인 왼손잡이 폴 밀러가 세 번째 공격 시도에서 주춤주춤 뒤로 물러서다가 엄청난 압박감 속에서 깊숙이 패스를 찔러 넣었다. 하지만 공은 우리 진영 45야드 라인에서 그라운드에 두 번이나 튕겨지더니 공격수의 손에 들어갔다. 공이 내 바로 앞 잔디에 떨어졌으니 나는 당연히 우리가 승리하기까지 단 한 번의 플레이만 남았다고 생각했다. 사이드라인 심판이 패스 실패를 선언했는데, 내가 보기에는 옳은 판정이었다. 하지만 백필드 심판은 플레이를 볼 수 있는 위치가 전혀 아니었는데도 패스 성공을 선언했다. 심판진이 필드 중앙에 모여 의견을 나눴다. 상의를 끝낸 심판진은 패스 성공을 선언했다.

나는 의견을 큰 소리로 말했다는 이유로 15야드 이동 벌칙을 두 개나 받았다. 내가 욕설을 한 건 아니지만 그렇다고 썩 예의 바르지도 않았으니 벌칙 부여 자체는 정당했을지도 모르겠다. 벌칙을 받은 첫 번째 이유는 내가 필드로 뛰어들었다는 것이고, 두 번째는 스포츠맨십에 어긋나는 행위를 했다는 것이다. 이 때문에 공은 우리 진영 15야드 라인에 놓이게 됐다. UNC는 패스에 실패하고도 자기 진영 20야드에서 우리 진영 15야드까지 진출했다. 경기 종료 10초를 남겨두고 폴 밀러가 엔드존으로 패스를 찔러 넣어 UNC가 1점 차까지 따라붙었다. 예상했던 대로 UNC는 2점 컨버전을 선택했고, 지연 패스를 시도했다. 우리 팀 라인배커 중 한 명이 공을 건드려 방향을 바꿨지만, 리시버 루이스 졸 리가 뛰어난 운동신경으로 무릎으로 공을 받아내 추가 2득점에 성공했다. UNC의 36:35 승리였다. 그 시즌 UNC는 10승 고지에 올랐는데 유일한 패배는 노트르담전으로, 두 팀 모두 득점이 저조한 경기였다.

우리가 UNC를 상대하던 그 시간 노스캐롤라이나주립대는 30 킬로미터 남짓 떨어진 곳에서 경기 중이었는데 크게 뒤지고 있었다. 전해 듣기로는 노스캐롤라이나 팬들이 경기장에서 장내 방송을 통해 우리 경기 상황을 확인했고, 극적인 결말은 주차장 차 안에서 라디오를 통해 들었다고 한다. 우리 경기에서 점수 차가 많이 나는 바람에 그쪽 경기보다 40분가량 늦게 끝났기 때문이다.

UNC와의 경기를 마치고 집에 돌아온 지 채 30분이 안 됐을 때 전화 벨이 울렸다. 노스캐롤라이나주립대 수석코치 선임위원회의 또 다른 위원이었다. 전화를 받았을 때 나는 피곤한 데다 우리 팀의 패배로 아직 조금 화가 나 있었다. 통화는 정중하지만 간결했다.

"말씀드린 대로 이번 시즌이 끝날 때까지는 다른 자리에 대해 얘기할 수 없습니다."

내가 말했다.

"이해합니다." 그 위원은 이렇게 말했다. "우리가 원하는 건 우리 학교 체육이사를 만나 제안 내용을 들어보시라는 겁니다. 공식 면접은 물론 아니고 공식적인 대화도 아닐 겁니다. 일단 체육이사와 만나 제안이 마음에 들면 시즌이 끝날 때까지 기다렸다가 다시 이야기하시죠."

충분히 합리적인 제안 같았다. 그래서 이렇게 답했다.

"좋습니다. 다음 주 웨이크포리스트와 경기가 있으니 다음 주 목요일에 버지니아주 댄빌에서 만나는 게 어떨까요? 거기가 서로 중간쯤 되는 지점이에요."

5일 뒤 나는 댄빌로 차를 몰고 가 어느 주유소 겸 편의점에서 한번도 만나본 적 없는 노스캐롤라이나주립대 체육이사를 기다렸다. 주차장에서 몇 분 서서 기다리자니 한 남자가 몇 초 정도 나를 바라보다 말을 걸었다.

"루 홀츠 씨인가요?"

"예 그렇습니다."

남자가 손을 내밀어 악수를 청했다.

"윌리스 케이시입니다. 노스캐롤라이나주립대 체육이사를 맡고 있어요."

우리는 족히 두 시간은 대화를 나누었는데, 나는 그가 대번에 마음에 들었다. 단도직입적이고 꾸밈없는 성격이 헤이스 코치를 연상케 했다. 그와 함께 일한다면 내 입지가 흔들릴 일은 없을 것 같았다. 내가 이 사람과 함께 일하게 되리라는 걸 나는 그 자리에서 알게 됐다. 그리고 노스캐롤라이나주립대가 내 가족과 나 자신에게 더 큰 기회를 제공하리라는 사실도 깨달았다. 노스캐롤라이나는 뛰어난 선수들을 다수 보유한, 잠재력이 큰 대형 주립대학이었다.

패셜 박사가 윌리엄앤메리를 떠나지 않았더라면 나도 계속 윌리엄앤메리에 남았을 것이다. 어쩌면 은퇴할 때까지 그 자리를 지켰을지도 모를 일이다. 그만큼 우리 가족은 윌리엄스버그라는 도시와 그곳에서 사귄 친구들을 사랑했다. 하지만 윌리엄앤메리의 체육 프로그램이 축소되는 상황에서 노스캐롤라이나주립대가 제시한 기회는 놓치기엔 너무 아까웠다. 또 한 번 많은 자아성찰과 솔직한 자기평가가 필요한, 어려운 결정이었다. 하지만 집에 머물며 기도와 상의를 거듭한 끝에 베스와 나는 이게 우리가 해야 할 올바른 선택이라는 데 뜻을 모았다. 나는 케이시에게 시즌이 끝난 뒤 대화를 고대한다고 말했다. 노스캐롤라이나주립대 수석코치 자리에 확실히 관심이 있었기 때문이다.

공교롭게도, 시즌 막판에 구단 후원 모임인 윌리엄앤메리 쿼터백 클럽이 우리 가족에게 신형 스테이션 왜건 차량을 한 대 선사했다. 회원들은 그해 마지막 쿼터백 클럽 회의에서 그 차를 우리에게 주려고 했다. 나는 감사를 표했지만 절대 받을 수가 없었다. 회원들은 내가 윌리엄앤메리에서 이룬 성과에 대한 감사의 표시라고 했지만, 나는 그 차가 내가 앞으로 할 일들을 위한 선물이라고 느꼈기 때문에 받을 수 없었다. 그런데 시즌 최종전 하프타임 때 장내방송 아나운서가 관중석에 있던 베스를 호명하며 필드 한가운데로 나와달라고 요청했고, 그곳에서 쿼터백 클럽 회장이 베스에게 신형 스테이션 왜건을 증정했다.

그날 밤이 되어서야 자초지종을 들은 나는 베스에게 말했다.

"차를 받을 수는 없어. 돌려줘야 해요."

그러자 베스가 말했다.

"돌려줄 필요까진 없잖아요. 우리는 아이가 넷이나 돼요. 이 차가 필요해요."

결국 차를 받았다. 베스와 쿼터백 클럽 회장이 논쟁에서 승리한 셈이다.

그런 연유로 우리는 학교의 후원자들이 우리에게 준, 출고된 지 1주일밖에 안 된 스테이션 왜건에 아이들을 태우고 노스캐롤라이나주 롤리로 향했다. 지금도 당시 일을 생각하면 부끄러움에 얼굴이 달아오른다.

독립전쟁 당시 헨리 녹스 대령은 아내에게 보낸 편지에서 휘하에 어떤 병사들을 두고 싶은지에 대해 이렇게 말했다.

"행운의 여신이 외면할지라도 낙심하지 않을 훌륭한 사람들을 원한다오."

노스캐롤라이나주립대 미식축구팀에서 나는 정확히 그런 사람들을 만났다. 노스캐롤라이나주립대는 3년 연속 3승 8패에 그쳤는데, 내가 캠퍼스에 도착했을 때 그곳에는 승리를 갈망하고 재능 있고 헌신적이며 투철한 의지를 갖춘, 패배라면 진절머리가 나 상황을 바꿀 수 있다면 기꺼이 벽에라도 뛰어들 한 무리의 선수들이 있었다. 그들에게 필요한 건 약간의 훈련과 목표 제시, 리더십뿐으로 그것들을 내가 채워줄 작정이었다. 노스캐롤라이나는 누가 지도하든 상관없이 승리할 수 있는 팀이었다.

내 첫 번째 임무는 이 팀이 패배하는 팀이 아니라 그저 많은 경기에 패한 팀일 뿐이라는 사실을 선수와 코치, 후원자, 팬들에게 이해시키는 일이었다. 그 둘의 차이는 선수들의 태도와 역량이다. 경기에서 승리해도 선수들이 개인 기록이 기대했던 만큼 안 나왔다고 불만스러워하거나, 필드에서 범한 실수를 놓고 다른 사람을 비난한다면 그 팀은 패배하는 팀이다. 반면 서로를 믿고, 이길 수 있다는 사실을 믿고, 열심히 노력하며 성공을 위해 필요한 일들을 기꺼이 하겠다는 선수들이 넘쳐난다면 성적이 어떻든 그 팀은 승리하는 팀이다. 노스캐롤라이나주립대에서 나를 기다리던 팀은 승리하는 팀이었다. 아직 승리하지 못했을 뿐이다.

이를 보여주는 좋은 사례가 우리 팀 저학년 센터로 펜실베이니아 출신인 빌 카워라는 훌륭한 청년이다. 어느 날 빌은 자율학습 시간에 잠이 들었는데, 이는 명백한 팀 규칙 위반이었다. 이 문제를 논의하려고 그를 불러 말했다.

"빌, 얼마나 오래 잠이 들었던 거야?"

그가 솔직하게 대답했다.

"20분 정도요."

"좋아. 앞으로 20일 동안 아침 6시에 3킬로미터씩 달리기를 하도록 해."

빌은 두말하지 않고 벌칙을 받아들였고, 매일 아침 확인하는 코치 한 명 없는데도 훈련장에 나와 트랙을 돌며 3킬로미터를 달렸다. 하지만 한 가지 문제가 있었다. 학기가 끝났는데도 아직 1주일은 더 달리기를 해야 했던 것이다. 그는 펜실베이니아 집으로 돌아갔는데, 그곳은 아침 6시면 바람이 거세게 불고 눈발이 흩날리고 아직 캄캄했다. 빌은 나중에 이렇게 털어놓았다.

"일어나 트랙에 가보니 온통 눈밭이었어요. 마음속으로 이렇게 생각했죠. '내가 뛰든 안 뛰든 홀츠 코치님은 모르실걸'이라고요." 물론 그렇다. 마지막 며칠은 그도 마음이 조금 흔들렸던 것 같다. "그냥 집으로 돌아가려는 순간 이런 생각이 들었어요. '아냐, 알아내실 수도 있어.' 그래서 하루도 빠짐없이 3킬로미터를 달렸어요."

빌 카워는 훗날 NFL 사상 가장 존경받고 가장 성공한 코치가 됐고, 2005시즌에는 첫 슈퍼볼 우승까지 차지했다. 그는 노스캐롤라이나주립대에서 내가 지도한 선수들의 전형이기도 했다. 지금까지 내가 지도한 선수들 중에 그토록 승리를 갈망하는 이들은 없었다. 이 선수들 곁에 있기만 해도 기분이 좋았다. 선수들은 재능도 있었다. 오프 시즌에 나는 오하이오주 애크런 출신의 데이브 버키와 돈 버키라는 신입생 쌍둥이를 영입했다. 데이브는 쿼터백, 돈은 리시버였다. 신입생이 학교 대표로 공식경기에 출장하는 것이 허용된 첫해였는데, 데이브와 돈은 '신입생들이 큰 몫을 해내다'라는 제목으로 스포츠 잡지《스포츠 일러스트레이티드》의 표지를 장식했다. 두 사람은 정말 큰 몫을 해냈다. 그들 덕에 우리 팀은 큰 힘을 얻었다.

노스캐롤라이나에서의 생활도 썩 괜찮았다. 윌리엄스버그에서처럼 잘 지낼 수 있을지 자신이 없었지만, 내 생각이 틀렸다는 걸 알게 돼 놀랍고도 기뻤다. 우리는 학교에서 15킬로미터 남짓 떨어진 노스캐롤라이나주 캐리의 맥그리거다운스 컨트리클럽에 있는 집으로 이사했다. 요즘 캐리는 컴퓨터 프로그래머와 생명공학 연구원, 신약 개발 과학자들이 모여 사는 곳이지만 1970년대 초반만 해도 편의시설이 잘 갖춰지고 이웃들도 다정한 작은 도시였다. 이사 첫날 마당에 트램펄린을 설치했더니, 저물녘이 되자 이웃의 모든 아이가 놀러 왔다. 우리 아이들은 곧바로 친구들을 사귀었고, 이사 첫날부터 새 동네를 좋아하게 됐다.

선수들도 기대했던 것보다 더 잘 따라주었다. 훈련 첫날부터 나는 오하이오주립대에서 우리가 내셔널 챔피언십을 차지하던 해 헤이스 코치가 썼던 방법을 사용했다. 팀원들에게 이길 수 있다고 용기를 북돋웠을 뿐 아니라, 내가 승리를 기대하며 그렇지 못할 경우 실망스러울 거라는 사실을 모두에게 분명히 밝힌 것이다. 기대치를 높임으로써 훈련 시간의 집중력과 강도를 더 쉽게 끌어올릴 수 있었다. 기대치가 높아지면서 선수와 코치, 트레이너, 행정 직원, 학생, 후원자, 팬 등 모두가 미식축구에 희망을 품기 시작했다(헤이스 코치가 1968시즌에 어린 선수들로 구성된 팀을 이끌고 그랬던 것처럼). 여론조사와 전문가들의 예상을 일축하고 그때까지 노스캐롤라이나주립대가 경험했던 것보다 훨씬 더 높은 기준을 세움으로써 우리는 기강 있고 잘 훈련된 의욕 넘치는 팀이 돼 시즌을 맞았다.

메릴랜드와 붙은 시즌 첫 경기는 무승부로 끝이 났다. 경기 전 모든 분석가가 메릴랜드의 압도적 승리를 점친 것과는 다른 결과였다. 그다음 주에는 시러큐스를 상대했는데, 그들에 비해 우리는 엄청난 약체였다. 하지만 우리는 42점을 뽑아내며 손쉬운 승리를 따냈다.

그 승리 이후 사람들이 노스캐롤라이나의 경기를 보러 몰려들었다. 앞선 3년 동안은 스타디움에 관중이 가득 찬 적이 한 번도 없었다. 반면 내가 지휘봉을 잡은 4년간 우리는 경기당 평균 관중 5만 명을 기록했는데, 구장 전체 좌석이 4만 2,000석에 불과한 걸 고려하면 꽤 대단한 성과였다. 팬들은 담요를 들고 와 엔드존 쪽 언덕에 줄지어 앉아 우리 경기를 지켜봤다. 구름 관중은 선수들의 사기를 북돋았고 신입생을 영입하는 데에도 도움이 됐다. 유망주 고교 졸업생이 경기장을 찾았을 때 열광적인 팬들로 가득 찬 스타디움을 보면 긍정적 인상을 받고 돌아갈 가능성이 크지 않겠는가.

그 승리들은 채플힐 원정에서 주내 라이벌 UNC와 대결할 즈음 선수들의 사기를 끌어올리고 캠퍼스 내에서 열정을 불러일으키는 데에도 확실히 도움이 됐다. 우리는 맹렬히 싸웠고, 4쿼터 후반 28:28 동점을 만들었다. 나는 UNC가 무승부를 노린다고 생각했다. 상대가 우리 팀의 세 차례 공격 시도를 모두 차단한 뒤 우리 팀 펀터가 투입됐다. 상대가 펀트 블로킹을 시도하지는 않았지만 우리 팀 펀터가 스냅을 떨어뜨렸고, 다시 공을 잡았을 때 상대 디펜시브백 한 명이 외곽에서 돌진하며 킥을 블로킹했다. 상대는 우리 팀 1야드 라인에서 공격권을 빼앗았고, 리드를 잡는 터치다운에 성공했다. 경기 종료 1분을 남겨둔 가운데 UNC가 35:28로 다시 앞서나갔다.

우리 선수들은 결코 포기하지 않았다. 우리는 불과 40초 만에 필드 끝에서 반대쪽 끝까지 공을 몰고 갔다. 10초가 남은 상황에서 우리 팀 리시버 중 하나인 팻 케니가 터치다운 패스를 잡아 34점까지 따라붙었다. 우리는 무승부를 노릴 마음이 눈곱만큼도 없었다. 우리 선수들은 2점 컨버전을 시도하기 위해 대열을 갖췄다. 그리고 지연 패스를 시도했지만 무위로 돌아갔다. 간발의 차로 경기를 내준 뒤 우리 선수들이 필드를 빠져나갈 때 UNC 팬들이 "촌뜨기 농사꾼 녀석들, 소나 키워라"라며 야유를 퍼붓기 시작했다.

이 소리를 듣고 나는 화가 났다. 우리 선수들이 전력을 다해 경기를 펼쳤음을 알기 때문이다. 경기 후 기자회견장에서 나는 이렇게 말했다.

"관중석에서 '농사꾼 녀석들, 소나 키워라'라고 외쳐댄 모든

UNC 팬들에게 말해두겠는데, 농사라도 짓는 게 당신들처럼 아무것도 안 하고 빈둥대는 것보다 훨씬 나을 겁니다."

이 한마디로 나는 노스캐롤라이나주립대 팬들의 사랑을 독차지하게 됐지만, UNC가 있는 채플힐에선 눈엣가시 같은 존재가 됐다.

그 첫해에 우리는 자주 패하지 않았다. 시즌 최종전을 앞두고 7승 1무 3패를 기록 중인 가운데 나는 피치볼*Peach Bowl* 회장의 전화를 받았다. 그는 우리가 클렘슨대학교와의 정규 시즌 최종전에서 승리하면 애틀랜타에서 열리는 포스트 시즌 경기 출전권을 받게 될 것이라고 말했다. 클렘슨과 벌인 경기는 결코 접전이 아니었다. 우리 팀은 42:7로 압승을 거뒀다.

그해 피치볼 출전에 내가 특히 신이 났던 건 굉장한 활약을 펼친 선수와 코칭 스태프들 때문이기도 했지만, 상대가 내 친구 바비 보든이 여전히 지휘봉을 잡고 있는 웨스트버지니아였기 때문이다. 경기 전 전문가들은 우리가 13점 차로 패할 것으로 예상했는데, 그 이유는 4학년 쿼터백 브루스 쇼가 출전하지 못했기 때문이다. 브루스는 시즌 내내 데이브 버키와 번갈아 뛰어온 선수로 크리스마스 직전 훈련 도중 팔이 부러져 경기에 나올 수 없었고, 우리는 신입생 버키에게 전적으로 의존해야 했다.

경기 후반 데이브 버키는 쌍둥이 동생에게 터치다운 패스를 성공시키며 점수 차를 48:13까지 벌렸다. 그 막판 득점이 나는 무척 기뻤다. 전에 바비가 말했듯이, 어쨌든 나는 한 팀만 지도할 수 있을 뿐이니까. 점수가 마음에 들지 않는다면 선수 스카우트를 더 잘하든가 아니면 선수들을 더 잘 훈련시킬 일이었다. 점수 차를 좁히는 건 그가 할 일이지 내 일은 아니잖은가.

필드 한복판에서 악수를 하며 나는 내 친구 바비에게 "잘했네"라고 인사를 건넨 뒤, 내 생각에 괜찮아 보인 그의 팀 후위 선수들에 대해 몇 마디를 보탰다. 바비는 이렇게 대꾸했다.

"내가 무슨 말을 할 수 있겠나. 자네 정말 뛰어난 미식축구팀을 만들었네."

우리는 1972시즌을 전국 7위로 마감했는데, 앞선 3년간의 승리를 다 합쳐도 9승에 불과했던 팀치고는 괜찮은 반전이었다. 전국 20위 이내로 시즌을 마친 것이 1973시즌을 위한 신입생 선발에 확실히 도움이 됐지만, 나는 팀에 계속 동기를 부여해 슬럼프에 빠지지 않게 신경 써야 했다. 빈스 롬바르디(NFL 그린베이 패커스를 슈퍼볼 첫 우승으로 이끄는 등 74퍼센트의 승률로 미식축구 역사상 최고 지도자로 꼽히는 인물-옮긴이)가 남긴 말을 선수들에게 몇 번이고 강조했다.

"현재의 성공만큼 미래의 성공을 불러오는 요인은 없다."

승리는 기분 좋은 일이었고, 우리 선수들은 그 기분을 꼭 붙잡고 싶어 했다.

두 번째 해에 우리는 정규 시즌을 8승 3패로 마감했는데, 패한 경기 모두 우리가 이길 수도 있는 게임이었다. 펜실베이니아주립대와의 원정경기가 한 예다. 승리를 1야드 남겨두고 첫 번째 공격 시도에서 돈 버키가 1야드 지점에서 공을 잡고 사이드라인 밖으로 나가는 대신 엔드존으로 몸을 날리려다 패스를 떨어뜨렸다. 하지만 전반적으로 보면 우리가 바랐던 바를 전부 이룬 시즌이었다. 우리는 리버티볼Liberty Bowl에서 캔자스를 31:18로 꺾고 AP통신과 코치 투표 모두에서 전국 16위로 시즌을 마감했다.

그 뒤로 우리는 승승장구했다. 1972년에 신입생과 2학년이었던 실력 있는 선수들이 1974년에는 3학년과 4학년이 됐다. 우리는 험난한 일정을 소화하면서도 9승을 거뒀는데, 그중에는 (노스캐롤라이나주립대 사상 처음인) 펜실베이니아전 승리와 전국 상위 팀인 애리조나를 35:7로 대파한 경기도 있었다. 패한 경기는 조지아와 네브래스카전 두 경기뿐으로, 두 팀 다 전국 5위 안에 오른 팀이었다. 우리는 ACC 우승을 차지했고, 전국에서도 10위권에 드는 성적을 냈다. 그런데도 우리에게 볼 대회 출전권이 주어지지 않았다. 당시는 모든 볼 경기가 콘퍼런스 측과 계약을 맺기 전이어서, ACC에서 우승한다고 해서 자동으로 볼 경기 출전권이 부여되는 건 아니었다. 시즌 열 번째 경기에서 우리가 펜실베이니아를 꺾었는데도 코튼볼Cotton Bowl에 초대를 받은 건 펜실베이니아였다.

우리가 애리조나주립대를 꺾었을 때 휴스턴대학교의 전설적인 코치 빌 요먼에게서 전화가 왔다.

"루, 블루보넷볼Bluebonnet Bowl에서 우리와 경기할 팀이 없네. 아직 출전을 약속한 볼 경기가 없으면 이리로 와서 우리와 경기해주면 참 좋겠어."

왜 어떤 팀도 휴스턴과 경기를 하려고 하지 않는지 잘 알고 있었다. 첫째 그들은 대단히 강했고, 둘째 그곳은 그들의 홈구장이었다. 하지만 우리 팀은 출전을 약속한 볼 경기도 초대를 받은 볼 경기도 없었다. 그래서 이렇게 대답했다.

"아주 잘됐네요. 우리가 괜찮은 상대가 되면 좋겠습니다."

결과적으로 블루보넷볼은 그 시즌 최고의 볼 경기 가운데 하나가 됐다. 두 팀 다 무척 잘 싸웠고, 경기는 31:31 무승부로 끝이 났다. 이틀 뒤 발표된 여론조사에서 노스캐롤라이나는 전국 9위에 올랐다.

다음 해 봄 캐리의 우리 이웃들은 우리 가족이 사는 거리 이름을 내 이름을 따 바꾸었다. 대단한 영광이자 조금은 당황스러운 일이었다. 승리하는 미식축구팀을 몇 번 지도했다고 해서 특별 대접을 받고 싶지는 않았기 때문이다. 우리는 그곳에서 사는 게 축복이라고 생각했다. 노스캐롤라이나주립대는 무척 멋진 학교였고, 이웃들은 더할 나위 없이 친절했다. 베스는 행복해했고, 아이들도 행복했고, 대학 당국도 만족했고, 나도 만족스러웠다.

하지만 정작 나 자신은 내가 한 충고에 귀 기울이지 않았다. 세상 어떤 일도 보기만큼 좋지도 보기만큼 나쁘지도 않으며, 현실은 그 중간 어딘가에 있기 마련이다. 이제 두 번 다시는 시련을 겪지 않으리라는 착각이 나를 고통 속으로 몰고 갔다. 이 착각 때문에 나는 우리 가족과 리온 헤스, 알 워드, 뉴욕 제츠 구단, 뉴욕시 그리고 NFL에도 온당치 못한 결정을 하게 된다.

08

WINS, LOSSES,
AND LESSONS

1976년 조 나마츠와 함께 찍은 사진.
뉴욕 제츠의 수석코치를 맡은 건
내 경력에서 가장 후회스러운 일이고 큰 실수였다.

(뉴욕 제츠 구단 제공)

어중간한 노력은
전혀 노력하지 않는 것만 못하다

우리는 모두 살면서 실수를 저지른다. 쓰레기 버리는 날 깜빡하고 쓰레기를 내놓지 않은 것처럼 작은 실수도 있지만, 퇴직연금을 부실기업에 투자한 것처럼 치명적인 실수도 있다. 크든 작든 여기에는 한 가지 공통점이 있는데, 실수가 분명해졌을 때 처음에는 후회를 한다는 것이다. 그다음에 어떤 사람들은 자기 실수를 합리화하거나 책임을 다른 사람에게 전가하려고 터무니없는 핑계를 댄다.

누군가의 됨됨이는 그가 저지른 실수가 아니라 그가 그 실수에 어떻게 대처했는가를 보면 잘 알 수 있다. 자신이 범한 실수에 책임을 지고 자신이 초래한 문제를 해결하려고 최선을 다하는 사람은 존경받아 마땅하다. 그런데 마음속으로 자신은 결코 실수를 범하지 않는다고 생각하고, 책임 소재를 흐리거나 모면하려 하는 사람은 조심해야 한다. 지금까지 살면서 나는 실수로 일을 그르친 적이 무척 많았다. 그럴 때면 대부분은 내가 범한 실수를 인정하고 그 실수들을 바로잡기 위해 할 수 있는 일은 뭐든 하려고 최선을 다했다. 그뿐만이 아니라 그 실수들로 초래됐을지 모를 상처를 치유하려고 노력했다. 실수는 피할 수 없는 삶의 일부지만, 책임을 인정하고 실수를 바로잡기 위한 조치를 취하는 것은 또 다른 문제다. 그런 행동이 힘든 까닭은 우리의 자존심이 훼방을 놓기 때문이다. 자신이 일을 망쳤다는 걸 인정하려면 자신감이 있어야 한다.

지금까지도 나를 괴롭게 하는 실수 하나는 뉴욕 제츠의 수석 코치 제의를 받아들이고, 또 갑작스레 그 자리에서 물러난 것이다. NFL에서의 짧았던 재임 기간은 30년 동안이나 나를 부끄럽게 했는데, 내가 지휘하는 동안 제츠가 성적이 썩 좋지 않아서가 아니라(성적이 나쁘긴 했다) NFL이라는 더 높은 무대로 올라간 것과 NFL을 떠난 것 둘 다 내가 전력을 다하지 않아서 비롯된 일이기 때문이다.

내 팀에서 뛰어본 선수라면 누구든 매사에 어중간하게 발을 걸쳐서는 곤란하다는 훈계를 자주 들었을 것이다. 어중간한 노력은 전혀 노력하지 않는 것만 못하다는 게 내 신념이다. 강의를 듣겠다고 마음먹었으면 교수와 자기 자신에게 전적으로 집중해야 한다. 그러지 않으면 자기 시간을 허비하고 강의실에서 귀중한 자리만 차지하게 된다. 팀의 일원이라면 코치와 동료들에게 전적으로 헌신할 의무가 있다. 그러지 않고 코치가 자신을 선발 기용하지 않았다거나 기대했던 것만큼 충분히 지도를 받지 못했다고 불만을 품는다면, 자신에게는 물론 조직 전체에도 해를 끼치게 된다. 차라리 다른 팀으로 옮기는 게 자기 자신과 팀에 더 나을 수 있다. 다른 일자리를 찾을 때까지 설렁설렁하겠다는 생각으로 자리만 차지하고 있다면 이는 결국 자신을 고용한 사람의 자원을 도둑질하는 것으로, 회사에 무단 침입해서 물건을 훔치는 행동과 다를 바가 없다.

헌신은 모든 관계에서 가장 중요한 요소다. 결혼 생활을 시작하면서 처음부터 '그래, 한번 해보지 뭐. 잘 안 풀리거나 사이가 소원해지면 언제든 갈라서면 되니까'라고 마음먹는다면, 결혼 서약을 끝내기도 전에 파국이 예고된 것이나 다름없다. 대학 입학 허가를 받아들고 '1지망은 아니지만 어떻게 될지 한번 보자'라고 생각한다면, 좋은 성적을 낼 리가 만무하다. 또 '이 일자리가 좋은 디딤돌이 되겠지만 맡은 일이 그다지 내키진 않는걸'이라고 생각한다면 오늘 당장 사표를 쓰는 편이 낫다.

스포츠 세계에서 이는 자명한 진리다. 언제나 헌신이 재능을 이긴다. 노스캐롤라이나주립대는 필드에서 가장 재능 있거나 운동 신경이 뛰어난 팀이 아니었음에도 많은 경기에서 승리했다. 우리가 승리한 건 체육이사부터 사이드라인에 선 신입생 후보 선수까지 미식축구 프로그램과 관련된 모든 사람이 팀의 성공을 위해 헌신했기 때문이다. 윌리스 케이시는 그런 면에서 모범을 보여주었다. 그는 전국에서 가장 뛰어난 체육이사로 변함없이 늘 헌신하는 사람이었다. 냉정하고 창의적이면서 꾸밈없는 성격에 어떻게든 임무를 달성하는 그를 나는 깊이 존경했다.

케이시의 천재성이 번득인 사례로 데이비드 톰슨이 이끄는 우리 학교 농구팀이 NCAA 챔피언십에 진출해서 존 우든의 UCLA와

중립 지역인 세인트루이스에서 대결을 앞두고 있을 때를 꼽을 수 있다. 케이시는 경기 수입 문제를 협의하기 위해 UCLA 체육이사에게 전화를 걸어 이렇게 말했다.

"존, 이 경기는 올해 전국 방송으로 중계되는 게임 중 최다 시청자를 기록하게 될 겁니다. TV 관련 수입은 당신이 다 가지고 우리가 입장 수입을 전부 가지면 어떨까요?"

UCLA는 이에 동의했다. 그들이 미처 몰랐던 건 ACC가 모든 학교에 TV 관련 수입을 ACC 사무국과 나눠 갖도록 요구한다는 사실이었다. 반면 입장 수입은 오로지 학교 몫이었다. 합의 내용을 뒤늦게 알게 된 ACC 사무국 관계자들은 격분했다. 하지만 케이시의 행동은 자신이 속한 학교와 그곳에서 일하는 사람들을 위한 최선이었다.

그는 내가 함께 일해본 어떤 사람보다 나를 잘 배려해주었지만, 무척 냉정한 사람이기도 했다. 내가 부임한 첫해에 피치볼 초대를 수락한 뒤 케이시의 사무실에 가 볼 보너스에 대해 물었을 때의 일이다.

"뭐라고요?"

그가 어이없다는 듯 되물었다.

"볼 보너스 말이에요. 볼 경기 출전권을 따내면 코칭 스태프가 보너스를 받는 게 관례잖아요."

"왜죠?"

"그건 말이죠. 볼 경기 초청을 받을 만큼 좋은 경기를 했고, 스타디움을 관중으로 가득 채웠고, 전국 순위 상위권에도 오르고, 동문들의 기부금도 사상 최고치를 기록했으니까요. 대부분 학교가 이런 성과를 내면 코치들에게 한 달 치 정도를 보너스로 줍니다."

케이시가 내 눈을 빤히 쳐다보더니 이렇게 말했다.

"그 모든 게 내가 당신을 고용한 이유입니다. 그게 당신의 임무란 말이에요. 당신 전임자를 해고한 건 그런 것들을 해내지 못했기 때문이고요. 당신 임무를 다했다고 여기 와서 보너스를 요구하는 건 말이 안 됩니다. 그 일들을 했기 때문에 계속 우리 팀 코치를 맡기는 거니까."

어쨌든 우리 코칭 스태프는 내가 노스캐롤라이나주립대에 있는 동안 해마다 보너스를 받았지만, 내가 나서서 보너스를 요구한 일은 그 뒤로 다시는 없었다. 나는 경기에서 승리하고 우리 선수들을 무사히 졸업시키라고 고용된 사람이었고, 그렇게 하지 못한다면 불운한 일이었다.

노스캐롤라이나 부임 4년째가 되던 해 우리는 시즌 초반 두 경기에서 패배를 기록했다. 핵심 포지션의 많은 선수가 졸업을 하는 바람에 우리가 경기에 내보낸 선수들은 어리고 상대적으로 경험도 부족했다. 하지만 그렇다고 우리 팀의 집중력이 흐트러진 건 아니었다. 미시간주립대에 실망스러운 패배를 당한 뒤(우리 선수들이 인조 잔디인 애스트로터프에서 경기를 한 건 그때가 처음이었다), 나는 신입생 러닝백 둘을 경기에 투입하기로 마음먹었다. 훗날 미네소타 바이킹스에서 선수 생활의 꽃을 피운 테드 브라운과 리키 애덤스였다.

그다음 주 우리는 지금은 ESPN에서 나와 함께 해설자로 활동

중인 리 코르소가 이끄는 인디애나대학교와 맞붙었다. 테드 브라운이 대학 입학 후 처음으로 선발 출장한 경기에서 200야드 넘게 전진하면서 인디애나를 27:0으로 완파했다. 우리는 정규 시즌을 7승 1무 3패로 마감했고, 또 한 번 피치볼에 초대받았다. 그때 뉴욕 제츠의 알 워드가 내게 전화했다.

7년 전 슈퍼볼에서 볼티모어 콜츠를 상대로 뜻밖의 승리를 거둔 뒤로 제츠는 슈퍼볼 진출에 내리 실패했고, 전설적인 코치 위브 유뱅크가 은퇴한 뒤로는 더더욱 부진에 허덕였다. 제츠 구단주인 석유왕 리온 헤스는 팀을 다시 강팀으로 만들어줄 새 코치를 찾고 있었다. 내가 그들의 첫 번째 선택지였다.

젊은 수석코치로서는 어깨에 힘이 잔뜩 들어갈 만한 일이었다. NFL에 간다는 건 코치 세계의 피라미드에서 정점에 오른다는 걸 의미하기 때문이다. 대학에선 아무리 강팀이라도 TV 중계가 되는 건 한 시즌에 서너 경기 정도지만, NFL 팀은 매주 일요일마다 TV에 등장한다. 승리한 팀은 전국적으로 찬사를 받고 우승팀 코치는 유명인사가 된다. NFL 구단주들은 선택받은 자만이 오를 수 있는 그 자리를 보통 나이 지긋하고 보다 경험 많은 베테랑들, 관자놀이까지 희끗희끗하고 통산 승수를 많이 쌓은 사람들 몫으로 남겨두었다. 하지만 당시 나는 막 서른아홉 번째 생일을 지난 젊은 나이였다. NFL 수석코치 후보로 거론된다는 것만으로도 영광이었다.

문제는 노스캐롤라이나주립대를 정말 떠나고 싶지 않다는 것이었다. 우리 가족도 자리를 잡았고, 팀도 4년 연속 볼 경기에 출전했다. 신입생 선발 노력도 알찬 열매를 맺었고 대학 당국도 나를 지지해주어서 나는 더없이 만족스러웠다. 대학 미식축구 지도자 생활을 하는 동안 가장 즐거웠던 기억의 상당 부분이 이때 만들어졌다.

그중에서도 특히 좋았던 기억은 1974년 앨라배마주 버밍햄에서 미식축구 후원 조직인 터치다운 클럽에서 연설해달라는 요청을 수락했을 때다. 우리 팀이 전국 방송으로 TV 중계된 경기에서 메릴랜드를 꺾은 직후, 그다음 주가 경기가 없는 기간이어서 나는 비행기를 타고 버밍햄으로 가 월요일 밤에 연설을 하기로 했다. 버밍햄에 도착했을 때 클럽 회장이 연설 전에 앨라배마대학교에 훈련 장면을 보러 가지 않겠냐고 물었다. 당시는 폴 '베어' 브라이언트 코치를 아직 모를 때라 그를 만나 팀을 지도하는 모습을 본다는 생각에 마음이 들떴다.

나와 연락을 취한 담당자가 터치다운 클럽에서 회의를 준비하는 동안 나는 차를 몰고 터스컬루사로 가 브라이언트 코치의 사무실 밖에서 족히 20분은 참을성 있게 기다렸다. 마침내 밖으로 나온 브라이언트 코치가 마치 오랜 친구처럼 반기며 말했다.

"코치, 훈련하러 갑시다."

브라이언트 코치가 잘 알려진 대로 망루로 올라가는 동안 나는 우리 팀 훈련 때 늘 그러듯 필드에 서 있었다. 몇 분 안 지나 망루 위에서 중저음의 굵은 목소리가 들려왔다.

"코치, 이리로 올라와요."

그건 부탁이 아니었다. 나는 최대한 서둘러 계단을 밟아 올라갔다. 망루 위에 오른 뒤 몇 분 정도 무거운 정적이 흐르고 나서 그가 입을 열었다.

"어떻게 메릴랜드와 내 친구 제리 클레이본을 꺾은 거요?"

어떤 작전 지시를 했는지 묻는 게 아니라는 걸 알았기 때문에. 나는 그에게 경기 전에 우리 선수들의 사기를 북돋기 위해 뭘 했는지 설명했다.

"메릴랜드는 공수 모두 무척 강해서 우리가 뭔가 특별한 노력을 해야 한다는 걸 알고 있었어요. 그래서 장내 아나운서에게 TV 중계에 들리도록 경기 전에 우리 스페셜팀을 소개해달라고 했습니다. 우리 팀 모두 잘 싸웠지만 스페셜팀의 활약이 특히 대단했죠. 그게 차이를 만들어낸 겁니다."

그가 고개를 끄덕이며 낮게 신음소리를 냈다. 내 말에 동의한다는 뜻 같았다. 이어 그는 공격수들이 사이드라인 선상으로 치우친 공격을 연습 중인 필드를 가리켰다.

"우리 팀은 저 플레이가 잘 안 돼 애를 먹고 있어요." 그가 나를 보며 물었다. "당신은 어떻게 지도하나요?"

나는 이 플레이의 비결이 라인배커를 무너뜨려 안쪽을 봉쇄하는 것이라고 설명했다. 그러자 브라이언트 코치는 다른 말은 한마디도 없이 망루를 내려가 내가 제안한 내용을 필드에서 실행에 옮겼다. 그가 지도하는 모습을 보니 우디 헤이스와 정말 비슷하다는 생각이 들었다. 브라이언트 코치는 코치들과 선수들에게 한 치의 모자람도 없는 최선을 요구했고, 최상의 결과를 얻어내지 못했을 때는 그 사실을 분명히 일깨워주었다.

그 주에 앨라배마는 테네시를 상대로 대승을 거뒀다. 그다음 주 월요일 브라이언트 코치가 내게 전화했다.

"루, 당신에게 사과하고 싶어요. 《스포츠 일러스트레이티드》가 경기를 취재하고는 이렇게 썼어요. '오직 브라이언트 코치만이 공격수와 수비수들이 아닌 스페셜팀을 관중에게 소개할 생각을 할 수 있을 것'이라고요. 난 그렇게 말한 적이 없어요. 기자가 제멋대로 속단한 거죠. 정말 미안해요."

나는 소리 내 웃으며 말했다.

"걱정하지 마세요, 코치님. 우리 팀처럼 코치님 팀에도 효과가 있어 기쁠 따름입니다."

전화를 끊기 전에 그가 나를 자신의 집으로 초대했다. 그는 "앨라배마 선수 출신으로 현재 코치로 일하고 있는 사람들을 다 불러 강습회를 열 겁니다. 와서 강연을 해주면 좋겠어요"라고 말했다.

다음 해 여름 나는 브라이언트 코치가 터스컬루사에서 연 강습회에 참석했는데, 그의 집에 머물며 환대를 받았다. 그의 부인은 내게 직접 만든 비스킷을 권하는 등 특별한 친절을 베풀며 편안하게 지낼 수 있게 배려했고, 브라이언트 코치도 내게 더없는 친절을 베풀었다.

어느 날 밤 그는 나와 몇 사람을 자신이 회원권을 가진 컨트리클럽의 저녁 식사에 초대했다. 우리는 조용한 방을 배정받았고 방에는

TV가 없었는데, 브라이언트 코치가 자신이 지도했던 오클랜드 레이더스 쿼터백 켄 스테이블러의 시범경기 TV 중계를 보고 싶어 했다. 그러자 클럽 지배인이 (라운지에 손님이 가득한 상황이었는데도) 라운지에 있던 TV를 우리 방으로 옮겨와 문제를 해결했다. 앨라배마대학교에 재임하는 내내 베어 브라이언트는 그 정도로 영향력 있는 사람이었다. 그를 알게 된 건 영광이었다.

노스캐롤라이나주립대를 이끌면서 쌓은 이런 추억들이 그곳을 떠나고 싶지 않은 가장 큰 이유이기도 했다. 노스캐롤라이나의 생활 방식도 무척 마음에 들었다. 겨울과 봄에는 우리 선수들과 즉석 농구 경기를 하고, 여름이면 이웃이나 대학의 다른 직원들과 골프를 즐겼다. 우리 아이들은 훌륭한 학교에 다니며 친구를 많이 사귀었다. 우리 가족은 지역 공동체에 완전히 뿌리를 내렸다. 그런데 다시 터전을 옮겨야 한다고 생각하니 마음이 심란했다. 코치는 여전히 온전한 헌신이 필요한 자리였지만, 삶의 균형이 필요하다는 사실도 분명히 깨달았다.

1976년 1월 시즌 폐막 기념 만찬이 끝난 뒤 나는 알 워드에게 전화를 걸어 뉴욕으로 가거나 NFL에 합류하는 데 관심이 없다고 말했다. 제츠 구단과는 아무런 상관이 없는 결정이었다. 노스캐롤라이나주립대에서의 삶이 만족스러웠고, 가족과 나는 어디로도 떠날 준비가 돼 있지 않았다.

"하지만 당신이 우리 1순위 후보예요."

워드가 다시 강조했다.

"알아요. 그런 평가를 받는다는 게 제게 얼마나 큰 의미인지 모르실 겁니다. 하지만 난 어떤 행동도 할 준비가 전혀 안 돼 있어요."

워드는 내 말을 알아들었지만 포기하지 않았다.

"그냥 한번 와서 헤스를 만나보지 그래요? 비행기 표를 제공하고 저녁 한 끼 대접할 테니 와서 그냥 이야기나 나눠봅시다. 그때 가서 거절해도 기분 나빠하지 않을 테니."

"그런다고 달라질 게 있을까요?"

"그럼 뭐, 다 없던 일로 하고 근사한 식사 한 끼에 뉴욕 여행 한번 한 셈 치면 되죠."

나는 그의 말에 동의했고, 2월 19일 롤리-더럼 공항에서 비행기를 타고 라과디아 공항에 내렸다. 거기서 나를 기다리고 있던 리무진에 올라 맨해튼 미드타운에 있는 고급 프랑스 레스토랑으로 갔다. 알 워드와 제츠 구단 사장 필 이즐린이 나를 기다리고 있었다. 몇 분 뒤 리온 헤스 구단주가 합류하자 식사 분위기가 확 바뀌었다. 풍채가 당당하다는 말로는 부족했다. 리온 헤스는 넘치는 에너지의 소유자인 데다 품위 있고 겸손하고 솔직하고 배려심이 있는 사람이어서 나는 처음 만난 순간부터 그에게 매료됐다. 특히 그는 사람을 아꼈다. 이후 제츠에 몸담는 동안 그는 내게 가족과 신앙에 충실하라고 끊임없이 일깨워주었다. 그는 도움이 필요한 모든 가치 있는 대의를 위해 끊임없이 기부하는 무척 관대한 사람이었다. 유대교 신자이면서도 아랍의 무슬림들과 함께 일해 헤스 오일을 일군 사람이 바로 그였다. 그의 소통 능력은 범접하기 힘든 수준이었다.

헤스는 나를 위해 수석코치직에 대해 개략적으로 설명한 뒤에 왜 내가 자신들의 후보가 됐는지를 무척 솔직하게 말해주었다. 디저트를 다 먹기도 전에 나는 이 남자의 제의를 거부할 수 없다는 걸 깨달았다. 그의 카리스마가 나를 휘어잡아 내가 그다지 원치 않는 자리를 맡게 했다. 바로 그게 불행의 씨앗이었다.

조금 더 성숙하고 조금 더 자신감 있고 다른 사람의 칭찬에 조금 덜 휘둘렸다면, 아마도 난 그에게 멋진 저녁 식사에 감사를 표하고, 만나게 돼 영광이고 기뻤다고 말하고 나서, 그가 제안한 자리를 예의 바르게 거절했을 것이다. 하지만 나는 주저하는 마음을 안고 뉴욕 제츠의 수석코치가 됐다.

그날 밤 나는 맨해튼에 머물렀는데, 내가 막 내린 결정 때문에 그토록 갈등하지 않았다면 멋진 밤이 될 뻔했다. 집에 전화해 베스에게 내 결정을 말하자 아내의 반응은 최대한 좋게 말해서 미적지근했다. 아내는 언제나 그랬듯 나를 지지했지만, 가족의 터전을 뉴욕으로 옮긴다는 생각 말고도 내가 모든 장기적 영향을 따져보지도 않고 이런 엄청난 결정을 서둘러 내렸다는 사실을 걱정했다. 아내의 생각이 옳았지만, 당시 나는 그걸 알지 못했다. 내가 사랑하는 학교와 팀이 있고 내가 흠모하고 존경하는 사람들로 가득한 노스캐롤라이나 주립대를 떠난다는 사실이 나를 괴롭게 했다. 하지만 그와 동시에 나는 내가 마침내 정상에 올랐다고 느꼈다. 뉴욕 제츠의 수석코치로 낙점을 받았는데 뭘 더 바란단 말인가.

2월 20일 리온 헤스는 기자회견을 열고 팀의 새로운 수석코치로 나를 임명한다고 발표했고, 그 자리에서 나는 처음으로 뉴욕 언론을 경험했다. 기자들의 질문은 "NFL 경험이 없는 게 성과를 내는 데 어떤 영향을 미칠까요?"처럼 시의적절한 것부터 "옵션 플레이의 결정권을 간판선수인 조 나마스에게 넘길 계획인가요?"처럼 말도 안 되는 것까지 다양했다. 나는 모든 질문에 빠짐없이 대답하면서 기자회견에 살짝 익살스러운 분위기를 더하려고 애썼다. 뉴욕의 매체들이 여타 지역 매체와 조금 다른 건 치열한 경쟁 때문이라는 걸 잘 안다. 모두 재능 있는 기자들이었고 나를 공정하게 대해줬다고 생각한다.

가족들도 마음을 바꾸었다. 정든 우리 집과 친구들을 떠나는 걸 여전히 탐탁지 않게 여겼지만(딸들은 이사를 한다는 얘기를 듣고 무척 속상해했다), 지역 TV 방송국 한 곳에서 내가 노스캐롤라이나주립대를 이끈 4년 동안을 다룬 보도를 내보내자 마음이 풀리기 시작했다. 앵커가 마무리 멘트로 "홀츠 코치에게 행운이 깃들기를 빕니다. 우리 모두 그의 성공을 기원합니다"라고 했을 때 아이들은 결국 뉴욕으로 이사하는 게 그리 나쁜 결정은 아닐지도 모른다고, 특히 보도의 배경 음악이 '제트 비행기를 타고 떠나요'인 걸 듣고는 더욱 그렇게 마음을 고쳐먹었다.

내가 NFL에서 맞닥뜨린 문제들은 제츠 구단이나 경영진, 선수들 그리고 언론과도 아무런 상관이 없는 일이었다. 모두 나 스스로 자초한 것들이다. 무엇보다 온전한 사명감 없이 이적을 결정한 것부터가 문제였다. 내 몸은 뉴욕에 있고 내 이름은 뉴욕 제츠 코칭 스태프 명단에 올랐지만, 내 마음과 영혼은 여전히 대학 경기를 헤매고 있었다. 게다가 더는 러닝 옵션 플레이를 하지 못하는 대신, 무척 복잡한 패싱 게임을 펼쳐야 했다.

나는 2월에 새 자리에서 일을 시작했는데, 그때는 베스가 아이들을 전학시키고 싶지 않아 해서 일단 나 혼자 옮겨왔다. 그 덕에 일에 전념할 시간이 충분했고, 밤마다 침대에 누워 눈을 말똥말똥 뜬 채로 내가 내린 결정에 의문을 가질 시간은 더 충분했다. 집값도 충격적이었다. 뉴욕에서는 캐리에서 우리가 살던 곳과 비슷한 동네의 비슷한 집을 찾을 엄두도 낼 수 없었다. 웨스트체스터가 멋졌지만, 집값이 터무니없이 비싸 애써 둘러볼 생각조차 하지 않았다. 베스가 결국 콜드스프링하버라는 곳에 집을 정했는데 나쁘지 않았다.

그 뒤로 나는 뉴욕의 출퇴근을 처음 경험했다. 제시간에 집을 나서면 사무실과 훈련장까지 승용차로 45분이 걸렸다. 만약 제시간에 나서지 않으면(뉴욕에서는 언제라도 제시간이 아닐 가능성이 있지만) 출근하는 데 두 시간도 더 걸렸다. 노스캐롤라이나에서는 6시에 사무실을 나선 뒤 더럼으로 차를 몰고 가 동문 모임에서 연설을 하고 집에 와도 7시 30분이었는데 말이다. 날씨도 문제였다. 8월은 노스캐롤라이나에서 경험한 것 이상으로 더웠고, 2월에 북동풍이 불어닥치면 북극권에 있는 듯한 기분이 들었다.

제츠에서 코치진 구성은 전혀 문제가 안 됐다. 아마도 그건 NFL에 짧게 머무는 동안 내가 한 선택 가운데 최고의 일이었던 것 같다.

NFL에서 성공하려면 프로팀 경험이 있어야 한다는 사실을 알고 있었다. 내가 프로 경력이 전무했던 만큼 프로 경력이 있는 믿을 만한 보조코치들을 고용해야 했다. 다행히 아무런 문제 없이 재능 있는 코치들을 불러 모을 수 있었다. 제츠는 미식축구 최고 명문 구단 가운데 하나여서, 실력 있는 많은 코치가 일원이 되고 싶어 했다. 내 첫 선택은 월트 마이클스를 내 수비 총괄 코치로 구단에 복귀시키는 것이었다. 마이클스는 슈퍼볼 우승 당시 제츠에 몸담고 있다가 필라델피아로 옮겨 이글스의 수비 총괄 코치가 됐다. 그는 뉴욕으로 돌아온다는 사실을 기쁘게 받아들였고, 나도 그와 함께하게 돼 무척 좋았다. 다음으로 나는 제츠의 태클 코치였던 밥 크로를 고용해서 수비 라인 코치로 임명했다. 우리 공격 라인 코치는 세인트루이스 카디널스에서 영입했고, 스페셜팀 코치는 유일하게 NFL 출신이 아니라 메릴랜드대학교에서 데리고 왔다. 보조코치 중에 가장 튀는 영입은 전에 내 밑에서 선수 생활을 하고 플로리다주립대 후위 코치를 맡았다가 물러난 뒤 세계무역센터에서 야간 경비 일을 하던 친구였다. 이름은 댄 헤닝으로, 지금은 공격 분야에서는 프로 미식축구에서 가장 뛰어난 브레인으로 꼽힌다. 당시 내가 코치들을 상당히 잘 뽑았음을 역사가 증명했다고 생각한다.

선수와 프런트 직원 구성에서 성공에 필요한 모든 지원을 받았지만, 환경 자체가 확실히 달랐다. 수석코치 부임 첫날 내 비서인 엘로이즈에게 우리 팀 주전 쿼터백 조 나마스와 전화를 연결해달라고 부탁했다.

"안 돼요."

그녀가 말했다.

"그게 무슨 말이에요? 전화기를 들고 그에게 전화를 건 다음, 내 사무실로 돌려주면 돼요."

"전화를 걸 수가 없어요. 전화번호를 모르거든요."

"그게 무슨 말이에요?"

"그의 에이전트에게 전화를 해야 해요."

알고 보니 조의 번호를 알고 있는 유일한 사람은 그의 에이전트 지미 월시로, 최고의 스포츠 에이전트 가운데 하나로 꼽히는 사람이었다. 그래서 나는 월시에게 전화를 했다.

"조의 전화번호를 알려주세요. 그와 회의를 잡아야겠어요."

"알려줄 수 없어요."

그가 말했다.

"농담이죠?"

"아뇨. 당신 전화번호를 나한테 주면 조에게 전화하라고 할게요."

나는 말로 표현하지 못할 만큼 충격을 받았다. 명색이 미식축구 팀 수석코치인데 우리 팀 주전 쿼터백과 회의 일정을 잡으려면 그의 에이전트에게 전화해서 선수가 내게 전화하도록 주선하게 해야 하다니! 우디 헤이스였다면 이런 상황에 어떻게 대처했을지 궁금했다.

조가 전화를 걸어 왔을 때, 그와 연락을 취하는 과정에서 벌어진 문제들은 금세 머릿속에서 지워버렸다. 조는 즉시 내게 연락을 했을 뿐 아니라, 알고 보니 내가 함께해본 선수 중에서 가장 프로답고 헌신적인 선수였다. 내가 뭔가 해달라고 요구했을 때 그가 하지 않은 적은 단 한 번도 없다. 그는 승자이자 리더였고 모든 면에서 최고였다.

조가 펜실베이니아 서부에서 고등학교에 다닐 때부터 나는 그에 대해 알고 있었다. 그는 우리 동네에서 40킬로미터가량 떨어진 곳에서 뛰었는데 모두가 그에 대해 얘기했다. 그를 처음 만난 건 내가 아이오와대학교에서 대학원생 보조코치를 할 때였다. 조가 고교생 유망주 자격으로 캠퍼스를 방문했을 때 내가 그에게 식사 대접을 하고 제때 정해진 일정을 소화하도록 챙기는 일을 맡았다. 그때도 그는 매력과 열정이 흘러넘쳤다. 당시 나는 그가 어떤 쿼터백이 될지는 몰랐지만, 그가 특별한 사람이고 무엇을 하든 성공할 타고난 리더라는 사실은 알았다.

무릎 부상 때문에 다소 부진하긴 했지만 그는 여전히 내가 만나본 가장 재능 있는 쿼터백 가운데 하나였다. 당시 기사에 언급되기도 했고 이후 사람들이 쑥덕거린 것과 달리 조와 나 사이에는 아무런 문제도 없었다. 이후에 널리 보도된 것처럼 나는 제츠 공격에서 쿼터백에게 러닝 플레이를 주문한 적이 한 번도 없었다. 나는 쿼터백에 관한 한 우리 팀의 전력을 알았고, 우리 팀의 강점을 최대한 활용하려면 어떻게 해야 하는지도 알았다.

내가 처음에 NFL에 불만을 가지게 된 건 우리 팀에서 일어난 일 때문이 아니라 시스템 전반 때문이었다. 내가 제츠 코치로 계약했을 때 제츠에는 존 리긴스라는 리그 최고의 러닝백이 있었다. 그는 1970년대 초반 래리 손카가 마이애미 돌핀스에서 보여준 것과 버금가는 활약을 펼칠 잠재력을 지닌, 황소처럼 무섭게 돌진하는 러닝백이었다. 하지만 맨해튼의 눈이 녹기도 전에 존 리긴스는 자유계약선수^{FA}를 선언한 뒤 워싱턴 레드스킨스와 계약했고, 이후 레드스킨스 유니폼을 입고 슈퍼볼 MVP에 올랐다. 그가 바로 내가 꿈꿔온 파워풀한 러닝백이었지만 다른 팀 소속이라는 게 아쉬울 따름이었다. 나로서는 리긴스에게 팀 잔류를 설득할 기회조차 없었다. 그가 워싱턴과 맺은 FA 계약은 내 수석코치 선임 발표와 첫 출근 사이 기간에 이루어졌다. 프로 미식축구에서는 그런 일들이 일어나지만, 내게는 뜻밖의 충격이었다. 그도 그럴 것이 대학 경기에서는 이런 일을 접해본 적이 한 번도 없었기 때문이다. 물론 윌리엄앤메리칼리지나 노스캐롤라이나주립대에서도 학교생활에 문제가 있거나 오프 시즌에 체력을 단련하도록 채찍질해야 하는 선수들이 있었지만, 누군가가 자유계약선수가 돼 일주일 사이에 다른 팀으로 옮길 수도 있다는 걸 걱정해본 적은 한 번도 없었다.

여러 가지 면에서 대학 선수보다 프로들을 상대하는 게 더 쉬웠다. 규율은 그다지 문제가 되지 않았는데, 프로 선수들은 말 그대로 프로들이기 때문이다. 프로 선수들은 성숙했고, 직업 차원에서 경기에 임했다. 반면 대학에서는 선수 스물두 명을 영입하면 그중 열한 명은 계약할 때 기대했던 것만큼 기량이 뛰어나지 못한 것으로 드러난다. 남은 열한 명 가운데 네다섯 명은 미식축구 경기에서 승리

승리, 패배, 그리고 교훈

하는 데 필요한 의욕적인 선수가 아닐 수도 있고, 두세 명은 학교생활에 곤란을 겪을 수도 있다. 대학 코치로서 내 임무는 어르고 달래고 타이르고 구슬려서 그 청년들을 필드와 강의실과 인생에서 승자가 되도록 만들어가는 것이었다. NFL에서는 임무를 완수하지 못하는 선수가 있으면 방출하거나 트레이드하고, 임무를 수행할 다른 사람을 찾아냈다. 모든 프로 리그는 일종의 회전문이다. 선수들은 누군가 더 잘할 수 있는 사람이 나타나기 전까지만 출장 기회를 부여받는다.

이런 점에서 프로 리그에는 고유한 동기부여 요인이 있다. 지난해 또는 지난달, 지난 경기에서 해냈던 것 이상으로 임무를 수행하지 못하면 해고될 수 있고, 의욕 넘치는 어떤 젊은 선수가 그 자리를 차지하게 된다. 모든 경기가 마지막 경기일 수도 있다. 모든 수준의 미식축구에 해당하는 이야기지만, 프로에서 선수들은 연봉을 받기 위해 경기를 펼친다. 소일거리가 아니라 직업 경력이 달린 일이다. 기량을 발휘해야 한다는, 그리고 코치의 지시에 따라야 한다는 큰 부담감이 뒤따른다. 선수들은 인사 관련 결정을 누가 내리든 그게 자신들의 소관은 아니라는 걸 안다. NFL에서 뛰고 싶다면 코치의 말에 귀 기울이고 지시에 따라야 한다. 그러지 않으면 다음 해에 다른 팀 미니캠프 트라이아웃에서 입단 테스트를 받는 신세가 되고 만다.

이는 NFL에서 본질적으로 충성심의 부족을 낳는 요인이기도 하다. 운동을 게을리하는 선수가 있어도 코치가 타이르고 가르칠 시간이나 여력이 없다. 일단 잘라버리고 대안을 모색한다. 선수들 역시 자신의 이익은 자기 스스로 지켜야 한다. 자유계약선수로서 유니폼을 갈아입을 경우 더 많은 돈을 벌거나 더 많은 경기에서 승리할 가능성이 있다면 그 선택을 해야 하며, 누구도 그가 이기적으로 자기 생각만 한다고 못마땅해해서는 안 된다.

내가 NFL에서 몇 년쯤 보조코치 생활을 해봤다면 이런 문화를 조금은 더 잘 이해할 수 있었을 테고, 훨씬 더 잘 적응할 수 있었을 것이다. 요즘에도 대학에서 NFL로 발탁된 모든 코치가 과도기를 경험한다. 그중 일부는 성공하지만 일부는 그러지 못하는데, 나는 후자에 속했다.

우리 팀이 단 한 경기도 치르기 전에 나는 1라운드 신인 지명권을 리처드 토드라는 앨라배마대 쿼터백에게 '허비'했다고 뉴욕 언론의 뭇매를 맞았다. 토드는 앨라배마에서 위시본 쿼터백*wishbone quarterback*(패스보다는 러닝 플레이에 극단적으로 치중해 스스로도 공을 들고 뛰는 플레이를 자주 하는 쿼터백-옮긴이)으로 뛰었는데, 이는 그가 팔보다는 다리로 더 많은 득점을 했다는 뜻이다. 스포츠계에서는 내가 대학 스타일의 러닝 게임을 프로에 도입하고 싶어 하며, 전설적 존재인 조 나마스 대신 옵션 플레이에 능한 루키 쿼터백을 기용하려 한다는 추측이 무성했다. 물론 말도 안 되는 얘기였다. 댄 헤닝과 나는 캠프 기간에 앨라배마로 가 토드를 철저히 살펴봤다. 토드는 강한 팔, 영리한 머리와 함께 전반적으로 제츠가 필요로 하는 기량을 갖추고 있었다. 그는 대인관계도 뛰어났는데, 뉴욕에서는 없어서는 안 될 자질이었다. 물론 우리의 결정은 정확한 것으로 판명됐다. 리처드 토드는 제츠 구단 사상 가장 성공한 쿼터백이 됐다. 하지만 당시 신문을 읽어보면 마치 우리가 1라운드 지명권을 브롱크스의 하수관에 처박은 것처럼 느껴질 것이다.

리처드 토드를 살펴보는 동안 댄 헤닝과 나는 베어 브라이언트와 잠시 시간을 보냈는데, 그에게 조 나마스에 대해 물어봤다. 조가 브라이언트 코치를 신처럼 숭배한다는 걸 나는 잘 알고 있었다. 브라이언트 코치는 입술을 잘근잘근 씹으며 눈을 가늘게 떴다. 그러고는 "괜찮은 친구죠"라고 말했는데, 그로서는 극찬이나 다름없었다.

"물론 꽤 채찍질을 해야 했지만 일단 주의를 집중하게 한 뒤로는 괜찮았어요. 경쟁심이 대단한 친구였죠."

훈련장에서 조를 처음 본 날 브라이언트 코치의 말이 대번 이해가 됐다. 필드 밖에서 그는 누구도 낯설어하거나 적대시하지 않는 차분하고 명랑하고 다정하고 자신감 넘치는 친구였다. 하지만 헬멧을 쓰는 순간 그는 내가 만나본 어떤 선수보다 더 치열한 경쟁자가 됐다. 조에게 주장을 맡기는 건 필드에 또 한 사람의 코치를 두는 것이나 다름없었다. 공격수들은 그의 요구에 부응해 수준 높은 기량을 발휘했는데, 그건 조를 실망시키고 싶지 않았기 때문이다.

나는 사실 조는 물론 어떤 선수와도 개인적으로는 어울리지 않았다. 수석코치로서 내 임무는 팀을 이끄는 것이었다. 선수들 가운데 누구와도 너무 친해지면 권위의 경계가 모호해질 위험이 있었다. 다른 팀 코치들은 선수들과 어울려 골프를 치거나 함께 저녁을 먹기도

했지만, 나는 그렇게 친해지면 너무 스스럼없어지고 거기서 문제가 생긴다고 늘 생각했다. 하지만 뉴욕을 떠난 뒤로는 조를 여러 번 만났는데, 그때마다 그는 그렇게 다정할 수가 없었다. 사우스캐롤라이나의 지휘봉을 잡은 마지막 해 앨라배마와의 경기에서 그와 우연히 만났을 때, 나는 라커룸에 와 우리 선수들에게 몇 마디 해줄 수 있는지 물었다. 그는 그런 부탁을 받은 게 큰 영광이라도 되는 것처럼 반색했다. 우리 선수들은 그가 들려주는 말에 흠뻑 빠져들었고, 사기가 충천해서 앨라배마를 손쉽게 꺾었다.

뉴욕에서도 그런 행운이 따랐더라면 하는 아쉬움이 든다. 초반부터 우리 팀은 고전이 불가피해 보였다. 앞선 시즌 제츠는 3승 11패에 그쳤는데, 존 리긴스가 뛰었는데도 그 정도였다. 우리 팀의 처음 네 경기는 모두 원정경기였고, 우리는 전패를 기록했다. 클리블랜드, 덴버, 마이애미, 샌프란시스코에 내리 패하며 4전 전패로 시즌을 시작했다. 5주 차가 돼서야 우리는 홈구장으로 돌아왔고, 버펄로를 17:14로 힘겹게 꺾으며 시즌 첫 승을 기록했다. 이후 우리는 원정경기에서 버펄로를 또 한 번 꺾었다. 그 경기가 딱히 인상적이었던 건 아니지만, 한 시즌 열네 경기에서 3승밖에 거두지 못하면 모든 추억을 최대한 되새기기 마련이다. 우리 팀은 탬파베이와의 홈경기에서 또 한 번의 승리를 따냈는데, 탬파베이는 NFL 사상 최다 연패 기록을 보유한 구단이었다.

우리 팀에는 세이프티를 맡은 버제스 오언스, 타이트엔드 리치 캐스터, 오펜시브가드 랜디 라스무센 등 재능 있는 선수들이 있었지만 그들만으론 충분치가 않았다. 가장 큰 문제는 나 자신이었다. 나는 이기는 데 익숙해져 있었다. 패배는 내 성미에 맞지 않았을뿐더러 팀을 제대로 이끌지도 못했다.

9월 초 구단 사장 필 이즐린이 심장마비로 급작스레 세상을 떠났다. 한창 시즌이 진행되는 상황에서 이 소식은 구단 전체에 충격을 안겼다. 곧이어 나마스가 은퇴한다거나 시즌이 끝나면 구단이 그와 계약을 포기할 것이라는 소문이 돌았다. 단 한 순간도 중심을 잃고 흔들릴 여유가 없는 상황에서 이런 일들로 팀의 집중력이 더 흐트러졌다.

시즌이 내가 익숙했던 것보다 길고, 시시콜콜 캐묻고 파헤치는 분위기가 내가 경험해본 것 이상으로 심하고, 부상 선수가 감당할 수 없을 만큼 속출했기에(마흔네 명의 선수 중 스무 명이 이런저런 부상을 당한 상태였던 적도 있다) 나는 '어떻게 하면 이 상황에서 벗어날 수 있을까?'라고 되뇌곤 했다. 그럴 때마다 '불가능하다'라는 답이 떠올랐다.

해결 방안을 찾는 대신 나는 자꾸만 문제에 집착했다. 미숙함과 경험 부족 때문이었다. NFL 경력이 몇 년만 됐더라도 리그의 팀들 전력이 대등한 만큼 몇 경기 질 수도 있고, 부상에 발목 잡히면 부진한 시즌을 보낼 수도 있다는 사실을 받아들였을 것이다. 하지만 당시 내게는 그런 것들을 헤아릴 만한 인내심이 없었다. 그뿐만이 아니라 나는 언론의 뭇매를 맞고 있었고 롤리나 윌리엄스버그, 콜럼버스에서처럼 친구를 만들지도 못했다. 뉴욕은 최상의 상황에서도 힘든 곳이다. 그러니 그곳에 연고를 둔 NFL 구단의 코치를 맡아 일거수일투족을 평가받고 대학 경력 때문에 계속 의문을 제기받는 나는 오죽했겠는가. 한마디로 지쳐 쓰러지기 일보 직전이었다.

내가 맞닥뜨린 문제들은 구단의 지원 부족 때문에 생겨난 게 아니다. 리온 헤스 구단주는 내가 원하는 건 뭐든지 들어주며 전폭적인 지지를 다짐했다. 하지만 구단이 매각될 예정이고 새 구단주는 나의 경질을 포함해 많은 변화를 꾀할 계획이라는 (근거 없는) 소문이 자꾸 들려왔다. 그 소문들을 그러려니 넘겨버리고 내 할 일을 했어야 했다. 하지만 12월 초가 되자 나는 지칠 대로 지치고 기가 꺾여버렸다.

진주만 공습 기념일인 1976년 12월 7일, 집에 있던 나는 아칸소대학교 수석코치 프랭크 브로일스의 전화를 받았다. 브로일스는 코치 자리에서 물러나 전임 체육이사를 맡을 예정이라고 말했다. 그는 수석코치와 체육이사 역할을 동시에 수행하며 성공을 거둔 몇 안 되는 사람이었다. 1976년 겨울부터는 행정 업무에만 전념할 채비를 하고 있었고, 내가 수석코치 자리를 이어받기를 바랐다.

그때까지 나는 아칸소주 페이엣빌에는 한 번도 가본 적이 없었다. 브로일스의 제안을 수락하긴 했지만 페이엣빌을 지도책에서 찾을 수 있을지조차 자신할 수 없었다.

나는 알 워드에게 전화를 걸어 제츠를 떠나 아칸소에서 일을 맡게 됐다고 말했다. 워드는 흥분하지 않았다. 그는 언제나 침착한 사람으로, 목소리를 높이는 법도 없고 심사숙고하지 않고 말을 내뱉는 법도 없었다. 그는 내게 이 결정을 확신하는지 그리고 구단 차원에서 내가 떠나도록 몰아간 일이 있는지 물었다. 실제로는 확신이 없었지만, 나는 그에게 정말 확신한다고 힘주어 말했다. 지금 생각해보면 당시 나는 내가 뭘 원하는지 몰랐다. 아마도 누군가가 떠나지 말라고 설득해주기를, 모든 일이 잘 풀릴 테니 쓸데없는 걱정일랑 접어두라고 말해주기를 바랐는지도 모른다. 나는 알에게 시즌이 끝날 때까지 계약을 준수하겠지만 시즌 최종전이 끝나자마자 떠나겠다고 말했다. 그러자 그가 말했다.

"아니요. 떠날 거라면 지금 떠나서 우리가 곧바로 새 출발을 할 수 있으면 좋겠어요."

그의 입장에선 옳은 판단이었다.

프랭크 브로일스가 내게 전화했을 때 리온 헤스 구단주는 국내에 없었다. 헤스와 마주 앉아 대화할 수 있었다면, 다른 결정을 내렸을지도 모르겠다. 헤스는 틀림없이 제츠에 잔류해야 한다고 나를 설득해서 주저앉혔을 것이다. 그는 언제나 공정하고 정직했기 때문에, 이 상황에서도 틀림없이 그렇게 행동했을 것이다. 하지만 그와 연락이 닿지 않았고, 나는 처음부터 온전히 전념하지 못한 자리에서 물러나기로 충동적인 결정을 내렸다. 지금까지도 후회가 되는 일들이 또 한 번 이어진 것이다.

감사하게도 그 후로 헤스와 팀의 많은 선수에게 사과할 기회가 여러 번 있었다. 노트르담에서 내셔널 챔피언십을 차지한 해에 나는 12월 초 뉴욕에서 열린 명예의 전당 헌액 기념 만찬에서 연설을 요청받았다. 연설을 하려고 일어나는 순간 누군가가 내 어깨를 두드리는 걸 느꼈다. 돌아보니 리온 헤스가 팔을 뻗어 악수를 청하며 미소 짓고 있었다. 우리는 반갑게 포옹했고, 나는 그에게 내가 모든 상황에 대처한 방식에 대해 얼마나 미안하게 생각하는지 말했다.

"제가 당신을 실망시켰어요. 사과드리고 이해를 구하는 것 말고는 지금 제가 할 수 있는 일이 아무것도 없네요."

그는 아무 일도 아니라는 듯 손을 저으며 웃어 보였다.

"과거는 과거일 뿐이죠. 다 지난 일이에요. 물론 사과는 받아들이지만요."

1976년 12월 9일 나는 뉴욕 제츠 수석코치 자리에서 공식 사임했다. 이틀 뒤 조 나마스가 제츠 유니폼을 입고 뛰는 마지막 경기에 출장했다. 나마스가 제츠에서 뛴 마지막 시즌을 조금 더 기억할 만한 시간으로 만들어줄 수도 있었을 텐데 하는 후회가 든다. 하지만 그보다 더 후회가 되는 건 당시 제츠 구단에 온전히 헌신하거나 아니면 아예 관여하지 않는 편이 나았으리라는 점이다. 어느 쪽도 아니었다는 사실이 30년 동안이나 나를 괴롭게 했다. 내가 살아가는 동안 그 괴로움은 여전히 나를 따라다닐 것이다.

승리, 패배, 그리고 교훈

09

WINS, LOSSES,
AND LESSONS

아칸소주의 젊은 검찰총장이던 빌 클린턴은
내 경력을 끝장낼 수도 있었던 소송에서 내 변호를 맡아주었다.
빌이 이 사진에 나를 위해 사인을 해줬다.
'루 홀츠에게, 노고에 대해(그리고 나를 당황스럽게 하긴 해도
예리한 재치에 대해) 존경과 감사를 담아 드립니다.
1979년 9월 10일, 빌 클린턴'

어떤 행동을
용납할 것인가

오랜 세월 동안 내 지도 방식을 묘사할 때 가장 자주 쓰인 단어는
'규율주의자'였다. 어떤 이들은 이 말을 경멸적으로 받아들이지만,
나는 '규율주의자'라고 불리는 건 칭찬이라고 생각한다. 누구든 삶
에서 규율이 어떤 역할을 하는지 이해하고 어떤 형태로든 좋은 규율
주의자가 되어야 한다. 그러지 않고서 어떻게 좋은 부모나 교사, 코
치, 감독, 기업가, 남편, 아내, 친구가 될 수 있겠는가. 나는 부모로서
든 코치로서든 직원들의 관리자로서든, 최대한 단호하면서도 공정
한 규율주의자가 되려고 노력해왔다. 규율은 누군가에게 가하는 행
동이 아니라 그들을 위해 하는 행동이다.

삶을 이루는 모든 요소는 규율을 필요로 한다. 결혼은 배우자가
된 두 사람 모두가 관계를 위해 이기적 충동을 억누를 것을 요구한
다. 이 역시 일종의 규율로, 그 규율들을 따르지 않으면 결혼 생활에
문제가 생긴다. 소비를 할 때 매달 청구서를 감당할 만큼의 자제력

도 없다면, 머지않아 전기가 끊긴 깜깜한 밤을 보내야 한다. 부모로서 자녀를 훈육하지 않으면, 아이들은 천방지축 버릇없이 자라 성인기까지 해를 입는다. 직장에서 아무런 규율도 없으면, 머지않아 '아무려면 어때'라는 태도가 만연해 회사가 곤경에 처하게 된다. 정부에는 사회적으로 용인할 수 없다고 여겨지는 특정 행동들에 대해 책임을 지우는 법률이 있다. 그리고 내 직업에서는 성취와 실적과 팀워크에는 보상이 따르는 반면, 그런 자질들이 부족할 경우 이를 바로잡는 조치가 필요하다. 그게 바로 규율이다. 규범을 이행한 것이 '규율주의자'로 불리는 이유라면, 기꺼이 그런 칭호를 받아들이고 순순히 혐의를 인정하겠다.

규율의 중요성을 강조할 때마다 내가 드는 비유가 있다. 처음으로 강아지를 기르게 된 두 청년에 관한 이야기다. 첫 번째 청년은 강아지에게 사랑과 애정을 쏟아 강아지가 하고 싶어 하는 건 뭐든지 들어주었다. 아무것도 제한하지 않고 무조건적인 사랑과 자유를 선사했다. 또 다른 청년도 강아지를 사랑했지만 목줄을 채웠다. 강아지가 잘못된 행동을 할 때마다 청년은 목줄을 잡아당겼고, 얼마 지나지 않아 강아지는 자신이 누리는 자유에 한계가 있음을 깨달았다.

1년 뒤 두 번째 청년은 개의 목에서 목줄을 벗겨낼 수 있었고, 그 개는 집 주위를 자유롭게 돌아다녔다. 청년은 전혀 걱정하지 않았다. 개가 자신의 명령에 순종해 사람을 물거나 재산을 망가뜨리지 않으리라는 걸, 그리고 주인이 준 자유를 남용하지 않으리라는 걸 알기 때문이었다. 개는 행동에는 책임이 따른다는 사실을 이해했다. 반면 첫 번째 청년은 개에게 그런 자유를 줄 수 없었다. 밖에 풀어놓으면 이웃들을 위협하거나 재산을 망가뜨리거나 사람을 해칠 수도 있기 때문이었다. 결국 그 개는 집 안에 갇혀 지내야 했다.

첫 번째 청년은 자신의 개를 훈육하지 않음으로써 자유를 준다고 생각했지만 사실은 정반대 결과를 초래했다. 규율의 부족이 자유의 결핍이라는 결과를 낳은 것이다. 반면 적절한 훈육으로 용납 가능한 행동의 한계를 보여준 개는 마음껏 뛰어놀 수 있게 됐는데, 주인이 그 개를 훈육할 만큼 사랑했기 때문이다.

이 이야기를 할 때마다 억지로 듣고 있었을 선수들에게 나는 이런 질문을 던진다.

"이제 여러분에게 물어보고 싶은 게 있어요. 여러분은 남은 평생 자유를 누릴 수 있게 1년 동안 목줄을 매기를 원하나요? 아니면 하고 싶은 대로 마음껏 행동해서 영영 자유를 맛보지 못하기를 바라나요?"

대답을 바라고 던진 질문은 아니지만 전하려는 메시지는 분명하다. 코치로서 내 임무는 우리 팀의 젊은이들이 성공적이고 행복한 삶을 누릴 수 있게 준비시키는 것이다. 그런 삶은 규율에서 출발해야만 한다.

유감스럽게도 어떤 사람들은 규율을 괴롭힘과 혼동하는데, 그둘은 완전히 반대되는 개념이다. 규율은 사랑하고 아끼는 마음으로 행하는 것이다. 특정한 행동의 결과로 값진 가르침을 주고 가르침을 받은 사람이 더 나은 사람이 된다면, 훈육이라는 수단을 제대로 활용한 것이다. 하지만 그중 어떤 것도 사실이 아니고 그 결과 당신의 행동에서 누구도 어떤 교훈도 얻지 못한다면, 받는 사람 입장에서 당신의 행동으로 인해 더 나은 사람이 되지 않는다면, 그 사람을 훈육한 게 아니라 그저 괴롭힌 것에 불과하다.

물론 훈육을 전혀 하지 않으면 기분은 좋다. 하지만 사도 바울은 히브리서 12장 11절에서 이렇게 말했다.

"무릇 징계가 당시에는 즐거워 보이지 않고 슬퍼 보이나 후에 그로 말미암아 연단받은 자들은 의와 평강의 열매를 맺느니라."

사람들에게 이런 소리를 많이 들었다.

"아이고, 코치님 자녀들은 정말 힘들겠어요."

다행히도 그런 말을 한 사람 가운데 우리 집 아이들은 없다. 자녀에게 가르칠 수 있는 가장 중요한 교훈은 권위에 대한 존중이라고 생각한다. 부모와 연장자, 선생님, 코치에 대한 존중 그리고 법 집행에 대한 존중도 빠뜨릴 수 없다. 이런 가르침은 학교에서 다시 한번 반복돼야 한다. 오늘날 젊은이들이 맞닥뜨린 문제 가운데 상당 부분은 권위에 대한 존중 부족의 직접적인 결과물이다. 아이들이 "예, 선생님"과 "아니요, 선생님"이라고 말하는 법을 배우고, 굳게 악수를 하고 상대방의 눈을 똑바로 바라보는 법을 배우는 게 중요하다고 생각한다. 자기 자신을 존중하면 다른 사람들을 존중하는 건 어렵지 않다.

우리 집 아이들은 모두 책임감을 배우며 자랐다. 책임감이라고 해봐야 저녁 식사 테이블에 수저를 놓는 것에 불과했을 수도 있지만 이를 통해 모두가 가족의 행복에 기여했다. 아들들에겐 필요할 경우 회초리를 들기도 했다. 대학 시절 기념품으로 받은 모형 노가 있는데, 아이들이 얼마나 심한 짓을 했는지에 따라 한두 대씩 매를 들었다. 딸들에겐 한 번도 그러지 않았는데, 엄한 얼굴로 쳐다보는 것만으로도 충분했기 때문이다.

우리 집안은 늘 규율과 책임을 강조했지만, 우리 아이들은 모두 어린 시절이 즐거웠다고 말한다. 그래서 난 요즘 부모들에게 자녀들과 즐겁게 지내라고 조언한다. 리즈가 고등학교 무도회에 가던 날, 나는 턱시도를 입고 문 앞에서 리즈의 남자친구를 맞으며 나도 딸을 따라 무도회에 가겠다고 말했다. 리즈는 어쩔 줄 몰라 했지만 남자친구는 꽤 재미있어했다.

우리 집은 규칙은 많지 않아도 관례가 많았다. 그중에는 전화 응대법도 있다. 집에 있는 사람 중에 가장 나이가 어린 사람이 저녁에 걸려 오는 첫 번째 전화를 받는다. 전화 받는 사람이 누가 됐든 모든 전화는 벨이 두 번 울리면 받아야 한다. 그리고 이렇게 제대로 된 응대를 해야 한다.

"홀츠 가족 집입니다. 저는 리즈예요. 뭘 도와드릴까요?"

우리는 신앙심이 깊은 가족인데, 나뿐 아니라 아내도 믿음이 독실했다. 우리는 함께 기도하는 가족이 모든 걸 함께한다고 굳게 믿기 때문에 가능하면 늘 가족 모두가 일요일 미사에 참석하려고 했다. 미사가 끝나면 아침을 먹으러 식당에 갔다. 내가 생각했던 것보다 더 많은 액수가 계산서에 찍히는 경우가 많았는데 그럴 때마다 아이들에게 이렇게 말하곤 했다.

"계산서에 적힌 액수를 제일 정확하게 맞히는 사람에게 1달러를 줄게."

처음엔 아이들이 전혀 감을 잡지 못했다. 하지만 상금 1달러 덕에 집중을 하면서 상품 가격 맞히기 TV 프로그램처럼 근접한 액수를 내놓기 시작했다. 25년이 지난 지금도 저녁 외식을 하러 가면 아이들은 계산서 맞히기 게임을 한다. 상금은 여전히 1달러다.

코치 생활 내내 나는 만나는 사람 모두에게 공정하면서도 단호하려고 노력했고, 식당에서 우리 아이들에게 식사의 가치를 가르칠 때처럼 미식축구를 가르칠 때도 창의력을 발휘하려고 애썼다. 미식축구 선수가 필드나 강의실에서 또는 전반적인 행동에서 내 기대에 부응하지 못할 경우, 나는 늘 상황을 바로잡을 기회를 주었다. 하지만 그래도 그렇게 하지 못하면 가차 없이 행동에 대한 책임을 물었다. 삶은 선택의 연속이다. 책임자는 사람들이 내린 선택과 결정들을 실천에 옮길 의무가 있다.

이름은 밝히지 않겠지만 내가 한 선수에게 강의 출석률을 높이고 학점도 끌어올리라고 한 학기의 말미를 주었을 때, 그가 내 생각을 시험한 적이 있다. 나는 그 선수에게 "그렇게 안 하면 정학 조치를 내릴 거야"라고 분명히 말했다. 그는 그러겠노라고 약속했고, 나는 그가 약속을 안 지키면 내가 한 약속을 지키겠다고 말했다.

학기가 끝났을 때 그는 약속을 지키지 않았지만, 나는 내가 한 약속을 지켰다. 그가 한 번 더 기회를 달라고 애원했고 측은한 마음이 들어 한번 봐줄까 하고 마음이 흔들리긴 했지만, 내가 한 약속이 의미가 있으려면 그리고 우리 팀을 위해 정한 규칙이 조금이라도 영향력이 있으려면 내가 한 약속을 이행해야 했다. 나는 그 선수에게 정학 조치를 내렸고, 그 징계가 그가 좀더 나은 사람이 되는 데 도움이 되기를 바랐다. 선수를 정학시킬 때면 나는 늘 그 선수에게 팀에 복귀할 방안을 제시했다. 완전히 문을 걸어 잠근 적은 한 번도 없다. 다만, 팀에 복귀하려면 자신의 행동을 바로잡고 더 나은 선택을 해야 했다.

규율의 핵심은 어떤 행동은 용납할 수 있고 어떤 행동은 그렇지 않은지 구분하는 것이다. 목청이 터지도록 고함을 질러대거나 어떤 경계를 넘어서면 이렇게 저렇게 하겠다고 욕을 해댈 수도 있을 것이다. 하지만 시험대에 오르기 전까지는, 그래서 공언했던 대로 용납 불가능한 행동을 했을 때 책임을 지게 된다는 걸 보여줌으로써 실제로 규칙을 이행하기 전까지는 사람들이 어떻게 반응할지 결코 알 수 없다. 나는 아칸소대 수석코치로 보낸 첫 시즌 동안 이런 사실을 공공연히 깨닫게 됐다.

페이엣빌에 도착했을 때, 아칸소대학교는 물론 이 지역에 한 번도 와본 적이 없는데도 마치 집에 돌아온 듯한 기분이 들었다. 페이엣빌은 이스트리버풀과 무척 비슷했다. 나는 언덕 위에 있는 집을 사 트램펄린을 설치했고, 아이들은 노스캐롤라이나에서처럼 새 친구들을 사귀기 시작했다. 우리 집은 대지가 무척 넓고 주변에 집들도 많았다. 베스가 주방을 마음에 안 들어 해서 좋아하는 대로 리모델링하기로 했다. 아내가 리모델링에 푹 빠지는 바람에 공사가 몇 달이 넘도록 계속됐다. 그래서 어쩔 수 없이 내가 개입해야 했다.

우리 집이 공사 현장처럼 보이기 시작한 지 석 달이 지난 어느 날 오후, 나는 집에 돌아와 실내장식업자와 건축업자들에게 이렇게 선언했다.

"여러분의 작업 결과에 무척 만족합니다만, 앞으로 일주일 내로 여기를 떠나주셔야겠습니다. 그때까지 작업을 끝내는 편이 좋을 거예요. 그땐 무조건 여기서 나가셔야 할 테니."

그들은 내가 쫓아내기 하루 전에 작업을 마무리했다.

나는 전에 함께 일했던 코치들 가운데 몇 사람을 영입했는데, 그중에는 윌리엄앤메리에서 함께했던 래리 벡텔, 켄트주립대 시절 팀 동료이자 남학생 클럽에서도 함께 활동했던 절친한 친구 존 콘스탄티노스도 있었다. 네브래스카에서 수비 총괄 코치를 맡고 있던 몬티 키핀도 영입했다. 코치진 구성을 마쳤을 때 나는 대학 미식축구에서 최고의 코칭 스태프를 꾸렸다고 생각했다.

우리 팀은 선수진도 대단히 뛰어났다. 아칸소대는 내가 합류하기 전 해 5승 5패에 그쳤지만, 프랭크 브로일스가 뛰어난 선수들을 꽤 많이 육성해놓은 상태였다. 벤 코웬스와 제리 에크우드는 훌륭한 러닝백이었다. 그뿐만이 아니라 신입생 선발에서 큰 성과를 거둬 약점을 상당히 보완할 수 있었다. 시즌 개막전은 뉴멕시코주립대를 리틀록으로 불러들인 홈경기였는데, 코치로서 아주 색다른 경험을 했

승리, 패배, 그리고 교훈

다. 스크리미지에서 시작된 첫 플레이에서 우리 팀 쿼터백인 오하이오주 영스타운 출신의 론 캘캐니가 전진하다가 뒤로 돌아서는 와이드리시버에게 패스를 했는데 상대편에게 가로채기를 당하고 말았다. 공을 뺏은 뉴멕시코 수비수가 내처 달려 터치다운에 성공했다. 그런데 놀랍게도 우리 팀 팬들이 환호성을 내질렀다. 아칸소대가 경기 첫 플레이에서는 물론 첫 번째 공격 시도에서조차 패스를 하는 걸 그때까지 한 번도 본 적이 없기 때문이다. 홈팬들은 0:7로 뒤처졌다는 건 전혀 개의치 않았다. 우리가 패스를 했다는 사실만으로 박수를 보내기에 충분했던 것이다. 우리는 마침내 58:7로 승리하며 매우 성공적으로 시즌 첫발을 내디뎠다.

페이엣빌로 텍사스대학교를 불러들이기 전까지는 순항했다. 당시 텍사스대는 전국 1위를 달리던 팀으로, 무엇보다 얼 캠벨이라는 덩치 큰 테일백이 가장 큰 강점이었다. 내 기억에 캠벨은 대학 미식축구에서 상대를 압도하는 빠르기, 엄청난 민첩함, 체격의 삼박자를 모두 갖춘 최초의 후위 선수였다. 캠벨은 우리 팀 라인배커 대부분보다도 몸집이 컸고, 우리 팀 어떤 선수보다도 빨랐다. 최종 수비수마저 뚫리면 사실상 그를 막을 방법이 없었다. 나는 얼 캠벨이 정말 두려웠다. 텍사스에는 무척 유능한 쿼터백을 포함해 다른 무기들도 있었지만, 공격의 핵심은 캠벨이었다. 텍사스를 꺾으려면 최소한 라인배커 한 명이 캠벨을 전담 마크해 저지해야 했다.

우리 수비진은 그날 맹활약을 펼쳤다. 양 팀 모두 점수를 많이 내지 못한 경기에서 우리 팀은 경기 종료 3분을 남겨둔 가운데 6점 차로 앞서나갔다. 공격권을 쥔 텍사스가 자기 진영 25야드 지점에서 시작된 세 번째 공격 시도 때 쿼터백 랜디 미첨이 캠벨에게 횡패스를 했다. 캠벨이 균형을 잃고 쓰러지며 불과 몇 인치 차이로 공격을 성공시켰다. 이어진 텍사스의 공격에서 또다시 긴 거리를 남겨둔 세 번째 공격 시도 때 캠벨이 동료 공격수의 스크린 도움을 받아 패스를 잡아냈고, 우리 팀은 단 1야드를 남겨둔 지점에서 가까스로 그를 경기장 밖으로 밀어냈다. 텍사스는 두 번의 플레이 뒤에 득점에 성공했다. 그날 오후 텍사스는 우리 팀을 1점 차로 꺾었다. 그날 경기가 그 시즌 우리 팀의 유일한 패배였다.

그날 패배 이후 우리 팀은 훨씬 더 좋아졌다. 우리 선수들은 연습을 거듭할수록 기량이 늘었고, 승리를 보탤 때마다 자신감도 커졌다. 마지막 두 경기를 남겨둔 가운데 우리는 전국 순위 5위에 올랐다. 그때 오렌지볼*Orange Bowl* 회장이 전화를 했다. 그는 곧 있을 경기에서 우리가 서던메소디스트대학교를 꺾으면 오렌지볼에서 오클라호마대학교와 맞붙을 기회를 주겠다고 말했다.

당시 오클라호마는 텍사스에 이어 전국 2위를 달리고 있었다. 오클라호마는 아칸소와 이웃한 주이기도 했다. 하지만 지리적으로 인접하긴 해도 미식축구팀 간 라이벌 의식은 그다지 강하지 않았다. 아칸소가 오클라호마와 맞붙은 건 1920년대 딱 한 번뿐으로, 당시 오클라호마가 100:0으로 승리했다. 아칸소대학교 레이저백스 팬들은 이웃 팀들의 그늘에 가려 살아왔다. 프랭크 브로일스가 아칸소를 뛰어난 팀으로 만들긴 했지만 오클라호마대학교 수너즈에 순위에서 늘 뒤처졌다. 두 팀이 필드에서 만난 지 반세기도 더 지났지만, 오클라호마주 노르만과 아칸소주 페이엣빌은 서로 간에 상당한 악감정을 품고 있었다.

우리 선수들은 이 경기가 얼마나 중요한지 알았고, 전국의 TV 시청자가 지켜보는 가운데 서던메소디스트를 완파했다. 4쿼터에 접어들었을 때 이미 승부는 갈려 있었다. 따분함을 느낀 팬들이 필드로 오렌지를 던질 정도였다.

경기 후 기자회견에서 내가 받은 첫 질문은 "코치, 팬들이 필드로 오렌지를 던진 데 대해 어떻게 생각하나요?"였다. 나는 "게이터볼*Gator Bowl*(오렌지볼과 함께 플로리다에서 열리는 볼 경기로 악어가 많은 지역의 특성을 딴 명칭-옮긴이)에 초대받지 않은 게 천만다행이죠"라고 대답했다. 이 발언은 남은 주말 내내 그리고 볼 경기 시즌 대부분 기간에 전국적으로 반복해서 방송됐다. 많은 사람에게 이는 내 천연덕스러운 유머 감각을 처음 접하는 계기가 됐다. 남은 시즌도 그렇게 재미있었으면 얼마나 좋았을까.

내 가장 큰 걱정은 서던메소디스트를 꺾은 뒤 우리 팀이 슬럼프에 빠지는 것이었다. 우리는 오렌지볼에 출전해 전국 2위 팀을, 그것도 전 아칸소주가 간절히 꺾기를 바라는 팀과 맞붙을 예정이었다. 나이 지긋한 한 팬은 내게 "오클라호마와 맞붙는 팀이라면 러시아라도 응원할 겁니다"라고까지 했다. 주 전체의 지배적인 정서가 그랬다. 아칸소의 대부분 주민이 레이저백스를 좋아해서 우리를 응원했고, 나머지 25퍼센트는 오클라호마가 싫어서 우리를 응원했다. 레이저백스 팬들은 내가 만나본 가장 충성스럽고 적극적인 사람들이었다. 미식축구 지식이 해박한 팬들이었으며, 아들과 딸들도 레이저백스 팬으로 키웠다. 이 자녀들이 가장 먼저 배우는 단어가 레이저백스 응원 구호인 '우-피그-수이 *Woo-PIG-Sooie*'다.

우리에게는 아직 정규 시즌 경기가 한 게임 더 남아 있었고, 러벅 원정경기에서 우리보다 순위가 낮은 텍사스공대를 꺾지 못하면 시즌을 망칠 수도 있다는 사실을 잘 알고 있었다. 더 걱정스럽게도 서던메소디스트를 꺾은 바로 그 주말에 내가 모르는 한 선수 출신 졸업생이 자동차 사고로 사망했다. 화요일로 예정된 장례식에 팀 전체가 참석할 예정이었다. 우리는 일요일에 훈련을 하루 쉬고 월요일에는 대승을 거둔 이후 흥분한 팀을 가라앉히느라 대부분 시간을 보낸 후 장례식에 참석했다. 그리고 수요일에 텍사스공과대학교 레드레이더스를 상대하기 위해 러벅으로 떠났다. 추수감사절에 열리는 그 경기는 TV로 중계될 예정이었는데, 연습을 전혀 못 한 상태로 강팀을 상대하게 됐다.

경기는 마음 놓을 틈 없이 박빙 상황이 이어졌다. 부분적으로는 텍사스공대가 무척 뛰어난 수비 위주 경기를 펼쳤기 때문이다. 경기는 우리 팀의 17:14 승리로 끝이 났다. 그런데 나는 레드레이더스의 수비에 감명받은 나머지 누군가를 붙잡고 "저 팀 수비 총괄 코치가 누구죠?"라고 물었다. "빌 파셀즈라는 젊은 친구예요"라는 대답이 돌아왔다.

우리는 텍사스공대와의 경기에서 뜻밖의 패배는 면했지만, 시즌이 끝날 때까지 어떤 것도 당연하게 받아들이지 않기로 했다. 우디 헤이스가 오하이오주립대 선수들에게 로즈볼 경기 출전을 준비시키듯 우리 팀의 오렌지볼 출전을 준비시켰다. 추수감사절 다음 월요일부터 12월 20일까지 주중 내내 기말고사 날을 빼고는 하루도 빠짐없이 훈련을 했다. 그 뒤에 선수들을 집에 보내 크리스마스를 보내게 하고, 12월 25일 저녁 늦게 마이애미행 비행기에 오르기로 계획을 잡았다. 이렇게 하면 선수들이 크리스마스이브와 크리스마스 당일 아침을 가족들과 보낼 수 있다.

3주간의 훈련 기간에 우리 팀은 오클라호마의 경기 영상을 분석하며 내 생각에는 엄청난 성공으로 이어질 수 있는 씨앗을 뿌리기 시작했다.

"상대는 무척 뛰어난 미식축구팀이야." 선수들에게 이렇게 말했다. "하지만 예측 가능한 팀이기도 하지. 우리가 특정 포메이션으로 정렬했을 때 그들이 어떻게 반응할지 예측할 수 있다는 뜻이야. 상대가 몇 번째 공격 시도에서 몇 야드가 남았을 때 어떤 플레이를 선택할지도 예측할 수 있어. 상대의 플레이를 예측할 수 있다면 그들을 꺾을 수 있지."

나는 우리가 오클라호마를 꺾을 수 있을 뿐 아니라 경기를 지배할 잠재력까지 갖추고 있다고 진심으로 믿었다. 우리는 시즌 내내 상대가 보여준 모습을 토대로 우리 공격에 약간의 변화를 주었고, 오클라호마의 Y자형 위시본 공격에 맞설 확실한 전략을 수립했다. 당시 우리 팀 수비진은 전국 최고 수준이었다. 오클라호마도 좋은 팀이긴 하지만 나는 그들을 막을 수 있다고 확신했다. 볼 경기 출전 준비가 무척 만족스러웠던 나는 프랭크 브로일스에게 이렇게 물었다.

"만약 30점 차 이상으로 승리하면 내셔널 챔피언십을 따낼 가능성이 있지 않나요?"

프랭크는 웃음을 터뜨리더니 아픈 사람 대하듯 나를 쳐다봤다. 하지만 나는 우리가 할 수 있다고 굳게 믿었다.

그런데 상황이 매우 복잡하게 꼬이기 시작했다. 12월 20일 밤 훈련을 마무리 지은 뒤 나는 팀 사무실에서 훈련 영상을 검토하고 있었다. 다음 날 아침 일찍 팀을 소집해서 우리 팀의 최근 스크리미지 영상을 되짚어볼 예정이었다. 그런 다음 크리스마스를 보내도록 선수들을 집에 보낼 계획이었다. 8시 30분이 되도록 영상을 절반밖에 살펴보지 못했다. 그런 속도라면 10시까지는 사무실에 있어야 하고 자정에도 잠자리에 들지 못할 것 같았다.

그러던 중 전화벨이 울렸고, 나는 자리에서 벌떡 일어났다. 내가 어디 있는지 아는 사람이 별로 없었기 때문에 그렇게 늦은 시간에 전화가 오리라고는 예상치 못했다. 전화를 건 사람이 자신을 교내 경찰의 경사라고 밝혔을 때 심장 박동 수가 빨라지기 시작했다.

처음 떠오른 생각은 우리 가족이었다. 부모 입장에서 밤늦은 시간 경찰의 연락을 받으면 가장 먼저 아이들 생각이 뇌리를 스치기 마련이다. 다행스럽게도 우리 가족은 무사했다. 하지만 경찰이 전한 소식은 더없이 충격적이었다. 경사가 전화를 건 이유를 설명하던 바로 그 순간 사무실의 또 다른 전화가 울렸다. 매카시 목사의 전화였다. 그는 지역 침례교 목사로 독실한 기독교인이자 배려심이 많은 사람이었다. 일요일이면 우리 아들들은 가족과 함께 가톨릭 미사에 참석한 다음 친구들과 침례교 예배에도 참석했는데, 매카시 목사가 그만큼 긍정적인 리더였기 때문이다. 그는 내가 막 경찰에게 듣고 있던 소식을 전해주었다. 매카시 목사가 말했다.

"선수 셋이 경찰에 붙잡혀 있어요."

내가 물었다.

"무슨 잘못을 저지른 건가요?"

그가 이유를 말해주었을 때 나는 가슴이 덜컥 무너져 내렸다. 세 사람은 선수 기숙사에서 젊은 여성과 관련된 사고에 휘말린 것이다. 나는 몇 초 정도 조용히 앉아 방금 귀로 들은 이야기를 헤아리려고 애를 썼다.

"경찰이 선수들을 구류 조치한 상태예요." 매카시 목사가 이어 말했다. "여성은 나와 함께 있습니다."

나는 전화를 끊고 나서 멍하니 훈련 영상을 바라봤다. 흰색 스크린에 거친 흑백 영상이 흐르는 가운데 릴 프로젝터가 가볍게 딸깍이는 소리가 정적을 깨뜨렸다. 갑자기 세상이 아주 작게 쪼그라드는 느낌이 들었다. 방금 들은 사실을 도무지 믿을 수가 없었다. 이 선수들은 훌륭한 청년들로, 지금까지 문제를 일으킨 적은 단 한 번도 없었다.

선수들은 유치장에 갇히지는 않았다. 기소가 되거나 지문을 채

취당하거나 사진을 찍히지도 않았다. 그렇지만 조사가 계속 진행 중이었고, 엄청난 곤경에 빠진 것만은 분명했다. 나는 경찰서 안 사무실에서 이들을 마주 보고 앉아 사건의 자초지종을 정확히 설명할 기회를 주었다. 선수들은 이런 상황에서 사실과 조금만 차이가 있어도 용납될 수 없다는 걸 알았다. 경찰은 진실을 알고 싶어 했고 나 역시 그랬다.

30분에 걸쳐 사건의 전말을 들었다. 막막한 기분이 들었다. 끔찍한 상황이라는 말로는 충분치 않았다. 해당 여성은 신속한 조치를 원했다. 하지만 경찰과 대학 측은 관여하고 싶지 않아 했다. 선수들은 기소된 상태가 아니었고, 지역 사법 당국이 개입한다고 해도 기소될 가능성이 크지 않아 보였다. 대학 측은 기소가 되지 않으면 범죄가 성립되지 않으므로 학교도 문제에서 손을 뗄 수 있다는 입장이었다.

같은 사건이 1977년이 아니라 1997년에 일어났다면, 상황은 내가 손을 쓸 수 없는 지경으로 치달았을 것이다. 각자가 밝힌 정보들이 사실이라면 선수들은 체포되고 기소됐을 것이다. 하지만 당시만 해도 누군가의 의도와 심리 상태를 판단하고 사건을 둘러싼 정황을 검토하는 건 경찰과 검찰의 몫이었다. 하지만 경찰은 기소에 소극적이었다. 선수들은 우리 미식축구팀의 간판 공격수들이었고, 그 시즌 우리 팀 터치다운의 78퍼센트를 그들이 기록했다. 매카시 목사를 만났을 때 그는 해당 여성이 나와 대학 측이 징계 조치를 내린다면 고소는 하지 않겠다는 뜻을 밝혔다고 전했다. 여성이 고소하지 않으면 경찰로서는 사건을 무마할 완벽한 구실을 갖게 된다. 기소를 하려면 피해자가 나서야 한다는 게 경찰의 입장이었다. 반면 대학 측은 적절하다고 여겨지면 어떤 조치도 취할 수 있었지만, 대학 측 관계자 누구도 관여하고 싶어 하지 않았다. 이들은 기꺼이 모든 조치를 전적으로 내게 위임했다.

이런 상황을 미식축구팀 코치에게 떠넘긴다는 게 당시 나로서는 너무나 큰 충격이었는데, 지금 다시 생각해보면 훨씬 더 믿기 힘든 일이다. 주립대학의 주요 인사들이 상황을 알고도 모르쇠로 일관하는 모습은 나로서는 감히 상상도 할 수 없는 일이었다. 이 사건은 아칸소대 캠퍼스 내에 있는 대학 기숙사에서 발생했기 때문에 대학 당국의 관할 사안이었다. 그럼에도 해당 선수들과 우리 팀의 운명이 내 손에 맡겨졌다.

이 상황에 대해 내가 누군가와 상의하려고 애쓸 때 관리자들은 때마침 '부재중'이었다. 총장이나 학장 아니면 이사회 구성원 누구라도 당시 상황을 세세히 파악했는지 지금도 알 수 없다. 왜냐하면 그들 가운데 누구와도 상의할 기회를 갖지 못했기 때문이다. 내가 분명히 아는 건 상황에 대처해야 할 순간이 오자 무인도에 나 혼자 덩그러니 남겨진 지경이 됐다는 사실이다. 당시 교내 정치가 이 문제에 얼마나 작용했는지는 모르지만, 미식축구팀을 빼면 아칸소대의 누구도 앞장서서 적절한 조치를 취하지 않은 것만은 분명하다. 사실 지금까지도 나는 누구로부터도 제대로 된 이유를 듣지 못했다.

나는 밤 11시에 긴급 코칭 스태프 회의를 소집해 상황을 논의했다. 한두 사람이 경찰이 체포 사유를 찾지 못했다면 사건을 공개할 이유가 없다는 주장을 폈다. 피해가 없으니 문제도 없다는 것이다. 나는 그렇게 생각하지 않았다. 처음 수석코치가 된 순간부터 나는 '올바르게 행동하라'라고 이름 붙인 규칙을 정했다. 규칙은 무척 간단했다. 나는 모든 선수와 코치들에게 올바르게 행동하고 잘못된 행동을 피할 것을 요구했다. 내가 정한 규칙들은 대학 선수 정도 되면 옳고 그름을 구별할 수 있고 올바른 선택을 할 만큼 나이를 먹었다는 사실을 바탕으로 한 것이었다. 훈련이나 팀 미팅에 지각하는 건 잘못된 선택이다. 코치나 교수의 말을 거역하는 것도 잘못된 선택이다. 조금이라도 신사답지 못한 행동을 하는 것 역시 잘못된 선택이다. '올바르게 행동하라'라는 규칙을 어기는 일이 한 번이라도 생기면 그걸로 끝이었다. 당시 상황을 판단해볼 때 해당 선수들을 오렌지볼 경기에 출전시킬 수 없다는 건 분명했다. 이번에 못 본 체 눈감아주면 뭐든 마음대로 할 수 있다는 신호를 주는 셈이 되고 말 것이다.

나는 코칭 스태프에게 해당 선수들이 볼 경기에 나가지 않을 것이며, 그럼에도 우리 팀의 승리를 믿는다면서 이렇게 말했다.

"그 젊은이들은 마이애미에 가지 않을 겁니다. 그들이 기소되지 않았고 앞으로도 기소되지 않을 수도 있지만, 이런 행동을 용인한다면 용인하지 못할 행동이 뭔가요? 그들이 한 행동이 용납할 수 있는 것이라면 용납 불가능한 행동이 있을까요?"

나는 밤늦은 시간에 중요한 결정을 내리는 건 옳지 않다고 생각하는 사람이다. 그래서 코칭 스태프에게 다음 날 아침에도 생각에 변함이 없는지 보자고 말했다.

그걸로 회의는 중단됐다. 나는 새벽 1시가 조금 넘어 집에 돌아왔다. 베스는 자고 있었다. 그날 밤 일의 여파가 엄청나리라는 사실을 알았기 때문에 베스에게 모든 걸 얘기하고 아내의 생각을 듣고 싶었다. 그래서 몇 차례 베스를 살짝 흔들어봤다. 아내가 아무 반응을 보이지 않아 나는 침대에 누워 밤새도록 천장만 바라봤다.

다음 날 아침 나는 베스가 깨기 전에 집을 나섰다. 그리고 일찌감치 코칭 스태프를 만나 이렇게 말했다.

"어젯밤의 생각에 변함이 없습니다."

결정은 이제 되돌릴 수 없을 만큼 굳어졌다. 이어 나는 세 선수를 만나 경찰이 기소는 안 하겠지만 오렌지볼에 출전할 수는 없다고 통보했다. 그러자 선수들은 내 결정을 이해하고 자신들의 행동을 사과하며 마이애미에서 팀이 선전하길 기원했다.

한 시간 뒤 나는 보도자료를 배포해 우리 팀 주전 가운데 세 사람이 '올바르게 행동하라'라는 규칙을 어겼고 오렌지볼에 출전하지 않을 거라고 알렸다. 그 이상 상세한 내용은 언급하지 않았는데, 그 문제에 관해 더는 할 말도 없었다. 그런 다음 나는 아무 일도 없었던 것처럼 일과를 처리했다. 먼저 선수들을 만나 스크리미지 영상을 검토했다. 그리고 모든 선수에게 4일간의 휴식 기간에 해야 할 일을 적은 목록을 전달했다. 회의 말미에 나는 세 선수에게 출장정지 처분을 내렸음을 알렸다. 한 선수가 그들이 어떤 규칙을 어겼는지 물었을 때 나는 이렇게 대답했다.

"그 선수들은 '올바르게 행동하라'라는 규칙을 어겼어요. 그게 여러분이 알아야 할 전부입니다. 해당 선수들이 자신이 무슨 행동을 했는지 알고, 팀 전체가 그들이 뭘 했는지 알고, 나도 그들이 뭘 했는지 알잖아요. 중요한 건 그겁니다."

그러고 나서 나는 다른 질문을 받았다. 몇 사람이 출장정지에 대해 물었지만 대부분은 승리에 대해 질문했다. 출장정지를 당한 선수들을 측은하게 여기면서도 모두가 우리의 결정을 수용한다는 사실을 알 수 있었다. 나는 결정이 내려졌으며 번복은 불가능함을 무척 단호하게 밝혔다. 그리고 선수들에게 크리스마스 인사를 하고 회의를 끝냈다.

선수들에게 하루 전에 훈련 영상을 보여주고 그날 저녁에 크리스마스 휴가를 보냈더라면 좋았겠다는 생각도 들었다. 그랬더라면 그 선수들도 집에 갔을 테니 문제가 생기지 않았을 텐데. 그렇게 하지 않은 건 선수들이 밤늦게 운전하는 걸 원치 않았기 때문이다. 내가 결코 원하지 않은 게 선수 중 누군가가 자동차 사고를 당하는 것이었다. 캠퍼스에 머물러 있으면 어떤 말썽도 나지 않을 것으로 생각했다. 완전히 헛짚은 셈이다.

그날 밤 베스와 나는 리틀록에 가서 친구 몇 사람과 저녁 식사를 함께했다. 식사 자리에선 출장정지 문제를 꺼내지 않으려고 했지만, 식당 지배인이 우리 테이블로 와서 이렇게 말했다.

"코치님, 나가실 때 마음의 준비를 하셔야 할 것 같아요. 아칸소주의 TV 중계 차량이 죄다 와서 주차장에 진을 치고 있거든요."

베스가 물었다.

"중계차들이 왜 몰려든 거예요?"

"어젯밤에 그렇게 곤히 자지만 않았어도 이유를 알고 있을 텐데."

내가 대답했다.

지금까지도 그날 밤 내가 어디 있는지를 언론이 어떻게 알아냈는지 전혀 모르겠다. 베스와 친구들에게 자초지종을 설명하자 식사 테이블 분위기가 무척 침울해졌다. 몇 분 뒤 베스와 나는 식당 밖으로 나가 조명 앞에 섰다. 기자들은 대부분 어떤 규칙을 위반한 건지 알고 싶어 했다. 나는 보도자료에 밝힌 내용이 전부라고 말했다. 해당 선수들의 혐의는 심각한 것이었지만 경찰이 어떤 조치도 취하지 않은 상황에서 이를 언론에 공개하는 건 무척 불공평한 일이 됐을 것이다. 사법 당국과 대학 측이 취한 행동과 취하지 않은 행동은 두고 두고 논란이 되겠지만, 방송에 대고 혐의를 온 나라에 떠들어댔다면 관련된 모든 사람에게 끔찍한 해를 입혔을 것이다.

내가 질문에 답하기를 거부하자 언론은 이를 마뜩잖아했고, 그래서 지레짐작으로 자체적인 결론을 내려버렸다. 사소한 위반을 빌미로 내가 팀 내 최고 선수들에게 출장정지 처분을 내렸다는 추측성 기사가 실렸다. 칼럼니스트들은 몇몇 선수가 통행금지를 어겼다는 이유로 내가 오렌지볼에 부당한 처사를 단행했다고 비난했다. 나를 합리적으로 행동하느니 미식축구 경기를 내주는 편을 택한 권력에 미친 규율주의자로 묘사하기도 했다.

추측성 보도를 내놓은 건 지역 언론만이 아니었다. 전국 매체들도 소식을 전하면서 마치 내가 경솔하게 출장정지 징계를 내린 것처럼 표현했다. 이런 보도들은 뼈아팠다. 미식축구 코치로서 내 임무는 선수들을 출장정지시키는 게 아니라 최선을 다해 선수들이 적절한 상태를 유지하고 계속 경기에 나서게 해서 강의실과 필드와 삶에서 성장하고 성공할 수 있게 하는 것이었다. 선수들을 경기에 뛰지 못하게 하는 건 내가 할 수 있는 최악의 자기 패배적 행동이었다. 출장정지 처분을 아무 생각 없이 경솔하게 남발하면 선수들은 내 지도를 따르지 않을 테고, 나는 자리에서 쫓겨나고 말 것이다. 내가 출장정지 건에 대해 상세히 언급하기를 거부하긴 했지만, 그럼에도 나는 언론이 내 의도가 순수하고 아칸소대학교를 위한 것이라는 점을 존중했어야 마땅하다고 생각한다. 공정하게 말하자면 일부 언론은 그렇게 했지만, 당시만 해도 온 나라가 나를 적대시하는 것처럼 느껴졌다.

보도가 나가자 아칸소주 전체가 발칵 뒤집혔다. 베스와 내가 리틀록에서 집으로 돌아왔을 때 우리는 충격을 받았다. 우리 가족은 선수나 코치가 우리 집으로 전화를 걸어야 할 때를 대비해 전화번호부에 번호를 하나 등록했는데, 우리 아이들이 이미 불쾌한 전화를 수없이 받은 터였다. 전화는 우리가 마이애미로 떠날 때까지 계속 울려댔다.

그럼에도 대학 당국은 여전히 침묵으로 일관했다. 서면이든 구두든 아니면 단순한 이해든, 대학 관계자와 이사회는 불개입 정책을 선택했다. 나를 지지하기 위해서든 아니면 사건에 대해 질문하기 위해서든, 아칸소대학교와 관계된 누구로부터도 나는 전화 한 통 받지 못했다. 권한을 가진 자리에 있는 누구도 나를 옹호해주지 않았다. 누구도 앞장서서 내 결정이 옳았고 출장정지의 세부적인 내용을 밝히지 않은 행동이 적절했다고 말해주지 않았다. 대학 측에 공정하게 말하자면, 공개적으로든 개인적으로든 내 결정을 비판하는 일도 없었다. 브로일스 코치는 개인적으로 나를 지지했지만 아마도 공개적으로는 나를 옹호할 필요가 없다고 생각했던 것 같다. 브로일스 코치에 대해서는 깊은 존경심을 가지고 있었고 지금도 그 마음에는 변함이 없다. 그는 뛰어난 지도자이자 훌륭한 사람이다.

이 비극적 상황에서 유일하게 긍정적인 점은 미식축구팀 코칭스태프와 우리 가족의 지지였다. 베스는 그토록 많은 사람이 선수들의 혐의에 대해 모르쇠로 일관하는 데 크게 분노했고, 시련을 겪는 동안 내게 더없이 큰 힘이 되어줬다. 우리 아이들이 그런 험한 꼴을 당하지 않았더라면 좋았을 텐데 하는 아쉬움이 들 따름이다. 돌이켜 생각해보면 아이들도 인간 본성과 옳은 일을 하는 데 따르는 대가에 대해 많은 것을 배운 계기가 됐다.

비난이 인종 갈등으로 비화하면서 문제가 더욱 악화됐다. 출장정지에 관한 뉴스 보도가 나간 다음 날 나는 출장정지를 받은 선수들을 대리하는 존 워커라는 변호사가 제출한 고소장을 받았다. 고소장에는 선수들이 흑인이기 때문에 내가 부당하게 출장정지 처분을 내림으로써 이들의 인권을 침해했다는 주장이 담겨 있었다. 존 워커 변호사는 선수들의 경기 출장을 허용하는 법원의 명령을 청구했다. 그는 또 세 선수를 대리해서 나와 대학을 상대로 인권 침해 소송을 제기할 계획이라고 통보했다. 그는 또 내게 전화를 해서 우리 팀의 주전 흑인 선수 열두 명이 동료들의 출장정지가 풀리지 않는 한 그들과 연대해 오렌지볼 출장을 거부하겠다는 뜻을 자신에게 밝혔다고 말했다.

이 말을 듣고 나는 마음이 무척 복잡해졌다. 1977년 당시 남부 지역에서 인종 관계는 썩 바람직스러운 상황이 아니었고, 미국의 다른 모든 지역처럼 아칸소 곳곳에서도 여전히 차별의 고통을 느낄 수 있었다. 어쨌든 당시는 마틴 루서 킹 목사 암살 사건 이후 10년이 채 지나지 않은 때였고, 아칸소대학교에서 미식축구 선수로 뛰게 된 많은 젊은이가 세계관을 형성하는 데 그의 영향을 받았으니 말이다. 그 젊은이들은 존 카를로스와 토미 스미스가 멕시코시티에서 열린 올림픽 경기에서 인종 차별에 대한 항의의 뜻으로 글러브를 낀 주먹을 들어 올림으로써 수년간 이어질 격렬한 논란을 불러일으킬 당시 어린아이였다. 내가 아칸소대 수석코치를 맡았을 때는 브라운 대 교육위원회 판결(공립학교에서 흑인 차별을 금지하는 연방대법원 판결-옮긴이)이 나온 지 25년 가까이 지난 뒤였고, 인권법이 제정된 지도 13년이 지난 시점이었다. 하지만 사우스웨스트 콘퍼런스 미식축구가 흑백 통합을 이룬 지는 8년밖에 지나지 않은 상태였다. 그뿐만이 아니라 많은 곳에서 소수 인종들이 끔찍한 경멸과 학대의 대상이 됐다.

내가 특별히 고통스러웠던 것은 오벌 포버스 아칸소 주지사가 흑인 학생들의 리틀록센트럴고등학교 입학을 거부할 당시에 관한 기사를 읽은 게 불과 어제 일 같았기 때문이다.

우리 미식축구팀은 그런 곳이 아니었다. 1977년 우리 팀 선수의 30~40퍼센트가 흑인이었다. 이들은 다른 선수들과 똑같이 존엄을 인정받고 존중받았다. 흑인 선수들은 동일한 규칙과 행동 수칙에 따라 행동하고, 강의실과 필드에서 백인이나 아시아인, 라틴계 동료와 똑같은 일을 하도록 요구받을 뿐 아니라 우리 팀의 다른 모든 선수와 똑같이 칭찬받고 똑같이 처벌의 대상이 됐다. 마틴 루서 킹 목사처럼 나도 사람은 피부색이 아니라 인격에 따라 평가받기를 바랐기 때문에 우리 팀은 미국의 여느 단체 못지않게 인종에 대한 편견을 가지고 있지 않았다. 그렇지 않다고 말하는 건 뛰어난 우리 학교 미식축구 프로그램에 대한 모욕이자, 우리 팀의 모든 선수와 코치들을 욕보이는 일이다.

존 워커는 아칸소주에서 무척 존경받는 저명한 변호사였다. 내가 우려한 건 그가 패소하는 일이 드물다는 사실이었다. 그가 맡은 사건은 대부분 재판 없이 합의로 해결됐다. 내 느낌엔 그가 먼저 선수들에게 접근해 '경기에 뛸 수 있게 도와줄 수 있다'라고 말하지 않았나 싶다. 거기에 선수들이 혹한 것이다. 선수들이 원한 건 오로지 오클라호마전에 나가는 것뿐이었다. 나는 솔직히 워커가 이번 일이 내 코치 경력을 끝장낼 수도 있기 때문에 내가 굴복할 것으로 생각했다고 느꼈다. 나는 아내에게 이 사실을 알렸다. 우리는 결과가 그렇게 되더라도 그대로 받아들이자고 뜻을 모았다. 고백하건대, 살면서 그렇게 열심히 기도해본 적이 없는 듯하다. 마침내 신께서는 내가 모든 상황을 담담히 받아들이게 해주셨다.

나는 두 번째 보도자료를 배포했다. 내 기억에 내용은 이랬다.

'우리 팀 흑인 선수 중 스물여섯 명이 출장정지 처분을 받은 세 선수가 복권되지 않으면 경기 출전을 거부하겠다고 존 워커 변호사에게 밝혔다. 나는 우리 선수들에게 늘 스스로 판단할 때 옳다고 믿는 일을 위해 행동해야 한다고 말해왔다. 경기에 나서지 않겠다는 그들의 판단을 존중하지만, 사실 자체는 변함없이 그대로인 만큼 출장정지 조치는 철회되지 않을 것이다. 그 선수들이 뛰든 안 뛰든 우리는 오렌지볼에서 오클라호마를 상대로 경기를, 그것도 멋진 경기를 펼칠 것이다.'

내가 처음 받은 질문은 내가 스물여섯 명이라고 했지만 워커가 제시한 숫자는 열두 명이라는 점이었다. 나는 "그 선수들 중에 일부가 아마 마음을 바꿨나 봅니다"라고 대답했다. 나는 보이콧 움직임이 갈수록 세를 얻어가는 게 아니라 수그러들고 있다고 보이게 하고 싶었다.

사실 스물여섯 명은 정확한 근거 없이 든 숫자였다. 우리 팀에 흑인 선수가 몇 명인지 알고 있었고, 그들 다수가 출장정지 처분을 받은 동료들을 지지하고 싶어 한다고 생각했다. 특히 보이콧이 모두의 일치된 견해였다면 더욱 그럴 터였다. 하지만 난 그들이 미식축구를 사랑하고 오렌지볼에서 뛰고 싶어 한다는 것도 알았다.

그날 밤 집에 돌아왔을 때 선수들이 남긴 부재중 메시지가 대여섯 건이나 있었다. 내가 전화를 걸자 모든 선수가 한목소리로 이렇게 말했다.

"저는 코치님 편입니다. 누가 뭐라고 해도 저는 뛸 준비가 돼 있어요."

저물녘이 되자 우리 팀 흑인 선수들의 집단 보이콧 위협은 구체화되기도 전에 끝이 났다. 나는 조지 스튜어트와 그의 가족에게 특히 고마운 마음을 항상 간직할 것이다. 조지는 훌륭한 부모를 둔 리틀록 출신의 스타 선수였다. 조지는 보이콧 시도를 맹비난했을 뿐 아니라, 그와 그의 부모 모두 나를 지지하는 일이 흑인 선수가 취할 수 있는 그리 인기 있는 태도가 아닌데도 소리 높여 나를 지지해주었다. 조지는 이후 우리 팀 주장이 됐고 전미 대표에도 선발됐다.

조지 같은 선수들의 지지가 있긴 했지만 그래도 법정에서 내 입장을 대변해줄 변호사를 선임해야 했다. 하지만 나는 이렇게 말했다.

"왜 나에게 변호사가 필요하죠? 어려운 결정을 내렸기 때문에? 아뇨, 변호사는 선임하지 않을 겁니다."

그 후 나는 전혀 예상하지 못했고 영원히 잊지 못할 전화를 한 통 받았다. 아칸소주 검찰총장이 건 전화였다. 그는 "홀츠 코치님. 제 임무는 아칸소주를 대변하는 겁니다. 코치님은 주 공무원이시니까 제가 변호해드리겠습니다"라고 말했다. 아칸소주 검찰총장은 휴가 계획까지 미루고 법정에서 나와 대학의 권익을 강력하게 변호하기 위해 최선을 다해주었다. 그의 이름은 빌 클린턴으로, 그가 나를 변호해주어서 더할 나위 없이 기뻤다.

12월 24일, 나는 흑인으로 아칸소대 이사회 일원인 레이 밀러 박사의 전화를 받았다. 그는 자신의 집에 우리 선수 몇 명이 와 있는데 경기에 뛰어야 할지 말아야 할지 혼란스러워한다고 말했다. 나는 곧바로 비행기를 타고 리틀록으로 날아갔다. 밀러 박사의 집으로 간 나는 선수들과 함께 기도한 뒤 그들이 느끼는 혼란을 이해한다고 말했다. 선수들에게 (그리고 훗날 대통령이 된 클린턴 외에는 누구에게도) 말하지 않은 건, 내가 그 세 명에게 출장정지 처분을 내리지 않았더라면 해당 여성이 고소장을 제출했을 것이라는 사실이다. 그로 인해 빚어질 결과는 선수들이 한 번의 경기에 나가지 못하는 것보다 훨씬 더 엄중했을 것이다.

나는 선수들에게 그 세 동료가 없었다면 우리가 그렇게 성공적인 시즌을 만들지 못했을 것이란 사실을 잘 안다고 분명히 말했다. 세 사람은 무척 뛰어난 선수들이지만 나로서는 선택의 여지가 없었다. 나는 선수들의 질문에 일일이 대답해준 뒤 한 사람 한 사람과 포옹했다. 집에 돌아오니 자정이 훌쩍 넘은 시간이었다. 가족과 함께 크리스마스이브를 보내지 못한 것이다. 나 자신이 안쓰럽다는 생각이 들었다. 하지만 그때 가족이 없는 선수들과 사람들에게 생각이 미쳤다. 곧 재판정에 서야 하는 데다 오클라호마라는 강적을 상대할 볼 경기도 다가오고 있었지만, 나는 가족과 친구들 그리고 내게 주어진 축복에 감사하며 잠자리에 들었다.

우리 팀이 마이애미에 머물고 있을 때 마침내 재판부의 사건 심리가 시작됐다. 나는 미식축구 경기를 준비해야 했고, 내게는 내 권익을 변호해줄 능력이 충분한 변호사가 있었다. 법정에 앉아 있는 건 시간 낭비일 게 틀림없었다.

클린턴 검찰총장은 모든 진행 상황을 전화로 계속 알려왔다. 내 전화벨이 울릴 때마다 그는 이런 말을 했다.

"루, 빌 클린턴입니다. 재정 신청이 우리 뜻대로 되지 않았어요."

얼마 뒤에 내가 물었다.

"빌. 좋은 소식들은 일부러 말 안 해주는 건가요, 아니면 모든 상황이 불리하게 돌아가는 건가요?"

"지금까지는 모든 상황이 우리에게 불리해요." 그가 대답했다. "하지만 걱정하지 말아요. 여전히 승산은 있으니까."

오전이 다 갈 때쯤 좋은 소식이 전해졌다. 세 선수 가운데 한 명이 증언대 위에서 말을 얼버무리며 대수롭지 않은 범법 행위 때문에 출장정지를 받게 됐음을 내비친 것이다. 빌 클린턴이 필요로 한 기회였다. 반대 신문에서 클린턴 검찰총장은 해당 여성에 대한 피의사실을 공개하고, 또 다른 선수가 경찰에 전화를 걸어 사건 현장 출동을 요청했다는 사실도 밝혔다. 그러자 존 워커가 휴정을 요청해서 재판부가 이를 승인했고, 점심시간이 되기 전에 고소가 취하됐다고 한다.

빌 클린턴에게 또다시 전화가 왔을 때 나는 최악을 예상했다. 그런데 "루, 정말 좋은 소식이 있어요"라는 클린턴의 말을 듣자 내 가슴은 벅차올랐다.

내 사건을 맡으며 보여준 배려심에 나는 클린턴 전 대통령에게 항상 감사한 마음을 간직할 것이다. 그는 "아, 잘 해결됐으면 좋겠네요"라고 말하면서 크리스마스 휴가를 즐기러 집에 갈 수도 있었지만 그렇게 하지 않았다. 휴가 계획을 물리고 옳다고 생각한 일을, 그것도 노련한 방식으로 실천에 옮겼다. 정치적 신념과 상관없이 나는 그가 나를 위해 기울여준 노력에 언제까지나 고마워할 것이다.

1977년 크리스마스에 내게 닥친 악몽은 거의 끝이 났다. 하지만 불행히도 아칸소대 팀은 훈련에서 드러난 실제 전력 차이대로 24점 차 정도로 대패할 것 같은 약체로 보였다. 선수들은 산만하고 기가 꺾인 듯했다. 상황이 너무 안 좋아 하루는 훈련을 취소하고 팀 전체를 시설 좋은 호텔로 데려가 오후 내내 수영장에서 수영을 즐기게 했다. 선수들의 기분은 풀렸지만 경기력까지 회복되지는 않았다. 훈련은 굼 떴고 동작은 엉성했다. 경기와 경기 사이 공백이 한 달이나 되면 팀이 무뎌지기 마련이지만, 이 훈련 기간은 반복 연습의 부족보다는 마음가짐에 더 문제가 있었다. 우리가 오클라호마와 겨룰 만큼 충분히 강하다는 걸 나는 알았지만, 우리 팀 선수들은 모르고 있었다.

결국 일전을 사흘 앞둔 12월 29일 나는 팀 전체 회의를 소집했다. 선수들은 회의 장소로 들어오며 서로 대화를 나누지 않았고, 나를 쳐다보거나 내 농담에 웃음을 터뜨리지도 않았다. 나는 그들에게 이렇게 말했다.

"좋아. 우리가 이 미식축구 경기에서 승리할 수 없는 온갖 이유를 난 죄다 알고 있어요. 그래도 좀더 알고 싶다면 아무 신문이나 하나 집어 들면 되지. 우리는 경기에 나설 뛰어난 오클라호마 선수들에 대해 전부 읽었고, 경기에 나서지 못할 뛰어난 아칸소 선수들 얘기도 전부 읽었어요. 오클라호마 공격진이 엄청나게 강력하고 그들 수비수를 상대로 우리가 전혀 전진하지 못할 거라는 얘기도 있더군. 전부 다 읽어봤어요, 전부. 하지만 이 방에 있는 사람들의 긍정적인 면에 대해서는 전혀 듣거나 읽어본 적이 없군요. 그러니까 우리가 왜 승리할 가능성이 있는지 여러분 말을 들어보고 싶어요."

얼마 지나지 않아 수비수 한 명이 입을 열었다.

"코치님, 우리에게는 전국 최강의 수비진이 있습니다." 맞는 말이었다. "그래서 모두가 생각하듯 그렇게 심하게 패하진 않을 겁니다."

음, 내가 듣고 싶은 말은 아니었지만 그래도 올바른 방향으로 한 걸음 내디딘 셈이다. 또 다른 선수가 거들었다.

"공격 라인도 뛰어나서 오클라호마 선수들을 블로킹할 수 있어요."

"바로 그거야."

그 선수를 가리키며 내가 맞장구를 쳤다. 그다음부터는 모두가 신바람이 났다. 또 다른 선수가 말했다.

"우리 쿼터백은 뛰어난 리더이자 대단한 경쟁자예요."

또 다른 선수가 우리는 환상적인 스페셜팀을 보유하고 있다며 한마디를 보탰다. 우리 팀 펀터와 키커는 전국 최고였다. 회의실을 나설 때 선수들은 전혀 다른 팀이 돼 있었다. 왜냐고? 우리가 잃은 것에 집중하지 않고 우리가 가진 것에 집중했기 때문이다. 선수들은 사우스웨스트 콘퍼런스 최고의 러싱백과 주전 풀백, 주전 공격수 없이 경기에 나서게 된다는 사실에 더는 골몰하지 않았다.

다음 날 나는 오렌지볼 환영 오찬에 참석했는데, 마음이 그렇게 가벼울 수 없었다. 우리 팀과 경기 전략이 만족스러웠고, 법적인 문제도 해결됐다. 우리가 24점쯤 뒤처지는 약체라는 사실은 신경 쓰이지 않았다. 나는 여전히 우리 팀의 승리를 믿었다. 오찬장에서 나는 조크 몇 마디에 마술도 두어 가지 하며 참석자들을 즐겁게 해줬다(개인적인 목표 108가지 중 하나가 저글링과 마술 배우기였다). 신문지를 조각조각 찢은 다음 하나로 이어붙이는 마술을 선보인 뒤 내가 말했다.

"여러분 중 2월 12일에 제가 자니 카슨의 「투나잇 쇼」에 출연하기를 원하는 분이 몇이나 되나요?"

오찬장에 함성이 터져 나왔다.

"좋아요!" 내가 말했다. "일정을 확인해보니 그날 약속이 없네요. 그러니까 여러분이 자니 카슨에게 전화를 걸어 그의 쇼에 내가 출연하기를 원한다고 말씀해주시면 감사하겠습니다."

식사가 끝난 뒤 한 남자가 다가와 말을 건넸다.

"코치님, 제 이름은 멀 슬라우저예요. NBC 방송 사장입니다. 당신이 「투나잇 쇼」에 출연하게 될 거라는 말씀을 드리고 싶어서요. 그리고 당신이 12시 45분 출연자가 아닐 거라는 말씀도요." 당시 「투나잇 쇼」는 밤 11시 30분부터 새벽 1시까지 방영됐다. "코치님은 11시

45분에 출연할 만한 분입니다."

나는 감사를 표한 뒤 이렇게 말했다.

"그런데요. 우리 팀이 대패할 수도 있거든요."

"상관없어요." 그가 말했다. "제 말을 믿으셔도 좋습니다."

1월 8일 멀 슬라우저가 NBC 사장에서 해임되고 후임자로 프레드 실버먼이 선임됐다. 나는 내게 「투나잇 쇼」 출연을 제안한 사실을 방송사 측이 알게 돼 슬라우저가 해임된 거라고 늘 생각했다.

1978년 새해 첫날 우리는 그해 가장 깜짝 활약을 펼친 약체 팀으로 오렌지볼 경기장에 들어섰다. 우리 경기가 시작되기 전에 끝난 코튼볼에서 텍사스가 노트르담에 무릎을 꿇는 바람에, 오클라호마가 우리를 꺾으면 내셔널 챔피언십을 차지할 수 있게 됐다.

경기 전 라커룸을 나서면서 나는 우리가 승리할 수 있다고 생각했다. 우리 팀은 준비가 돼 있었다. 필드로 나서는 길에 나는 선수들에게 이렇게 외치며 분위기를 띄웠다.

"오클라호마는 덩치 크고 심술궂고 강하고 난폭한 녀석들이니까 우리 라커룸에서 실력 역순으로 열 명이 선발로 나서야 할 거야."

선수들은 모두 웃음을 터뜨렸고, 우리는 아칸소대학교 역사상 가장 큰 경기를 치르기 위해 필드로 뛰쳐나갔다.

우리 팀의 완패가 예상되는 경기였다. 그래서 NBC는 TV 시청률을 걱정한 나머지 꽤 일방적으로 진행될 것으로 예상되는 경기에 시청자를 더 끌어모으려고 굳이 출장정지를 둘러싼 논란을 집중 조명했다. 하지만 막상 뚜껑을 열어보니 경기는 1977시즌 최고 시청률을 기록했다.

경기 시작 후 첫 플레이에서 오클라호마가 중앙으로 러닝 플레이를 시도했지만 우리 수비진이 벌떼처럼 몰려들었다. 전체 열한 명의 선수 가운데 무려 열 명이 태클을 시도했지만 성공하지 못했다. 그 플레이가 너무도 강한 인상을 남겨 이후 대학 측이 오클라호마 러닝백을 향해 떼거리로 태클을 시도하는 열 명의 선수 모두를 담은 그림을 제작했다. 그 그림은 아칸소대학교 역사상 가장 잘 팔리는 기념품이 됐다.

공격에서는 우리 팀 3선에 서는 러닝백 롤런드 세일즈가 206야드나 전진해 오렌지볼 신기록을 세웠고, 4선 테일백 바나버스 화이트는 4쿼터에만 60야드를 전진했다. 우리는 31:6으로 승리하며 전국 3위로 그해를 마감했다. 12월 초에 프랭크 브로일스에게 예견했던 30점 차 승리는 아니었지만, 여전히 잊을 수 없는 선수들이 모여 이뤄낸 압도적인 경기력이었다.

아칸소가 그 오렌지볼 경기에서 패했다면 또는 빌 클린턴이 자청해서 법정에서 나를 변호해주지 않았다면 어떻게 됐을지, 그리고 소송 결과가 다르게 나왔다면 내 경력이 어떻게 됐을지 종종 궁금할 때가 있다. 모든 일이 다르게 흘러갔을 게 틀림없다. 그 사건 이후 나는 전국적인 유명인사가 됐는데, 그 때문에 약간 고초를 겪어야 했다. 내가 한 일은 전혀 특별할 게 없었다. 나 자신과 우리 팀을 위해 정한 규칙을 따랐을 뿐이고, 미식축구 경기에서 승리했을 뿐이다. 대단한 위업도 아닌데 올바른 일을 했다고 찬사를 받는 게 마음이 편치 않았다.

　설사 우리가 그 경기에서 패했더라도, 훗날 노트르담에서 내셔 널 챔피언십을 따내 「투나잇 쇼」에 세 차례 출연하고 백악관도 네 차례 방문하고 전국에서 가장 인기 있는 연설자가 되지 않았더라도, 내 자존심을 지켜낼 수 있었으리라는 걸 나는 안다. 그 선수들을 징계하기로 한 결정은 무척 간단한 철학에서 비롯됐다. 올바르게 행동하고 잘못된 행동은 피하라는 것이다. 그 규칙을 따르지 않았다면 미식축구 경기에서 승리하고 TV 프로그램에 출연한들 무슨 의미가 있을까. 하지만 만약 그 일들이 내 삶에서 일어나지 않았더라도 올바르게 행동했다면 남은 평생 마음 편히 살 수 있었으리라는 사실역시 잘 안다.

　내가 규율주의자냐고? 물론 그렇다. 그리고 그에 대해 사과할 마음도 없다. 그때 말고도 팀 규칙을 위반하거나, 훈련에 늦거나, 학업성적이 나쁜 선수에게 정학 처분을 내려야 할 때가 있었다. 그런 벌을 내리는 게 결코 기쁘지 않았고, 때로는 위반을 못 본 체해 선수들을 봐주고 싶은 마음이 들기도 했다. 하지만 그건 그들에게 공정한처사가 아니었을 것이다. 규율은 교육 수단이다. 나는 선수들에게 삶에서 성공하는 법을 가르치려고 노력해왔다. 내 노력이 결실을 봤기를 바랄 뿐이다. 설사 그러지 못했더라도 나는 옳다고 생각하는 일을 했을 뿐이다. 그리고 그게 삶에서 바랄 수 있는 전부다.

　내가 실수를 범한 적이 있냐고? 당연히 있다. 내가 지도한 모든 선수가 나를 좋아했냐고? 물론 그렇지 않았다. 이래라저래라하는 잔

소리를 듣기 좋아할 사람은 어디에도 없다. 특히 요즘 젊은이들은 더 그렇다.

하지만 내 경험으로 미뤄보건대, 삶에서 성공하기를 바라는 사람은 결국 "고맙다"라는 말을 전화로든 편지로든 전해 온다. 반면 성공적인 삶에서 규율이 차지하는 중요성을 알지 못하는 사람은 자신의 실패에 대해 계속해서 나를 비롯하여 다른 사람 탓을 한다.

10

WINS, LOSSES,
AND LESSONS

1983년 12월 나는 미네소타대학교 수석코치에 선임됐다.
미네소타는 날씨가 엄청나게 추웠을 뿐 아니라
미식축구 프로그램도 수렁에 빠져 있었다.
나는 무척 힘겨운 숙제를 떠안아야 했다. (AP 사진)

불운에도 때론
그럴 만한 이유가 있다

1982년 7월 22일 나는 금융회사 노스웨스턴뮤추얼 영업 직원들에게 강연을 해달라는 요청을 받고 위스콘신주 밀워키에 가 있었다. 긴 비행 끝에 새로 지은 하얏트 리젠시 호텔에 체크인해 방 키를 받아 든 뒤, 샤워도 하고 짐도 풀고 강연 전에 마음을 가다듬으려고 서둘러 방으로 올라갔다. 11층 내 방 앞에 도착해 여행가방을 손에 든 채 문에 열쇠를 끼워 넣는 순간 열쇠 구멍 안에서 열쇠가 부러졌다. 우두커니 복도에 선 나는 살짝 화가 나 호텔 보안 담당자와 유지보수 책임자를 불렀다.

하지만 30분이 지나도록 아무도 문을 열지 못했고, 나는 화가 머리끝까지 치밀어 올랐다. 한 시간 뒤에는 연단에 올라 강연을 해야 하는데, 아직 샤워도 면도도 못 하고 이도 닦지 못했다. 나는 어떻게 이런 불운이 내게 닥쳤는지 계속 자문했다. 내가 뭔가에 늦을 때마다 상황이 꼬이는 머피의 법칙이 작용하는 건 왜일까? 짜증이 나서

문을 발로 걷어찼다.

그러자 건물 내부 중앙이 뻥 뚫린 구조의 호텔 12층에 있던 누군가가 아래층을 향해 고함을 쳤다.

"루 홀츠, 한 번만 더 그러면 경찰에 신고할 거예요."

올려다보니 코미디언 밥 호프가 난간에 기댄 채 나를 보며 웃고 있었다.

"뭐 하는 거요?"

밥이 물었다. 밥과 나는 내가 오하이오주립대에서 보조코치로 일할 때 로즈볼 환영 만찬에서 처음 만난 뒤로 좋은 친구가 됐다. 나는 그가 팜스프링스에서 주최한 골프 대회에 몇 차례 출전했는데, 대회 전 만찬에서 내가 늘 하는 우스개와 마술을 선보이기도 했다. 그를 밀워키에서 만날 줄은 꿈에도 몰랐다.

"밥, 내 방 열쇠가 열쇠 구멍 안에서 부러져버렸어요. 한 시간 뒤면 강연을 해야 하는데 들어가 샤워를 할 수가 없네요."

"이리 올라와요." 그가 말했다. "내 방에서 샤워를 하면 되죠."

밥이 투숙한 스위트룸으로 올라갔더니, 그가 친절하게도 그곳에서 강연 준비를 하게 해주었다. 내가 강연장으로 떠나기 전 그가 말했다.

"루, 다른 방을 잡을 필요 없잖아요. 여기 침실이 두 개에 거실도 이렇게 널찍한데. 게다가 나 혼자뿐이에요. 나와 함께 묵읍시다. 강연 끝내고 내 쇼가 시작되기 전에 함께 저녁이나 먹어요."

나는 그가 말한 대로 했다. 그날 저녁 밥이 내가 강연한 그 그룹을 대상으로 쇼를 하기 위해 떠날 채비를 할 때 내가 말했다.

"밥, 부탁 하나 해도 될까요?"

스위트룸에 묵게 해준 것만으로는 부족하다는 듯 또 한 번 호의를 청한 것이다.

"물론이죠."

그가 말했다.

"오늘이 제 결혼기념일이에요. 베스에게 전화해서 축하한다고 말해줄 수 있나요?"

나는 집으로 전화를 건 다음 전화기를 밥에게 건넸다. 베스가 전화를 받자 밥이 이렇게 말했다.

"베스, 전 밥 호프인데요. 즐거운 결혼기념일이 되시라는 말씀을 드리고 싶어요." 그는 이어 결혼기념일이 얼마나 뜻깊은 날인지 그리고 그와 그의 아내 돌로레스가 기념일을 얼마나 소중하게 여기는지 얘기했다. 그러더니 이렇게 말했다. "루 좀 바꿔주실래요? … 무슨 말이에요, 지금 집에 없다니? … 결혼기념일에 집을 비웠다는 말인가요?"

바로 옆에 서 있던 나는 그의 타고난 재능에 감탄을 금치 못했다. 물론 뛰어난 작가들을 쓰기도 했지만, 그 자신도 특별했고 배려심이 많았다.

밥의 전화는 베스가 지금까지 친구에게 받은 최고의 결혼기념일 선물로, 우리 부부는 요즘도 그날 일을 얘기하며 웃음꽃을 피운다. 나 역시 호텔 방문에 넣은 열쇠가 부러지는 불운이 아니었다면 그와 하루를 보내는 호사를 결코 누리지 못했을 것이다.

그게 바로 내가 깨달은 작은 삶의 진리 가운데 하나다. 때론 불운에도 그럴 만한 이유가 있다는 것이다. 어머니는 '신의 뜻'이 우리 삶을 지배하며, 따라서 좋든 나쁘든 우리에게 일어나는 일들은 예외 없이 모든 것을 아우르는 원대한 계획의 일부라고 거듭 강조했다. 나는 어머니 말을 듣고 그 말을 믿으면서도, 내 뜻대로 내 삶을 만들어가면 신이 함께하리라고 생각했다. 하지만 완전히 틀린 생각이다. 격언에도 있듯이, 신을 웃기고 싶다면 당신의 미래 계획을 들려주면 된다.

숙명을 받아들여야 할 어떤 잘못도 저지르지 않은 사람들에게 끔찍한 일이 일어나는 걸 그동안 여러 차례 지켜봤다. 그럴 때마다 의구심이 들었다.

'이렇게 착한 사람들에게 왜 이렇게 나쁜 일이 일어나는 걸까? 전능하신 신은 도대체 어떤 계획을 가지고 계시길래 이런 고통을 주는 걸까?'

하지만 며칠, 몇 달 또는 몇 년이 지나면 바로 그 사람들이 자신에게 닥쳤던 비극이 뜻밖의 축복이 됐다고 내게 말해주곤 했다. "아버지가 세상을 떠났을 때 견디지 못할 것으로 생각했지만, 그로 인해 어머니와 더없이 가까워졌어요. 뜻밖의 축복이었던것 같아요"라든지 "실직했을 때 세상이 무너질 것으로 생각했죠. 하지만 그때 해고되지 않았더라면 창업을 해야겠다는 자극을 결코 받지 못했을 거예요. 그 자리에서 쫓겨난 게 내 인생 최고의 행운이었던 셈이죠" 같은 말을 사람들에게 얼마나 많이 들었는지 모른다.

　이런 이야기들은 책으로 써도 족히 몇 권은 될 테고, 실제로 이 주제로 쓰인 좋은 책들이 이미 많다. 그럼에도 대부분 사람은 스스로 깨우치기 전까지는 이런 사실을 모른다. 우리 삶의 비극들은 일어날 당시에는 부당해 보이고, 그래서 대부분은 절망하곤 한다. 하지만 때로는 비극이 일어나는 데에도 나름의 좋은 이유가 있다. 어쩌면 정말 중요한 게 무엇인지를 우리에게 보여주려면 충격이 필요해서인지도 모른다. 예를 들어 조각난 가족관계를 되살리려면 살짝 떠미는 게 필요할 수도 있다. 미루고 미뤄온 전직이라는 중요한 결정을 내리기 위해서는 문밖으로 쫓겨나야 할 수도 있다.

　불운이 닥치면 견디기 힘들뿐더러 결코 즐겁지 않다. 어머니는 늘 "신은 쉬운 길을 약속하신 적이 없단다"라고 말했다. 신이 약속한 건 사랑과 축복뿐이지만, 우리의 계획이 아닌 그분의 계획에 따른 약속이다. 그뿐만이 아니라 먼 미래를 내다보는 신의 능력은 우리 인간의 이해를 훨씬 뛰어넘는다.

1978년 오렌지볼이 끝났을 때 나는 내 삶의 계획을 다 깨달았다고 생각했다. 그 경기를 앞두고 스스로 옳다고 생각하는 행동을 했고, 전국적으로 알려진 덕에 사람들이 내게 연회에서 강연을 요청하거나 판매 세미나에서 몇 마디 해달라고 요청하곤 했다. 사우스캐롤라이나에서 쫓겨나 실직 상태일 때 적은 목록 가운데 여러 가지를 이뤘는데, 그중 한 가지였던 「투나잇 쇼」에도 몇 차례 출연했다. 쇼에서 나는 그때까지 어떤 미식축구 코치도 토크쇼에서 해본 적이 없는 입담과 마술을 한데 묶어 선보였다. 또 백악관에 네 차례 초청받은 가운데 한 번은 만찬까지 했고, 전 세계를 여행했다. 밥 호프와 디나 쇼어, 아널드 파머, 글렌 캠벨, 지그 지글러, 콜린 파월처럼 아칸소대학교에서 성공을 거두지 않았다면 알 기회조차 없었을 훌륭하고 양식 있는 친구를 많이 사귀었다.

나는 내 경력이 탄탄대로에 올랐다고 생각했다. 나는 내 일을 사랑했고, 우리 가족은 사는 곳을 좋아했으며, 아이들도 새로 사귄 친구들과 함께 더없이 행복해했다. 그뿐 아니라 우리 팀도 승승장구했다. 1978년 우리 팀은 9승 2패를 거둔 데 이어 피에스타볼*Fiesta Bowl*에서 UCLA와 10:10 무승부를 기록했다.

피에스타볼이 끝난 뒤 나는 가족과 함께 어머니를 모시고 하와이 여행을 떠났는데, 그곳에서 열리는 대학 미식축구 올스타 경기인 훌라볼에서 코치를 맡게 됐다. 당시는 헤이스 코치가 해고된 직후였다. 게이터볼 경기 도중 상대 팀인 클렘슨의 한 선수가 패스를 가로챈 뒤 오하이오 벤치 앞쪽에서 아웃 오브 바운드시키고 나서 오하이오 코치와 선수들에게 뭔가 말을 하자 헤이스 코치가 흥분해서 평정심을 잃고 그 선수의 헬멧을 가격했기 때문이다. 여행 내내 헤이스 코치 생각을 떨쳐버리지 못해 마음이 무거웠다. 그는 역사상 가장 위대한 코치이자 내가 만나본 가장 훌륭한 사람이었지만, 적어도 그가 살아 있는 동안에는 그가 이룬 온갖 업적이 이 한 사건에 가려 빛을 잃으리라는 걸 나는 알았다. 그토록 특별한 사람이 그런 식으로 물러난다는 건 끔찍한 일이었기에, 그와 그의 가족에 대한 연민 때문에 여행의 기쁨을 만끽할 수가 없었다.

더군다나 당시 내가 오하이오주립대 수석코치 자리를 제안받을 것이라는 추측까지 무성했다. 아니나 다를까 다음 날 나는 하와이의 호텔에서 오하이오주립대 체육이사 휴 하인드먼의 전화를 받았다.

"루, 우리 학교 수석코치에 지원해주면 좋겠어요. 면접을 하고 싶어요."

"면접을 볼 코치가 모두 몇 명인가요?"

"여섯 명 정도 되지만, 당신은 최종 후보 가운데 한 명이에요."

"휴, 우리는 오하이오주립대에서 함께 코치 생활을 하면서 당신이 라인코치를 맡아 내셔널 챔피언십 우승도 함께 이뤄냈죠. 인간으로서 그리고 코치로서 나를 잘 알잖아요. 난 실적도 좋고 승률도 높아요. 그걸로도 충분하지 않다면 윌리엄앤메리와 노스캐롤라이나, 아칸소에서 내 지도를 받은 사람들에게 확인해봐도 좋아요. 당신이든 아니면 다른 누구든 면접에서 새로 알아낼 수 있는 건 없어요. 물론 나는 오하이오주립대를 사랑합니다. 오하이오 출신이기도 하고요. 하지만 아칸소와 이곳 사람들도 사랑해요. 아칸소주립대 팬들은 아칸소 수석코치가 오하이오주립대 수석코치만큼 좋은 자리라고 생각하는데, 내가 어떤 자리든 '지원'하는 것만으로도 그들을 모독하는 일이 될 거예요. 내게 오하이오주립대 수석코치를 제의한다면 내가 수락할 가능성이 꽤 높을 겁니다. 하지만 난 지금에 만족하기 때문에 다른 곳에 지원한다는 건 온당치 않은 일일 거예요. 오하이오주립대라고 해도 말이죠."

그러자 하인드먼이 말했다.

"좋아요, 마음이 바뀌면 전화 주세요."

"내 전화 기다리느라 계속 집에 있지는 말아요."

내가 농담처럼 능쳐 말했다. 전화를 끊자 베스가 물었다.

"우리, 오하이오 집으로 돌아가는 건가요?"

내가 대답했다.

"여기가 우리 집이에요, 여보. 아칸소가."

1979년 우리는 졸업으로 많은 선수를 잃었지만, 그럼에도 정규 시즌 10승 1패를 기록한 뒤 내셔널 챔피언십을 놓고 슈거볼*Sugar Bowl*에서 앨라배마와 맞붙었다. 앨라배마가 24:9로 승리했는데, 경기 후 브라이언트 코치는 내게 최근 5년간 앨라배마가 최고의 기량을 발휘한 경기였다고 말했다. 나는 이렇게 대꾸했다.

"저런. 놓치지 않고 봐서 다행이네요."

1980년에 우리 팀은 7승에 그치며 조금 더 힘든 한 해를 보냈다. 사우스웨스트 콘퍼런스에서 신입생을 선발하는 건 결코 쉽지 않았다. 좋은 선수들이 아칸소에 오고 싶어 했고 좋은 부모들도 아들이 우리 미식축구 프로그램의 일원이 되기를 바랐지만 우리는 꽤 많은 선수를 잡지 못했다. 그중에는 같은 콘퍼런스에 속한 학교에 입학했다가 NCAA에 의해 팀 자체가 해체되는 불운을 맛본 선수도 있다. 포트워스의 유명 작가 댄 젠킨스는 당시 우리 콘퍼런스에서 벌어진 행각들을 다룬 희극 소설 두 편을 펴내 베스트셀러가 됐다.

하지만 당사자 입장에선 당시 상황이 그다지 유쾌하지 않았다. 한 선수는 구두로 아칸소 입학을 약속했다가 입단식 이틀 전에 댈러스로 가겠다고 내게 알려오기도 했다. 내가 이유를 묻자 "그곳에서 뛰면 더 행복할 것 같아서요"라고 대답했다. 이 말이 꽤 놀라웠던 게 그 선수는 그때까지 한 번도 그 대학 캠퍼스에 가본 적이 없기 때문이다. 하지만 당시는 상황이 그랬다. 그래도 우리는 정상급 선수를 상당히 스카우트했고, 그해 올아메리칸볼*All-American Bowl*에 진출해 툴레인을 꺾었다.

그 뒤 2년 동안 우리는 큰 활약을 펼쳤다. 1981년에는 8승 3패를 기록한 뒤 게이터볼에서 노스캐롤라이나에 패했다. 1982년에는 9승 1무 1패를 기록한 후 블루보넷볼에서 플로리다대학교를 꺾고 전국 9위로 시즌을 마감했다. 이로써 6년간 네 차례나 대학 미식축구 전국 10위 내에 드는 기록을 남겼다.

내가 보는 관점에선 모든 일이 더할 나위 없이 좋았다. 아칸소대는 지원율을 높이려고 만든 신입생 모집 포스터에 내 사진을 넣었다. 포스터에 내 얼굴을 넣는다고 어디서 누구의 마음을 끌 수 있을지 자신은 없었지만, 어쨌든 캠페인이 시작된 뒤로 신입생 지원율이 올라갔다. 나는 남은 코치 인생을 아칸소에서 마감해도 행복할 거라고 생각했다. 딸 루앤은 페이엣빌에서 고등학교를 졸업한 뒤 아칸소대에 진학했고, 테리 알텐바우머라는 아칸소대 동문과 결혼했다. 큰아들 스킵도 아칸소에서 고등학교를 나온 뒤 노트르담대학교에 재학 중이었다. 나는 베스와 내가 페이엣빌 언덕 위에 있는 우리 집에서 아이들이 모두 독립하고 부부끼리만 지내다가 내가 은퇴할 때 친구들을 전부 불러 파티를 여는 상상을 하곤 했다.

1983년 겨울, 그 모든 계획이 물거품이 됐다. 그 시즌에 우리 팀은 6승 5패에 그쳤지만, 코치들의 지도 자체는 썩 나쁘지 않았다. 부상자가 속출하는 바람에 1학년생 쿼터백을 경기에 내보내야 했다. 1982년에 주전으로 뛰었던 선수 대부분이 졸업을 했지만 대진운은 전혀 나아지지 않았다. 보조코치 몇 사람이 수석코치가 돼 팀을 떠났고, 나는 그들의 앞길을 진심으로 응원해주었다. 우리는 7년 연속 볼 경기에 초대받았지만 출전을 고사했는데, 윌리엄앤메리에서 수석코치 생활을 시작한 이래 내가 이끄는 팀이 시즌 7승에도 못 미친 건 그때가 처음이었다.

허둥댈 일이 아니었다. 아칸소 팀은 내가 지휘봉을 물려받기 전해에 5승 5패를 기록했다. 그런데도 당시 수석코치였던 프랭크 브로일스의 이름을 따 학교 체육관을 명명했다. 6승 5패는 탐탁잖은 기록이지만, 대부분 선수가 졸업하지 않고 남아 있었고 1984년을 최고의 시즌으로 만들겠다는 내 의지도 확고했다.

일요일 아침 미사를 마치고 막 돌아왔을 때 프랭크가 우리 집에 전화를 걸어 자기 사무실로 와달라고 요청했다. 나는 조금도 망설이지 않았다. 물론 프랭크가 일요일에 전화를 한 건 이례적인 일이지만, 걱정되기보다는 궁금증이 일었다. 무슨 목적으로 만나자는 건지, 그리고 일요일 오후에 왜 그의 사무실에서 만나야 하는지 전혀 감을 잡지 못했다. 사무실에 도착하자 프랭크가 곧바로 본론을 꺼냈다.

"루. 사임해주셨으면 해요."

그때 내 기분은 충격이라는 말로는 부족했다. 잘못 들은 건 아니겠지? 1월에 만우절 농담이라도 하는 걸까? 프랭크의 표정을 보니 더없이 진지했다. 나는 금세 마음을 추슬렀다. 그리고 머릿속에 떠오른 유일한 질문을 던졌다.

"왜죠?"

"그게 우리 팀에 최선이라고 생각해서요."

이 말이 내가 그에게 들은 유일한 대답이었다. 아칸소대학교 역사상 최고의 승률을 기록했음에도 나는 기술적으로는 사전 예고나 설명이 전혀 없이 그 일요일에 해고 통보를 받았다.

나는 프랭크와 늘 좋은 관계를 유지해왔다. 체육이사로 옮겨가기 전까지 그 자신이 미식축구팀 수석코치로 성공을 거뒀음에도, 내가 수석코치를 맡고 있는 동안 그는 절대 팀 운영에 간섭하지 않았다. 때로 내가 먼저 미식축구 관련 대화를 시작했을 때 짤막한 조언을 해준 적은 있지만, 먼저 이야기를 꺼내는 건 언제나 내 쪽이었다. 프랭크는 단 한 번도 미식축구 필드에서 내가 한 일을 되돌리거나 트집 잡으려 하지 않았다. 그는 훌륭한 사람이었다. 아칸소대학교 레이저백스는 내가 재임하는 동안 큰 성공을 거뒀고, 우리 팀은 많은 사람이 규칙 준수를 하찮게 여기는 콘퍼런스에서 NCAA 사무국과도 전혀 문제를 일으키지 않았다.

내 재임 기간에 프랭크와 내가 말다툼한 걸 전부 합쳐봐야 열 마디도 안 될 것이다. 물론 오렌지볼 스캔들 당시 그가 좀더 나서주지 않은 데 실망하긴 했지만 그건 지난 일이었다. 우리는 그 경기에서 승리했고, 일이 잘 해결되면서 아칸소대학교의 상황은 오히려 더 나아졌다. 내 생각엔 페이엣빌에 머무는 시간 동안 의도치 않게 몇몇 사람의 심기를 건드렸던 것 같다. 학교에 처음 출근하는 날만큼 인기 있는 날은 없는 법이다. 이틀째가 되면 늘 학교의 관행으로 굳어진 방식과 뭔가 다른 일을 할 수도 있고, 사흘째엔 기부자가 꼭 계약해야 한다고 생각하는 학생을 영입하는 데 반대 의견을 낼 수도 있다. 그러다가 첫해가 지나기 전에 강연 한두 차례가 시답잖은 이유로 취소되고, 그런 일들이 차츰차츰 쌓이기 마련이다. 모든 학교에서 예외 없이 일어나는 일이지만, 사람들 눈 밖에 나면 코치는 어떤 식으로든 약간은 눈치를 채거나 징후를 느끼게 된다. 하지만 지금까지도 나는 당시 왜 아칸소에서 해고될 수밖에 없었는지 전혀 알지 못한다.

돌이켜 생각해보면 그처럼 난데없는 반응을 불러일으킬 만한 내 유일한 행동은 노스캐롤라이나주 상원의원 후보인 제시 헬름스의 선거 유세 영상을 촬영한 것이었다. 제시는 노스캐롤라이나주립대 시절 내게 엄청나게 도움을 준 사람이다. 우리 팀 경기가 롤리 지역 TV에 중계될 수 있도록 도와주었고, 노스캐롤라이나주에서 그가 아니었다면 결코 잡지 못했을 기회를 내게 제공해주었다. 1980년 연방 상원의원 선거에 출마하면서 제시는 내게 자신을 위한 광고를 찍어달라고 요청했다. 그렇게 했지만 집에 오자 마음이 불편했다. 미식축구의 정치적 문제들만으로도 벅찬데, 상원의원 선거에 나 자신을 내던지는 건 그다지 타당한 행동이 아니었다. 그래서 제시에게 전화를 걸어 내가 얼마나 거북한 상황인지 설명했다. 그는 내 입장을 이해했고, 내가 출연한 광고는 방영되지 않았다.

한 번도 전파를 타지 않은 노스캐롤라이나 상원의원 선거의 정치 홍보 광고가 아칸소대학교에서 내가 해임된 것과 어떤 관계가 있었는지 모르지만, 누구도 내게 귀띔조차 해주지 않았다. 지금까지도 당시 해고는 내 인생에서 풀리지 않은 가장 큰 미스터리로 남아 있다.

당시 해임 통보를 받고 나는 벽돌로 머리를 얻어맞은 듯 엄청난 충격을 받았다. 가족이 그 소식을 듣고 흔들리는 모습을 봤을 때 느낀 충격은 훨씬 더 컸다. 우리 중 누구도 믿을 수 없는 일이었다. 고등학교 2학년이던 둘째 딸 리즈는 와락 울음을 터뜨렸고, 아들 케빈은 시스템이 공정하지 못하다며 화를 냈다. 그렇게 감정적인 반응을 보인다고 두 아이를 탓할 수는 없었다. 내 생각도 똑같았기 때문이다. 나는 성실하게 열심히 일했다. 팀을 투명하게 운영하며 7년 연속 볼 경기 초청을 받았고, 경기 관중은 사상 최고치를 기록했으며, 선수들 대부분이 무사히 졸업장을 받았다. 그걸로도 충분치 않다면 또 뭘 했어야 하는지 모르겠다. 해고 통보를 받은 순간 나는 비통하고 낙심하고 분노하고 우울한 가운데 인간의 선량함마저 의심하게 됐다. 어느 모로 보나 운 나쁜 날이었다.

일요일 오후 1시에 집에 돌아온 나는 슬픈 소식을 가족에게 전한 뒤 TV를 틀었다가 또 한 번 충격을 받았다. 3시가 되자 방송사들이 내가 아칸소대 수석코치에서 사임했다는 소식을 전했다. 아직 다른 두 아이와 어머니 그리고 친구들 누구에게도 연락하지 못했는데 온 세상에 뉴스가 나간 것이다. 집에서 크리스마스를 보내던 선수들 누구와도 말할 기회가 없었다. 이런 상황이 정말 속상했다. 내 작은 세계가 불과 반나절 사이에 무너져 내린 것이다.

뉴스가 나가자마자 전화통에 불이 나기 시작했다. 하지만 어떤 말도 할 기분이 아니었다. 내가 무슨 말을 할 수 있을까? "맞아요. 오늘 아침에 미사를 보다 불현듯 생각이 나서 뚜렷한 이유 없이 사임하기로 마음먹었답니다." 아니면 진실을 말해야 할까? "어떤 이유도 듣지 못하고 해고당했습니다."

어느 쪽도 내키지 않는 데다, 감정이 격해졌을 때는 경솔한 말을 하지 않는 법을 오래전부터 몸에 익힌 터였다. 화를 가라앉히고 한 걸음 물러나 이성적으로 내 미래를 심사숙고해볼 필요가 있었다. 그날 오후가 흘러온 과정을 생각하면 쉽지 않은 일이긴 했지만.

내가 수화기를 건네 받은 몇 안 되는 전화 가운데 하비 매케이라는 사람에게 온 전화가 있었다. 하비를 처음 만난 건 우리 둘 다 연사로 나선 어떤 회의에서였다. 하비는 한번 만나면 절대 잊을 수 없는 사람이다. 그는 스물여섯 살 때 매케이봉투회사를 창업해 금세 수백만 달러 규모의 기업으로 키워냈다. 하지만 그는 성공한 기업가로 만족하지 않고, 자신의 성공 비결을 모두와 나누고 싶어 했다. 그

승리, 패배, 그리고 교훈

래서 쓴 두 권의 책『상어와 함께 수영하되 잡아먹히지 않고 살아
남는 법』과『옷도 입지 않고 옷을 벗어주겠다는 사람을 조심하라
Beware the Naked Man Who Offers You His Shirt』가 모두《뉴욕타임스》베스트셀러 1위
에 올랐다. 이 책들은 현재 80개국에서 35개 언어로 번역 출간됐으
며,《뉴욕타임스》베스트셀러 경영 분야에서 영감을 주는 서적 역대
15위에 올랐다. 하지만 그는 베스트셀러 두 권으로 멈추지 않았다.
네 권의 저서를 더 집필했고 전국 각 신문에 동시 게재되는 경영 관
련 칼럼을 기고했다. 또 배우 로버트 레드포드가 설립한 선댄스 재
단의 이사를 맡고 있으며, 마라톤을 10회 완주했고, 미네소타주 테
니스 랭킹 시니어부 1위에 오르기도 했다.

하비는 사람의 마음을 끄는 힘이 대단히 강했다. 그는 사우디아
라비아 사람을 설득해서 모래를 사도록 할 수도 있는 사람이었다.
우리는 형제처럼 막역한 사이가 됐다. 나는 그를 존경하고 피붙이처
럼 사랑했는데, 그도 사람들에게 이런 말을 한 적이 있다.

"루에게 골프에 관한 조언은 절대 듣지 말아요. 하지만 내 아들
딸이 어떤 조언이 됐든 아버지 말고 도움을 받을 만한 사람 딱 한 명
을 알려달라고 하면 나는 루 홀츠라고 말하겠어요."

하비는 자신이 발휘할 수 있는 세일즈맨의 기법을 총동원해서
자신의 제안을 내가 받아들이도록 설득했다. 내 사임 소식을 막 접
한 그는 내게 미네소타대학교로 와달라고 요청했다.

미네소타주에 대해 내가 아는 거라곤《USA 투데이》맨 뒷면을
볼 때마다 그곳의 기온이 섭씨 영하 10~15도를 맴돌고 때론 영하 20

도까지 떨어지기도 한다는 사실뿐이었다. 나는 아칸소주의 기온이 영상 10도 밑으로만 내려가도 기분이 좋지 않았다. 그러니 미네소타는 내게 북극이나 다름없었다. 그뿐만이 아니라 미네소타대학교의 미식축구 프로그램이 엉망진창이라는 것도 알고 있었다. 미네소타는 최근 열여덟 경기 중 열일곱 경기에서 패했는데, 그 경기에서 득점은 평균 13점에 그친 반면, 실점은 평균 47점이나 됐다. 미네소타는 수석코치가 공석인 상태였는데, 심사숙고하며 까다롭게 고르고 있어서가 아니라 다섯 명에게 수석코치를 제안했지만 모두 고사했기 때문이다.

하비는 미네소타의 체육이사 폴 기엘을 돕고 있었는데, 기엘은 심혈관 우회 수술을 받고 회복 중이었다. "와서 우리와 얘기를 나누면 정말 좋겠어요"라고 하비가 말했다. 하비 매케이만 아니었더라도 예의 바르게 거절하며 마음속으로 이렇게 생각했을 것이다. '설마, 제정신으로 하는 소리예요?' 하지만 그 순간 1960년 미네소타가 내셔널 챔피언십을 차지했던 일이 생각났다. 당시 나는 아이오와의 대학원생이었고, 미네소타는 그 시즌 우리 팀에 유일한 패배를 안긴 팀이었다. 게다가 하비는 안 된다는 대답을 받아들일 사람이 아니라는 걸 알고 있었다.

미네소타까지 비행기를 타고 가야 한다니 썩 내키지 않았지만, 어쨌든 아칸소를 벗어나야 했다. 기자들이 인터뷰를 하려고 우리 집 마당에 진을 치는 상황은 결코 원치 않았다. 나는 하비에게 곧 만나자고 말하고, 다음 날 털사에서 미네소타로 가는 비행기표 넉 장을 예약하려고 항공사에 전화를 걸었다. 일이 되려고 그랬는지 처음엔 만석이라고 하더니 내가 전화를 끊기 전에 취소표 넉 장이 나왔다.

내 기분은 여전히 엉망이었다. 부임 후 통산 60승 2무 21패를 기록하고도 해고를 당하다니. 당시가 내 수석코치 경력에서 바닥을 친 순간으로, 나는 그간 해온 선택들에 의구심을 느꼈다. 미네소타는 훌륭한 대학이고 하비 매케이는 정말 좋은 친구였지만, 그렇다고 내가 처한 상황이 주는 아픔이 누그러지지는 않았다. 내가 입은 상처에 소금을 뿌리기라도 하듯 페이엣빌과 털사 사이 지역에 폭설이 내렸다. 고속도로에서 차가 자꾸 미끄러지자 나는 차를 돌려 집으로 돌아가기로 마음먹었다.

"안 돼요." 베스가 말했다. "공항까지 절반도 넘게 왔잖아요. 눈발도 약해지고 있고요. 그리고 집에는 우리를 기다리는 게 아무것도 없어요."

아내 말이 옳았다. 아칸소에서 보낸 우리의 시절은 끝났다. 미네소타에서 이틀 정도 묶는다고 해도 나쁠 게 없어 보였다.

하비가 공항으로 마중 나와 우리를 극진하게 대접해주었다. 우리는 병원으로 가 미네소타대학교 역대 최고 선수였던 폴 기엘을 만났다. 하비는 대학 캠퍼스나 구단 시설은 하나도 보여주지 않고, 대신 미시간주에서 가장 영향력 있는 CEO를 여러 명 소개해줬다. 그들은 내가 승리하는 팀을 만드는 데 필요한 모든 지원을 받게 될 것이라고 장담했다. 나중에야 알게 된 사실이지만 하비는 그날 내가 건물 밖으로는 한 발짝도 나가지 못하게 했다. 우리가 방문한 모든 장소에 실내 주차장이 있었고 건물과 건물 사이에는 밀폐된 통로가 있었다. 그래서 12월이었는데도 날씨가 얼마나 추운지 짐작조차 할 수 없었다. 실외로 한 발짝만 나가도 내가 수석코치 후보 자리를 내던지리라는 사실을 하비는 알고 있었던 것이다.

폴 기엘은 병원 침대에 누운 채 내게 수석코치직을 제안했다. 수락할 준비가 안 돼 있었지만, 거절하고 싶은 마음도 없었다. 당시 나는 실직 상태였고, 집에 돌아가 구직 활동을 시작하고 싶지는 않았다. 그래서 가족과 상의할 시간을 조금 달라고 요청했다.

그건 핑계가 아니었다. 가족 문제를 결정하려면 가족 전체의 뜻을 물어야 했다. 미네소타로 이사하는 것처럼 중요한 결정을 하려면 가족 한 사람 한 사람의 의견이 필요했다.

하비는 미리 방 세 개짜리 스위트룸을 예약해놓은 호텔로 우리를 데려다주었다. 우리는 거실에 둘러앉아 그날 우리가 본 것들에 대해 이야기를 나눴다. 첫 대화에서는 그다지 많은 말이 오가지 않았다. 리즈와 케빈은 여전히 지난 스물네 시간 동안 일어난 일들의 충격에서 벗어나지 못한 것 같았다. 아이들을 탓할 수는 없었다. 토요일만 해도 안정적인 상황에서 주말 동안 존 구테쿤스트를 우리 팀 새 수비 총괄 코치로 영입하려고 면접을 봤는데, 지금은 미니애폴리스의 호텔 스위트룸에 앉아 이 동네가 우리의 새 둥지가 될지 고민하고 있으니 말이다.

"내 생각엔 우리 모두 각자 다른 방에 가서 이 문제를 놓고 기도를 해야 할 것 같구나." 내가 마침내 입을 열었다. "이건 중요한 결정이니 깊이 생각해볼 필요가 있어. 앞으로 최소한 30분은 지난 다음에 다시 얘기하자꾸나. 그 시간 동안 각자 신께 그분의 생각이 무엇인지 물어보기 바란다. 그러고 나서 여기서 다시 만나자."

모두가 동의했고 우리는 각자 다른 방으로 가 기도를 드렸다. 스위트룸에는 사제관 같은 정적이 흘렀다. 우리는 서두르지 않고 천천히 기도하고 묵상하며 우리가 처한 상황과 신이 우리를 이끌려는 방향을 이해하려고 애썼다. 30분 뒤 방에서 나왔을 때 스위트룸의 분위기는 달라져 있었다. 모두가 마음 편히 미네소타로 옮기는 결정을 받아들였다.

미네소타로 옮기기로 마음이 움직인 건 아내와 아이들 둘과 함께 기도를 올릴 때였다. 하지만 나는 또 다른 방향으로도 마음이 끌렸다. 그날 오후 묵상 중에 떠오른 뭔가가 내 계약서에 조항 하나를 넣도록 고집하게 했다. 이는 전례를 찾아보기 힘든 요구로, 그것 때문에 협상이 깨질 수도 있겠다 싶었지만 그 자리를 수락하려면 반드시 얻어내야 한다고 생각했다. 그건 장황한 법률 문서에 추가하는 간단한 문장 하나로, 비공식적으로는 '노트르담 조항'으로 알려지게 된 구절이다.

버지니아대학교 체육이사 출신으로 노트르담 체육이사를 맡고 있는 진 코리건이 전에 세 번이나 나를 영입하려 했다는 사실만 빼면 당시 노트르담이 나를 고용하려 한다고 생각할 이유가 전혀 없었다. 하지만 나는 우리가 미네소타대학교에서 성공을 거두고 노트르담이 여전히 코치를 구하는 중이라면 내가 유력한 후보가 될 수 있다고 생각했다.

계약서에 삽입한 조항은 짧고 단도직입적이었다. 내가 재임하는 동안 미네소타가 볼 경기에 초대받고 노트르담대학교가 내게 접촉해서 수석코치직을 제안하면, 미네소타와 계약을 자유롭게 끝낼 수 있다는 내용이다. 이 조항의 자구에 담긴 논리는 우리가 볼 경기에 진출하면 코칭 스태프와 내가 미네소타 미식축구 프로그램을 재건하는 데 성공했다는 의미다. 그렇게 되면 대학 당국은 별 어려움 없이 매우 유능한 코치를 선임해서 나를 대체할 수 있다. 열여덟 경기 중 열일곱 경기를 그것도 평균 30점 차로 내주고 나면, 미네소타가 다섯 명에게 제안했다가 모두 거절당한 것처럼 코치를 구하는 데 어려움을 겪기 마련이다. 하지만 볼 경기 출전 팀은 승리하는 팀이므로 코치를 구하기가 쉬워질 뿐 아니라, 선수들의 기량 수준도 평균을 웃돌고 태도도 긍정적으로 변화한다. 그런 상황에서 수석코치를 교체하는 건 그리 어려운 일이 아니다.

두 번째 단서 조항으로는 노트르담 수석코치 자리가 공석이 되더라도 내가 먼저 그들과 접촉하지는 않겠다고 명시했다. 노트르담이 먼저 나에게 연락을 취해야 하고, 내가 먼저 나설 수는 없게 못 박은 것이다. 당시 노트르담은 게리 파우스트라는 훌륭한 인물을 수석코치로 내정한 상태였으며, 그가 성공하지 못하리라는 징조는 어디에도 없었다. 하지만 노트르담의 상황이 바뀌어 대학 측이 내게 연락을 해 온다면, 자리를 옮기더라도 어떤 악감정도 불러일으키고 싶지 않았다.

노트르담은 미국의 가톨릭 대학으로, 신앙을 실천하는 많은 가톨릭 신자들처럼 나도 코치를 맡아 일하는 동안 인권단체가 총장에게 전화해 항의할 걱정 없이 내 신앙을 표현할 수 있는 유일한 학교라고 느껴졌다. 나는 노트르담의 수녀들에게 교육을 받았고, 쉬는 시간과 정오 그리고 수업을 파하고 나면 어김없이 노트르담의 승리 행진곡에 발맞춰 걸었다. 노트르담의 수석코치 자리가 공석이 될 때마다(그리 자주 있는 일은 아니었지만), 대학 관계자 누군가가 내게 전화를 걸어 오기를 바랐다. 원정경기에 나설 때면 나는 베스에게 전화해 "오늘 노트르담에서 전화 왔어? 누구 전화한 사람 없었어요?"라고 묻곤 했다. 당시엔 몰랐지만 전 체육이사로 캠퍼스 안팎에서 '미스터 노트르담'으로 불린 무스 크라우스가 1980년 댄 드바인의 은퇴 당시 나를 영입하기 위해 노력했다고 한다. 크라우스는 1978년 오렌지볼 직전의 출장정지 처분에 대해 듣고 기사로도 접하면서 내가 아칸소 팀에 불러온 사고방식의 전환이 마음에 들었던 것이다. 결국 노트르담은 가장 성공한 고등학교 코치로 인품도 뛰어난 게리 파우스트를 선임했다. 당시 나는 게리가 선임된 걸 축하해주었지만, 솔직히 말하자면 살짝 샘이 나기도 했다. 가치와 윤리라는 측면에서의 의미 때문에 나는 노트르담의 수석코치가 세계 최고의 직업이라고 생각했다.

내가 노트르담 조항을 들고나오자 미네소타대학교 당국은 달가워하지 않았다. 그들은 내가 또 다른 자리에 이미 마음을 굳힌 상태에서 미네소타 수석코치직을 수락했다고 생각했다. 나는 전혀 그렇지 않다고 설명했다. 그 조항이 효력을 발휘하려면 미네소타가 볼 경기에 출전해야 했다. 내가 미네소타 미식축구팀에 집중하지 않는다면 우리 팀이 승리할 수 없으므로 그 조항이 발동될 가능성은 극히 작았다. 또한 노트르담은 이미 코치를 선임한 상태인 반면 미네소타는 그렇지 않았다. 그들이 내가 내건 이례적인 조건을 수용하면 미네소타대학교 골든고퍼스도 코치를 갖게 될 터였다.

당시만 해도 미네소타가 볼 경기에 출전할 가능성은 너무나 희박해서 해당 조항의 위험 요소는 대학 당국이 감당할 만한 수준으로 보였다. 게다가 그들에겐 나 말고 다른 후보가 없었다. 내가 거절하면 수석코치 선임 시도에서 여섯 차례 모두 실패하게 된다. 심사숙고 끝에 미네소타는 노트르담 조항에 동의했고 우리는 합의에 이르렀다. 1984시즌 나는 미네소타대학교 미식축구팀의 새로운 수석코치가 됐다.

그 일요일 오후 아칸소에서 우리 가족과 내게 닥친 불운이 아니었다면 하비 매케이의 전화를 받을 일도 없었을 테고, 미네소타를 방문하지도 않았을 것이고, 그날 오후 가족과 기도 시간을 갖지도 않았을 테고, 미네소타대학교와 맺은 내 계약서에 노트르담 조항을 집어넣는 일도 없었을 것이다. 그랬다면 우리가 미네소타에서 달성한 일들을 이룰 기회를 결코 갖지 못했을 것이고, 노트르담대학교에서 열한 차례의 시즌을 성공적으로 치러낼 위치에 오르지도 못했을 것이다.

내게 미래를 내다볼 능력이 있었더라면 프랭크 브로일스가 내게 사임을 요구하던 날 그를 껴안아줬을지도 모르겠다. 그날을 내 수석코치 경력에서 바닥을 친 순간이라고 생각했다는 사실이 핵심을 말해준다. 우리를 좋은 방향으로 이끌기 위해 언제 불운이 찾아올지 우리는 결코 알 수 없다.

물론 미네소타에 도착했을 때도 아칸소를 떠날 때만큼이나 미래에 대해 아는 게 없기는 마찬가지였다. 당시 내가 아는 거라곤 우리 앞에 할 일이 산적했다는 것뿐이었다. 우리 팀에는 지난 시즌에는 출장했지만 학업 성적 때문에 출전 자격을 상실한 선수가 스무 명이 넘었다. 장학금을 받는 학생은 마흔일곱 명이었는데, 인간에게 알려진 문제란 문제는 모두 가지고 있었다. 선수들 사이에서 학업은 우선순위에서 한참 밀리거나 아예 농담거리 취급을 받았다. 선수들의 운동 습관은 규율 잡힌 미식축구팀이라기보다는 사슬에 묶여 강제 노역을 하는 죄수들에 더 가까웠다. 인종 간 불화가 있었고, 선수들 사이에 신뢰가 부족했고, 코치들에 대한 존경심도 거의 없었다. 선수들은 패배를 당연시했는데, 패배를 밥 먹듯 되풀이해온 결과다.

선수들은 기가 꺾인 데다 냉소적이었고 오합지졸처럼 규율도 잡혀 있지 않았다. 내가 수석코치가 됐다는 사실도 권위에 대한 선수들의 태도에 별반 영향을 주지 못했다. 우리가 승리하는 팀을 만드는 데 전념해야 한다는 사실을 깨닫도록 적응 기간을 적당히 준 다음 나는 규칙을 공표했다. 졸업과 승리가 목표가 아니라면 운동을 그만두라는 것이었다. 선수들은 태도와 행동을 바꾸거나 우편물을 받는 주소를 바꾸거나 둘 중 하나를 선택해야 했다.

대다수 선수는 변화에 긍정적으로 반응했다. 미네소타 사람들은 천성이 근면한 이들이다. 또 미식축구에 대한 사랑도 대단하다. 주립대학의 미식축구 프로그램이 그토록 망가진 데 대해 미네소타주의 많은 선량한 시민이 실망한 터였기에, 내가 부임해 미식축구 프로그램을 보다 규율 있고 성실하게 만들어야 한다고 주장하자 지역 사회는 물론 팀 내에서도 크게 지지해주었다. 뛰어난 라인배커이자 아버지가 미국에서 가장 성공한 장기이식 전문의인 피터 나이지리언 같은 선수는 다른 선수들도 믿음을 갖도록 독려했다. 하지만 우리에겐 더 많은 게 필요했다.

나는 하비 매케이와 지역 신문 스포츠 면 편집자 시드 하트먼을 매일 밤 만났다. 우리는 미식축구 프로그램에 대한 관심과 열정을 한층 더 불러일으키기 위한 이런저런 아이디어를 주고받았다. 첫 번째 성과는 우리 팀의 모든 홈경기를 돔구장인 메트로돔에서 치르기로 합의한 것이다. 이 결정은 논란을 불러일으켰지만, 우리는 그것이 유일하게 합리적 선택이라고 사람들을 설득했다. 미네소타대학교 스타디움은 대대적인 보수와 개조가 필요했고, 비용 편익 분석 결과 메트로돔 임대가 스타디움 전면 보수보다 더 저렴한 것으로 드러났다. 나는 지역 사회에 이렇게 개인적인 호소도 했다.

"삽을 들어 눈을 치워본 적 있는 모든 분의 도움과 지지가 필요합니다."

그 한마디에 미네소타주 내에서 열렬한 지지가 봇물 터지듯 터져 나왔다. 미네소타 주민들은 우리 미식축구 프로그램의 성공에 관여하고 또 기여하고 싶어 했다. 주민들에게 필요한 건 도와달라는 요청뿐이었는데, 내가 그 요청을 한 것이다. 우리가 승리하는 팀을 만들기 위해서는 고등학교 선수들이 주내 대학에 진학하도록 유도하는 게 무척 중요했다. 지난 몇 년간 미네소타 출신의 뛰어난 선수들은 아이오와나 네브래스카, 위스콘신 같은 주의 대학에 입학했다. 나는 주 전체에 방영되는 TV 프로그램에 출연해 주 내 모든 유망주에게 미네소타대학교에 입학해달라고 간곡히 호소했다. 또 선수 가족들에게도 아들이 그렇게 하도록 독려해달라고 당부했다.

"우리 팀의 심장과 영혼은 미네소타에서 나와야 합니다." 나는 카메라를 똑바로 응시하며 말을 이어갔다. "하지만 팔과 다리는 다른 지역에서 나와야 한다는 사실도 아시겠죠. 눈신발을 신고는 달리기가 힘들거든요."

이후 2년간 우리는 주 내에서 배출된 유망주들을 딱 한 명만 빼고 모두 스카우트하는 데 성공했다.

사람들이 발 벗고 나서서 우리 프로그램을 지지할 이유를 주기 위해 나는 봄 훈련을 받는 팀원들을 두 조로 나누고 각각 미네소타주를 대표하는 쌍둥이 도시인 '미니애폴리스'와 '세인트폴'이라고 이름 붙였다. 바로 전 해 미네소타대학교는 홈경기에서 평균 관중 2만 8,000명을 기록했다. 미니애폴리스와 세인트폴 간에 펼쳐진 스프링캠프 경기에서 우리는 4만 명이 넘는 관중을 끌어모았다.

팬들의 성원이 꼭 필요하긴 하지만, 팬이 경기를 하는 건 아니다. 우리에겐 미식축구 프로그램의 모든 측면에서 우수한 선수와 실력 있는 코치 그리고 새로운 태도가 필요했다. 나는 아칸소에서 함께했던 코치들을 상당수 영입했다. 프랭크 브로일스는 나를 해고하면서 내 보조코치들을 해고하지 않았지만, 새로운 수석코치는 보조코치를 유임시키기보다는 방출하는 경향이 있다. 나는 아무 어려움 없이 피트 코르델리와 짐 스트롱, 조지 스튜어트를 설득해 미네소타로 오게 했다.

조지 스튜어트는 대단한 이야기의 주인공이다. 아칸소에서 선수로 뛸 때 그는 전미 대표에 선발된 데 이어 캔자스시티 치프스의 지명을 받았다. 하지만 몇 학점이 모자라 졸업장을 받지 못하고 NFL로 갔는데, 그 때문에 어머니가 마음 아파했다. 그가 무릎 부상으로 미식축구를 그만두고 자동차 영업사원이 됐을 때 그의 어머니가 내게 전화해 이렇게 말했다.

"코치님은 조지가 졸업할 거라고 약속하셨죠? 그런데 졸업도 못했고 이젠 자동차를 팔고 있단 말입니다."

내가 말했다.

"어머니 말씀이 맞네요."

그리고 조지에게 전화를 걸어 말했다.

"조지, 네 어머니에게 네가 학위를 받을 거라고 약속했으니 그게 바로 자네가 할 일이야. 이리로 와서 복학한 다음 학생 코치로 내 밑에서 일하게."

내 전화에 놀란 기색이 역력한 조지가 이렇게 대답했다.

"코치님 제안은 감사합니다만, 차를 팔면서 돈을 많이 버는 지금이 무척 행복합니다."

나는 조지에게 어머니에게 전화해서 자신이 내 제의를 거절했다고 말하면 그다지 행복하지는 않을 거라고 일러주었다.

"와서 학위를 마치게. 그러고 난 다음에도 차를 팔겠다면 그렇게 하고."

그건 부탁이 아니라는 걸 조지도 알았다. 조지는 어머니를 사랑했고, 나도 그녀를 사랑했다. 조지의 어머니는 아들을 최고로 키워낸 훌륭한 여성이다. 조지는 아칸소로 돌아와 학위를 받은 것은 물론이고, 타고난 코치 재목임을 드러냈다. 그가 졸업장을 받자마자 나는 그를 내 코칭 스태프에 포함시켰고, 미네소타로 옮기자마자 그를 다시 기용했다.

봄 훈련 첫날 나는 허들 때 오합지졸처럼 어슬렁거리는 공격수들에게 불같이 화를 내며 분위기를 다잡았다. 어떤 선수들은 두 손으로 허벅지를 짚고 엉거주춤 서 있는가 하면, 어떤 선수들은 영화관에서 팝콘을 사려고 줄을 선 것처럼 엉덩이를 뒤로 빼고 두 손을 옆구리에 얹고 있었다. 허들이 끝나자 선수 몇몇이 드문드문 박수를 쳤다. 그건 마치 여러 개의 장난감 권총에서 불발탄이 터지는 소리 같았다.

"잠깐!" 내가 고함을 치며 선수들 한가운데로 달려들었다. "그건 우리가 훈련하는 방법이 아니야."

내가 무슨 말을 하는 건지 선수들이 전혀 못 알아들었기 때문에 코칭 스태프와 나는 허들 때 어떻게 서야 하는지, 두 발은 어느 정도 간격으로 벌려야 하는지, 시선은 어디에다 두고 두 손은 어디에다 둬야 하는지 설명했다. 허들이 끝나자 선수들은 절도 있게 일제히 박수를 쳤다. 플레이가 끝나면 뛰어서 허들 대형으로 복귀해야 했다. 느릿느릿 달리거나 산책하듯 어슬렁대는 건 더는 용납되지 않았다. 어디론가 가야 한다면 서둘러 움직여야 했다. 아무 데도 갈 곳이 없다면 필드에서 나가야 했다. 나는 선수들에게 우리 팀이 블로킹과 태클은 잘하지 못하더라도 볼이 스냅되기 전까지 전국에서 가장 멋지게 보이는 팀이 되리라는 걸 알려주었다.

1981년 아칸소 지휘봉을 잡고 있을 때 우리는 당시 전국 1위를 달리던 텍사스와 맞붙었다. 하프타임 때 우리가 42:3으로 리드했고 결국 압승을 거뒀다. 그다음 날 경기 영상을 보고 있는데 이스턴켄터키대학교 코치로 무척 성공적인 경력을 쌓아가던 로이 키드에게 전화가 왔다.

"코치, 당신 팀 허들과 작전회의 방식을 어떻게 지도했는지 말씀해주세요."

나는 우리가 왜, 그리고 어떻게 허들을 가르쳤는지 설명했다. 그는 내게 감사 인사를 한 뒤 전화를 끊으려고 했다.

"우리 팀 공격과 수비에는 관심이 없나요?"

내가 물었다. 그러자 그가 대답했다.

"아뇨. 당신 팀 경기는 TV에서 봤어요. 그중에서 가장 감명 깊은 부분이 허들이었어요."

미네소타에서 그 허들이 큰 역할을 했다. 하지만 내 눈에는 그 첫 봄 훈련의 두 번째 플레이에서도 허들이 여전히 길가에 모인 불량배들처럼 보였다. 훈련이 끝난 뒤 나는 공격수들을 그대로 남겨두고 30분 동안 추가 훈련을 했다. 그 뒤로 우리 팀 허들은 한결 나아졌다.

많은 사람이 내가 자기들 보기엔 사소한 일에 집착한다고 걸고넘어졌다. 물론 미네소타에는 더 심각한 결점들이 있었다. 하지만 작전을 정확히 수행하기 위해서는 세세한 부분에 집중해야 한다. 허들 때 엉성해 보이는 팀은 실제 플레이도 허술할 수밖에 없다. 사이드라인에서 흐트러진 모습을 보이는 선수는 필드에서도 제멋대로 행동한다. 그 봄 훈련에서 우리는 많은 선수가 한 번도 들어본 적 없는 기준을 세웠다. 그 기준에 긍정적으로 화답한 선수들이 1984시즌 우리 팀의 주축이 됐다.

고학년 중에서 핵심 선수들을 추려내고 난 뒤에 우리는 우수한 신입생들로 팀을 채웠는데, 그중에는 노스캐롤라이나 출신 쿼터백 리키 포그와 아이오와에서 온 러닝백 개리 카우치도 있었다. 우리는 또 대학 당국과 후원자들을 설득해서 실내 훈련장을 짓고 웨이트트레이닝장도 개보수했다. 대학 당국과 팬, 코치 그리고 선수들의 헌신을 모두가 확인하자 열정도 눈덩이처럼 커졌다.

미네소타에 슈퍼스타는 한 명도 없었지만 노력과 규율, 올바른 태도, 정확한 작전 이행의 중요성을 믿는 선수들과 함께 우리는

1984년 4승을 거뒀으며 지원만 충분하면 무엇이든 가능하다는 사실을 다시 한번 입증했다. 우리는 링컨 원정경기에서 네브래스카에 6:31로 완패했다. 그래도 우리 팬들은 고무됐는데, 한 해 전 우리 홈 구장에서 네브래스카가 우리를 84:13으로 대파했기 때문이다. 전국에 TV로 중계되는 가운데 치른 매디슨 원정경기에서는 전국 순위 상위권을 달리는 위스콘신에 깜짝 승리를 거뒀다. 이 경기에서 우리는 '폴 버니언의 도끼*Paul Bunyan's Axe*(전설 속 거인 나무꾼의 이름을 따 미시간대: 미시간주립대, 위스콘신대:미네소타대 정기전 승자에게 수여하는 트로피-옮긴이)'를 받았다. 미시간과도 접전을 펼쳤지만, 미시간이 승리하며 '갈색 작은 병*Little Brown Jug*(미시간대:미네소타대 정기전 승리 트로피-옮긴이)'을 가져 갔다. 시즌 최종전에서 우리는 전국 상위권의 아이오와를 꺾고 '로 즈데일의 플로이드*Floyd of Rosedale* 돼지 트로피(아이오와대:미네소타대 정기 전 승리 트로피-옮긴이)'를 차지했다. 우리 팀이 올바른 방향으로 나가고 있다는 걸 누구도 의심하지 않았다. 우리는 연례 라이벌전 세 경기 가운데 두 경기에서 승리해 도끼와 돼지를 트로피 진열장에 채워 넣 었다.

오프 시즌에 총장 대행인 케네스 켈러 박사가 회의를 요청했다. 그는 내 계약에서 노트르담 조항을 삭제하기를 원했다. 첫해가 지나 자 볼 경기 출전이 더는 터무니없는 생각이 아니었기 때문이다. 게 다가 게리 파우스트는 뛰어난 자질을 갖췄음에도 노트르담에서 고 전하고 있었다. 그의 계약은 1985시즌을 끝으로 종료되는데, 사우스 벤드에 있는 누구도 공식적으로 말은 안 하지만 계약 연장을 위해서는 다음 시즌에는 좋은 성적을 낼 필요가 있어 보였다. 나는 그가 할 수 있다고 생각했지만, 미네소타대학교 관계자들은 내 생각에 전혀 동의하지 않았다. 내 노트르담 조항의 발동이라는 큰 먹구름이 몰려오고 있다고 여겼다. 켈러 박사는 이렇게 말했다.

"노트르담 조항의 삭제를 제안합니다. 그 조항을 삭제해준다면 종신 계약과 함께 체육이사를 겸임하게 해드리겠습니다."

솔깃한 제안이었다. 미네소타에 온 지 1년밖에 지나지 않은 시점이었다. 다시 어딘가로 옮기는 건 내 우선순위 목록의 앞부분에 있지 않았다. 게다가 나는 미네소타 사람들이 무척 좋았고 우리가 이뤄가는 진전이 매우 만족스러웠다. 주 전체가 우리를 성원했는데, 이는 충분히 많은 사람이 관심을 가지면 불가능은 없다는 내 생각을 입증하는 증거가 됐다. 내 친구들과 나를 지지해주는 사람들에게 공정해지고 싶었기 때문에, 나는 켈러 박사에게 나를 체육 담당 부이사에 임명해주면 계약에서 노트르담 조항을 삭제하겠다고 말했다. 폴 기엘이 체육이사를 맡고 있었는데, 내가 체육이사가 되면 그가 자리에서 쫓겨나게 되기 때문이다. 그건 내가 결코 원치 않는 일이었다. 하지만 내가 체육 담당 부이사가 돼 폴의 부담을 조금 덜어주고 폴이 계속 체육이사 자리를 유지하며 모든 대외 접촉 활동을 총괄한다면 노트르담 조항 삭제에 동의하고 싶었다. 내가 내건 유일한 조건은 폴도 이 합의에 동의해야 한다는 것이었다. 나는 폴을 무척 존경했고 그가 심장 질환을 앓고 있었기 때문에 그의 책임 일부를 떠안는 게 그에게 호의를 베푸는 거라고 생각했다.

이 협상이 진행된 건 1985년 7월이었다. 내가 알기로 폴은 동의했지만, 뭔가 문제가 생겼다. 켈러 박사가 "지금은 계약 변경이 불가능할 것 같네요"라고 알려 왔다. 나는 "괜찮아요. 총장님이 먼저 애기를 꺼냈지 제가 먼저 계약 변경을 요청한 건 아니니까요"라고 대답했다.

부임 두 번째 해인 1985년 우리는 꽤 많은 경기에서 승리했는데, 특히 퍼듀전에서 대승을 거뒀다. 하프타임에 이미 42:7로 앞서며 큰 점수 차로 손쉬운 승리를 챙겼다. 퍼듀가 후지어돔에서 열린 경기에서 노트르담을 꺾은 다음 주에 따낸 승리였다. 우리는 위스콘신을 또한 번 꺾으며 도끼 트로피를 지켰지만, 오클라호마엔 아쉽게 패했다. 경기 종료 2분을 남기고 5점 차로 뒤진 가운데 오클라호마 진영 12야드 라인에서 우리가 첫 번째 공격권을 가지고 있었지만 득점을 할 방법을 찾아내지 못했다. 5점 차로 승리한 오클라호마는 결국 무패로 시즌을 마감한 데 이어 내셔널 챔피언십까지 차지했다. 그리고 그다음 주 오클라호마는 1986시즌 우리 팀과의 경기를 취소한다고 통보했다(미국 대학 미식축구는 동일 콘퍼런스 소속이 아닌 팀과의 경기를 일정 비율 자율적으로 결정한다–옮긴이).

그때 켈리 박사에게서 만나자는 연락이 왔다. 그는 노트르담 조항을 다시 논의하고 싶어 했다. 게리 파우스트가 재계약을 하지 않을지도 모른다는 소문이 돌았고, TV 해설자들은 내가 미네소타와 맺은 계약의 노트르담 조항을 공개적으로 거론했다. 1985년이면

ESPN이 오스트레일리아식 풋볼이나 오토바이 크로스컨트리 경주를 방영하는 코네티컷의 별난 케이블 채널에서 일류 스포츠 및 뉴스 매체로 발돋움한 뒤였다. ESPN에서 가장 시청률이 높은 프로그램인 「스포츠센터」 진행자들은 시즌이 끝나자마자 노트르담이 내게 접촉해 올 것으로 예측했다.

켈러 박사와는 결국 대화를 나눌 기회를 갖지 못했다. 내가 약속 시간인 오전 11시에 도착했을 때 그는 사무실에서 다른 손님을 만나고 있었다. 11시 45분에 나는 그의 비서에게 그만 가야겠다고 말했다. 오하이오주립대와의 경기가 전국에 중계될 예정이었고, 중계방송을 맡은 ABC의 키스 잭슨과 12시에 약속이 돼 있었다. 켈러 박사의 사무실을 나와 내 사무실로 반쯤 돌아왔을 때 켈러 박사가 숨을 헐떡이며 나를 따라와 이렇게 말했다.

"노트르담 조항을 없애려면 우리가 뭘 해야 하나요?"

나는 그의 어깨에 손을 얹고 말했다.

"뭔가가 되기로 운명 지워진 일이 있고 그렇지 않은 일이 있어요. 그냥 순리대로 흘러가도록 내버려 두시죠."

순진한 척한 게 아니다. 애초에 노트르담 조항을 집어넣겠다는 생각이 불현듯 들었을 때 어떤 이유가 있었던 것처럼, 그리고 아칸소대에서 쫓겨난 데에도 어떤 이유가 있었던 것처럼 이 상황도 어떤 이유가 있어서 일어났다고 진심으로 믿었다. 나는 미네소타를 승리하는 미식축구팀으로 바꾸기 위해 할 수 있는 모든 것을 했다. 일이 잘 풀려 미네소타에 10~15년쯤 더 머물게 된다면 무척 행복할 것이다. 또는 미네소타가 볼 경기 초대장을 받고 내가 노트르담대학교의 연락을 받아 협상을 하게 되면 그 역시 행복한 일이 될 것이다. 나는 코치에게 주어진 역할 범위 안에서 할 수 있는 모든 일을 했다. 나머지는 신의 몫이었다.

우리는 오하이오주립대와의 경기에서 접전 끝에 패한 데 이어 막강 전력의 아이오와와 맞붙은 시즌 최종전에서도 패하며 6승 5패로 시즌을 마감했다. 최종전에서 패배했음에도 루이지애나주 슈리브포트에서 온 인디펜던스볼Independence Bowl 관계자 두 사람이 라커룸으로 나를 찾아와 12월 31일에 ACC 소속 팀을 상대하게 될 볼 경기 출전을 제의했다.

당시 폴 기엘도 라커룸에 있었다. 그래서 내가 물었다.

"어떻게 생각해요?"

"수락해야죠."

그가 대답했다.

"폴, 우리가 제안을 수락하면 노트르담 조항의 효력이 발생하잖아요."

잠시 침묵하던 그가 입을 열었다.

"알아요. 하지만 우리 팀에 너무나 중요한 기회예요. 그들에게 인디펜던스볼에 출전하게 돼 영광이라도 말하세요."

우리는 제의를 수락하고 나서, 우리 팀 선수들에게 볼 경기에 출전하게 됐다고 말했다. 라커룸에서 환호성이 터져 나왔다. 정규 시즌 최종전 패배로 인한 부정적인 감정을 떨쳐버리기엔 더할 나위 없이 좋은 방법이었다.

이틀 뒤 나는 인디펜던스볼 기자회견에 참석하기 위해 슈리브포트로 날아갔다. 우리가 상대할 팀은 클렘슨대학교로 결정됐다. 얄궂게도 클렘슨은 헤이스 코치가 게이터볼에서 평정심을 잃고 상대 선수를 가격해서 오하이오주립대에서 해고되던 당시의 상대 팀이었다. 우리가 상대할 팀과 우리에게 주어진 기회 그리고 경기 장소 모두 나는 더없이 기대가 됐다. 딸 루앤 부부가 슈리브포트에 살고 있었기에 홀츠 가족에겐 최고의 휴가가 될 터였다.

게다가 미네소타에서는 선수 선발이 진행되고 있었고, 뛰어난 신입생들을 확보할 수 있을 것 같았다. 시즌 티켓 판매에서 1986시즌 홈경기 전 게임 매진을 기록한 점까지 고려하면 미네소타 미식축구가 본궤도에 올랐다고 어렵지 않게 결론 내릴 수 있었다.

슈리브포트에서 집으로 돌아온 지 1주일이 지났을 무렵, 오전 11시에 전화벨이 울렸다. 받아보니 내가 아는 목소리였다.

"루 홀츠 씨. 노트르담의 조이스 신부입니다."

그는 노트르담 체육팀을 총괄하는 부총장으로, 노트르담 체육이사 진 코리건의 권유로 내게 전화했다고 말했다. 에드먼드 조이스 신부와 노트르담 총장인 시어도어 헤스버그 신부는 함께 사제 서품을 받은 막역한 친구 사이로, 35년간 노트르담을 이끌어왔고 이제는 전설의 반열에 올라 있다. 조이스 신부가 말했다.

"노트르담대학교의 차기 수석코치에 부임하는 문제를 논의하고 싶습니다."

일련의 일들이 하나로 모여 이 순간을 가능케 한 과정을 살펴본 결과 나는 유일한 논리적 결론에 도달했다. 인생에서 목표를 가지는 것 그리고 그 목표를 달성하기 위해 최선을 다하는 것이 대단히 중요하지만, 결국 신은 오묘한 방식으로 역사한다는 사실이다.

시련은 다가오기 마련이다. 언제나 그렇다. 하지만 시련이 닥쳤을 때 굳은 믿음과 성실한 노력, 목표를 향한 흔들림 없는 헌신이 오늘의 비극을 내일의 승리로 바꿔놓는다.

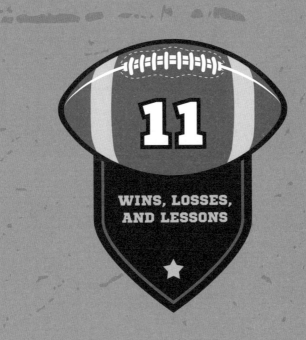

11

WINS, LOSSES, AND LESSONS

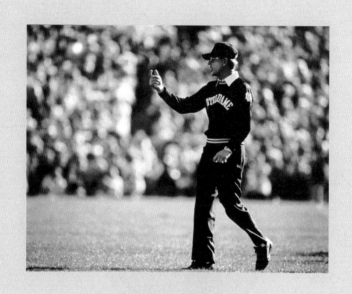

노트르담 시절 필드에서.
노트르담은 뭔가를 하는 법을 배우는 곳이 아니라
어떤 사람이 될지 배우는 곳이었다.

핑계 따위는
집어치워라

조이스 신부와 나눈 첫 전화 대화에서 나는 빠른 깨달음을 얻었다. 내게 수석코치 자리를 제안한 뒤 조이스 신부는 이렇게 말했다.

"수락하시기 전에 고려해야 할 사항이 몇 가지 있습니다. 우리 학교에는 다른 대학에서는 적용되지 않을 수도 있는 규칙이 몇 가지 있어요. 첫째, 우리는 전력 강화를 위해 선수를 유급시키지 않고 다른 대학교나 2년제 전문대학에서 편입해 오는 것도 허용하지 않습니다. 그리고 미식축구팀 수석코치는 입학 문제에는 전혀 관여할 수 없습니다. 학생 선수가 노트르담에 입학하려면 입학자격시험에서 좋은 점수를 얻고 최소한 열여섯 개 핵심 교과과정에서 좋은 성적을 내야 합니다. 선수들은 캠퍼스 안에 있는 기숙사에서 생활하며 전적으로 기숙사 주임 신부의 통제를 받습니다. 그리고 코치님은 학생들의 성적에 대해 교수들에게 절대 어떤 얘기도 하실 수 없습니다. 그건 교무처 소관이에요. 아시겠어요?"

나는 "예"라고 대답했다. 그리 놀라운 일이 아니었다. 노트르담은 기준이 높고 규칙이 엄격하다는 걸 익히 알고 있었다. 하지만 그럼에도 그 규칙들을 조목조목 나열하는 걸 들으니 노트르담이 얼마나 엄격하고 독특한 곳인지 실감이 났다.

"그게 전부가 아닙니다." 조이스 신부가 이어 말했다. "우리 팀은 항상 까다로운 일정을 소화합니다. 최대한 까다롭게 대진을 짜죠. 선수들은 강의나 실험과 일정이 겹치면 훈련에 빠지거나 늦게 될 겁니다. 그럼에도 우리는 승리를 기대합니다. 그리고 마지막으로 미식축구팀 수석코치는 절대 총장보다 더 높은 급여를 받지 못합니다."

마지막 말에 나는 마른침을 꿀꺽 삼켰다. 노트르담 총장인 헤스버그 신부는 청빈 서약을 한 성직자였다.

"그 조건들을 수용하실 수 있으면 코치님을 기꺼이 노트르담대학교의 일원으로 모시고 싶습니다."

물론 그 조건들을 수용할 수 있었다. 사실 나는 규칙이 그렇게 명확하고 타협 불가능한 환경에서 일하기를 고대했다. 조이스 신부의 말이 옳았다. 그가 나열한 사항들은 다른 많은 대학에서는 적용되지 않는 것들이었지만, 노트르담에 비견할 만한 대학은 거의 없었다. 그가 방금 소개한 규칙들은 기독교의 가르침과 교리 그리고 노트르담을 전 세계에서 가장 존경받는 학교로 만들어준 행동 강령에 기반한 것들이다. 노트르담은 뭔가를 하는 법을 배우기 위해 다니는 곳이 아니라 어떤 사람이 될지를 배우기 위해 다니는 곳이었다. 조이스 신부가 말한 규칙들은 그런 점을 반영하고 있었다. 나는 하루

승리, 패배, 그리고 교훈

빨리 노트르담에 합류하고 싶었다. 게다가 조이스 신부는 우리 팀이 승리하는 데 걸림돌이 될 만한 내용은 단 한 마디도 말하지 않았다. 상대편이 열한 명을 출전시키고 우리는 여덟 명밖에 나설 수 없다는 말 같은 건 없었으니까.

하지만 나는 가족들과 의논을 해야 했다. 노트르담 미식축구팀의 수석코치가 되기를 늘 바라긴 했지만, 그래도 내게는 고등학교에 다니는 딸과 우리가 고집해서 미네소타대학교에 입학한 아들이 있었다. 케빈은 열다섯 살 때부터 당뇨병을 앓아 하루에 네 번씩 인슐린 주사를 맞아야 했다. 우리 도움이 필요할 때를 대비해 가까이 있을 수 있도록 미네소타대학교에 진학하기를 바란 것이다. 의료적 필요를 스스로 알아서 처리할 만큼 자랄 때까지는 곁에서 보살펴주고 싶었다. 게다가 노트르담 수석코치 자리를 수락하면 불과 2년 새 두 번째 이사를 하게 된다. 제의를 수락하기 전에 가족이 이 모든 일에 동의하는지 확인해야 했다. 스킵은 반색하리라는 걸 알았는데, 노트르담대 3학년에 재학 중이었기 때문이다.

조이스 신부는 충분히 이해해주었다. 노트르담은 마이애미와 한 경기를 더 남겨두고 있었다. 게리 파우스트와 계약을 연장할 계획은 없었지만 서둘러 어떤 발표를 할 이유도 없었다. 조이스 신부의 전화를 받은 건 월요일 아침으로, 나는 화요일에 다시 전화하겠다고 약속했다.

집에 돌아왔을 때 가족들이 보인 반응은 전혀 예상치 못한 것이었다. 리즈는 신바람을 냈다. 리즈는 내가 그 자리를 수락해야 한다고 단언했을 뿐 아니라 어서 사우스벤드로 전학해 거기서 고등학교 3학년을 마치고 싶다고 말했다. 베스도 무척 기뻐했다. 아내는 이게 내 일생의 꿈이라는 걸 알기 때문에 그 꿈이 마침내 실현됐다는 사실에 좋아서 어쩔 줄 몰랐다. 케빈은 자신이 잘 지낼 수 있고 건강 문제도 스스로 잘 돌볼 수 있다고 아내와 나를 안심시켰다. 결정이 내려진 가운데 나는 방으로 돌아와 해야 할 일과 전화를 걸어야 할 사람들을 적어 내려갔다.

몇 분 뒤 전화벨이 울렸다. 서던캘리포니아대학교 체육이사 마이크 매기 박사였다. 그는 내게 서던캘리포니아 사령탑이 공석이 될 가능성이 있으며, 그럴 경우 내가 새 수석코치로 부임하기를 원한다고 말했다. 내가 대답도 하기 전에 매기 박사는 노트르담보다 서던캘리포니아가 더 나은 점에 대해 한바탕 연설을 늘어놓으면서 사우스벤드보다는 캘리포니아로 오면 더 행복할 거라고 말했다. 이 말이 내겐 좀 묘하게 들렸는데, 내가 미네소타의 수석코치를 맡고 있는데다 우리 가족 말고는 누구도 내가 노트르담 관계자와 대화를 나눴다는 사실을 몰랐기 때문이다.

"매기 박사님. 왜 노트르담이 저를 수석코치 후보로 고려할 것으로 생각하시나요?"

내가 물었다.

"당신이 타당한 선택이니까요."

나는 이미 노트르담 수석코치 제의를 수락하기로 결심했다는 내색은 전혀 하지 않았다.

승리, 패배, 그리고 교훈

"감사합니다, 매기 박사님. 하지만 저는 미네소타대학교와 계약이 돼 있습니다. 제가 자유롭게 이야기할 수 있는 학교가 딱 한 곳 있긴 하지만 그 학교 이름은 밝히지 않겠습니다."

다음 날 아침 나는 폴 기엘에게 노트르담의 수석코치직을 수락하겠다고 말했다. 그는 실망한 기색이었지만 놀라지는 않았다. 하지만 소식이 알려졌을 때 미네소타 전역의 대체적인 반응은 그렇지 않았다. 그들은 내가 내건 노트르담 조항을 몰랐기 때문에 내가 이기적인 이유로 미네소타를 떠난다고 생각했다. 내가 향하는 곳이 다름 아닌 사우스벤드라는 사실이 더더욱 미네소타 사람 대부분을 분노하게 했다.

폴 기엘과 나는 인디펜던스볼에서 내가 팀을 지휘하지 않는다는 데 합의했다. 볼 경기를 앞두고 코치 교체가 이뤄지는 경우 보통 그렇게 한다. 고등학교 3학년 선수들이 1월 첫째 주에는 입단서약서에 서명하기 시작하기 때문에, 새해 첫날 볼 경기를 앞두고 대학 팀 코치 교체가 무척 많이 이뤄진다. 그래서 학교들은 '입단 확정일' 전에 수석코치를 확정하고 싶어 한다. 미네소타 역시 마찬가지였다. 우리 팀 수비 총괄 코치 존 구테쿤스트가 수석코치 자리를 이어받기로 했다. 나는 존을 대단히 존경했고 그가 수석코치 역할을 아주 잘 해내리라는 걸 알았는데, 실제로 미네소타는 12월 31일 클렘슨전에서 20:13으로 승리했다.

나는 떠들썩하게 소문내지 않고 최대한 조용히 팀을 떠나는 게 최선이라는 걸 알았다. 유일한 문제는 게리 파우스트가 마이애미에서 한 경기를 더 지휘해야 하기 때문에 조이스 신부가 내 임명 소식을 비밀로 해달라고 요청한 것이었다. 수석코치 교체를 발표하는 기자회견은 그다음 주 월요일로 예정돼 있었다. 엿새 동안은 비밀을 지켜야 했다.

하지만 그 계획은 채 여덟 시간도 안 돼 어긋나고 말았다. 화요일 업무 시간이 끝나기 전에 조이스 신부가 다시 전화를 했다.

"신임 코치로 누가 선임될지 추측하는 사람들이 너무 많네요."

파우스트 코치의 계약이 연장되지 않을 것이라는 발표는 조이스 신부가 내게 전화로 수석코치 자리를 제안하기 한 시간 전에 이뤄졌다. 조이스 신부는 "기자회견 날짜를 앞당겨야겠어요"라고 말했다. 조이스 신부의 고충이 이해가 됐다. 그는 자기 팀 수석코치의 임기와 권위를 존중하고 싶었지만, 게리 파우스트의 후임자를 묻는 언론 관계자들에게 거짓말을 할 수는 없었다. 게다가 동문들도 신임 코치로 누구를 임명해야 할지를 놓고 설왕설래하기 시작했다.

"언제 가면 될까요?"

내가 물었다.

"내일이요."

조이스 신부가 대답했다.

조이스 신부의 제의를 공식 수락한 다음 날인 수요일 나는 노트르담대학교 신임 수석코치 자격으로 첫 기자회견에 참석하기 위해 베스와 리즈, 케빈과 함께 사우스벤드로 날아갔다. 스킵도 그곳에서 우리와 합류했다.

기자들이 질문을 쏟아냈다. 나는 꼼꼼하고 솔직하게 대답하려고 노력하는 한편, 기자회견장 분위기를 밝게 하려고 농담도 약간 섞었다. 어느 순간 나는 이런 말도 했다.

"제 소망은 차분하고 위협적이지 않은 방식으로 수석코치의 소임을 다하는 겁니다." 이 말에 꽤 많은 웃음소리가 터져 나왔다. 또 이런 말도 했다. "우리 어머니가 요즘 무척 행복해하십니다. 노트르담이 천국이나 다름없다고 생각하시거든요."

스스로 이 대학에 본보기가 될 코치라고 생각하느냐는 질문을 받았을 때는 이렇게 답변했다.

"내 모습을 한번 보세요. 키 180센티미터에 몸무게는 70킬로그램이 안 되죠. 안경을 쓰고 있고, 말할 때 혀 짧은 소리를 하는 데다, 몸집을 보면 평생 영양부족에 시달린 것 같잖아요. 고등학교를 졸업할 때는 성적이 하위권이었어요. 그럼에도 오늘 노트르담 미식축구 팀의 수석코치로 이 자리에 섰습니다."

화제가 내 전임자로 바뀌었을 때는 나도 무척 진지해졌다.

"지난 5년간 게리 파우스트가 보여준 것만큼의 품격과 성실성을 내가 보일 수 있기를 바랄 뿐입니다. 어떤 상황에서든 그보다 더 잘 처신하고, 좌절하고 낙담한 사람들에게 긍정적인 영향을 미치며 희망을 불어넣는 사람을 떠올리지 못하겠습니다. 지금 이곳에 있는 우리는 물론 게리 스스로조차 자신이 얼마나 많은 사람의 마음을 움직였는지 알지 못하는 것 같습니다."

게리 파우스트를 처음 만났을 때 나는 그가 틀림없이 위선자라고 생각했다. 내 직감으로는 누구도 그렇게 항상 친절하고 긍정적이며 배려심이 깊을 수는 없었다. 나를 놀리는 게 틀림없다고 생각했다. 하지만 그를 더 잘 알게 될수록 게리야말로 살면서 만날 사람 중에 가장 긍정적이고 친절하고 사려 깊고 정력적인 사람이라는 게 분명해졌다. 단지 상황이 너무 나빴을 뿐이다. 그는 전국에서 가장 성공을 거둔 고등학교 미식축구팀에서 곧바로 엄청난 압박에 시달려야 하는 일류 대학 미식축구팀 노트르담으로 자리를 옮겼다. 노트르담에서 게리의 경력이 그런 식으로 끝난다는 게 너무 가슴 아팠기 때문에, 내 전임자가 얼마나 훌륭한 신사라고 생각하는지 모두에게 말하고 싶었다. 이어 나는 관심을 미래로 돌렸다.

"저는 점쟁이가 아닙니다. 에드셀(1950년대 포드가 야심 차게 출시했지만 자동차 역사상 최악의 실패를 기록한 비운의 모델-옮긴이)이 시장에 나오자마자 사고 싶어 했던 사람이 접니다. 그 차가 어떤 운명을 맞았는지 다들 잘 아시죠? 미래가 어떻게 될지는 결코 장담할 수 없습니다."

나는 다른 사람보다 미래에 대한 혜안을 딱히 더 갖춘 편은 아니었지만, 다가올 노트르담:마이애미 경기에서 어떤 일이 일어날지는 대강 짐작이 갔다. 게리 파우스트는 힘겨운 한 주를 보내고 있었다. 그 밑에서 뛰는 선수들이 방해 요인들을 극복하고 경기에 집중하기는 쉽지 않으리라는 걸 알았다. 차라리 내 생각이 틀렸으면 하는 마음이었다. 팀원들이 긍정적으로 대응해서 게리에게 작별 선물로 승리를 선사해주기를 바랐다. 하지만 마이애미는 막강한 팀이었다. 결국 경기는 58:7 마이애미의 압승으로 끝이 났다.

그 경기를 나는 팜스프링스에 있는 돈 넛슨의 집에서 시청했는데, 충성심 강한 미네소타 동문인 그는 내가 자신의 모교를 떠난다는 사실에 실망하면서도 베스와 나를 위해 진심으로 기뻐해 주었다. 그 자리에는 《스포츠 일러스트레이티드》 기자도 한 명 합류했는데, 내 옆에 앉아 부임할 팀의 경기 내용에 대한 내 소감을 물었다. 내가 느낀 건 게리 파우스트에게 실망스러운 결과였다는 것이다. 코치가 하루 뒤면 팀을 떠날 것이라는 사실을 선수들이 아는 상황에서 팀의 사기를 북돋기는 쉽지 않다.

나 역시 훗날 노트르담에서 1996시즌 최종전을 일주일 앞두고 은퇴를 발표했을 때 이를 절실히 깨달았고, 2002시즌 폐막 2주를 남겨둔 가운데 사우스캐롤라이나에서 은퇴할 때도 다시 한번 절감했다. 두 경우 모두 우리 팀은 시즌 최종전에서 제 기량을 발휘하지 못했다. 그건 어쩔 수 없는 현실이다. 선수들이 '물러나는 코치님을 위해 1승을 따내고' 싶어 할 수도 있지만, 온갖 일이 집중력을 흐트러뜨리는 와중에 임무에 온전히 전념하기란 쉽지 않은 법이다.

그날 오후 마이애미가 노트르담을 가볍게 요리하는 모습을 지켜보며 내가 느낀 실망은 분노가 됐고, 분노는 굳은 다짐이 됐다. 나는 이 노트르담 미식축구팀이 상황에 걸맞은 절박한 태도로 경기에 임하지 않았다고 느꼈다. 노트르담에서 내 첫 번째 임무는 우리가 이미 보유한 선수들을 제자리로 되돌려놓는 것이라는 사실이 분명해졌다.

월요일 아침 사우스벤드에 도착해 업무를 시작했다. 선수들은 회의실에 느긋한 자세로 앉아 있었다. 큰 점수 차로 패해 풀이 죽은 게 아니라면, 내 부임 따위엔 관심조차 없는 게 틀림없었다. 어느 쪽이든 용납할 수 없었다.

"똑바로 앉아요, 제군들."

내 목소리는 고함까지는 아니어도 선수들의 관심을 끌 정도는 됐다. 3학년 쿼터백 스티브 뷰어라인이 영문을 모르겠다는 표정을 지어 보였다. 그러고는 뒤를 돌아보며 와이드리시버 팀 브라운과 눈을 마주쳤다. 두 젊은이 다 '왜 저러지?'라는 기색이 역력했다.

전혀 반응을 보이지 않은 선수 중에 척 란자가 있었는데, 그는 그 뒤로 전미 대표에 뽑히고 우리 팀 주장도 맡게 됐다. 척은 두 발을 앞에 놓은 책상에 걸쳐 올린 채 손톱을 매만지고 있었다. 나는 척에게 다가가 말했다.

"이봐 젊은이, 미식축구를 한 지 얼마나 됐지?"

그가 나를 올려다보며 대답했다.

"글쎄요…. 10년, 아니 11년쯤요."

"그래, 이제부터 단 한 순간이라도 경기에 뛰고 싶다면 발을 바닥에 내리고 똑바로 앉아 집중하도록 해."

그러고 나서 나는 전체 팀을 상대로 이야기를 시작했다.

"방금 한 말은 이 방에 있는 모든 사람에게 해당합니다. 다들 자세를 똑바로 고쳐 앉고, 발은 바닥으로 내리고, 고개를 들고, 눈은 똑바로 앞을 바라보면서 승리하는 미식축구팀에 대해 얘기할 준비를 하세요. 팀으로서 우리가 회의를 하는 데는 두 가지 목적이 있습니다. 첫 번째는 정보 수집이고, 두 번째는 정보 전파죠. 내가 그다지 훌륭한 연설가는 아니지만, 앞으로 우리가 하는 모든 회의에서 여러분 모두 온전히 주의를 집중해주기를 바랍니다."

이 선수들은 이런 식의 말을 들어본 게 꽤 오랜만이거나 아예 처음인 듯했다. 하지만 나로서는 처음부터 입장을 분명히 해둘 필요가 있었다. 그 방에서 나를 조금이라도 아는 선수는 딱 한 사람뿐이었는데, 스킵 홀츠라는 이름의 3학년생 4진 와이드리시버로 그의 어머니는 공교롭게도 내 아내였다. 나머지 선수들은 나에 대해 들어본 적은 있어도(내가 TV에 출연해서 농담을 하고 마술 시범을 보이는 걸 본 선수들도 몇 있었다) 나와 직접 관계를 맺은 적은 없었기 때문에 상황이 어떻게 진행될지 전혀 감을 잡지 못했다. 처음부터 선수들과 관계를 확실히 정립하는 게 중요했다. 선수들 하나하나 다 마음이 쓰였지만, 그렇다고 그들의 친구가 될 생각은 없었다. 선수들과 어울리며 시답잖은 농담이나 주고받기보다는 그들의 코치가 되어야 했으니까. 선수들을 아끼고 사랑하며 공평하게 대하겠지만, 직업상 적절한 거리도 유지할 것이다. 선수들이 나를 필요로 할 때 그들 곁을 지키겠지만, 어디까지나 친구가 아니라 권위 있는 인물로서 그렇게 할 것이다. 이 팀에 대해서는 계획이, 나의 계획이 있으며 선수들은 그 계획에 동참하거나 팀을 나가거나 둘 중 하나만 선택할 수 있다는 사실을 알 필요가 있었다.

헤스버그 총장은 나를 선임한 뒤 이렇게 말했다.

"루, 당신을 수석코치에 임명할 수는 있어도 리더로 임명할 수는 없어요. 직위는 위에서 내려주지만, 리더는 아래 있는 사람들이 선택하는 겁니다. 당신에게 비전과 계획이 있다면 선수들이 따를 겁니다."

당연한 얘기다. 나는 그 사실을 윌리엄앤메리칼리지에서 처음으로 수석코치가 됐을 때 충분히 배웠다.

"여러분이 나를 여러분의 미식축구팀 코치로 선택하지 않았다는 걸 알아요." 계속해서 나는 선수들에게 말했다. "사실 여러분에게 조금이라도 결정권이 있었다면 절대 나를 선택하지는 않았겠죠. 그건 어쨌든 상관없어요. 중요한 건 내가 여러분을 선택했다는 겁니다. 내가 여기에 온 건 여러분 때문이에요. 내가 노트르담을 바꿔보려고 여기에 온 게 아니고, 노트르담도 나를 다른 사람으로 바꿔보려고 나를 영입한 게 아니라는 사실을 여러분 모두 알기 바랍니다. 이 학교도 타협하지 않겠지만, 나 역시 타협할 생각이 없습니다. (…) 우리가 따라야 할 기준은 크누트 로크니와 무스 크라우스, 아라 파세기안(노트르담 수석코치로 1966년과 1973년 두 차례 내셔널 챔피언십을 차지한 인물-옮긴이), 프랭크 리히, 댄 드바인을 비롯해 여러분과 나보다 먼저 이 팀에서 뛴 훌륭한 코치와 선수들이 세운 겁니다. 그 기준은 바로 이런 것들이에요. 최선을 다해 경기에 임하고, 가능한 한 최고가 되기 위해 전념한다. 단, 규범의 자구에 연연하지 않고 그 정신을 따라 올바른 방법으로 정직하고 진실하고 품위 있게 그리고 하나가 돼 그 목표를 추구한다."

선수들이 내게 집중하기 시작했기 때문에, 나는 다가올 시즌 우리가 나아갈 방향과 함께 선수 한 사람 한 사람에게 무엇을 기대하는지 설명했다. 우리는 목표를 높게 잡을 것이며, 변명은 용납하지 않겠다는 뜻을 단호한 어조로 밝혔다. 핑곗거리나 늘어놓던 시절은 끝났다. 하나의 팀이 돼 하나의 팀으로 실천에 옮길 때가 됐다.

"여러분 모두 세 가지 기본 원칙을 따라주기를 바랍니다. 올바르게 행동하세요. 최선을 다하세요. 그리고 자신이 대우받기를 원하는 대로 다른 사람들을 대하세요. 그 원칙들은 내가 여러분 각자에게 요구하고, 여러분도 나를 비롯한 모든 코치에게 요구해주기를 바라는 세 가지 기본적인 질문과 맞아떨어집니다. 그 질문은 첫째 내가 여러분을 신뢰할 수 있는가, 둘째 여러분은 전력을 다해 헌신하고 있는가, 셋째 여러분이 내게 관심을 기울이는가입니다. 이것들이 바로 내가 중요하게 생각하고 실천하는 원칙들입니다. 이 세 가지 원칙이면 충분해요. 코치든 선수든 부모든 자녀든 고용주든 아니면 직원이든 상관없어요. 여러분이 만나는 사람은 누구나 마음속으로 세 가지 질문을 던집니다. 당신을 신뢰할 수 있을까? 당신은 최고가 되기 위해 헌신하는가? 당신이 내 말에 관심을 기울이는가? 세 원칙은 이 세 가지 질문에 확실한 대답을 제공합니다. 여러분이 누군가를 신뢰할 수 있고, 그가 최고가 되기 위해 헌신하고, 당신을 따른다는 사실을 알면, 그를 받아들이고 절대 손을 놓지 말아야 합니다. 그는 승리하는 사람이니까요. 누구나 여러분에게 이 세 가지 질문을 던진 다는 사실을 잊지 말기 바랍니다. 그게 이 세 가지 원칙을 언제나 꼭 지켜야 하는 이유이기도 해요."

마지막으로 이렇게 강조했다.

"자동차 타이어에 펑크가 났는데 운전자를 바꾼다고 문제가 해 결되지 않는 것처럼, 내가 부임했다고 해서 우리 팀이 경기에서 승 리한다고 장담할 수는 없습니다. 우리가 성공하려면 왜 승리할 수 없는지 둘러대는 변명 따위는 집어치워야 해요."

그런 다음에는 설문지를 나눠주었다. 누구도 내가 건넨 시험을 치를 준비가 돼 있지 않았다. 설문지에는 '노트르담은 당신에게 어 떤 의미인가?', '삶에서 가장 큰 목표는 무엇인가?', '당신이 세상을 떠났을 때 사람들이 당신에 대해 어떤 말을 하기를 바라는가?', '삶 에서 가장 중요한 다섯 가지 관계를 적고 그 이유를 설명해보라' 같 은 질문이 적혀 있었다. 이 질문들은 객관식이 아니었다. 나는 노트 르담대학교의 선수들이 주관식으로 답을 쓸 수 있기를 기대했다. 또 선수들이 깊이 고민하며 답안을 써 내려가기를 바랐다. 이 설문은 선수들이 새 코치에게 인상을 심어줄 첫 기회였다. 그 기회를 충분 히 활용하기를 바랐다.

내가 미처 예상하지 못한 건 답안을 읽으려면 두꺼운 사전이 필 요하다는 사실이었다. 이 선수들은 플레이 액션 패스는 숙달하지 못 했는지 몰라도 언어 구사력은 뛰어났다. 나는 답안을 하나하나 꼼꼼 히 읽으며 이 선수들이 인간으로서 얼마나 성숙했는지 그리고 목표

설정에서는 얼마나 절제력이 있는지 살펴봤다.

처음부터 나는 선수 개개인에게 목표를 높게 설정하고 그 목표에 도달하기 위한 상세한 계획을 세우는 것이 중요하다고 강조했다. 노트르담 미식축구팀 전체로서 목표는 과거의 영광을 되찾고 하루빨리 내셔널 챔피언십 경쟁에 다시 뛰어드는 것이었다. 이를 이루려면 많은 영역에서 개선이 필요했는데, 무엇보다 시급하게 손봐야 할 부분은 팀의 체력단련 프로그램이었다.

수석코치 부임 첫 주에 나는 매일 아침 6시에 시작하는 혹독한 겨울 트레이닝 프로그램을 도입했다. 프로그램의 대부분은 순발력과 체력단련 훈련에 할애했다. 우리는 선수들을 소그룹으로 나누고 각기 다른 훈련 지점을 만들었다. 1분 동안 장애물 높이뛰기를 한 뒤, 다른 지점으로 옮겨 레슬링 매트 위에서 네발 기기를 하고, 다음 지점에서는 밧줄 사이로 지그재그로 왔다 갔다 하는 훈련을 하고, 다음 지점에서는 구령에 맞춰 제자리 달리기를 하다가 바닥에 엎드린 뒤 구르기 훈련을 했다. 모든 지점을 최대한 빠르게 이동해야 했기에 각 그룹은 지점과 지점 사이를 달리기로 이동했다. 졸업 후에 NFL에서 성공적으로 경력을 이어간 러닝백 마크 그린은 이 훈련을 프로 생활을 포함해 선수 경력에서 가장 힘든 일로 꼽았다. 채 일주일도 지나기 전에 선수들은 겨울 트레이닝에 '멀미 나는 파티*pukefest*'라는 별칭을 붙였다.

훈련이 힘들었다는 건 인정한다. 사실 처음부터 선수들에게 그때까지 해온 어떤 겨울 프로그램보다 혹독한 훈련이 될 거라고 공언한 터였다(다른 학교에서도 마찬가지로 힘든 훈련을 시킨 적이 있었으니 살짝 과장했는지도 모르겠다). 그해 겨우내 나는 선수들에게 이 훈련을 견뎌내면 무척 특별한 팀이 될 거라고 강조했다. 나는 선수들이 스스로에 대한 믿음을 되찾기를 바랐다. 그뿐만이 아니라 나는 사람이 어떤 조직의 일원이 되기 위해 값비싼 대가를 치러야만 할 때 그 조직을 소중히 여기고 지키려는 경향이 더욱 강해진다고 믿었다.

우리 팀의 겨울 프로그램이 힘겨울 수밖에 없었던 건 내가 성공을 위해 필요하다고 믿는 근면성 때문이었다. 선수들을 벌줄 생각은 없었지만, 성공에는 대가가 따른다는 사실을 깨닫기를 진심으로 바랐다. 선수들은 어둠이 채 가시지 않은 새벽녘에 일어나 사우스벤드의 차가운 겨울 공기를 가르고 종종 눈길을 헤치며 걸어 6시 트레이닝을 위해 훈련장으로 왔다. 7시 30분에 훈련이 끝나면 선수들은 지칠 때로 지쳐 있었다. 그다음에 선수들은 강의를 들으러 가야 했다.

모든 선수가 겨울 트레이닝을 이겨내리라고는 기대하지 않았다. 이어지는 봄 훈련에서도 몇몇 선수가 탈락할 것이다. 내가 기대한 건 노트르담에 걸맞은 미식축구를 위해 무엇이든 할 준비가 된 헌신적인 선수들, 그 핵심 그룹으로 이뤄진 팀으로 여름을 맞는 것이었다.

초반에 검증을 해야 했던 선수들 중에는 우리 팀 쿼터백 스티브 뷰어라인이 있었다. 스티브와의 첫 만남에서 나는 "3학년 때 힘든 한 해를 보냈군"이라고 말을 걸었다. 그러자 그가 이렇게 대답했다.

"예 코치님. 부상이 좀 있었습니다. 하지만 이제 다시 뛸 준비가 됐어요."

그가 어떤 부상들을 당했는지는 나도 들어 알고 있었다. 또 그가 패스 플레이를 할 때면 시야가 좁아 리시버 한 명에게 집착하는 바람에 팀이 감당할 수 있는 수준보다 훨씬 더 많이 가로채기를 당한다는 사실도 알고 있었다.

"자넨 상대 팀에 굉장히 많이 패스를 하는 경향도 있더군. 내가 한 가지는 보장하겠네. 다음 해엔 가로채기를 일곱 번 이상 당하지 않을 거야."

스티브의 눈이 휘둥그레졌다.

"와, 코치님. 그거 대단한데요. 어떻게 하면 그럴 수 있나요? 상대 수비를 읽는 특별한 방법이라도 있으신가요?"

나는 고개를 가로저었다.

"아니. 일곱 번째 가로채기를 당하면 더는 경기에 나서지 못할 거니까. 쿼터백이 공을 지키지 못하면 우리 팀은 이길 수 없거든."

스티브는 훗날 시카고 베어스에 지명됐고, NFL 쿼터백으로 성공가도를 달렸다. 그는 요즘 미식축구에 대해 이야기할 때면 어김없이 당시 기억을 떠올린다. 지금은 웃어넘기지만, 당시만 해도 그는 상당히 압박감을 느꼈다. 내가 의도한 게 바로 그런 압박감이었다. 기량을 발휘하도록 단단히 준비시키지 않으면, 선수들이 큰 경기의 압박감을 견뎌내지 못하리라는 걸 알고 있었다.

나는 선수들이 노트르담대학교의 울타리를 벗어난 뒤에 맞닥뜨릴 엄청난 압박감을 견디도록 준비시켜야 할 책임감도 느꼈다. 내 임무는 인격을 갖춘 사람을 만드는 것이었다. 노트르담 출신이라는 칭호는 학교를 떠나도 사라지지 않는다. 노트르담 동문은 죽을 때까지 노트르담의 대표 사절이다. 우리는 이 선수들이 캠퍼스를 떠난 뒤에도 오래도록 노트르담 미식축구의 전통을 이을 수 있도록 준비시켜야 했다. 이를 위해 우리는 성실과 철저한 규범, 엄한 규율로 선수들을 교육해야 했다. 좋은 게 좋은 거라는 식의 태도를 취했다면 더 수월했겠지만, 그건 나를 선임한 취지에도 어긋나고 노트르담이 요구하는 기대치와도 거리가 멀었다.

뛰어난 코칭 스태프를 고용하는 건 언제나 대단히 중요하지만 노트르담에서는 더더욱 그랬다. 험난한 일정을 비롯해 당면한 도전들을 고려할 때 노트르담을 제대로 이해하고, 훌륭한 교사이면서, 노트르담의 일원이 되려는 의지를 가진 보조코치들이 필요했다. 노트르담은 과거 숱한 성공을 이뤘음에도 금전적인 측면에서는 코치에게 가장 형편없는 자리였다. 나에게는 헌신적인 승자, 무척 특별한 학교에서 특별한 성취를 이루기 위해 금전적 고려는 잠시 미뤄둘 사람이 필요했다.

그리고 마침내 아주 뛰어난 코칭 스태프를 고용할 수 있었다. 비니 세라토는 미네소타 시절 내가 기용했던 스물여섯 살의 보조코치로, 신입생 스카우트 담당으로 노트르담에 합류했다. 그가 최고라는 건 현재 워싱턴 레드스킨스 부단장을 맡고 있다는 사실이 증명한다. 아칸소 시절 후위 공격 코치였던 짐 스트롱도 기용했다. 나는 미네소타의 지휘봉을 이어받은 존 구데쿤스트에게 보조코치를 전부 빼

가지는 않겠다고 약속한 터였다. 우리 두 사람이 미네소타의 미식축구 프로그램을 바로 세우려고 함께 노력했다는 사실을 고려하면 그건 그에게 온당한 처사가 아니었을 것이다. 하지만 아칸소와 미네소타에서 나와 함께했던 조지 스튜어트만은 예외였다. 나는 기존 코치진 일부의 보직을 바꿈으로써 전임자 게리의 보조코치 일부를 유임시켰다.

코칭 스태프 구성을 마무리 지은 뒤 우리는 신입생 스카우트에 공격적으로 나섰다. 불행히도 우리 선수들 일부에 퍼진 비관적 태도가 우리가 방문한 고등학교 상당수에도 번져 있었다. 그 첫해에 고등학교 유망주 집을 방문할 때면 해당 선수가 어김없이 노트르담은 대진이 험난하다거나 요구되는 학문적 수준이 너무 엄격하고 어떤 콘퍼런스에도 속하지 않아 최고 선수들이 기피한다는 등, 이런저런 이유로 더는 승리할 수 없다는 내용의 기사를 한 무더기 꺼내 들었다. 노트르담이 내셔널 챔피언십을 차지하지 못할 때면 해마다 지겹도록 반복해서 읽게 되는 핑곗거리들이다.

다른 학교보다 출발이 한 발짝 늦은 데다 비관적 시각까지 있었지만 우리는 그해 신입생 선발을 성공적으로 마무리했다. 그다지 주목받지 못한 몇몇 선수를 뽑는 모험을 했는데, 고교 시절 3선 공격수에 불과했지만 기량은 뛰어난 앤서니 존슨도 그중 하나였다. 존슨은 미식축구보다 축구 실력으로 더 유명했지만, 훗날 NFL에서 9년 동안이나 뛰었다. 우리는 무명의 시카고 출신 오펜스가드팀 그룬하드

와도 계약했는데, 그 역시 이후 NFL에서 수년간 활약했다. 쿼터백 포지션이 약하다는 점도 걱정거리였다. 그래서 나는 토니 라이스라는 남부 캘리포니아 출신 청년을 직접 찾아갔는데, 그는 좋은 선수이자 뛰어난 경쟁자였다.

첫 만남부터 우리는 무척 잘 통했다. 그는 영리하고 행동이 바르고 성공하겠다는 의지가 강했다. 그와 몇 차례 만나고 나서 나는 그에게 입단을 공식 제의했다. 나는 그가 노트르담에 와주기를 바랐고, 그도 노트르담에 입학하고 싶어 했다. 그는 정확히 우리가 찾던 유형의 선수이자 노트르담에 큰 자산이 될 학생이었다. 나는 그가 입학 허가를 받는 데 전혀 문제가 없을 것으로 확신했다.

하지만 그건 엄청난 실수였다. 우리 학교 입학사정관은 토니 라이스를 학생으로 받아들일 수 없다고 무척 신속하게 통보해 왔다. 나는 망연자실했다. 토니는 훌륭한 청년이자 우수한 학생으로 노트르담대학교가 자랑스러워할 만한 사람이었다. 그의 입학이 거부되리라고는 꿈에도 상상하지 못했다.

이 일은 내가 노트르담에서 겪은 첫 번째 진짜 위기였다. 미식축구 경기에서 승리하는 데 토니 라이스가 필요하다고 생각한 게 아니었다. 어차피 입학이 허용돼 출전 자격을 갖추더라도 1학년 때는 그렇게 많은 경기에 나서지는 못한다. 문제는 내가 토니에게 입학을 공식 제의했다는 사실이다. 나는 그에게 우리 팀의 일원이 됐다고 말했다. 노트르담과 모든 게 확정됐다고 생각한 토니는 다른 학교들에 노트르담과 입학을 약속했다고 통보했다. 하지만 입학에 관한 한 나에겐 아무런 권한이 없었으니 토니의 고교 성적으로 볼 때 노트르담 입학에 문제가 없을 것이라는 정도로 말했어야 했다. 내 의도는 그런 것이었는데, 입 밖으로 나온 말은 그렇지 않았던 셈이다. 토니에게 나는 악의는 없지만 적절치 않은 발언을 했고, 나 스스로 지켜온 기본 원칙을 어겼다. 그 원칙은 진심만을 말하고, 말을 했으면 지키라는 것이다.

내가 기댈 언덕은 조이스 신부밖에 없었다. 그와 만났을 때 나는 무척이나 불안했다. 입학은 내가 관여할 수 있는 영역이 아니었다. 나와 나눈 첫 통화에서부터 조이스 신부는 그 사실을 분명히 밝혔다. 그럼에도 나는 악의는 없지만 끔찍한 실수를 범했고, 그 실수를 주워 담도록 조이스 신부가 도와주기를 바랐다.

"제가 큰 실수를 저질렀습니다."

나는 이렇게 말한 뒤 신입생 선발 과정에서 일어난 일을 설명했다. 내 말을 듣는 조이스 신부의 표정이 굳어졌다. 그는 잠시 아무 말도 하지 않았다. 그러더니 앞으로 몸을 숙이며 빠르고 단호하게 말했다.

"이건 용납할 수 없는 일입니다."

그는 대학 체제 안에서 내게 주어진 역할 그리고 노트르담에서 허용되는 일과 허용되지 않는 일에 대해 누군가에게 말할 때 주의를 기울여야 할 책임에 대해 친절하면서도 단호한 목소리로 나무랐다. 그리고 이렇게 말했다.

"당신을 돕고 그 선수를 돕겠습니다. 하지만 몇 가지 제약 조건이 따를 겁니다."

제약 조건에는 입학 첫해에 토니가 따라야 할 엄격한 필수 학업 요건이 포함됐다. 토니는 장학금을 받게 되지만 1학년 내내 미식축구 프로그램과 관련된 누구와도 어떤 식으로든 전혀 접촉할 수 없었다. 노트르담은 전력 강화를 위해 선수를 유급시키지 않았고, 조이스 신부는 입학과 관련해 선수들이 특별대우를 받는다는 인상을 주는 걸 원치 않았다. 제약 조건 때문에 토니는 1학년 내내 코치를 만날 수 없는 건 물론 훈련에 참여하거나 웨이트트레이닝장 출입도 금지됐고, 라커룸과 팀 사무실에 발을 들여놓을 수도 없었다. 미식축구 선수가 아니라 학생으로 노트르담에 입학하는 것이다. 강의실에서 실력을 입증해야 2학년 때 팀에 합류하는 조건이었기 때문에, 입학 첫 시즌 전체와 다음 해 봄 훈련에도 참여할 수가 없었다. 조이스 신부는 이어 내가 결코 잊지 못할 선언을 하며 논의를 마무리 지었다.

"코치님, 한 가지만 아셨으면 합니다. 이런 일은 두 번 다시 일어나서는 안 됩니다."

토니는 조이스 신부의 결정을 받아들였는데, 노트르담대학교 측과 나로서는 뜻밖이었다. 나는 그가 "어쩌죠? 감사하긴 한데 서던캘리포니아로 가야 할 것 같네요"라고 말하거나 자신을 원한 다른 대학 가운데 하나를 선택할 줄 알았다. 토니가 조이스 신부의 제약 조건을 받아들였을 때 나는 그가 올바른 이유로 노트르담을 선택했음을 알았다. 다른 학교에 입학해 1학년 때 경기에 나서고 학업 측면에서 더 쉬운 길을 걸을 수 있었는데도, 그는 시험대에 오르기를 원했고 노트르담 출신으로 기억되기를 바랐다. 첫 시즌을 시작하면서 나는 출전 자격을 갖춘 선수 중에서 토니 라이스처럼 책임감이 강한 선수를 찾을 수 있기를 바랐다.

봄과 여름 내내 우리는 자기 자신을 믿고 우리가 함께 이루려는 목표를 믿는 사람들로 똘똘 뭉친 팀을 만들기 위해 많은 노력을 기울였다. 팀의 전체적인 철학에 손을 대지 않으면서도 우리가 물려받은 선수 자원을 활용하기 위해 공격과 수비 전략을 상당 부분 수정해야 했다. 스티브 뷰어라인이 직접 공을 들고 뛰는 플레이를 즐겨 하는 쿼터백은 아니지만 옵션 플레이 전술도 몇 가지 수립했다. 상대 수비가 자리를 벗어나지 못하고 수비수 대 블로커가 대결하는 기본적인 플레이에 매이게 하려는 전략이었다.

이 전략은 상대 팀이 우리 쿼터백에게 가하는 압박을 줄이려는 목적도 있었다. 스티브는 패스 실력이 탄탄한 영리한 쿼터백이지만, 노트르담에는 그보다 더 빠른 선수가 무척 많았다. 한번은 우리가 옵션 플레이를 지시했을 때 스티브가 그대로 공을 들고 달려 태클을 당하기 전까지 40야드를 전진했다. 스티브가 얼마나 느렸는지 나이 쉰 살인 코치 한 사람이 사이드라인 밖에서 보조를 맞춰 달릴 수 있을 정도였다. 스티브가 다음 허들을 위해 필드로 돌아가기 전에 나는 그의 얼굴에 대고 고함을 질렀다.

"공을 던지라고, 스티브! 공을 들고 뛰라고 옵션 플레이를 주문한 게 아니야. 자네보다 더 빠른 누군가에게 공을 던지라고 작전을 건 거야. 그 누군가에는 모든 러닝백은 물론 우리 팀 직원들도 전부 다 포함돼 있어!"

스티브는 빨리 배우는 편이라 훈련을 거듭할수록 실력이 늘었다. 그는 신체 기능도 뛰어났지만 가장 큰 장점은 명석한 두뇌와 불리한 상황에서도 침착성을 잃지 않는 능력이었다. 그건 쿼터백이라면 반드시 갖춰야 할 필수 자질이다. 나는 미식축구에서는 지능이 속도나 힘보다 훨씬 더 중요하다고 생각해왔다. 옛날에 내가 그랬던 것처럼, 대학 팀에서 체구가 가장 작고 발도 느린 선수라면 지능적인 플레이를 해야 한다. 코치가 돼서 깨달은 건 발이 느린 선수가 옳은 방향으로 뛰는 게 발 빠른 선수가 잘못된 방향으로 달리는 것보다 낫다는 사실이다. 스티브는 달리기 세계 신기록과는 거리가 멀지 몰라도 언제나 옳은 방향으로 달렸다.

스티브는 팔 힘도 수준급이었다. 그가 실수만 좀 줄이면 우리 팀 공격력을 높여 수비가 뛰어난 팀들을 만나더라도 점수를 상당히 뽑아낼 수 있겠다고 생각했다. 내가 그렇게 낙관적이었던 이유 가운데 하나는 스티브의 패스를 받아낼 리시버들이 뛰어났기 때문이다.

그 첫 주 동안 훈련이 끝난 뒤 기자들이 내게 몰려들면 즉석 기자회견을 열어야 했는데(노트르담에 부임하면서도 그렇게 많은 언론 매체가 몰려들 거라고는 미처 예상치 못했다), 결국 매일 하는 일이 돼버렸다. 노트르담은 NFL 팀인 뉴욕 제츠를 포함해 내가 이끈 어떤 팀보다 언론의 관심을 받았다. 사우스벤드에 머무는 동안 해마다 나는 다른 대학들에서 보낸 시간 동안 선수나 내가 받은 취재 요청을 전부 합친 것보다 더 많은 취재 요청을 받았다. 베스가 헤어스타일을 바꾸거나 우리 아이들이 생일 파티를 한 것까지 뉴스가 됐는데, 그때까지는 한 번도 경험해보지 못한 일이었지만 금세 적응이 됐다.

첫 번째 즉석 기자회견에서 내가 받은 첫 질문은 "코치님 팀에 특히 기량이 뛰어난 선수가 있나요?"였다.

"팀 브라운은 정말 특별한 선수죠."

나는 "내가 지금까지 봐온 선수들 가운데 최고"라고 그를 추켜세웠다.

며칠 뒤 팀이 내게 와서 물었다.

"홀츠 코치님. 정말 그렇게 말씀하셨나요?"

"그래, 팀. 그리고 그건 진심이었어."

그 짧은 대화가 팀 브라운의 앞날에 그처럼 긍정적인 효과를 미칠 줄은 미처 몰랐다. 팀은 입학 당시만 해도 크게 주목받는 선수가 아니었다. 사실 그는 2승 8패에 그친 댈러스의 한 고등학교에서 쿼터백으로 뛰었을 뿐이고, 텍사스주 대표로조차 선발된 적이 없었다. 게리 파우스트가 다른 선수를 영입하는 과정에서 경기 영상을 보던 중에 팀이 그의 눈에 들었다. 노트르담으로서는 다행스럽게도 파우스트 코치가 팀에게서 많은 잠재력을 보고 그에게 장학금을 제의했다. 그가 슈퍼스타로 발돋움하는 데 필요한 건 자신감을 키우는 것뿐이었다.

사람은 자기 능력을 끊임없이 과소평가하는 경향이 있기 때문에 자아상과 기대치를 높여주는 게 부모와 코치, 교사의 책임이다.

팀 브라운처럼 재능 있는 선수를 발견하면 자신을 믿도록 격려하고, 탁월함을 추구하도록 독려하고, 코치로서 선수 자신이 스스로에 대해 가진 기대치보다 더 큰 기대를 거는 등의 올바른 지도를 해야 한다. 그럼으로써 재능 있는 선수를 전미 대표와 하이즈먼 트로피 수상자, NFL 최고 슈퍼스타로 변모시킬 수 있다. 어떤 선수는 온갖 기대를 훌쩍 뛰어넘는 수준까지 기량을 끌어올려 코치의 요구에 부응하지만, 어떤 선수는 그런 권위에 저항하며 아까운 재능을 허비한다. 나는 팀 브라운이 긍정적으로 반응할 선수라고 확신했다. 그 첫 만남이 있은 지 18개월 뒤 팀과 나는 그의 하이즈먼 트로피 수상을 위해 뉴욕 애슬레틱 클럽에 함께 갔다. 이후 그는 NFL에서 명예의 전당에 오르기에 손색이 없는 경력을 이어갔다(팀 브라운은 2015년 명예의 전당에 헌액됐다―옮긴이).

부임 첫 시즌 나는 선수 개개인의 기량을 끌어올리기보다 하나의 팀을 만드는 데 더 치중했다. 구성원 모두가 전체의 이익을 위해 개인의 행복을 억누를 때 팀은 승리한다. 개개인이 아무리 다재다능하더라도 팀은 어떤 개인도 이룰 수 없는 일들을 이뤄낼 수 있다. 팀 플레이어는 이런 사실을 인식하고 팀을 더 강하게 만들기 위해 최선을 다해야 한다.

이런 사실을 가장 잘 이해한 선수가 마크 그린이었다. 내가 사우스벤드에 처음 왔을 때 우리 팀에는 부상이 없는 테일백이 한 명도 없었다. 노트르담 역대 최고 공격수로 꼽히는 앨런 핀켓은 출전 자격 기한을 채운 상태였고, 재학 중인 두 명의 테일백은 무릎 부상 때문에 제한적인 역할만 소화할 수 있었다. 나는 마크 그린에게 와이드리시버에서 포지션을 바꿔 (우리 팀에는 팀 브라운을 비롯해서 뛰어난 와이드리시버가 많았다) 우리 팀 테일백이 되어달라고 요청했다. 마크는 러닝백 경험이 전혀 없었지만 팀을 위해 포지션을 변경했다. 마크는 노트르담에 재학하는 동안 그 포지션을 맡아 많은 경기에서 뛰어난 활약을 펼친 데 이어 NFL에서도 두 시즌을 뛰었다.

내 기억에 마크와 처음 개인 면담을 한 건 내가 노트르담에 부임하고 2주쯤 뒤였다. 나는 마크에게 남편을 여의고 혼자 남아 있던 어머니가 돌아가셨다는 소식을 전해야 했다. 그가 엄청난 충격을 받은 건 물론이고 하마터면 자기 연민의 수렁에 빠질 수도 있는 상황이었다. 나는 가족을 잃은 충격에서 헤어나지 못하는 사람들을 그동안 많이 지켜봐 왔다. 마크는 비통해했지만, 전보다 더 열심히 운동에 몰두해 어머니를 추모하는 쪽을 선택했다. 그가 보인 본보기는 우리 팀을 고무시켰고, 그가 최고의 인격자라는 사실을 보여주었다. 노트르담 가족의 특별한 점 가운데 하나는 어려움에 처한 개인을 성원하는 방식이다. 신부들과 학생, 팀 동료, 교수진 할 것 없이 모두가 그랬다.

봄 훈련이 끝나고 베스가 사우스벤드로 이사했다. 아내는 집이 팔릴 때까지 미네소타에 남아 있었기 때문에, 나는 크리스마스 휴가가 끝나자마자 사우스벤드의 고등학교로 전학한 딸 리즈와 함께 겨울부터 초봄까지 호텔 생활을 했다. 리즈와 내가 단둘이 보낸 그 몇 달 동안 우리 두 사람은 이전보다 훨씬 더 가까운 사이가 됐다. 그때 베스가 이사를 했는데 내게 예상치 못한 말을 했다.

"계속 고민해봤는데 케빈이 노트르담으로 옮기는 게 좋겠어요."

"그건 내 할 수 있는 일이 아닌데?" 내가 말했다. "난 그런 결정을 내릴 권한이 없어요. 그리고 케빈의 학점이 편입을 할 만큼 높아 보이지도 않고."

"조이스 신부님에게 부탁해보면 어떨까요?"

나는 아내의 말대로 했고, 조이스 신부는 로버트 와딕 학장이 편입 문제를 총괄한다고 내게 알려주었다. 와딕 학장은 케빈의 성적 증명서를 검토하고 케빈을 만나본 뒤 그에게 기회를 줬다. 케빈은 노트르담으로 옮겨 학부생으로 뛰어난 성적을 냈을 뿐 아니라 로스쿨에 진학해 무사히 졸업했다. 노트르담은 우리 가족 모두에게 잘 맞는 것 같았다. 가족과 내가 노트르담에 적응하듯 미식축구팀도 내 방식에 잘 적응하기를 바랄 뿐이었다.

시즌 개막이 임박하자 우리가 상대하게 될 열한 개 팀 대부분이 전국 순위 15위 안에 올랐다. 나는 기자들에게 11전 11패를 하고도 전국 순위 12위가 될 수도 있겠다고 우스갯소리를 했다.

우리 팀 앞에 놓인 험난한 대진은 정말 장난이 아니었다. 가장 큰 걱정은 어떻게 하면 한 팀으로서 우리가 스스로에 대한 자신감을 얻을 수 있을까였다. 스스로 미래를 확신하지 못하면 늘 핑계나 대고 서로 책임을 떠넘기기 마련이다. 내가 내린 결론은 나부터 솔선수범하자는 것이었다. 나는 공개석상에서는 우리 팀에 대해 꽤 부정적으로 얘기했지만, 모든 회의나 필드에서는 선수들에게 자신감을 불어넣어 주었다. 내가 우리 팀에 대해 부정적이면서 상대 팀들에 대해서는 그토록 긍정적인 평가를 한 건 선수들의 부담을 덜어주기 위해서였다. 나는 우리 팀 선수들에게 여러 번 이렇게 말했다.

"신문에 실린 걸 믿지 말고 내가 말하는 걸 믿어요. 여러분에게 절대 거짓말은 하지 않을 테니까."

노트르담의 출정식은 특별했다. 첫해 미시간과의 경기를 앞두고 열린 출정식에서 나는 함께한 2,000명의 팬에게 이렇게 말했다.

"오늘 함께한 학생회는 늘 우리 팀의 열두 번째 선수였습니다. 그런데 올해는 대진이 워낙 험난해서 열두 명으로도 안 될 것 같네요. 열세 번째 선수가 필요할지도 모르겠어요."

금요일에 이 말을 한 뒤로 나는 그날 밤과 토요일 아침 내내 어디 가서 열세 번째 선수를 찾을 수 있을지 골똘히 생각해봤다. 보 스켐베클러가 이끄는 미시간은 시즌 개막을 앞두고 전국 2위로 평가받는 팀이었다. 우리 팀으로선 일찌감치 시험대에 오르게 된 셈이다.

앞선 몇 해 동안 노트르담은 아침 일찍 미사를 본 다음 기숙사로 돌아가 경기 전에 식사를 했다. 나는 선수들이 미사에서 한데 모였다가 다시 흩어지는 걸 원치 않았다. 경기 당일은 온종일 팀워크로 똘똘 뭉쳐야 한다고 생각해서 일정을 조정했다. 먼저 경기 전 식사를 한 다음 선수들을 레슬링장으로 데리고 가 그곳에서 함께 묵상을 하게 했다. 그다음에 선수들은 정장을 차려입고 학교 채플에서 제임스 리엘 신부가 집전하는 미사에 참석했다. 우리는 하나의 팀으로 미사를 마치고 나와 경기장으로 걸어갔다.

수석코치로서 첫 경기를 치르기 위해 노트르담 스타디움으로 걸어 들어갈 때 어떤 생각이 들고 어떤 인상을 받았는지 내게 물어본 사람이 많았다. 나는 무엇보다 뛰어난 쿼터백 짐 하보를 앞세운 미시간을 어떻게 하면 꺾을까에 골몰했다. 모두가 노트르담의 전통을 들먹인다는 걸 잘 알지만, 나는 전통은 결코 완성되는 법이 없다고 믿었다. 전통은 끊임없이 변화하는 것으로, 전통을 새롭게 만들지 무너뜨릴지는 우리 손에 달렸다. 노트르담의 위대한 전통을 계승하고 발전시키는 일은 우리에게 부여된 사명으로, 그 가장 좋은 방법은 승리였다.

지금까지 기억에 남는 건 당시 누군가가 기숙사 창문에 '요한복음 3장 16절, 루 홀츠가 12:0으로 승리하리라'라고 적힌 걸개를 내건 일과 엔드존에서 빚어진 작은 충돌뿐이다. 노트르담 스타디움은 구조상 맞붙는 두 팀이 같은 통로로 입장해야 했다. 두 팀이 동시에 나올 때면 서로 밀치고 당기는 몸싸움이 불가피했다. 특히 이날은 순식간에 상황이 악화되는 바람에 경기를 시작하기도 전에 양 팀이 자제력을 조금 잃고 말았다.

우리는 굉장히 좋은 경기를 펼쳤는데, 공격에서는 455야드를 전진하며 23점을 뽑았다. 하지만 불행히도 24점을 내줬다. 우리 팀 수비진도 선전했지만 결정적 실수를 여섯 차례나 범했다. 두 번이나 공을 놓쳤고, 엔드존에서 한 차례 가로채기를 당했는가 하면, 킥오프에서도 한 번 실수를 범했고, 터치다운 후 추가 1득점 킥도 실패했고,

경기 마지막 플레이에서는 성공했더라면 승리를 따낼 수도 있었던 45야드짜리 필드골을 놓쳤다. 훗날 NFL에서 뛰어난 필드골 전담 키커가 된 존 카니는 앞서 40야드 내외의 킥을 열여섯 번 시도해 그중 열다섯 번을 성공시켰지만 경기 막판 실수를 범하고 말았다.

경기가 끝난 뒤 나는 선수들에게 이렇게 말했다.

"존은 과거에도 여러 번 멋진 플레이를 보여줬고 앞으로도 멋진 플레이를 상당히 많이 성공시킬 겁니다. 하나의 플레이, 한 명의 선수 때문에 경기 결과가 결정된 건 아닙니다. 우리가 작은 것들을 제대로 해내지 못했고 바로 거기서 승패가 갈린 거죠. 대단한 미식축구 경기였다는 것 말고 더 무슨 말을 할 수 있겠습니까? 하지만 노트르담에서는 정신 승리 따위는 없다는 걸 잊지 맙시다."

패배가 실망스럽긴 했지만 우리 팀이 보여준 경기력은 고무적이었다. 불행히도 이 때문에 동문들에게 우리가 그해 좋은 성적을 내리라는 헛된 희망을 안겨주기도 했다. 그다음 주 우리는 미시간주립대에 15:20으로 패했다. 3주 차에는 퍼듀를 꺾었지만, 버밍햄 원정에서는 앨라배마에 무릎을 꿇었다. 우리는 터치다운에 성공하면 앞서나갈 수 있는 상황에서 부트렉 패스*bootleg pass*(쿼터백이 패스하는 척 상대 수비를 유인한 뒤 반대 방향으로 전환하는 플레이-옮긴이)를 시도했다. 그 순간 앨라배마의 전미 대표 라인배커 코넬리어스 베넷이 몸을 날려 스티브가 공을 떨어뜨리게 했다. 이 실수가 치명타가 돼 우리 팀은 추격 의지가 꺾이고 승기를 잡으려던 노력도 물거품이 된 반면, 앨라배마 홈 관중과 선수들은 기세등등해졌다. 의도와 목적은 좋았지만 우리는 경기를 놓치고 말았다. 묘하게도 그 순간 이후로 그런 부트렉 패스 플레이를 주문할 때면 어김없이 스티브가 오디블*audible*(허들에서 결정한 작전을 스크리미지에서 변경하는 것으로, 쿼터백이 약속된 작전 번호를 외쳐 알려준다─옮긴이)로 작전을 변경하곤 했다.

그다음 주 우리는 피츠버그와의 홈경기에서 9:10으로 패했는데, 경기 종료 2분을 남겨두고 필드골에 실패한 데 이어 펀트를 블로킹 당했다. 그다음 주는 우리 팀의 경기가 없었다. 그 한 주 동안 우리는 기본기와 정신력을 가다듬는 데 주력했다.

나는 우리 선수들이 팀이 안고 있는 문제를 놓고 서로 책임을 전가하는 게 여전히 걱정스러웠다. 우리 팀에는 승리한 경기 수보다 핑곗거리가 훨씬 더 많았다. 기본기 향상의 효과는 제한적일 수밖에 없다. 팀이 그럭저럭 괜찮은 수준에서 진정한 승자로 도약하려면 핑계와 책임 전가를 없애고 팀 전체가 모든 성공과 실패의 책임을 나눠 가져야 한다. 경기가 없는 기간에 우리는 두 가지 중요한 결정을 내렸는데, 그중 하나가 1986시즌뿐 아니라 그 뒤로도 오랫동안 우리 팀에 긍정적 영향을 미쳤다.

우리 스페셜팀은 좋게 봐도 평균 수준이었다. 자긍심도 열정도 없었고, 작전 이행 능력도 떨어졌다. 그래서 우리 코치들은 팀에서 가장 태도가 바르다고 생각되는 선수들을 골라 그들에게 스페셜팀이 되어달라고 요청했다. 이들 중 상당수는 연습생 출신이거나 3진 선수였지만, 모두 경기에 출전하고 싶어 했다. 휴식 주간 뒤 첫 경기 상대는 공군이었는데, 경기 시작 첫 킥오프 리턴에서 팀 브라운이 곧장 100야드를 달려 터치다운에 성공했다. 스페셜팀의 삶에서 성공은 올바른 태도에서 비롯된다.

두 번째 변화는 킥 플레이에서 이뤄졌다. 존 카니는 훈련에서는 백발백중 성공하다가도 막상 경기에서는 필드골을 놓쳐 나를 당황스럽게 했다. 경기 영상을 분석해봐도 존 카니의 동작에서 전혀 차이를 발견할 수 없었다. 그런데 딱 하나, 위기 상황에서는 홀더가 공을 다르게 쥐는 모습이 내 눈에 들어왔다. 승패가 달린 순간에는 여유 있게 앞서면서 추가 득점을 노릴 때보다 공을 더 세게 쥐는 것이었다. 내가 보기엔 이 미묘한 차이 때문에 존이 킥 실수를 범하는 것 같았다. 우리는 홀더를 다른 선수로 교체했고, 존 카니는 다시 '킥하는 기계'로 돌아왔다. 이후 NFL에서 20년을 뛰는 동안에도 존은 킥을 거의 실수하지 않았다.

시즌이 진행되면서 나는 시즌 폐막 전까지 우리 팀이 꽤 좋은 성적을 낼 가능성이 있다고 느꼈다. 매일같이 우리 팀이 경기의 모든 면에서 좋아지고 있음을 확인할 수 있었다. 단 한 주 만에 우리는 안정된 전력을 갖춘 팀이 됐고, 공군과 맞붙었을 때 우리는 1승 4패로 밀리던 바로 그 팀이라고는 믿기 힘들 정도가 됐다. 이 경기에 이어 우리는 탄탄한 전력의 서던메소디스트대학교와 해군을 상대로도 쉽게 승리했다. 이어 시즌 폐막까지 우리가 상대해야 할 세 팀 모두 막강 전력의 팀들이었다. 펜실베이니아주립대는 전국 1위, 루이지애나주립대는 5위를 달리고 있었고, 우리의 숙적 서던캘리포니아대학교 역시 상위권에 올라 있었다.

펜실베이니아주립대전을 앞둔 훈련 도중 훈련장에서 벌어진 일이다. 공격진이 러닝 플레이를 준비하는 도중 오펜시브 라인맨 한 명이 오프사이드 반칙을 범했다. 더는 참아 넘길 수 없는 상황이었다. 선수들이 훈련할 때 집중력을 잃는 모습을 너무 자주 지켜봐 온 터라 더는 실수를 용납할 수 없었다. 시즌 폐막까지 단 세 경기를 남겨두고도 훈련에서 여전히 부정 출발 실수를 범한다면 승리하는 팀과는 거리가 멀다. 훈련만으로 완벽해지는 게 아니다. 완벽해지려면 완벽하게 훈련해야 한다.

나는 쿼터백 스티브 뷰어라인을 붙잡고 말했다.

"필드에서 나가."

그러자 스티브가 영문을 모르겠다는 듯 두 손을 번쩍 들어 올리며 대꾸했다.

"왜요? 오프사이드를 범한 건 제가 아닌데요."

나는 모든 선수가 들을 수 있을 만큼 큰 소리로 말했다.

"네가 쿼터백이잖아. 이 공격의 책임은 너에게 있어. 네가 리더야. 그러니까 가서 샤워나 해."

모두가 우두커니 서 있는 가운데 스티브가 라커룸으로 들어갔다. 나는 다시 한번 선수들에게 핵심을 강조했다.

"여러분은 자기 자신을 위해 여기 나와 뛰는 것도 아니고 나를 위해 뛰는 것도 아닙니다. 옆에 있는 동료를 위해 뛰는 거지. 동료를 위해, 여러분 옆에서 희생하는 사람들을 위해 승리를 따내려고 애쓰지 않는다면 경기가 열리는 토요일에 그 금빛 헬멧을 쓸 자격이 없습니다. 노트르담을 대표해 뛰는 건 당연한 권리가 아니라 특별한 영광입니다. 그러니 그에 걸맞게 행동하라고."

펜실베이니아주립대와 루이지애나주립대에 또다시 아쉬운 패배를 당했지만 우리 팀은 확실히 발전하고 있었다. 그해 결국 내셔널 챔피언십을 차지한 펜실베이니아와의 경기에서 우리는 두 차례나 터치다운 판정이 번복됐고, 경기 종료 1분을 남겨두고는 스티브가 엔드존에 있는 리시버에게 정확히 공을 패스해 점수를 뽑을 수도 있었다. 하지만 리시버가 패스를 떨어뜨렸고 우리는 경기 내내 상대를 압도하고도 5점 차로 무릎을 꿇었다.

루이지애나와의 원정경기에서는 경기 종료 4분을 남겨두고 터치다운에 성공하며 1점 차까지 따라붙었다. 2점 컨버전 추가 득점에는 실패했지만, 수비수들의 활약으로 상대 진영 9야드 지점에서 루이지애나의 세 번째 공격에 9야드를 남겨두게 됐다. 루이지애나의 뛰어난 쿼터백 토미 호드슨이 뒤로 물러서며 패스를 시도했는데 우리 팀이 간파한 대로였다. 호드슨이 색*sack*(쿼터백이 상대 수비수에게 태클을 당해 주저앉거나 공을 떨어뜨리는 것-옮긴이)을 당할 만한 상황이었는데, 그랬다면 우리 팀이 필드골을 시도할 만한 거리였다. 하지만 불행히도 호드슨이 가까스로 공격을 성공시키며 우리는 또 한 번 터치다운 한 번이면 뒤집을 수 있는 점수 차로 무릎을 꿇었다. 그 패배로 노트르담은 두 시즌 연속 5할 승률 미달이 확정됐다.

아쉬운 패배를 당할 때마다 우리는 특정 선수가 멋진 플레이를 펼치려 한 게 패배의 빌미가 됐음을 팀 전체에 일깨워줄 수 있었다. 나는 선수들이 승리를 갈망한다고 확신했지만, 정작 선수들은 동료를 신뢰하지 못했다. 그래서 자기 포지션에서 최선을 다하려 하기보다 혼자 힘으로 승리를 따내려 애썼다. LA 메모리얼 경기장에서 서던캘리포니아대학교와 맞붙은 시즌 최종전, 20:30으로 뒤진 상황에서 스티브가 시즌 일곱 번째 패스 실패 가로채기를 당했다.

그가 사이드라인으로 나왔을 때 내가 이렇게 말했다.

"스티브. 한 번 더 가로채기를 당하면 더는 출전하지 못할 거라고 했지? 자리에 앉아."

우리 수비진이 방어에 성공하면서 서던캘리포니아가 펀트를 위한 진용을 갖췄다. 우리는 펀트 블로킹을 시도했지만 킥을 블로킹하는 대신 우리 펀트 리턴 팀 중 한 명이 펀터에게 파울을 범하는 바람에 서던캘리포니아에 자동 공격 성공을 헌납하고 말았다. 엎친 데 덮친 격으로 키커에게 파울을 범한 선수 이름은 스킵 홀츠였다. 경기 후 해당 선수에 대한 질문을 받고 나는 이렇게 답했다.

"왜 어떤 동물 종이 자기 새끼를 잡아먹는지 이제 알겠네요."

서던캘리포니아가 득점에 성공하며 점수 차가 20:37로 벌어졌다. 그때 우리 팀이 터치다운 이후 상대 킥오프를 받으려고 정렬한 순간 나는 변화를 느꼈다. 리턴 팀이 "이번엔 우리가 점수를 내자"라는 말을 서로 주고받는데, 다들 할 수 있다고 믿는 표정들이었다. 모든 선수가 옆에 선 선수와 대화를 나눴다.

"넌 네가 맡은 선수를 책임져. 난 내가 맡은 선수를 책임질 테니. 그래서 우리도 점수를 내자고."

그건 '팀 브라운이 점수를 낼 거야'가 아니었다. 선수들은 1년 내내 한 번도 말하지 않은 방식으로 '우리'라고 말하고 있었다.

킥오프된 공을 받기 위해 정렬했을 때 스티브가 내게 다가와 금세라도 울음을 터뜨릴 듯한 얼굴로 말했다.

"코치님. 제 선수 경력이 이런 식으로 끝나게 하지 마세요. 여긴 제가 나고 자란 곳이에요. 저는 4학년 주전이고요. 이 경기는 제 마지막 게임입니다. 게다가 상대는 서던캘리포니아예요. 다시는 가로채기를 당하지 않겠다고 맹세하겠습니다."

팀 브라운이 킥오프된 공을 잡아 57야드를 달렸다. 나는 스티브를 바라보며 말했다.

"그럼 나가서 증명해봐."

우리 팀은 신들린 듯 필드를 누볐다. 먼저 스티브가 순식간에 한 차례 터치다운을 성공시켰다. 그러자 수비진도 힘을 냈다. 수비수들이 "세 번만 막자! 세 번만 막자!"라고 외치는 소리가 들려왔다. 결국 우리 선수들은 서던캘리포니아의 다음 공격을 저지해냈다.

불과 9분 만에 우리는 18점을 뽑아냈다. 그중 마지막 3점은 경기 마지막 플레이로 존 카니가 필드골을 성공시켰다. 우리는 서던캘리포니아에 38:37, 1점 차 역전승을 거뒀다. 그때 나는 노트르담 정신을 실감했다. 경기 종료를 9분 남겨둔 시점에 17점 차로 뒤지고도 역전에 성공한 것이다. 그제야 비로소 나는 우리가 하나의 팀이 됐다고 느꼈다.

특히 우리 팀 4학년생들이 큰 역할을 했다고 생각한다. 경기가 끝난 뒤 나는 이들에게 훗날 노트르담이 내셔널 챔피언십을 차지하는 순간이 오면 '우리가 주춧돌을 놓았다'라고 자랑스러워해도 좋다고 말해주었다.

이후 10년간 노트르담대학교 파이팅 아이리시는 미식축구 경기의 80퍼센트를 승리했고 새해 첫날 열리는 볼 경기에 9년 연속 출전했다. 그때까지 어떤 팀도 이루지 못한 위업이다. 그리고 이후로도 이런 위업을 이룬 팀은 아직 단 한 팀도 없다.

꼬박 1년에 걸쳐 열 경기 내내 좌절해야 했지만, 우리는 마침내 핑곗거리들을 내던지고 하나의 팀으로 우뚝 섰다. 우리 선수들은 핑계는 패배하는 팀의 라커룸에서나 나오는 것이라는 사실을 깨달았다. 승자는 핑계를 댈 필요가 없고, 해결책을 찾느라 바빠 핑계를 댈 시간도 없다. 이런 철학을 받아들일 때, 비로소 내면의 승리자가 떨치고 나와 잠재력을 완전히 발휘한다.

12

WINS, LOSSES,
AND LESSONS

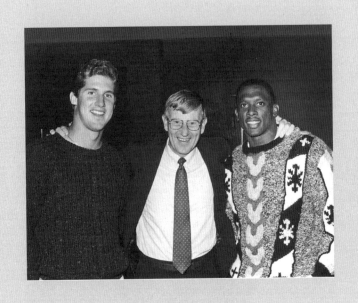

팀 브라운, 스티브 뷰어라인과 함께.
두 선수 모두 NFL에 진출해 큰 성공을 거뒀다.
뛰어난 선수들과 승리의 철학으로
노트르담의 위대한 전통을 이어가는 건 우리의 사명이었다.

성공은
신념의 문제다

노트르담 가족이 되기 전부터 노트르담 정신에 대해 많은 애기를 들었지만 나는 그 진정한 의미가 뭔지는 잘 몰랐다. 노트르담 사람들이 종교적이고 학교를 이끄는 사람들이 성령의 인도를 받는다는 사실에는 의문의 여지가 없다. 하지만 노트르담 캠퍼스에 뭔가 영적인 기운이 깃든 것 같지는 않았다. 그러던 중 부임 첫해에 흥미로운 깨달음을 하나 얻었다. 어디에나 존재하는 노트르담 정신을 믿지 않는다면 결코 이를 느낄 수 없음을 자각한 것이다. 그래서 이 정신을 믿기로 마음먹었다. 믿기 시작한 순간부터 나는 노트르담 정신을 느끼기 시작했다. 그리고 그 느낌은 영원히 이어졌다. 노트르담의 신비스러운 분위기를 설명해달라는 질문을 자주 받는다. 그럴 때면 이렇게 대답한다.

"당신이 노트르담에 있다면 어떤 설명도 필요가 없을 겁니다. 하지만 거기 없다면 어떤 설명도 만족스럽지 못할 거예요."

나는 노트르담에서 더욱 독실한 가톨릭 신자가 됐고, 할머니가 평생 그러셨던 것처럼 가능하면 매일 미사를 드리며 그리스도를 기쁘게 하는 삶을 살려고 노력했다. 신앙만이 내가 맡은 일에 따른 책임과 기대를 감당할 수 있게 해주는 언덕이었다. 나는 내가 노트르담으로 인도받은 데는 그럴 만한 이유가 있으며, 최선을 다하기만 하면 모든 일이 잘 풀릴 거라고 믿었다. 이는 사실에 기반한 믿음이 아니었다. 신이 내 음성사서함에 메시지를 남긴 건 아니니까. 나는 신념의 차원에서 이를 믿었다. 한 세기가 넘도록 사람들을 노트르담으로 이끌어온 바로 그 믿음이다.

1880년 에드워드 소린 신부와 다섯 명의 용감한 프랑스 사제가 북부 인디애나에 정착해 노트르담을 세운 지 불과 몇 년 만에, 믿음의 상징으로 캠퍼스에 우뚝 서 있던 골든돔이 화재로 잿더미가 돼버렸다. 소린 신부는 낙심하거나 회의에 빠지지 않고 골든돔이 불타버린 건 충분히 크지 않았기 때문이라고 말했다. 그리고 이렇게 선언했다.

"꼭대기의 성모상이 몇 마일 떨어진 곳에서도 보일 만큼 크게 돔을 다시 지을 겁니다. 그래서 노트르담이 왜 위대한지 사람들이 물을 때 다른 곳을 볼 필요 없이 돔 위의 성모상만 바라보면 되도록 할 것입니다."

노트르담이 미식축구라고는 단 한 경기도 하지 않던 시절의 일이다.

성모 마리아는 노트르담에 거하신다. 그런 믿음이 있기에 내게 그리고 나와 같은 수백만 명에게 노트르담은 특별한 곳이다. 노트르담에 처음 왔을 때 나는 선수들이 머리에 쓴 순금이 들어간 헬멧에 노트르담의 알파벳 첫글자인 'ND'를 새겨 넣으면 더 멋지겠다고 생각했다. 하지만 곧바로 금빛 헬멧은 골든돔을 상징하므로 어떤 표식도 넣을 수 없다는 말을 들었다. 헬멧은 노트르담에서 수많은 신앙의 상징 가운데 하나로, 이 상징들에는 미식축구보다 훨씬 더 큰 의미가 담겨 있다.

물론 미식축구도 여전히 중요했다. 그때까지 내가 경험해본 어떤 해보다 애석하고 안타까운 패배를 많이 당했음에도 우리는 경기력이 크게 향상되고 선수들도 기개 있게 똘똘 뭉쳐 하나가 됐다. 그렇지만 여전히 승리한 경기보다는 패한 경기가 많은 시즌이었다. 노트르담에서 경쟁력이 있다는 건 승리한다는 의미이지 아쉽게 패한다는 뜻이 아니었다. 그리고 동문들이 승리를 논할 때는 전 경기 승리, 큰 점수 차의 승리를 의미했다. 나는 이겨야 한다는 압박감을 느낀 적은 단 한 번도 없지만, 노트르담의 수석코치라면 주기적으로 내셔널 챔피언십에 진출해야 한다는 게 불문율이었다.

나는 노트르담과 한 번도 계약서를 주고받지 않았다. 학교 당국이 계약서를 쓰자고 한 적도, 내가 요구한 적도 없다. 내가 수석코치직을 수락했을 때 조이스 신부와 나는 연봉에 합의했고 계약 기간은 4년으로 하기로 했다. 조이스 신부는 내가 팀의 재건에 성공하면 계속 지휘봉을 잡을 수 있다고 약속했다. 하지만 만약 그러지 못하면 내가 다른 자리를 알아봐야 한다는 데 우리 둘의 의견이 일치했다.

헤스버그 신부와 진 코리건을 신뢰한 만큼이나 나는 조이스 신부가 약속을 지킬 것으로 믿었다. 그런데 불행히도 내가 부임한 이듬해 초반에 이 세 사람이 다 학교를 떠났다. 내가 알고 지내는 영광을 누린 이들 가운데 가장 훌륭한 두 사람인 조이스 신부와 헤스버그 신부는 35년 동안 노트르담을 이끌어온 끝에 은퇴했다.

체육이사로 내 직속상관이었던 진 코리건은 수석코치 부임 첫 시즌 내내 나를 돌봐주었다. 그는 단호하면서도 공정하고 솔직한 성품의 소유자이자 헌신적인 남편과 아버지로, 나는 그와 그의 가족을 존경하고 사랑한다. 어느날 진이 나를 사무실로 불러 자신이 ACC 커미셔너직을 제의받았다는 소식을 전해주었다. 그러면서 나로서는 영광스럽게도, 자신이 나를 고용한 사람인데 조이스 신부와 헤스버그 신부가 퇴임하는 마당에 부임한 지 1년밖에 안 된 데다 첫 시즌 승률 5할을 넘기지 못한 나를 혼자 남겨두고 떠나는 게 마음에 걸려 그 제의를 고사했다고 말해주었다.

사심이라고는 전혀 없는 그다운 행동이었다. 그렇게 엄청난 기회를, 평생 다시는 오지 않을지도 모를 기회를 나와 함께하기 위해 기꺼이 포기하려 한 것이다.

"진, 저로서는 영광이지만 제안을 수락하시는 게 옳다고 생각해요. 당신과 당신 가족을 위해 정말 좋은 기회잖아요. 나 때문에 이런 기회를 포기해서는 절대 안 돼요."

"하지만 내가 당신을 고용했고, 그래서 책임감을 느껴요."

그가 말했다.

"그 고마움은 결코 잊지 않을 겁니다. 하지만 애초에 조이스 신부님과 당신이 일주일 뒤나 한 달 또는 1년, 10년 뒤에 떠난다고 했어도 저는 노트르담에 왔을 겁니다." 나는 다음과 같은 말로 결론을 지었다. "당신이 ACC로 가는 건 노트르담에는 손실이더라도 ACC에는 이득이 될 겁니다."

신중한 고려 끝에 진은 커미셔너직을 수락했다.

노트르담에 온 지 1년 만에 나를 고용한 총장과 부총장, 체육이사가 모두 퇴임하거나 다른 자리로 옮겼다. 누가 신임 체육이사가 될지 가늠할 수 없었지만 그게 내가 아니라는 사실은 알았다. 나는 그 자리에 오르고 싶다는 생각도 없었을뿐더러 내가 물망에 오르지 않았다는 것도 알았다. 신임 체육이사는 나를 수석코치로 물려받게 될 것이다. 서면 계약서 한 장 없고, 막 5할 승률에 미달한 시즌을 마친 나를.

다른 상황, 다른 학교였다면 내 자리를 걱정했을 것이다. 하지만 나는 조금도 염려하지 않았다. 노트르담에 대한 믿음이 있었기 때문이다. 미식축구팀 코치로서 나는 할 수 있는 모든 것을 하고 있었다. 나머지는 내 권한 밖의 일이었다. 내 직분에 부여된 임무를 다한다면 다른 모든 일은 잘 풀릴 것으로 생각했다.

에드워드 멀로이 신부가 노트르담 총장에 임명되고, 윌리엄 보샹 신부가 조이스 신부의 뒤를 이어 부총장이 됐다. 체육이사 자리를 채우는 데는 좀더 시간이 걸렸다.

어느 날 전미 대표에도 뽑힌 바 있는 노트르담 농구팀 스타 출신으로 스물여섯 살 때 사우스벤드에서 은행 창업에 성공한 딕 로젠탈이 내 사무실로 찾아왔다. 딕과 모르는 사이는 아니었지만 함께 어울릴 기회는 없었다. 그래서 그가 우리 학교 새 체육이사가 될지도 모른다는 사실을 전혀 몰랐다. 딕은 자신이 설립한 은행에서 물러나려던 참이어서 타이밍은 완벽했다. 하지만 노트르담이 사업가를 체육이사에 앉힐 수도 있다는 생각을 나는 단 한 번도 하지 못했다.

"루, 체육이사를 맡아달라는 요청을 받았어요. 당신과 내가 잘 지낼 수 없다면 그 자리를 수락하고 싶지 않아요."

나는 이렇게 대답했다.

"그럼 수락하세요. 당신과 내가 아무 문제 없이 잘 지낼 거라고 확신하니까요. 우리는 같은 목표를 향해 나아갈 겁니다. 우리 둘 다 노트르담의 성공을 바라니까요." 그가 고개를 끄덕이는 걸 보며 말을 이었다. "우리가 서로 의견이 충돌할 때도 있겠지만 같은 목표를 위해 노력하는 한 장기적으로는 전혀 문제가 없을 겁니다. 실망하는 일도 꽤 있겠지만 틀림없이 정말 멋진 경험도 꽤 많이 하게 될 겁니다. 쉽지는 않겠지만 재미있을 거예요."

딕은 체육이사직을 수락했고, 지금까지도 내 가장 친한 친구로 남아 있다. 그는 정말 멋진 사람이자 뛰어난 리더이며 명석한 두뇌의 소유자다.

내가 부임한 지 1년 만에 은퇴하거나 사임하지 않은 사람 중에는 노트르담의 입학 담당 이사였던 케빈 루니라는 이름의 신사가 있다.

그는 내가 부임하기 직전 그 자리에 임명돼 내가 코치로 재임한 11년 내내 같은 자리를 지켰고, 내가 노트르담을 떠난 뒤 얼마 안 돼 새로운 보직으로 옮겼다. 그 기간에 그와 나는 의견 충돌이 잦았는데, 실은 너무도 의견이 갈려 내가 노트르담에서 보낸 마지막 8년간은 그와 말도 섞지 않았다.

입학 문제에 관한 한 케빈의 사고방식을 이해하는 데 애를 먹은 건 나만이 아니었다. 다만 그가 뛰어난 학생들을 선발해서 노트르담에 입학시킨 것만은 분명했다. 1988년 우리는 미식축구 역사상 처음으로 내셔널 챔피언십 우승을 차지하며 4학년생 100퍼센트가 졸업한 유일한 학교가 됐다. 케빈은 학교에 다니는 이유를 아는 학생 그리고 졸업 때까지 노트르담에 남기 위해 노력하는 우수한 학생을 선발했다. 노트르담의 전설적인 화학 교수 에밀 호프만이 내가 수석코치를 맡는 동안 모든 신입생을 담당했는데, 그와 나는 해마다 내기를 걸었다. 학점 미달이나 중퇴, 편입 등으로 학교를 떠나는 신입생 숫자가 우리가 패한 미식축구 경기 수보다 많을 경우 그가 돈을 내고, 그 반대이면 내가 돈을 냈다. 우리가 내기를 이어간 10년 동안 우리 미식축구팀은 연평균 2.5패를 기록했다. 그런데도 내가 내기에서 진 해가 이긴 해보다 많았다.

입학이라는 측면에서 볼 때 나는 엄격하고 까다로워야 할 필요성을 이해했기 때문에 케빈이 받아들인 선수들과 문제가 생긴 적은 한 번도 없었다. 하지만 그가 받아들이지 않은 선수에 관해서는 한 번 문제가 생겼다.

나는 우리가 전국의 모든 가톨릭 고등학교에서 선수를 잘 선발하기만 해도 노트르담에서 명가를 구축할 가능성이 무척 크다고 생각했다. 이는 믿음이 아니라 숫자에 기반한 것이었다. 해마다 전국 상위 스물다섯 개 고등학교 팀에는 가톨릭 학교가 10여 곳 이상 포함됐다. 그 학교에서 선수들을 선발하면 우리가 원하고 필요로 하는 선수들을 얻을 수 있다고, 노트르담을 이해하고 우리 팀의 일원이 되기를 바라면서 가족으로부터도 큰 지지를 받을 수 있는 젊은이들을 얻을 수 있다고 생각했다. 하지만 불행히도 우리는 가톨릭 청년들을 우리 프로그램으로 스카우트하는 데 거의 성공을 거두지 못했는데, 나로서는 이해할 수 없는 일이었다.

케빈은 노트르담 입학이 거부된 학생보다 학업 성적이 더 나쁜 선수를 가톨릭 고등학교 출신이라는 이유만으로 받아들이는 건 불공정한 처사라고 생각했다. 그는 내게 "가톨릭 고교 출신이라고 전부 받아들일 수는 없어요"라고 잘라 말했다.

내가 원한 건 가톨릭 학교 출신 선수라고 전부 영입하는 게 아니라 내가 보기에 미식축구팀과 학생회에 보탬이 될 우수한 학생과 성실한 청년 중에 일부를 스카우트하는 것이었다. 나는 학업에서 경쟁력이 없다면 선수라고 특별대우를 해주는 걸 원치 않았지만(그건 선수와 대학 모두에 온당치 못한 일이다), 운동 측면에서 그들의 기여가 고려되기를 바랐다. 노트르담에 지원한 어떤 학생이 엘라 피츠제럴드 뺨치는 노래 솜씨를 갖췄거나, 화가로서 제2의 피카소가 될 잠재력이 있거나, 마일스 데이비스 스타일의 재즈 트럼펫 연주자이거나, 알렉

승리, 패배, 그리고 교훈

산더 해밀턴(미국 건국의 아버지 중 하나로 연방파를 대표해 공화파를 대표한 토머스 제퍼슨과 격렬한 논쟁을 벌인 인물-옮긴이) 같은 토론 기술이 있다면 그런 특성들이 고려되는 게 마땅하다. 내가 원한 건 운동선수들도 똑같은 점들이 고려돼야 한다는 것뿐이었다.

내 생각에는 그렇게 되지 않은 경우가 너무 잦았다. 한 예로 클리블랜드에서 뛰어난 디펜시브 라인맨 두 사람을 스카우트하려고 했는데, 그중 하나는 세인트이그나티우스고등학교 또 하나는 줄리엣가톨릭고등학교 출신이었다. 두 사람 다 품성이 바르고 진실한 데다 똑똑하고 우수한 학생으로 대학 입학자격시험에서 1,000점을 넘겼다. 하지만 두 선수 다 입학이 거부됐다. 그에 대해 누구도 내게 적절한 설명을 하지 않은 가운데 두 선수 모두 미시간에 입학했고 그곳에서 학업과 운동 모두에서 성공을 거뒀다. 두 선수가 바라던 대로 이들을 스카우트해 우리 팀 수비진을 보강하는 대신 우리는 해마다 두 선수와 맞서 싸워야 했다.

그래도 나는 노트르담에 대한 충성심을 잃지 않았고, 케빈도 나도 우리가 맞닥뜨린 입학 문제를 공개적으로는 한 번도 언급하지 않았다. 당시 내 책상에 붙여둔 문구가 모든 것을 말해준다.

'코치는 지도를, 선수는 경기를, 행정 직원은 행정을, 기자는 보도를, 입학처는 거부를 각각 책임지면 임무가 중복되는 일은 없으리라.'

노트르담에 처음 부임한 날부터 떠나는 날까지 이 문구에 담긴 진실은 변함없이 이어졌다.

입학처에서 미식축구팀에 부여한 요건 가운데 팀을 불리한 상황으로 내몬 것들이 몇 가지 있다. 예를 들어 우리는 입학 후보 선수의 성적 증명서가 승인되고 케빈이 해당 학생과 개인 면접을 마치기 전까지는 선수에게 장학금을 제의할 수 없었다. 그렇더라도 유망주 선수를 여름에만 캠퍼스로 데려올 수 있었다면 다른 팀에 한 명도 빼앗기지 않았을 것이다. 7월의 노트르담은 천국에 비할 만하다. 하지만 1월은 전혀 딴판이다. 신입생 스카우트에 분주한 주말이면 사우스벤드에는 어김없이 눈보라가 몰아치고 항공편이 지연되곤 했다.

1990년대 초반 대학들은 신입생 스카우트 전략을 바꿨다. 최고 유망주들을 고3이 되기도 전에 설득해서 상당수는 입단 약속까지 받아냈다. 이때 대학 코치들이 해당 선수에게 장학금을 약속하는데, 노트르담에서는 장학금 얘기를 꺼낼 수가 없었다. 선수 입장에서 생각해보라. 노트르담에 입학하고 싶지만 두 번째로 선택한 학교가 장학금을 제안한다면? 개인 면접을 잘 치르더라도 노트르담으로부터 확실한 제의를 받으려면 1월까지 기다려야 한다.

케빈은 이 문제를 완화하려고 우리와 협의했지만, 문제를 아예 없애려고 하진 않았다. 그는 유망주 선수가 고등학교 2학년을 마칠 때 해당 선수의 지도교사에게 성적증명서를 노트르담에 보내도록 했다. 그다음에 입학처가 우리에게 '가망 없음', '괜찮아 보임', '가능함'을 통보하게 했다. 하지만 이때 괜찮다는 평가를 받았더라도 3학년 때 좋은 성적을 내지 않으면 입학이 거절됐다.

내가 답답함을 느낀 건 당연했고, 그건 케빈과의 개인적인 관계와는 무관했다. 케빈에게는 맡은 바 임무가 있었고 그는 그걸 잘 해

내고 있었다. 미식축구팀에 반감이 있는 게 아니라, 노트르담의 완전 무결함을 지키려고 노력한 것이다. 하지만 드물게 그가 마음을 바꿔 학생 선수의 입학을 허용한 경우 그 청년들은 노트르담에서 성공을 거뒀다. 미시간주 플린트 출신의 토드 라이트가 좋은 예다. 토드는 입학 첫해 학업적인 면에서 고전했지만 4년 만에 무사히 졸업했고, 4년 동안 주전 코너백 자리를 지켰다. 토드는 우리 미식축구팀 주장이 된 데 이어 전미 대표에도 뽑혔고, NFL 드래프트에서 1라운드 지명을 받아 입단 보너스로 받은 돈의 상당액을 노트르담에 기부했다.

토드의 성공은 노트르담 가족으로부터 받은 지원 덕이었다. 나는 그와 비슷한 훨씬 더 많은 선수가 기회만 주어졌다면 성공할 수 있었을 거라고 믿는다. 나는 사제들과 기숙사 주임 신부, 학생들, 교수진, 코치 그리고 팀 동료들의 사랑과 지지가 한 사람의 삶을 긍정적으로 변화시키는 데 어떤 역할을 할 수 있는지 지켜봤다. 또 선수들이 자신의 행동에 책임을 지는 법을 배우며 책임감 있는 청년으로 성장해가는 과정도 직접 목격했다. 내가 노트르담 정신을 맹신했을 수도 있지만, 꼭 그런 것 같지는 않다. 노트르담 정신의 힘을 너무도 많이 목격했을 뿐이다.

불합리한 입학 절차에 좌절하긴 했어도 우리는 흔들리지 않고 열심히 선수 스카우트에 매달렸다. 나는 여전히 우리가 전국에서 가장 실력 있고 똑똑한 학생 선수를 영입할 수 있다고 확신했는데, 그건 우리가 선수들에게 엄청난 기회를 제공한다고 믿었기 때문이다. 내가 많은 선수 가족에게 설명한 것처럼 노트르담 입학은 4년짜리 결정이 아니라 40년짜리 결정으로, 학생 선수들이 평생을 어떻게 보낼지에 영향을 미친다. 강의실에서뿐 아니라 노트르담에서 얻는 전반적인 삶의 경험을 통해 우리 선수들이 받는 교육은 단연 최고였다. 학생회를 통해 만들어가는 관계는 평생 두고두고 도움이 된다. 게다가 세계에서 가장 아름다운 캠퍼스로 올 기회까지 제공한다.

유일한 흠은 날씨였다. 오래된 농담에 따르면 노트르담은 원래 사우스벤드에 지어질 계획이 아니었다. 소린 신부의 원래 계획은 샌디에이고에 학교를 설립하는 것이었지만, 그와 그의 동료 신부들이 북부 인디애나에 왔을 때 눈에 갇혀 오도 가도 못 하는 신세가 돼 날씨가 갤 때까지 캠프를 차려야 했다. 하지만 그 뒤로 날씨가 결코 다시 개지 않았다고 한다.

눈이라는 걸림돌이 있음에도 우리는 리키 와터스, 로켓 이스마일, 토니 브룩스, 토미 카터, 제롬 베티스를 비롯해 뛰어난 선수를 상당수 영입하는 큰 성과를 거뒀다. 이 신입생 선수들은 노트르담 미식축구 선수가 갖춰야 할 요건을 모두 충족했다. 달리기와 플레이 구사 능력을 겸비했고 미식축구 지능을 갖췄을 뿐 아니라 체격 조건이 뛰어났고, 노트르담을 위해 뛰고 싶어 했으며, 우리 대학의 학생이 되고 싶어 했다.

우리는 미래를 위한 탄탄한 기반을 만들어가고 있었다. 당시 나는 재능 있는 미식축구팀을 만들었다고 생각했는데, 한 해 전인 1986년 경기에 내보낸 팀보다 재능은 조금 모자랄지 몰라도 그 첫 번째 팀보다 우리 프로그램에 대한 확신이 더욱 넘치는 선수들로 채워진 팀이었다. 테리 앤드리시악이 쿼터백 자리를 물려받았는데, 스티브 뷰어라인만큼 팔 힘이 강하진 않아도 전반적으로는 더 기량이 뛰어난 선수라고 생각했다. 토니 라이스는 봄 훈련을 포함해 1학년 동안 미식축구팀 근처에도 올 수 없었기 때문에 기량을 점칠 수 없었다. 팀 브라운은 지난해에 이어 팀에 남았고 마크 그린도 마찬가지였다. 와터스와 브룩스를 비롯해 새로 영입한 선수들을 고려하면 적어도 서류상으로는 꽤 좋은 팀처럼 보였다. 하지만 나는 섣불리 판단하지 않았다. 미식축구 경기는 종이 위에서 하는 게 아니라는 사실을 코치 경력 초반부터 일찌감치 깨달았기 때문이다.

시즌 개막전은 미시간 원정경기였다. 미시간은 시즌 전 여론조사에서 전국 5위로 평가됐고, 수석코치 보 스켐베클러는 홈구장에서 치른 시즌 개막전에서 단 한 차례도 패한 적이 없었다. 우리는 무척 좋은 경기를 펼쳤다. 우리 수비진은 상대 턴오버*turnovers*(펌블이나 가로채기를 통한 공수 교대-옮긴이)를 일곱 번이나 끌어냈는데, 그중 네 번째에서 우리 팀이 터치다운을 성공시켰다. 팀 브라운은 아무도 막을 수 없는 기세로 내달렸고, 마크 그린과 앤서니 존슨도 맹활약하며 무결점 경기를 펼쳤다. 미시간 역사상 가장 많은 10만 6,000명의 관중 앞에서 우리는 최종 스코어 26:7로 승리를 거뒀다.

홈구장으로 돌아온 우리 팀은 미시간주립대도 31:8로 대파했다. 이어 퍼듀에도 대승을 거두며 3승 무패가 돼 별안간 내셔널 챔피언십을 차지할 가능성이 거론되기 시작했다. 선수들의 사기는 하늘을

찌를 듯했고 자신감도 충만했다. 일주일 뒤 우리는 4연승을 꿈꾸며 피츠버그로 향했다.

원정경기를 치를 때는 순발력과 절제력, 수비와 공격, 킥 능력을 모두 동원해야 한다. 하지만 우리는 피츠버그에서 어떤 것도 제대로 발휘하지 못했다.

피트 스타디움에서 열린 경기에서 우리 팀은 전반에는 내가 노트르담에 온 이래 가장 맥 빠지고 무기력한 경기를 펼쳤다. 하프타임 때 스코어가 0:27로 미식축구의 모든 면에서 뭇매를 맞았다. 설상가상으로 우리 팀의 전반전 마지막 공격 시도에서 테리 앤드리시악이 몸을 날려 달려드는 피츠버그 아웃사이드 라인배커들에게 색을 당했다. 테리는 한동안 일어나지 못했다. 그가 마침내 몸을 일으켰지만 부상을 당한 게 분명해 보였다. 왼팔을 움직이지 못했고 유니폼 안의 어깨가 부자연스럽게 흔들렸다. 라커룸에서 우리는 그가 쇄골 골절상을 입었다는 걸 알게 됐다. 4학년 주전인 테리는 최소 6주에서 아마도 8주 정도는 결장이 불가피했다. 현실적으로 남은 시즌 출장이 불가능해진 것이다.

나는 노트르담에 입학하려고 무던히도 노력한 2학년생이지만 첫 시즌을 치르는 토니 라이스, 역시 그만큼 훌륭한 선수로 훗날 NFL에서 멋진 활약을 펼친 켄트 그레이엄 둘 중 하나를 선택해야 했다. 한 치 앞을 내다볼 수 없는 상황이었지만 나는 토니를 투입하기로 했다. 토니가 완전히 이긴 경기를 마무리하는 역할이 아닌 상황에서 경기에 투입된 건 그때가 처음으로, 공격을 이끌도록 요구받은 것 역시 처음이었다. 그가 신체 기능이 충분하다는 건 알았지만, 집중포화가 쏟아지는 상황에서 기량을 발휘하도록 요구받기 전까지는 선수가 어떤 기량을 보일지 결코 확신할 수 없다.

우리 팀이 두 차례 공격권을 쥔 상황을 보고 나자 우리 모두 토니가 타고난 재능의 소유자라는 걸 알게 됐다. 그는 적절한 결정을 내렸고, 난생처음 지휘권을 쥔 선수가 아니라 4학년 주전 선수에게 기대하는 수준의 침착함을 보여주었다. 후반전 세 차례 득점 시도에서 토니가 공격을 주도하며 우리는 경기 종료 채 1분이 남지 않았을 때 터치다운 한 번에 2점 컨버전이면 동점이 가능한 상황까지 따라붙었다. 우리 스페셜팀이 상대 온사이드 킥*onside kick*(다시 공격권을 잡기 위해 일부러 짧게 찬 킥-옮긴이)을 멋지게 잡아냈지만, 피츠버그 진영 42 야드 라인에서 시간도 공격 기회도 모두 끝이 나고 말았다.

최종 스코어 22:32로 아쉽게 무릎을 꿇었지만 이 경기에서 우리는 우리가 어떤 미식축구팀인지 많은 걸 알게 됐고, 이후 노트르담 역사상 최고 선수로 발돋움한 토니 라이스라는 공격의 선봉장을 발굴했다.

우리는 이후 다섯 경기에서 내리 승리를 따냈는데, 토니가 맹활약을 펼쳤고 팀 브라운도 대학 미식축구 최고 선수임을 입증했다. 1986년만 해도 간발의 차이로 놓쳤던 경기들에서 1987년에는 완승을 거두며 공군과 서던캘리포니아대, 해군, 보스턴대, 앨라배마대를 상대로 전체 스코어 186:73을 기록했다. 시즌 종료까지 두 경기를 남겨두고 우리는 전국 순위 7위로 올라섰다. 내셔널 챔피언십을 차지할 가능성은 크지 않았지만, 남은 두 경기에서 펜실베이니아와 마이애미를 꺾고 볼 경기에서도 승리한다면 불가능한 일만도 아니었다.

하지만 불행히도 펜실베이니아전에서 내가 실수를 범하는 바람에 내셔널 챔피언십 가능성을 날려버렸다. 펜실베이니아 홈구장인 비버 스타디움은 무척 춥고 바람도 강했다. 기온이 영하 10도를 밑돌고 초속 20미터 가까운 강풍이 부는 악조건이었음에도 우리는 오후 내내 엎치락뒤치락 접전을 이어갔다. 전반전 종료 직전 동점 상황에서 우리는 상대 4야드 라인까지 진격한 가운데 두어 차례 공격시도가 가능한 시간을 남겨두고 있었다. 나는 필드골을 차 3점 차로 앞서는 대신 켄트 그레이엄을 투입해 패스 플레이를 하도록 지시했다. 토니는 팔 힘이 강하지만 패스가 들쭉날쭉하다는 단점이 있었다. 켄트 역시 패스 능력이 있었고, 나는 내가 그를 믿고 우리 팀의 중요한 일원으로 생각한다는 사실을 알리고 싶었다.

작전 지시를 하는 동안 나는 켄트와 눈을 맞추며 이렇게 말했다.

"3점은 따놓은 거나 마찬가지니까 날려 먹지 말라고."

그건 마치 야구 경기에서 투수에게 "몸쪽 높은 공은 던지지 마"라고 말하는 거나 다름없었다. 선수에게 마지막으로 불어넣는 생각이 부정적이라면 부정적인 일이 일어나기 마련이다. 그 말을 들은 투수가 몸쪽 높은 빠른 공을 던지는 건 머릿속에 그 공이 어른거리기 때문이다. 골프 선수가 왼쪽 해저드에 공을 빠뜨리는 건 캐디가 "왼쪽으로 치지 말아요"라고 말했기 때문이다. 또 쿼터백이 패스 가로채기를 당하는 건 그런 걱정을 하고 있었기 때문이다. 켄트에게

"정확히 판단하고 나머지는 네가 가진 재능에 맡겨"라고 말한 게 아니라 나는 그가 부정적인 생각에 빠져들게 했다. 그 결과 그는 가로채기를 당했고, 우리는 동점 상황에서 하프타임을 맞았다.

펜실베이니아주립대가 후반전 초반 21:14로 앞서나갔는데 경기 후반까지 이 점수가 그대로 이어졌다. 우리에게도 득점 기회는 많았고 플레이 액션 패스로 리시버가 상대 수비를 완전히 따돌린 적도 많았지만, 바람 때문에 그날 오후엔 패스를 성공시키는 게 불가능에 가까웠다. 경기 막판 마침내 득점에 성공했을 때 우리는 승리를 위해 2점 컨버전을 시도하지 않을 수 없었다.

결국엔 2점 컨버전에 실패했고 20:21로 패했다. 나 때문에 내준 경기였다. 전반전에 필드골을 선택했더라면 2점 컨버전이 필요 없었을 것이다. 선수들이 끝까지 사력을 다해 뛰었기에 내가 그렇게 결정적인 실수를 그렇게 나쁜 타이밍에 저질렀다는 게 참담하게 느껴졌다. 그건 켄트의 실수가 아니라 내 실수였다.

하지만 우리 팀의 패배를 놓고 나 자신이나 다른 누군가를 비판할 겨를이 없었다. 그다음 주 오렌지볼에서 우리가 상대해야 할 마이애미는 9승 무패로 전국 2위에 올라 있었다.

내가 펜실베이니아전 패배에 과민 반응해서 마이애미를 꺾기 위해 패스 위주 작전을 선택했는지도 모르지만, 다른 어떤 작전이라고 먹혀들었을지는 의문이다. 마이애미는 내가 상대해본 어떤 팀보다 실력이 뛰어났고, 그들은 그걸 입증해 보였다.

우리는 마이애미 수비진을 흔들기 위해 패스 작전을 시도했다.

하지만 그 반대로 마이애미는 우리 쿼터백을 여섯 번이나 색하며 우리 팀의 패스 전진을 단 67야드로 꽁꽁 묶었다. 러닝으로 전진한 것보다 불과 5야드 긴 거리였다. 우리는 마이애미 진영 26야드 지점 너머로는 골라인에 가까이 가보는 것조차 못 했다. 반면 마이애미 쿼터백 스티브 월시는 196야드 패스 성공을 기록했고, 러닝백 멜빈 브래튼과 레너드 콘리는 207야드 러싱 전진을 합작했다. 최종 스코어는 24:0이었지만 경기 내용은 그보다 훨씬 더 나빴다. 그해 들어 처음으로 우리는 공수 모두에서 60분 내내 끌려다녔다. 그리고 나는 이 팀이 가야 할 길이 아직 멀다는 걸 절감하며 노트르담으로 돌아왔다.

마이애미 원정을 떠나기 전 노트르담은 코튼볼 출전 제의를 수락하며 7년 만에 처음으로 새해 첫날 볼 경기 출전을 확정 지었다. 볼 경기 출전 제의를 수락한 것이 정규 시즌 마지막 두 경기를 내리 내준 패배의 쓰라림을 조금은 달래주었다. 게다가 나도 코튼볼 경기 출장은 처음이었다. 오하이오주립대 시절 로즈볼에 출전하는 등 다른 주요 볼 경기는 모두 경험했지만, 팀을 이끌고 코튼볼이 열리는 댈러스로 가는 건 처음이었다. 우리가 상대할 팀은 사우스웨스트 콘퍼런스 우승을 차지한 텍사스A&M대학교였다(1979년 아칸소를 이끌 당시 우리는 사우스웨스트 콘퍼런스 공동 우승을 차지했지만, 콘퍼런스 사무국이 동점자를 처리하는 방식 때문에 출전권을 받지 못했다).

나는 코튼볼 경기에서 꼭 승리하고 싶었다. 정규 시즌 마지막 두 경기 패배로 입맛이 씁쓸했기에 노트르담이 정말로 예전의 기량을 되찾았음을 입증해 보이고 싶었다. 게다가 댈러스는 팀 브라운의 고향이었다. 하이즈먼 트로피 수상자에게 고향에서 열리는 신년 볼 경기 승리보다 더 멋진 귀향은 없을 것이다.

팀은 내 기대대로 움직이지 않았다. 선수들은 볼 경기 출장 자체만큼 경기 승리에는 관심이 없어 보였다. 다시 말해 선수들은 볼 경기를 도전이 아니라 보상으로 여겼다. 우리는 열심히 노력했지만 성과가 별로 없었다. 댈러스에 도착하자 일부 선수는 승리보다는 즐거운 시간을 보내는 데, 도시의 풍경과 소리에 더 정신이 팔린 듯했다.

드디어 경기가 시작되자 팀 브라운이 맹활약하며 처음에는 우리가 10:0으로 앞서나갔다. 하지만 텍사스A&M이 필드골을 성공시킨 뒤 우리는 프리 세이프티 *free safety*(특정 공격수가 아니라 아무 공격수나 저지할 수 있는 수비수-옮긴이)를 한 명도 두지 않는 대인방어의 함정에 빠져들었는데, 이 전략은 팀워크가 탄탄할 때는 바람직하지 않다는 게 내 생각이다. 나는 상대방에게 공짜로 점수를 헌납해서는 안 된다고 늘 강조해왔는데, 대인방어는 그런 허점을 안고 있다. 전반전은 물론이고 후반전에도 우리가 바로 그런 문제점을 노출하자, A&M 쿼터백이 대각선으로 간격을 벌리며 질주하는 리시버를 향해 정확하게 패스를 성공시켰다. 70야드 뒤에 점수는 10:10 동점이 됐다.

후반전에 우리는 제대로 된 러싱 공격을 단 한 번도 하지 못했고, 상대 공격을 저지하는 데에도 애를 먹었다. 패스 플레이는 나쁘지 않았지만 러싱 공격 성공률이 떨어지는 게 1년 내내 우리 팀의 약점이었다. 이 경기 역시 다를 게 없었다. 후반전에 우리는 76야드 전진에 그치며 최종 스코어 10:35로 역전패했다.

나는 참담한 심정을 금할 수 없었다. 이 경기 자체로도 끔찍한 패배였지만, 한때는 8승 1패를 기록하며 전국 7위를 달리던 시즌을 마감하기에도 끔찍한 결과였다. 경기 후 필드를 떠나면서 팀원들에게 무슨 말을 해야 할지 갈피를 잡지 못했다. 할 수 있는 말이 별로 없었다. 나는 선수들에게 남은 평생 성공과 역경을 똑같이 대하는 법을 배워야 한다고, 선수들이 할 수 있는 일이라곤 "이제 어떡하나요?"라는 질문에 답하는 것뿐이라고 말했다.

그 라커룸에서 나는 위안거리를 거의 찾지 못했다. 대부분 선수는 패배를 대수롭지 않게 여기는 듯했다. 졸업반 학생들은 실망한 기색이었지만, 그들 중 누구도 나처럼 울화가 치민 것 같지는 않았다. 그때 크리스 조리치가 내 눈에 들어왔다. 크리스는 신입생 후보 중앙 수비수로 그날 경기 내내 한 번도 투입된 적이 없었다. 그는 범죄가 만연하는 지역의 결손 가정 출신으로, 하루하루 집을 나와 학교에 가는 것 자체가 전쟁이나 다름없는 동네에서 고등학교에 다녔다. 어쩌면 대학 전미 대표보다는 마약상이 되기가 더 십상이었을 것이다. 크리스는 자신이 훌륭한 라인배커가 될 것으로 생각했다. 하지만 난 그가 그럭저럭 괜찮은 중간 수비수가 될 수도 있다는 걸 알았다. 그는 포지션을 전환하는 걸 내켜 하지 않았고 훈련 도중에도 꽤 자주 싸움에 휘말렸다(나는 싸움을 용납하지 않았다). 하지만 훈련장이나 도서관에서 크리스보다 더 열심히 노력하는 선수는 없었다. 압도적인 속도나 체격을 갖추진 못했어도 자신이 세운 목표에 도달하는 데 필요한 모든 노력을 하는 불굴의 용기를 갖추고 있었다.

그날 오후 댈러스에서 패배의 쓰라림으로 속을 끓이던 나는 줄지어 앉아 있는 선수들을 위아래로 훑어보며 희망을 찾으려 애썼다. 그러던 중 크리스 조리치에게서 그 희망을 발견했다. 크리스는 자신의 라커 앞에 앉아 두 손에 얼굴을 묻고 어깨를 들썩이고 있었다. 흐느껴 울고 있다는 걸 금세 알 수 있었다. 경기 전 워밍업이 끝난 뒤로는 땀 한 방울 흘리지 않은 선수가, 오후 내내 사이드라인에 서서 동료들을 격려하는 게 전부였던 선수가 우리 팀 패배가 너무 속상한 나머지 눈물을 쏟아낸 것이다. 노트르담에서 필요한 건 바로 그런 선수였다. 라커룸을 나서기 전 나는 크리스를 바라보며 이렇게 혼잣말을 한 기억이 난다.

"이런 친구를 필드에 세워야 해. 그리고 가능하다면 이런 친구를 마흔 명 더 찾아내야겠어."

경기 후 나는 보조코치들을 만나 신입생 스카우트를 논의했다. 나는 단호하게 지시를 내렸다. 우리는 노트르담 미식축구라는 신념과 이상에 크리스 조리치처럼 사심 없이 헌신할 선수들을 찾아내야 했다. 나는 우리가 운동신경보다는 정신 자세를, 타고난 능력보다는 근면한 태도를 갖춘 선수를 스카우트하기를 바랐다. 코튼볼 경기에서 목격한 그런 모습들은 더는 참아 넘길 수 없었다. 그래서 코칭 스태프에게 다시는 그런 일이 되풀이돼서는 안 된다고 말했다. 수석코치로서 나는 당연히 패배의 책임을 받아들였다. 다른 사람을 비난하기 전에 자신을 돌아봐야 했다. 그러면 문제의 원인을 멀리서 찾아서는 안 된다는 사실을 깨닫게 된다. 나는 우리 코치들과 선수들에게도 똑같은 자세를 요구했다.

다음 날 아침 나는 일본으로 날아갔다. 재팬볼*Japan Bowl* (1976~1993년 일본에서 열린 미국 미식축구 올스타팀 맞대결-옮긴이)에서 우리 팀이 막 코튼볼에서 상대한 텍사스A&M의 수석코치 재키 셰릴을 지원하기 위해서다. 열네 시간의 비행 동안 나는 한숨도 자지 못했다. 시즌 마지막 세 경기의 장면들이 자꾸만 머릿속에 맴돌았기 때문이다. 우리는 시즌 승률 5할을 밑돌던 팀을 승률 5할이 넘는 팀으로 바꿔놓았다. 이제는 괜찮은 팀을 훌륭한 팀으로 바꿀 차례였다.

비행시간 거의 내내 나는 그 목표를 달성하기 위해 우리가 해야 할 일들의 목록을 만들었다. 목록에는 공을 제대로 잡는 법부터 좀 더 효과적으로 블로킹과 태클을 하는 법, 공을 지키는 법 등 우리가 개선해야 할 온갖 기본기가 망라됐다. 우리는 얼빠진 플레이를 하지 말아야 하고, 자기 마음에 드는 플레이를 고집하는 선수를 용납하지도 말아야 했다. 임무의 실패를 없애야 했다. 내가 모든 미래 노트르담 팀에 원한 한 가지는 영리하고 절제된 플레이였다. 다른 팀이 우리 팀을 꺾을 수는 있어도 우리 스스로 무너지는 일은 없어야 했다. 마지막으로 나는 그날 이후 노트르담을 대표해 경기에 나설 선수의 본보기가 될 만한 태도를 적어봤다. 의욕을 가지고 인생에서 뭔가를 이루려는 사람, 노트르담과 노트르담의 가치를 필드에서와 필드 밖

　　　　　　　　　　　　　　　승리, 패배, 그리고 교훈

에서 대표하기를 원하는 사람, 그리고 모든 행동에서 솔선수범할 사람이었다.

베스와 세 아이도 일본행에 동행해 무척 좋았다. 리즈는 그해 노트르담에 입학했고, 케빈은 4학년, 스킵은 플로리다주립대에서 막 대학원생 보조코치가 된 뒤여서 나만 빼면 모두 즐거운 여행이었다. 목록을 적어 내 모든 실망을 털어내려 했지만 나는 코튼볼에서 당한 우리 팀 패배의 좌절감을 떨쳐버리지 못했다.

그러던 중 오키나와 프린스 호텔에서 머문 이튿날, 나는 내 인생관을 변화시키는 장면을 목격했다. 호텔 방 밖에서 들려오는 소리에 나는 새벽 5시에 눈을 떴다. 군사훈련 소리 같았다. 사내들이 한목소리로 구호를 외쳐댔는데, 일본말은 못 해도 명령을 절도 있게 복창하는 소리라는 건 알 수 있었다. 창밖을 내다보니 공사 현장 인부 10여 명이 안전모를 쓰고 정확히 줄을 맞춰 서 있었다. 인부들은 다시 한번 한목소리로 구호를 외친 뒤 맨손체조를 시작했다. 어느 하나 박자나 복창을 놓치는 사람이 없었다. 30분가량 이들이 운동하는 모습을 지켜본 나는 시급 노동자들인 이 인부들이 이 프로그램에 열과 성을 다하는 건 그렇게 하면 더 나은 석공이나 목수나 전기 기술자가 되기 때문이 아니라, 더 나은 사람이 되고 회사 종업원으로서 더 결속력이 두터워지기 때문이라는 사실을 깨달았다.

그때 불현듯 이런 생각이 뇌리를 스쳤다. 일본 사람들이 매일 새벽 5시에 맨손체조를 할 만큼 애사심 있는 공사 현장 인부들을 구할 수 있다면, 우리도 어느 때보다 더 많은 노력을 기울이고 완벽에 이르지 않으면 어떤 것에도 만족하지 않을 만큼 노트르담을 사랑하는 선수들을 찾아낼 수 있어야 한다는 것이었다.

13

WINS, LOSSES,
AND LESSONS

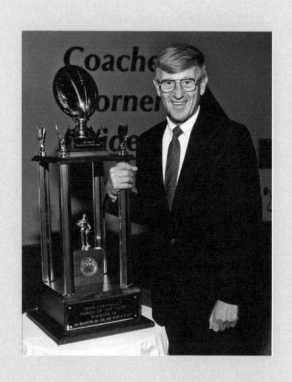

1988년 올해의 코치에 선정된 뒤 트로피 옆에 선 자랑스러운 순간.
나는 헤이스 코치에게 팀이 네 단계를 거쳐 변화한다고 배웠다.
경쟁하는 법을 배운 뒤, 승리하는 법을 배우고, 승리를 다루는 법을 배우고
나면, 비로소 챔피언십을 차지할 준비를 마치게 된다는 것이다.

한 치의 모자람도 용납하지 않을 때
비로소 완벽에 이를 수 있다

내가 보조코치로 처음 오하이오주립대에 왔을 때 팀은 그저 그런 성적으로 시즌을 마친 뒤였고 다음 해에 입학할 유망주들은 신통치 않았다. 우리는 2학년생 열두 명을 선발 출전시켰는데, 모두 디비전 I 출전 경험이 전혀 없는 선수들이었다. 후위 수비수에는 2학년생 세 명이 포함됐는데, 그중 누구도 지난봄 이전에는 그 포지션으로 경기에 나선 적이 없었다. 그도 그럴 것이, 당시만 해도 1학년은 출전 자격이 없었기 때문이다. 우리는 전국의 모든 팀을 통틀어 가장 미숙했다. 경험이 더 많은 상대 팀들에게 2패, 3패, 아니 4패를 당한다고 해도 놀랄 일이 아니었다.

하지만 헤이스 코치 생각은 달랐다. 겨울 훈련을 시작할 때부터 그는 빅텐 콘퍼런스 우승과 로즈볼 승리를 거론했다. 허황된 망상이 아니라 도달해야 할 목표로 그런 것들을 언급했다. 헤이스 코치는 우리가 한 경기만 패해도 실망을 금치 못할 거라는 사실을 공공연히 드러냈다. 우리 팀 선수 상당수가 여전히 대학 미식축구의 기본기들을 배우는 중인데도 그는 완벽함만을 요구했다. 전략적으로 하는 행동이 아니었다. 헤이스 코치는 완벽에 이르려면 완벽을 요구해야 한다고 믿었다. 그가 보기에 '경험 부족'은 패배를 예감한 사람들이 내세우는 핑계에 불과했다.

몇 해 뒤 두 시즌 동안 윌리엄앤메리 지휘봉을 잡고 헤이스 코치와 절친한 친구가 되고 나서야 나는 완벽을 요구하는 그의 철학이 우연의 산물이 아니고 유별난 것도 아니라는 사실을 깨달았다. 그는 역사를 공부하는 과정에서 그 철학을 깨우쳤다. 헤이스 코치는 제2차 세계대전 때 미국 해군 함정의 함장으로 복무했을 뿐 아니라, 내가 아는 누구보다 더 책을 많이 읽었다. 그는 미국이 참전한 모든 전쟁에서 주요 전투의 전략과 전술에 대해 자세히 이야기할 수 있는 것은 물론, 당시 지휘관이 결정을 내릴 때 어떤 생각을 했는지까지 말해줄 수 있었다.

한 예로 그는 101 공수 사단이 독일군 포대를 차단하기 위해 D데이에 노르망디 해안에 낙하하기 전까지만 해도 '미숙한' 전투부대였다는 사실을 알고 있었다. 또 제5군단 레인저 대대원 대부분이 필리핀 북부 카바나투안에서 500명의 미군 포로를 구출하는 전과를 올린, 역사상 가장 야심 찬 공습을 감행하기 전까지만 해도 전투 경험이 전혀 없었다는 것도 알았다. 그는 이 사람들이 영웅이 된 건 과거의 경험 때문이 아니었다고 말하곤 했다. 이들에겐 과거의 경험 자체가 없었다. 그럼에도 영웅이 된 건 불가능을 가능케 하는 데 필요한 일들을 했기 때문이다. 헤이스 코치는 그런 사고방식을 자신이 지도하는 미식축구 선수들에게 심어주려고 최선을 다했다.

내가 콜럼버스로 가 헤이스 코치를 방문한 어느 날 밤의 일이다. 그가 나를 불러 자신이 은퇴할 때 내가 수석코치 자리를 물려받는 걸 보증한다는 조건으로 수비 총괄 코치 자리를 제의했다. 당시 나는 윌리엄앤메리의 지휘봉을 잡고 있었고 그의 제의가 솔깃하게 들렸지만, 딱 한 가지 문제라면 헤이스 코치가 내가 자신의 후임이 되도록 보장할 수 있는지 확신할 수 없다는 것이었다.

"반드시 자네를 임명하도록 하겠네."

그는 "학교 당국이 서면으로 동의하지 않는다면 시즌이 한창인 여름에 사임해서 자네를 승진시키는 것 말고는 다른 대안이 없게 하겠네"라고 말했다. 대단한 제안이었기에 나는 수락을 오래도록 심각하게 고민했다. 하지만 그가 승계 전략을 성사시키리라는 확신이 들지 않았고, 그가 얼마나 더 코치 생활을 할지도 전혀 알 수 없었다. 게다가 나는 윌리엄스버그 생활이 만족스러웠다.

그가 제의를 해 온 날 밤에 우리는 새벽 3시까지 미식축구에 관한 이야기를 나눴다. 마침내 내 방으로 돌아왔을 때 나는 옷을 그대로 입은 채 침대에 드러눕고 말았다. 5분 뒤 누군가가 문을 두드렸다. 열어보니 헤이스 코치가 책 세 권을 들고 서 있었다. 처칠 자서전, 링컨 전기 그리고 역사상 가장 위대한 전투에 관한 책이었다. 그가 말했다.

"읽다가 잠이 들 만한 뭔가가 필요할 것 같아서."

사실 나는 선 채로 그와 얘기를 나누는 동안에도 깜빡 잠이 들지 않으려고 애를 써야 하는 상태였다. 그래도 나는 그 책들을 대충 훑어봤는데, 아침 식사 자리에서 그가 책 얘기를 하고 싶어 하리라는 사실을 알았기 때문이다.

역사 지식에 관한 한 나는 헤이스 코치 근처에도 가지 못했지만, 그가 기대 이상의 성적을 내는 선수들로 이뤄진 팀을 만들어내는 데 사용한 전략들에 대해 많이 배웠다. 우선 팀이 네 단계를 거쳐 변화한다고 배웠다. 가장 먼저 경쟁하는 법부터 배워야 하며, 이어 승리하는 법을 배우고, 승리를 다루는 법을 배우고 나면, 그때 비로소 챔피언십을 차지할 준비를 마치게 된다는 것이다.

내가 노트르담 지휘봉을 잡은 첫해에 우리는 경쟁하는 법을 배웠다. 이를 통해 우리는 부정적인 생각과 개인적 관심사를 앞세우는 분위기를 일소하고, 모두가 하나의 팀이 돼 경쟁하는 데 집중하게 됐다. 두 번째 해에 우리는 승리하는 법과 승리를 다루는 법을 배웠다. 불행히도 우리는 패배하는 법도 배워야 했다. 이제는 4단계를 배울 차례였다. 우리 팀은 챔피언십을 차지하는 법을 배울 준비가 돼 있었다.

1988년 2월 10일 나는 팀 미팅을 소집해 야심 찬 목표를 제시했다. 나는 우리 팀이 완벽에 이르지 못하면 어떤 것에도 만족하지 않기를 바랐다. 개인적으로 완벽함을 추구하고, 목표 달성에서도 완벽함을 향해 나아가고, 준비 과정도 완벽하게 수행하고, 인격도 완벽하게 갈고닦고, 마지막으로 필드에서도 완벽에 이르기를 바랐다. 나는 선수들이 경쟁 상대에 대해 신중하게 생각하기를 바랐는데, 주전 자리를 꿰차기 위해 제쳐야 할 동료들이나 가을에 상대하게 될 상대 팀을 말하는 게 아니었다. 선수 개개인이 완벽을 경쟁 상대로 삼기를 바랐다. 우리 팀의 모든 선수가 각자 '완벽이라는 만만찮은 상대'를 제압하는 법을 익히기만 하면 나머지는 전부 자연히 해결될 일들이었다.

이 목표를 이루려는 갈망이 무척 컸기 때문에 나는 진심을 담아 일장 훈시를 했다. 내가 선수들에게 한 말은 이랬다.

"몇 가지 변화가 있겠지만, 장담하는데 틀림없이 긍정적인 변화가 될 겁니다. 먼저 서로 철저히 충성심을 지키는 법을 연습하게 될 겁니다. 노트르담과 학교 당국, 코치 그리고 동료들에게 충심을 다합시다. 이 미식축구팀 안의 누구에게도 부정적인 말은 하지 맙시다. 서로를 존중하고 서로에게 관심을 기울이지 않으면서 하나로 똘똘 뭉친 팀이 될 수는 없으니까요. (…) 이 충성심은 코치들에게도 마찬가지로 해당됩니다. 코치들에 대해 불평불만을 늘어놓지 말고, 선수들끼리 코치의 험담을 하지도 맙시다. 마찬가지로 코치들도 여러분을 조롱하거나 비웃거나 여러분의 용기를 의심하지 않을 겁니다. 코치들은 여러분에게 가능한 한 최고의 미식축구 선수가 되는 법을 보여줄 겁니다. 여러분이 뭘 잘못하고 있고 어떤 부분에서 개선이 필요한지를 말해줄 겁니다. 여러분이 누군가와 문제가 있으면 분명히 밝히기 바랍니다. 잊지 마세요. 누군가에 대해 좋은 얘기를 할 수 없다면 어떤 말도 하지 마십시오. 이건 평생 갈고닦아야 할 훌륭한 인생관입니다."

이어 나는 대부분 선수가 그때까지 한 번도 생각해보지 못한 질문을 던졌다.

"사람들이 왜 조국을 위해 목숨을 바치는지 그 이유를 아는 사람 있나요?"

몇몇 선수가 호기심에 찬 표정을 지어 보였다. 내가 무슨 말을 하려는지 전혀 모르는 눈치였다.

"첫 번째 이유는 규율입니다. 군사적으로는 전혀 의미가 없는데도 군대에서 제식훈련을 하는 이유가 뭘까요? 제식훈련이 규율을 강화하기 때문이죠. 두 번째 이유는 조직화와 위대한 전통, 위대한 성공의 역사입니다."

시시콜콜 설명하지는 않았지만 이와 관련된 사례들은 너무나 잘 알려져 있다. 레인저 부대가 동료를 만날 때 '후-아$^{Hoo-ah}$'라고 구령을 붙여 인사하는 건 군사적 중요성 때문이 아니라 레인저의 역사와 전통 때문이다. 나팔로 명령을 전달해야 할 필요성은 남북전쟁을 끝으로 사라졌지만 기병대에는 여전히 나팔수가 있다.

"하지만 조국을 위해 목숨을 바치는 가장 중요한 이유는 전우들에 대한 사랑입니다. 한 병사가 인터뷰에서 정말 의미심장한 이야기를 들려준 적이 있어요. 이 병사는 전투에서 부상을 당하고 병원에서 치료를 받던 중에 전우들이 위험한 작전에 투입될 예정이라는 사실을 알게 됐습니다. 그래서 병원을 몰래 빠져나와 전우들과 함께 전장에 섰죠. 그 작전에서 그는 또다시 부상을 당합니다. 훗날 인터 뷰에서 그는 이렇게 말했어요. '함께 싸우고 함께 생활하다 보면 서 로가 서로에게 목숨을 의지한다는 사실을 금세 깨닫게 됩니다.' 전 투든 노트르담 미식축구든, 서로를 믿고 의지할 수 있어야 한다는 사실을 깨달을 때 우리는 비로소 성공을 누릴 수 있습니다."

이런 이야기를 나는 그 뒤로 시즌 내내 수백 번도 넘게 되풀이했 다. 개인의 영광을 위해 경기에 나설 생각이라면 번지수를 잘못 찾 았다는 사실을 선수들이 깨달아야 했다. 챔피언십을 차지하는 팀은 선수들 자신보다 더 큰 대의를 위해 싸운다. 학교의 역사와 전통, 완 벽에 대한 추구, 동료와 코치들에 대한 사랑 같은 것들이다. 나는 이 팀의 구성원 하나하나가 그 모든 동기부여 요소를 내면화하기를 바 랐다.

"나는 여러분이 이 학교를 제대로 살펴보면 축복받은 곳이라는 걸 깨달으리라고 굳게 믿습니다. 이 학교에 다니는 여러분은 복 받 은 사람들이에요. 소린 신부가 1842년에 한 말이 이를 분명히 말해 줍니다. '왜 우리가 이곳에서 성공을 거두는지 사람들이 묻지 않고 도 알 수 있도록 성모 마리아를 가장 높은 곳에 모셨습니다. 고개를 들어 골든돔을 바라보기만 하면 답을 찾을 수 있으니까요'라고 말이 죠. 우리가 올바르게 행동하면 노트르담에 영광과 영예가 됩니다. 우 리가 미식축구 경기에서 승리하면 이 학교에 도움이 되는 일을 하는 겁니다. 이 학교는 특별합니다. 노트르담에는 신비로움이 있어요. 그 리고 노트르담의 학생으로 이곳에 있는 여러분 역시 특별한 존재들입니다."

　이어 나는 규칙들을 간단히 소개하고 내가 무엇을 기대하는지 설명했다. 나는 선수들에게 시즌 중에는 술을 마셔서는 안 되며, 만약 술을 입에 댈 경우 이 팀의 일원으로서 필요한 규율을 갖추지 못한 사람이므로 더는 이 팀에 속하지 못하게 될 거라고 경고했다.

　"우리의 훈련은 보다 생산적이어야 하고 훈련 내용도 더 많이 기억해야 해요. 필드에선 1초도 시간을 낭비해서는 안 되며, 나아지기 위해 끊임없이 노력해야 합니다. 우리가 올해 미식축구팀으로서 이뤄야만 하는 발전을 지난해에는 이루지 못했다고 생각해요. (…) 자기절제보다 중요한 덕목이 있는지 모르겠군요. 우주 공간에 가거나 심해를 탐험하는 과학자들이 있죠. 아이러니하게도 우주와 바다는 정복하면서 자기 자신은 극복하지 못하는 경우가 많아요. 자기절제를 터득하기 전까지는 우리 자신의 운명을 지배할 수 없습니다. 자기절제야말로 개인이 가질 수 있는 가장 큰 자산입니다."

　그러면서 이렇게 강조했다.

　"인내 역시 올해 우리 팀의 성공에서 중요한 부분을 차지한다고 생각해요. 우리는 모든 역경을 극복해야 합니다. 사람이 세상에 존재하는 유일한 이유는 할 수 있는 최선을 다하기 위해서죠. 그러려면 자기절제와 인내가 필요해요. 살아 있는 매 순간 최선을 다하겠다는 갈망이 없다면 가치관을 재점검해야 합니다. (…) 노트르담 미식축구에 죽고 사는 수백만 명의 팬이 있습니다. 가톨릭 신자와 비신자, 아일랜드인과 비아일랜드인, 성공한 사람과 불우한 사람을 막론하고 노트르담대학교를 따르는 사람이 엄청나게 많은 만큼 이들에게 책임감을 느껴야 합니다. 이 사람들이 노트르담 미식축구를 신봉하는 건 노트르담 미식축구가 성공과 동의어이기 때문이에요."

나는 우리 팀이 필드에서 보여줄 기량에 대한 구체적인 기대를 언급했다.

"내가 이곳에 온 건 미식축구 경기에서 승리하기 위해서입니다. 몇 경기를 이기기 위해서가 아니고, 대부분의 경기를 이기기 위해서도 아니고, 모든 경기에서 승리하기 위해 왔어요. 단 한 경기도 빠짐없이 말입니다. 우리는 이길 뻔하다가 애석한 패배를 당하려고 여기 모인 게 아닙니다. 노트르담대학교에서 치르는 모든 미식축구 경기를 단 하나도 빠짐없이 승리하기 위해 모인 겁니다."

그리고 당부의 말을 덧붙였다.

"여러분이 인생의 모든 영역에서 최고가, 진정한 최고가 되기를 바랍니다. 할 수 있는 한 최고의 학생이 되기를 바랍니다. 할 수 있는 한 최고의 인간이 되기를 바랍니다. 할 수 있는 한 최고의 미식축구 선수가 되기를 바랍니다. 노트르담에서 뛴다는 건 완벽을 추구한다는 뜻이에요. 여러분에게 이런 말을 해주고 싶네요. 우리는 완벽에 이르거나, 보통 사람들은 차이를 알아채지 못할 정도로 아깝게 완벽함 일보 직전에서 좌절하거나 둘 중 하나가 될 겁니다. 완벽해지려고 노력한다는 건 전적으로 헌신한다는 뜻이에요. 찔끔찔끔 노력하는 걸로는 안 됩니다. 모든 일에 전적으로 헌신해야 합니다. 삶에서 완벽을 위해 전적으로 헌신하지 않는다면 삶을 대하는 태도에 문제가 있다고 생각해요. 노트르담에서는 완벽을 요구하고 완벽을 기대합니다. 내가 노트르담 지휘봉을 잡고 있는 한 앞으로 단 한 경기도 패하지 않을 것입니다. 당장 올 시즌부터 단 한 경기도 내주지 않을 거예요. 완벽한 미식축구팀을 볼 수 있기를 기대합니다. 왜냐면 완벽함이 우리의 평가 기준이 될 테니까요. 패배는 정말 끔찍한 일입니다. 여러분은 노트르담 유니폼을 입고 치르는 미식축구 경기에서 어떤 경기도 더 패해야 할 이유를 찾을 수 없을 것이고, 실제로도 더는 패배하지 않을 겁니다. 완벽하지 못하다는 건 나에게, 여러분에게 그리고 이 대학에 수치스러운 일입니다. 우리가 완벽하지 않은 모습으로 노트르담대학교를 대표해서 뛰는 건 우리의 목표, 우리의 목적, 우리의 신념에 전혀 부합하지 않는 일입니다."

마지막으로, 선수들에게 이렇게 주문했다.

"우리가 기준을 낮춰 그저 그런 수준에 안주하려는 사람들이나 만족시키기를 기대하지 말기 바랍니다. 그런 일은 없을 테니까요. 실수는 이제 과거의 일입니다. 우리는 완벽을 기대하고 완벽을 성취할 겁니다. 지금 이 방에도 틀림없이 이 말을 듣고 기뻐하며 '최고가 되기를 원해요. 완벽해지려고 노력하고 싶어요. 어떻게 해야 할지 말해주세요. 기꺼이 그 대가를 치를 테니까요'라고 말할 사람이 꽤 많이 있을 겁니다. 반대로 할 수 없다고 말할 사람도 있겠죠. 좋아요. 우리에게 성공할 능력이 있다는 걸 의심해도 상관없습니다. 그 사람이 이 팀의 일원이 아니라면 말이죠. 겨울 프로그램에서 좋은 출발을 한 걸 다시 한번 축하합니다. 우리는 완벽을 향해 첫걸음을 내디딘 겁니다."

우리 코칭 스태프는 이 같은 철학을 믿었고, 우리는 봄 훈련 때는 물론 여름을 거쳐 가을까지 이 주제를 반복해서 강조했다. 완벽을 추구하다 보면 정신을 집중하고 오감을 곤두세우게 된다. 이는 전선을 잘라 폭탄을 해체하는 사람과 비슷한 측면이 있다. 전선 자르는 일을 이미 1,000번 넘게 해봤을 테지만 자칫 삐끗하면 몸이 갈기갈기 찢길 수 있는 만큼 임무에 온전히 전념하게 된다. 우리 미식축구팀이 폭발물을 해체하는 건 아니지만, 나는 선수들이 똑같은 절박함을 느끼기를 바랐다. 완벽함은 '쉬는 날'을 용납하지 않는다는 사실을 깨닫기를 바랐다.

코치들도 마찬가지였다. 1987시즌이 끝난 뒤 우리는 코칭 스태프 구성에 몇 가지 중요한 변화를 주었다. 배리 알바레스를 수비 총괄 코치로 승진시켰는데, 그러자마자 그는 자신이 특별한 사람이자 코치이고 리더라는 사실을 내게 분명히 보여주었다.

또 조 무어를 공격 라인 코치로 영입했다. 많은 사람이 조를 적극적으로 추천해주었다. 피츠버그와 텍사스A&M, 미시시피주립대를 이끌며 뛰어난 성적을 낸 재키 셰릴이 피츠버그 시절 공격 라인 코치를 맡았던 조를 꼭 영입하라고 말해주었다. 다른 수석코치들도 조에게 높은 점수를 주었는데, 처음 만난 순간부터 그는 내게 깊은 인상을 주었다. 조는 햇볕에 그을린 얼굴과 지친 듯한 눈빛을 가진 거구의 사내였다. 그의 목소리는 탄광 바닥에서 올라오는 소리처럼 윙윙거렸다. 모든 면에서 그는 해병대 신병 교육소의 훈련 교관을 연상케 했다. 우리가 이루려는 목표에 완벽하게 부합하는 사람이었다.

우리는 또 척 히터를 디펜시브백 코치로 영입했다. 선수 시절 뉴올리언스 세인츠에서 디펜시브백으로 뛴 척은 오하이오주립대와 위스콘신대에서 후위 수비 코치를 맡은 바 있다. 영리하고 성실하고 의욕이 넘치는 데다 소처럼 뚝심 있는 성품으로, 그 역시 우리 스태프에 꼭 필요한 사람이었다.

마지막으로 수비 라인 코치로 미네소타에서 존 팔레르모를 데려와 디펜시브태클을 담당하게 했다. 1987시즌이 끝난 뒤 최전방 수비수 네 명이 모두 졸업했기에 존을 영입해서 크리스 조리치와 제프 알름, 조지 윌리엄스를 비롯한 중앙 수비수들을 지도하게 했다. 상대 공격을 저지해야 챔피언십을 차지할 수 있다는 걸 나는 알고 있었다. 그러려면 상대의 뛰어난 러닝 게임을 상당수 저지해야 하고, 이를 위해서는 스크리미지 라인을 지배해야 했다. 존은 선수를 발굴하고 훈련시키고 동기를 부여해서 임무를 완수하게 하는 데 최고의 솜씨를 가진 코치였다.

핵심적인 기량이 요구되는 포지션을 맡은 선수들도 많은 문제를 노출하고 있었다. 토니 라이스가 러닝 플레이 능력이 있다는 건 알지만 승리를 따낼 만큼 효과적으로 패스를 할 수 있을까? 리키 와터스는 공을 잡을 수 있을까? 펀터도 새로운 얼굴로 바뀌었는데, 짐 색스턴이라는 연습생 출신 선수였다. 압박을 받는 상황에서 그가 결정적인 킥을 성공시킬 수 있을까? 알 수 없는 노릇이었지만 내게는 이 모든 선수가 맡은 바 임무를 수행할 능력을 갖출 수 있고 실제로 그렇게 해주리라는 믿음이 있었다. 그해 시즌이 끝나기 전에 우리는 스물한 명의 선수를 대학 미식축구 경기에 처음으로 선발 출장시켰다. 다만 나는 이들 가운데 누구도 경험 부족을 핑계 삼지 못하게 했다. 이들은 완벽함이 기준이라는 걸 알았다. 대부분이 평생 한 번도 해보지 않았던 포지션을 소화해야 했지만, 그럼에도 노트르담 유니폼을 입고 나서는 첫 선발 경기에서 정말로 완벽한 모습을 보여줘야 했다.

우리에게 희망적인 사실 하나는 전 세계 다른 어느 곳도 아닌 노트르담에서 뛰고 싶어 하는 학생 선수들이 있다는 것이었다. 그들 대부분에게 노트르담은 첫 번째이자 유일한 선택이었다. 그건 선수들 말고 일반 학생들도 마찬가지였다. 우리는 전국에서 유일하게 한 해 동안 중퇴하는 학생 수보다 미식축구 경기 패전 수가 많은 학교였다. 우리 선수들은 자신들이 몸담고 싶은 바로 그곳에서 자신들이 하고 싶은 일을 하고 있었다. 남은 문제는 완벽함에 이를 수 있느냐 아니냐뿐이었다.

시즌 개막전의 우리 팀 첫 공격 시도는 그 질문들 중 상당 부분에 대한 답이 됐다. 우리는 무척 기량이 뛰어난 미시간 팀을 상대로 경기 시작 1분 17초 만에 70야드를 전진했다. 1쿼터가 끝났을 때 우리가 10:0으로 앞서나갔다. 연습생 출신 필드골 전담 키커 레지 호가 그날 밤 필드골을 네 번 성공시켰는데, 경기 종료를 1분 남짓 남겨놓고 터뜨린 마지막 골로 우리 팀은 시즌 첫 승이자 전국 10위 이내 팀을 상대로 첫 승리를 확정 지었다.

이후 우리는 피츠버그 원정 전까지는 접전 없이 손쉬운 승리를 이어갔다. 그때까지 피츠버그를 상대로 3연패를 기록 중이어서, 상대 스타디움에서 치르는 원정경기는 힘겨울 수밖에 없었다. 피츠버그에는 다넬 디커슨이라는 걸출한 쿼터백이 포진한 반면, 우리는 공격 라인의 핵심 선수 두 명을 부상으로 잃은 상태였다.

쉬운 상황은 아니었지만, 크리스 조리치가 경기 초반 상대 펌블을 리커버한 덕에 우리가 선취점을 뽑았다. 2쿼터 후반에도 우리는 상대 엔드존에서 또다시 펌블 리커버에 성공하며 상대의 득점을 봉쇄하고 17:14로 앞서며 하프타임을 맞았다. 이후 4쿼터에는 토니 라이스가 대단한 통솔력을 입증해 보이며 53야드짜리 터치다운을 성공시켜 우리 팀에 30:20 리드를 안겼고, 결국 그대로 경기가 끝났다.

다음 경기는 마이애미전으로, 그 시즌 대학 미식축구 최고의 대결로 주목받았다. 그 전 해까지 우리는 마이애미에 3년 연속 무릎을 꿇으며 133:20의 굴욕적인 합계 점수를 기록했다. 1988시즌 마이애미대학교 허리케인스는 전국 1위를 질주하며 마이애미 사상 최강의 팀이라는 평을 들었다. 마이애미 쿼터백 스티브 월시는 강력한 팔과 뛰어난 직감으로 상대 수비를 파고들었다. 당시 나는 월시가 전임자인 짐 켈리와 버니 코사르, 비니 테스테이버드를 비롯해 마이애미 역대 쿼터백 가운데 단연 최강이라고 평가했다. 마이애미에는 클리블랜드 개리 같은 후위 수비수와 안드레 브라운이나 레너드 콘리 같은 리시버도 있었다. 그뿐만이 아니라 마이애미는 바로 전 주가 경기가 없는 휴식 기간이었지만, 우리는 피츠버그전에서 치고받는 난타전을 벌인 끝에 어느 한 곳 성한 구석이 없었다. 모든 요인이 마이애미에 유리한 상황이었지만, 나는 우리가 승리하리라는 사실을 알고 있었다.

우리 선수들은 나이가 어린 데다 앞선 1987시즌 성적이 썩 좋지 않아 마이애미만큼 지명도가 높지 않았지만, 기량만큼은 마이애미에 꿀릴 게 없었다. 로켓 이스마일은 대학 미식축구 최강의 만능 리시버이자 킥 리터너였다. 4학년 팀 주장인 러닝백 마크 그린은 모든 면에서 리더이자 승리자였고, 토니 라이스는 매주 경기를 거듭할 때마다 쿼터백으로서 기량이 쑥쑥 성장했다.

나는 이 경기가 그때까지 우리 팀의 가장 큰 도전이자 내 '완벽' 전략의 시험대가 될 것임을 알았다. 그래서 피츠버그의 라커룸을 떠나기 전부터 마이애미전 준비를 시작했다. 대승을 축하한 다음 나는 선수들에게 마이애미가 뛰어난 미식축구팀이지만 우리가 몇 가지 일만 해내면 그들을 꺾을 수 있다고 말했다.

"코치들을 믿고 지시대로 정확히 따라야 합니다. 노트르담은 지금까지 전국 1위 팀을 상대로 여러 차례 승리했으니까 그런 일이 다시 일어날 거라고 믿어야 합니다. 믿음이 없으면 실현되지 않습니다. 하지만 정말로 믿음과 자신감이 있다면 다시 한번 이뤄질 겁니다."

다음 날 나는 팀 미팅을 다시 소집해 선수들을 진정시키고 한 번 더 자신감을 북돋우려고 애썼다.

　"마이애미는 훈련이 무척 잘된 팀입니다. 마이애미 선수들이 과거에 한 별난 행동과 언행에 대해 이러쿵저러쿵 말할 수도 있겠지만 (당시 마이애미는 기행과 도발적인 언사로 악명 높았다), 일단 경기가 시작되면 그들은 종료 휘슬이 불 때까지 일사불란하게 탄탄한 기본기를 보여줍니다. 지금까지 내가 본 어떤 팀보다 뛰어나죠. 또 뜨거운 열정과 자신감으로 무장하고 경기에 임합니다. 그런 점에선 마이애미 코칭 스태프에게 경의를 표하고 싶을 정도죠." 나는 계속 말을 이어갔다. "하지만 우리가 꺾을 수 있습니다. 상대 팀들에게는 인상적으로 보이지 않을지 몰라도 우린 1년 전보다 훨씬 더 나은 팀이 됐으니까요. 통계 수치로 드러나지는 않아도 우리는 승리에 꼭 필요한 것들을 해냅니다."

　이어 나는 선수들에게 내가 마지막으로 경기에 뛴 건 1957년이니 필드에서 선수들을 도울 방법은 전혀 없다고 말했다. 내가 선수들에게 바라는 건 세 가지를 해달라는 것뿐이었다.

　"첫째, 긴장을 풀어요. 앞으로 엿새 동안은 경기를 할 수 없으니까. NCAA 사무국에 전화를 해봤더니 다음 주 토요일까지는 마이애미를 여기 오게 할 수 없다니까 지금부터 잔뜩 들떠 경기가 시작됐을 때 아드레날린이 다 날아가 버리게 할 필요가 없어요. 주먹을 쥔 채로 두 시간 동안 그대로 있으면 막대기 하나도 잡을 수 없을 만큼 힘이 빠져버리죠. 둘째, 매일 잠자리에 들기 전에 이완 요법을 실천하기 바랍니다."

우리가 1년 내내 가르쳐온 요법은 침대에 몇 분 정도 누워 자신이 멋진 플레이를 성공시키는 순간을 조용히 마음속에 그려보는 것이었다.

"그리고 세 번째로, 한 사람도 빠짐없이 우리가 성공할 거라는 믿음을 갖기를 바랍니다. 절대 의심하지 말고. 우리가 승리할 수 있다는 증거는 물론 없어요. 증거가 있다면 믿음을 가질 이유도 없겠죠. 하지만 코치들이 하는 말을 듣고 그대로 실천하면 이 경기에서 승리할 수 있고, 실제로 승리할 거라는 변치 않는 신념을 가져요."

그 주 초에 나는 보 스캠베클러에게 전화를 걸었다. 이전에도 이런저런 일을 상의하려고 보에게 꽤 자주 전화를 했다. 그와 나는 절친한 친구 사이로 지금까지도 우정을 이어오고 있다. 이번 전화는 마이애미 때문이었다. 마이애미는 우리가 미시간을 꺾은 다음 주에 미시간을 맞아 접전 끝에 역전승을 거뒀다. 나는 보가 마이애미에 대해 어떻게 생각하는지 그리고 우리가 이길 가능성에 대해서는 또 어떻게 생각하는지 알고 싶었다.

"미시간은 대단히 뛰어난 미식축구팀이에요. 약점이라곤 없지."

보가 말했다.

"미시간과 붙고 우리와도 경기를 해봤잖아요. 우리가 그들을 꺾을 수 있다고 생각해요?"

잠시 생각에 잠겨 있던 그가 대답했다.

"그래요, 꺾을 수 있지. 하지만 그러려면 흠 없이 완벽한 경기를 해야 할걸요."

우리는 바로 그렇게 했다. 공격에서, 수비에서, 스페셜팀 운용에서 우리는 우리가 할 수 있는 최고의 경기를 펼쳤다. 마흔아홉 번의 러싱 공격으로 113야드를 전진했고, 열 번의 패스 성공으로 218야드를 나아갔다. 마이애미도 73야드 러싱 성공에 424야드 패스 성공을 기록했다. 경기는 오후 내내 엎치락뒤치락했고, 스티브 월시는 내가 우려했던 대로 많은 득점을 끌어냈다.

선취점은 열두 번의 플레이를 토니 라이스의 7야드짜리 러닝으로 마무리 지으며 우리가 뽑았다. 2쿼터 초반 반격에 나선 월시가 안드레 브라운에게 터치다운 패스를 성공시키며 동점이 됐다. 토니는 57야드짜리 패스를 로켓 이스마일에게 연결하고, 브랙스턴 뱅크스에게 9야드짜리 터치다운 패스를 성공시키는 등 두 차례 멋진 플레이로 응수했다. 이어 우리 팀의 뛰어난 디펜시브백 팻 터렐이 월시의 패스를 가로채기한 뒤 내처 달려 또 한 차례 터치다운을 기록했다. 5분 뒤에는 월시가 두 차례 완벽한 공격을 지휘하며 연거푸 터치다운을 성공시켜 또다시 동점을 만들었다. 이어 3쿼터에는 우리가 다시 터치다운에 이은 필드골을 성공시켰지만 4쿼터에는 공격을 완전히 차단당했다. 마지막 쿼터 첫 공격에서 마이애미는 필드골로 점수를 낸 데 이어 두 차례 더 깊숙한 패스를 시도했다.

경기 종료 7분을 남겨둔 가운데 11야드 라인에서 7야드를 남겨둔 네 번째 마지막 공격 시도에서 월시가 클리블랜드 개리에게 패스를 성공시켰다. 개리가 엔드존에 접근했지만 우리 팀의 강력한 세이프티 조지 스트리터가 태클로 펌블을 끌어냈다. 그해 시즌 종료 후

대학 미식축구 전체 수비수 랭킹 4위에 오른 우리 팀 전미 대표 라인배커 마이크 스톤브레이커가 펌블을 리커버했다. 우리 공격수들이 공격권을 내주지만 않았다면 그대로 경기가 끝날 수도 있었다. 하지만 1분 25초를 남겨둔 상황에서 토니 라이스가 14야드 라인에서 펌블을 하는 바람에 공을 다시 마이애미에 내주었다. 35초 뒤 월시가 엔드존에 선 브라운에게 패스를 성공시켰다. 경기 종료를 45초 남겨둔 가운데 스코어는 31:30으로 1점 차가 됐다. 마이애미가 승리하려면 2점 컨버전을 시도해야 했다. 동료들의 방어막 안으로 들어간 월시가 리시버 한 명이 상대 수비를 따돌린 걸 보고 레너드 콘리를 향해 엔드존으로 패스를 날렸다. 하지만 팻 터렐이 달려들어 패스를 차단했다.

노트르담이 4년 만에 처음으로 마이애미를 꺾으며 열한 시즌 만에 처음으로 전국 1위 팀을 상대로 승리를 따냈다. 스티브 월시는 마이애미 쿼터백으로 선발 출장한 열일곱 경기 만에 첫 패배를 맛봤다. 내가 지휘하는 영광을 누린 미식축구 경기 가운데 최고의 게임이었다.

마이애미전에서 승리한 뒤 우리 팀은 완벽함이 달성 불가능하지 않은 건 물론이고 가능성이 제법 있거나 심지어는 꽤 높다는 사실을 확신하게 됐다. 선수들은 결코 자만하지 않았고 코칭 스태프도 그러지 않도록 각별히 유의했지만, 내가 시즌 내내 가졌으면 하고 바랐던 자신감은 여전히 넘쳤다. 마이애미전이 끝난 뒤 나는 선수들을 곧바로 다음 경기인 공군전에 집중하게 했다. 공군은 Y자형 위시본 포메이션을 앞세운 맹렬한 러싱 공격으로 상대를 무너뜨릴 수 있는 팀이었다.

다행히 우리 선수들은 슬럼프에 빠지지 않았다. 우리는 공군과 해군, 라이스, 펜실베이니아주립대를 잇달아 꺾고 전국 1위로 정규 시즌 최종전을 맞았다. 마지막 상대는 전국 2위 서던캘리포니아대학교였다. 1928년부터 이어져 온 노트르담과 서던캘리포니아의 역사적 라이벌 구도에서 두 팀이 전국 1위와 2위로 맞붙은 건 처음 있는 일이었다.

경기 장소는 LA 메모리얼 경기장으로 우리 팀의 원정경기였다. 나는 마이애미 수석코치 지미 존슨에게 전화를 걸어 캘리포니아 원정에 대해 대화하고 나서, 그가 전국 상위권 팀을 이끄는 동안 나라 끝에서 끝을 오가는 엄청난 이동과 전국 1위 팀에 쏟아지는 언론의 관심에 어떻게 대처했는지 물었다. 이런 통화는 수석코치들 사이에서 흔한 일이다. 지미는 기꺼이 도움을 주었는데, 코치 공동체 안의 내 친구들 모두 마찬가지였다. 대학 미식축구에 관한 가장 큰 오해 중 하나가 일부 팬이 상대 팀에 증오에 가까운 반감이 있는 것처럼 코치들끼리도 마찬가지 감정을 품고 있다는 생각이다. 전혀 사실이 아니다. 코치 생활 내내 나는 다른 팀 코치들과 대화를 나누었고, 다른 코치들이 내게 전화했을 때도 주저 없이 응했다. 물론 경기 당일이면 서로 적이 돼 상대를 꺾고 싶어 했지만 경기가 끝나면 우리는 여전히 친구 사이로 지냈다.

그날 오후 지미와 이야기를 나눌 때 나는 기자 한 명이 그의 사무실에 있다는 걸 미처 몰랐다. 그 기자는 우리의 대화 중 지미가 하는 말만 들을 수 있었지만, 그걸로도 그에겐 충분했다. 얼마 지나지 않아 우리가 나눈 대화에 관한 기사가 실리는 바람에 집중을 방해하는 상황이 더해졌다. 지미와 내가 그날 오후 대학 미식축구의 대단한 비밀을 폭로한 것도 아니었지만, 전국에서 유일하게 무패 행진을 달리는 팀의 코치로서 내 일거수일투족은 철저하게 파헤쳐졌다. 내가 화장실을 하루에 두 번이 아니라 세 번 가면 사람들은 내가 점심을 먹은 뒤 콜라를 몇 병 마셨는지 확인하기보다는 내가 평소보다 더 긴장한 것 같다는 식으로 뭔가 의미를 부여하려 했다. 내가 지미에게 전화를 건 것은 우리 둘에게는 아무 일도 아니었다. 그럼에도 언론은 주말 내내 그 이야기를 물고 늘어졌다.

　불행히도 그 주 후반에 나를 비판하는 사람들을 내가 다시 한번 자극하면서 그 전화 통화는 오히려 사소한 일이 돼버렸다. 게다가 그해 가장 중요한 일전이자 노트르담 미식축구 역사상 가장 큰 경기를 스물네 시간 앞둔 상황에서 나는 우리 팀 주전 선수 두 명에게 출장정지 징계를 내려야 했다.

　그해 내내 나는 선수들에게 완벽함에 이르려면 규율과 인내, 믿음이 필요하다고 말했는데 그중에서도 단연 중요한 건 규율이었다. 규율은 코튼볼에서 실망스러운 패배를 당한 뒤 일본으로 날아가는 동안 노트에 적어 내려간 원칙이자 내가 뼛속 깊이 새겨둔 신념이었다. 규율이 없다면 다른 모든 게 소용이 없었다. 선수들은 거의 예외 없이 이 원칙에 따라주었다. 우리 팀의 훈련 시간은 혹독하고 격렬했고(1년 내내 얼마나 많은 선수를 새 포지션에 투입해야 하는지를 고려하면 그럴 수밖에 없다), 선수들은 사회생활을 통째로 희생해야 했다. 매일이 아니면 최소한 이틀에 한 번씩 나는 예외 없이 모든 팀 규칙을 준수해야 한다는 걸 재차 강조했다. 모든 규칙을 항상 준수하는 것을 포함해서 사소한 일들을 제대로 해내는 건 열네 시간에 걸쳐 비행기를 타고 가는 동안 내가 적어 내려간 목록에 있던 또 다른 항목이다.

시간 엄수가 제1 규칙이었다. 부임 첫날부터 나는 우리 선수들에게 시간을 잘 지키는 게 노트르담 선수가 되는 데 최소한의 기본 요건이라고 말했다.

"지각을 한다는 건 팀 전체에 자기 자신이 선수들과 코치 그리고 시간 자체보다 중요하다고 말하는 겁니다. 지각은 다른 모든 사람의 시간은 아무짝에도 쓸모없고 세상이 자기 일정을 중심으로 돌아가야 한다고 생각한다는 아주 분명한 메시지예요. 여러분, 세상은 그런 식으로 돌아가지 않습니다. 물론 노트르담 미식축구도 그런 식으로 운영되지 않을 겁니다."

서던캘리포니아와의 경기가 추수감사절 직후 토요일이어서 일정이 빠듯했다. 우리는 화요일에 훈련을 한 다음, 목요일에 추수감사절 식사를 함께하고 짧은 훈련 시간을 소화한 뒤 목요일 밤에 LA행 비행기에 몸을 실었다. 금요일에는 경기 전 식사를 함께한 뒤 선수들이 출전을 위해 유니폼을 갖춰 입기 전에 마지막 미팅을 가졌다.

금요일 밤 식사와 미팅 전까지만 해도 모든 일이 순조롭게 진행

됐다. 나는 습관대로 내가 들어온 뒤에 문을 걸어 잠글 수 있게 정확히 시간에 맞춰 도착했다. 팀 매니저가 들어와 지각한 선수가 있다고 말해주었다. 이날 늦은 건 우리 팀 후위의 두 스타 리키 와터스와 토니 브룩스로, 착한 청년들이었지만 시간을 지키는 데는 약점이 있었다. 그 순간 나는 이 두 사람이 토요일 경기에 나서지 못할 것임을 직감했다.

둘 다 이번에 처음으로 규칙을 어긴 게 아니었다. 그렇긴 해도 만약 토니와 리키가 그럴 만한 이유를 댔더라면 두 사람을 선발 라인업에서 제외할지언정 아예 집으로 보내버리지는 않았을 것이다. 어쨌든 나도 선셋 스트립에서 교통 체증에 갇혀 임무를 그르친 적이 있으니까. 헤이스 코치는 모두가 보는 앞에서 나를 호되게 꾸짖었지만 집으로 보내버리지는 않았다. 불행히도 토니와 리키는 전에도 경고를 받은 적이 있었다. 두 사람은 미팅에 몇 차례 지각을 했는데 어떨 때는 5분, 어떨 때는 10분, 한두 번은 20분 넘게 늦기도 했다. "또 한 번만 더 지각을 하면 경기에 나서지 못할 거야"라고 둘에게 경고한 터였다.

토니와 리키는 쇼핑몰을 돌아다니다가 시간 가는 걸 몰랐고, 전화를 하려고 했지만 나와 연결이 되지 않았다. 나는 리키와 토니에게 출장정지 처분을 내리겠다는 방침을 곧바로 발표하지 않았지만, 결과가 그렇게 되리라는 걸 알고 있었다. 판결을 내리기 전에 우리 코치들과 팀의 핵심 선수 몇몇과 이야기를 나눠보고 싶었다. 그런 대화를 한다고 내 마음이 바뀔 리는 없었지만, 이 결정이 얼마나 큰 충격을 줄지 가늠해보기 위해 코칭 스태프와 선수들의 의중을 살피고 싶었다.

선수들은 잠자리에 들기 전에 한데 모여 영화 「언터처블」을 보고 있었다. 선임 매니저 마이크 그린이 4학년 대표들인 앤디 헥, 웨스 프리쳇, 프랭크 스탬스, 팀 그룬하드, 마크 그린, 네드 볼카, 토니 라이스, 조지 스트리터, 코니 사우설, 플래시 고든, 펫 터렐, 스탠 스마갈라를 내 임시 사무실로 소집했다. 나는 파이프 담배에 불을 붙여 물고 이 팀 대표들에게 토니와 리키가 팀 식사 자리에 늦었다고 말한 뒤, "우리가 어떻게 해야 한다고 생각하지?"라고 물었다.

앤디 헥이 가장 먼저 입을 열었다.

"제 생각은 무척 확고합니다. 두 사람을 집을 보내야 한다고 생각해요."

웨스 프리쳇이 맞장구를 쳤고, 이어 프랭크 스탬스와 마크 그린도 동의한다고 말했다. 곧 만장일치로 의견이 모였다. 나는 입도 뻥긋하지 않았지만, 선수들은 앞서 내가 내린 것과 같은 결론에 도달했다. 딱 하나 달라진 건 몇몇 선수가 두 사람을 팀에서 아예 제명하기를 원했다는 것이다. 코니 사우설이 자리에서 일어나 말했다.

"오랫동안 노력해서 여기까지 왔잖아요. 이번 일로 주저앉을 수는 없어요."

몇 주 동안 이처럼 기쁜 일이 없었고, 토니와 리키에게 심각한 소식을 통보해야 하는 아픔을 조금이나마 덜어주었다. 이 팀은 진정 4단계의 챔피언이 되는 방법을 터득한 것이다.

내가 집으로 돌려보내겠다고 하자 토니와 리키는 수긍하지 못했다. 사실 두 사람은 내가 예상한 대로 반응했다. 재고를 요청한 것이다.

"이봐, 나는 자네들이 한 선택을 이행하는 것뿐이야. 한 번 더 지각하면 경기에 나서지 못할 거라고 말했지. 그래서 시간을 지키겠다고 약속했고. 자네들은 약속을 지키지 못했지만 나는 내가 한 약속을 지킬 거야."

자신이 한 약속을 지킬 준비가 안 됐다면 약속을 하면 안 된다는 게 내 생각이다. 만약 내가 토니와 리키에게 "한 번 더 지각하면 엄중히 책임을 묻겠네"라고 했더라면 그들에게 내려질 조치가 달라질 여지가 조금은 있었을지도 모른다(선수들이 보여준 태도를 생각하면 결정이 달라졌을지 의문이지만). 하지만 나는 지각에 따르는 책임에 대해 아주 구체적으로 밝혔다. 그걸 알고 있었으면 무슨 일이 있어도 지각은 하지 말았어야 했다. 주말 내내 아무 데도 안 가고 내 옆에 붙어 있는 한이 있더라도 말이다. 자신들이 한 약속을 지키지 않았으니 나로서는 선택의 여지가 없었다. 약속을 이행하지 않았다면 나는 완전히 신뢰를 잃었을 것이다. 신뢰와 존경을 잃는 것에 비하면 경기 한 게임 패할 가능성은 그리 중요한 게 아니다. 그게 바로 내가 토니와 리키를 비롯한 모든 팀원이 이번 일에서 얻기를 바란 교훈이었다.

물론 그 친구들이 안쓰럽기는 했다. 두 사람 다 여기까지 오기 위해 땀 흘려 노력해야 했다. 둘 다 좋은 부모 밑에서 자란 착한 친구들이기도 하고 말이다. 하지만 그건 그날 오후 둘이 한 행동과는 상관없는 일이다. 그들의 문제는 성숙하지 못하다는 것이었다. 모든 행동에는 책임이 따른다. 두 선수는 지각이라는 행동 때문에 집으로 돌아가는 이른 비행기 티켓을 받아 들게 됐다.

나는 4학년 선수들에게 이 결정 사항을 나머지 선수들에게 통보하게 했다. 선수들은 전혀 불만이 없어 보였다. 토니 라이스가 러닝백과 리시버들을 소집해서 이렇게 말했다.

"출장하지 못하는 선수가 생긴 건 안타깝지만, 우리는 두 사람이 없어도 승리할 거야."

그러고 나서 토니는 피트 코르델리 코치에게 가서 말했다.

"코치님, 무슨 일이 있어도 우린 승리할 겁니다."

경기는 별다른 접전 상황 없이 우리 팀이 27:10으로 승리했다. 테일백에서는 마크 그린이 두각을 나타내며 맹활약을 펼쳤고, 수비진은 로드니 피트가 이끄는 서던캘리포니아의 막강 공격진을 완벽하게 틀어막았다. 선수 한 사람 한 사람 모두 자신의 기량 이상으로 활약하며 우리는 거의 완벽한 경기를 했다. 4쿼터가 종료되면서 노트르담은 11승 무패의 완벽한 기록을 세웠고, 18년 만에 처음으로 전국 1위로 정규 시즌을 마감했다.

1월 2일 애리조나주 템피의 선 데블 스타디움에서 피에스타볼이 열렸다. 만약 이 경기 때 다시 뭉쳐 웨스트버지니아를 꺾지 못했다면 모든 게 허사가 됐을 수도 있다. 웨스트버지니아는 전국 2위에 오른 팀으로 역시 정규 시즌 무패를 기록했다. 우리를 꺾으면 내셔널 챔피언십을 차지할 가능성이 매우 컸다.

승패는 첫 공격에서 바로 갈렸다. 거듭 전진에 실패한 끝에 세 번째 공격 시도에서 웨스트버지니아 쿼터백 메이저 해리스는 시즌 내내 즐겨 한 플레이를 시도했다. 라인맨 후방으로 이동하다가 그대로 달려 직접 퍼스트다운을 시도한 것이다. 전미 대표인 우리 팀 라인배커 마이클 스톤브레이커가 스크리미지 라인 뒤에서 태클을 가해 해리스를 넘어뜨린 데 이어, 120킬로그램 거구의 수비수 제프 알름이 추가 태클로 그의 어깨를 깔아뭉갰다. 해리스는 왼쪽 어깨를 부여잡고 절뚝이며 필드 밖으로 나갔고, 그 뒤로 더는 접전이 펼쳐지지 않았다.

토니 라이스가 러싱 75야드에 열한 번의 패스 중 일곱 개를 받아 내 213야드를 전진한 데 힘입어 우리가 34:21로 승리했다. 토니는 그해 하이즈먼 트로피를 놓고 경합한 상위 세 명의 선수인 서던캘리포니아의 로드니 피트, 마이애미의 스티브 월시, 웨스트버지니아의 메이저 해리스와 맞붙어 매번 승리를 거뒀다. 그것 말고도 피에스타볼은 토니의 대학 선수 생활 중 기록 면에서도 최고의 경기가 됐다. 노트르담을 이끄는 리더로서 나에게도 최고의 순간이었다.

1988시즌의 노트르담 미식축구팀은 의심의 여지 없는 디비전 I-A 챔피언이 됐다. 선수들이 땀 흘려 따낸 타이틀이자 노트르담이 받아 마땅한 영예였다. 경기 후 나는 이렇게 말했다.

"여러 가지 면에서 이 팀을 과소평가했던 것 같습니다. 지금 내게 '이 팀이 위대한 미식축구팀인가?'라고 묻는다면 이렇게 말해야 할 것 같네요. '물론이죠. 누구도 그렇지 않다고 증명하지 못했으니까'라고요."

그때 누군가가 내게 이 팀을 한 단어로 표현한다면 어떤 말이겠냐고 물었다. 아주 쉬운 질문이었다.

"완벽이죠."

14

WINS, LOSSES,
AND LESSONS

선수들을 이끌고 노트르담 스타디움 선수 출입구를 박차고 나오는 모습.
1988시즌 노트르담 미식축구팀은 의문의 여지 없는
대학 미식축구 디비전 Ⅰ—A 챔피언이 됐는데,
이는 선수들이 땀 흘려 따낸 타이틀이자 노트르담이 받아
마땅한 영예였다.

할 수 있다고 생각하면
무엇이든 이룰 수 있다

내가 무척 자주 되뇌는, 간단하지만 심금을 울리는 기도문이 있다. 세계에서 가장 오래되고 가장 자주 언급되는 기도문으로, 서기 500년 보에티우스라는 기독교 순교자가 쓴 것으로 추정된다. 제목이 '평온을 비는 기도'인데, 아마 들어보거나 읽어본 적이 있을 것이다. 알코올중독자갱생협회*Alcoholics Anonymous* 설립자 빌 윌슨이 기도문을 협회의 12단계 계획에 포함시키며 20세기 미국에서 유명세를 탔다. 기도문의 내용은 다음과 같다.

신이여 바라옵건대

바꿀 수 없는 것을 받아들이는 평온을

바꿀 수 있는 것을 바꾸는 용기를

그리고 이 둘을 분별하는 지혜를 허락하소서

하루하루를 오로지 믿음으로 살게 하시고

닥쳐오는 모든 고난을 평화에 이르는 길로 받아들이게 하시고

죄로 물든 세상을 내 마음대로 하려는 고집과 어리석음을 버리고

무엇이든 예수님처럼 있는 그대로 받아들이게 하옵소서

당신께서 모든 것을 바로잡아주실 것을 믿고

당신의 뜻에 온전히 내 몸을 맡기면

이 땅 위에서 작은 행복을

그리고 영원한 천국에서 당신과 함께

온전한 행복을 누릴 것을 믿습니다

많은 사람이 그렇듯 나도 내가 통제할 수 없는 일들 때문에 번민해왔다. 내 힘으로 어쩔 수 없는 일들이 내게 영향을 미칠 때 좌절하는 건 당연하다. 평온을 비는 기도가 무척 중요한 건 그 때문이다. 코치 일을 하면서 타인이 어떤 행동을 하거나 하지 않은 것 때문에 내가 부적절하다고 생각하는 결과가 빚어졌을 때 평정심을 유지하기란 쉽지 않았다. 내가 아칸소에서 해고당한 건 정당하지도 않고 받아들일 수도 없는 일이라고 생각한다. 아칸소에서 나는 내 능력으로 바꿀 수 있는 것들을 바꿔나갔다. 미식축구 경기에서 승리했고 관중 수와 기부금이 증가했지만, 그럼에도 해고를 당했다. 이를 평온하고 신뢰하는 마음으로 받아들이기란 쉽지 않았다. 하지만 나로서는 감사하게도, 모든 것을 헤아리는 신의 도움으로 상황이 내가 상상했던

것 이상으로 잘 풀려나갔다.

노트르담에서 선수들은 우리의 지도 방식을 매우 잘 따라줬고, 우리는 많은 경기에서 승리하며(정확히 말하면 100승이다) 내셔널 챔피언십을 한 차례 차지하고 전국 2위도 두 차례 기록했다. 두 해만 빼고는 매 시즌 대학 미식축구 전국 순위 20위 안에 들었다. 내가 노트르담에 부임한 첫해 아라 파세기안이 코치이던 시절부터 이어져 온 전통인 홈경기 전 금요일 오찬 행사에는 100~150명에 달하는 팬을 끌어모았고, 출정식에는 2,000여 명의 팬이 참석했다. 부임 4년 차 때 오찬 행사에는 3,000명이 몰려드는 바람에 조이스 대강당으로 장소를 옮겨야 했고, 출정식도 1만 명을 수용하는 농구 경기장으로 장소를 변경했다. 출정식은 저녁 7시에 시작될 예정이었지만 5시에 미리 문을 닫아야 했고, 사람들은 자리를 구하려고 텐트까지 치고 줄을 서기도 했다. 1988년 마이애미전 때는 출정식을 실외에서 개최해야 했다. 참석자가 2만 5,000명이나 됐기 때문이다.

그뿐만이 아니라 사우스벤드에서 보낸 11년 동안 우리 가족은 더할 나위 없이 서로 친밀해졌고, 내 신앙도 더욱 강하고 신실해졌다. 되돌아보면 모두 정말 뿌듯한 일들이다. 그 모든 성공을 내가 통제할 수 있었던 건 아니지만, 미식축구와 관련된 많은 결정은 내가 내린 것들이다. 내가 미식축구팀 수석코치였고 내가 전체 미식축구 프로그램을 이끌었다.

내가 통제할 수 없었던 것들 그리고 때로는 내가 동의하기 힘들었던 것들 중에 전국 순위를 정하는 여론조사가 있는데, 때론 우리 팀을 실력보다 높게 평가하기도 했지만 대개는 우리 선수들이 정당하게 얻어냈다고 생각되는 챔피언 자격을 인정하지 않았다. 한 예로 1987년 《스포츠 일러스트레이티드》의 한 기자가 시즌 개막전 평가에서 우리 팀을 전국 25위 이내로 평가할 것이라고 귀띔해주었다. 늘 있는 일이지만 내가 보기엔 잘못된 처사였다. 노트르담은 전국 단위 팬들이 엄청나게 많기 때문에 여론조사 상위권에 올려놓으면 잡지 판매 부수가 늘었다. 내가 입버릇처럼 해온 말이지만, 노트르담이 그저 그런 팀일 때조차 예상 순위에서는 전국 20위 내에 들었다. 전력이 제법 괜찮을 때면 15위 안에, 전력이 뛰어날 때면 10위 안에 들었다. 그리고 진짜 20위 안에 들 만한 전력인 해에는 시즌 전 예상 순위에서 5위 안에 꼽혔다. 나는 그 기자에게 우리 팀을 25위 이내로 평가한다면 잡지의 신뢰도가 추락할 거라고 말했다. 그러고는 "그보다 더 신뢰를 잃을 수 있는 유일한 방법은 수영복 특집 표지로 우리 팀 사진을 싣는 것뿐"이라고 덧붙였다(《스포츠 일러스트레이티드》는 매년 여름 여성 모델을 앞세운 수영복 특집을 발행했다―옮긴이).

1년 뒤 여론조사 투표 참여자들은 '전문가들'이 우리 팀의 기량이 탁월해지기까지는 여전히 한 해 정도 더 필요하다고 평가했다는 이유로, 우리가 1위에 올라 마땅한 상황인데도 한동안 우리를 1위로 꼽지 않았다. 전국 1위를 달리는 두 팀(마이애미와 서던캘리포니아)을 연거푸 격파하고 나서야 비로소 마지못해 해준다는 식으로 우리를 여론조사 1위로 올려주었다. 그러고도 우리는 피에스타볼을 앞두고 여전히 웨스트버지니아보다 약체로 평가됐다. 우리는 12승 무패의 완벽한 기록을 내고서야 내셔널 챔피언십을 차지할 수 있었다. 일단 정상에 서자 1989시즌 개막 전에 실시된 모든 여론조사에서 우리는 1위를 지켰고 15주 동안 선두를 유지하며 노트르담 역사상 최장 기록을 세웠다.

빈스 롬바르디 코치가 "승리는 습관이며 유감스럽게도 패배 역시 마찬가지"라고 말한 건 적절한 지적이다. 많은 사람이 내셔널 챔피언십을 차지하고 난 이듬해에도 어떻게 매주 팀 전력을 최고 수준으로 유지할 수 있었는지 내게 물었다. 답은 간단하다. 승자는 이기기 마련이라는 것이다. 우리는 접근법을 하나도 바꾸지 않았다. 1989시즌의 팀은 1988시즌 팀과 똑같이 열심히 뛰었다. 선수들은 자신에게 그리고 동료들에게 똑같은 수준의 탁월함을 요구하고, 기본기를 이행하면서, 실수를 줄이고, 모든 공격 시도를 반드시 이겨야 하는 전투로 여겼다.

1989년 마이애미에 패해 23연승 행진이 중단되면서 우리는 처음으로 전국 1위 자리에서 내려왔다. 그건 온당한 일이었다. 콜로라도는 무패 행진을 달리고 있는 훌륭한 미식축구팀이었다. 반면 우리는 ACC 챔피언(버지니아대)과 빅텐 콘퍼런스 챔피언(미시간대), 팩-10 챔피언(서던캘리포니아대), 그리고 볼 경기 출장이 유력한 세 팀(펜실베이니아주립대, 공군, 미시간주립대)을 더 꺾었음에도 1패를 안고 있었다.

우리가 오렌지볼 출전을 수락해 콜로라도를 상대하게 됐을 때 나는 우리 운명이 우리 자신의 손에 달렸다고 생각했다. 그리고 마침내 전국 1위 팀 콜로라도를 21:6으로 꺾었을 때 나는 우리 팀이 전국 1위가 될 자격이 충분하다고 생각했고, 그런 생각을 거리낌 없이 드러냈다. 콜로라도전 승리 직후 나는 이렇게 말했다.

"어느 팀도 12승은 거두지 못했으니 이제 진짜로 우리 팀이 최고의 기록을 갖게 됐네요. 그것도 가장 험난한 일정을 소화하고 말이죠. 누구도 우리 외에 다른 팀을 1위로 꼽을 순 없을 겁니다. 내 개인적인 견해이긴 하지만 우리가 마이애미에 진 다음 날인 11월 15일에 최고 팀을 결정하고 싶지 않았다면 말이죠. 우리는 11주 동안 1위를 지켰고, 1위 자리에서 밀려난 지 일주일 만에 다시 1위 팀을 15점 차로 격파했어요. 사람들이 우위를 가리기 힘든 박빙이라고 말하리라는 걸 나도 알고 있고, 거기에 불만은 없어요. 하지만 공교롭게도 그날따라 여러분이 본 팀은 전형적인 노트르담이 아니었어요. 볼 경기에 나설 만큼 뛰어난 팀을 아홉 차례나 상대하다 보면 그런 일은 일어나기 마련이죠. 우리는 가장 험난한 일정을 소화하고도 최고의 기록을 냈습니다. 결론이 난 것 아닌가요?"

하지만 결론은 그렇게 나지 않았다. 투표 결과 마이애미가 전국 1위에 올랐고, 우리는 2위로 그해를 마감했다. 우리로서는 할 수 있는 모든 걸 했다고 생각했기 때문에 그 결과에 나는 화가 났다. 1989 시즌의 노트르담은 내가 그때까지 지도해본 팀 중에 최고의 팀이었다. 우리는 챔피언십을 차지하기 위해 할 수 있는 모든 것을 했지만 그 문제를 놓고 이뤄진 투표 결과는 다르게 나왔다. 내가 어찌할 수 없는 일이었기에 좌절감이 들었다. 평온을 구하는 기도를 드려야 하는 순간이었다.

1993년에도 같은 일이 일어났다. 우리 팀은 역시나 대학 미식축구에서 가장 험난한 일정을 소화하며 열한 경기에서 승리하고 1패만을 안았다. 코튼볼에서 텍사스A&M을 24:21로 꺾었을 때 나는 우리가 전국 최고의 팀이라고 생각했다. 1989년에 우리를 1위에서 밀어낸 논리는 우리가 마이애미와의 맞대결에서 졌으니 마이애미가 1위가 돼야 한다는 것이었다. 1993년 우리는 플로리다와의 맞대결에서 승리하면서 플로리다와 똑같은 승패 기록으로 시즌을 마감했지만, 여론조사 투표 참여자들은 우리를 2위로 꼽고 플로리다주립대를 1위로 꼽았다. 당시에는 노트르담이 NBC와 모든 홈경기를 전국에 TV로 중계 방송하는 계약을 맺은 데 대한 반감이 작용했다는 생각이 들었다. 다른 어떤 학교도 그런 계약을 맺지 못했기 때문이다.

이 일로 언론과 코치들 사이에서 부정적인 인식이 생겨났을 수 있는데, 당시 언론과 코치들은 여론조사 투표권이 있는 그룹들이었다. 나는 NBC와의 계약 문제에 전혀 관여하지 않았을 뿐 아니라 계약 성사 직전까지 그 사실을 알지도 못했고, 우리 선수들 역시 당연히 협상에서 어떤 역할도 하지 않았다. 학교 측이 방송사와 맺은 중계 계약 때문에 우리 선수들에게 벌을 주는 건 불공평하다고 생각했다. 하지만 그에 대해 내가 할 수 있는 게 아무것도 없었고, 만약 우리가 내셔널 챔피언십 타이틀을 따내지 못한다면 내 오랜 친구 바비 보든이 챔피언이 될 수 있으니 내게도 기쁜 일이었다.

노트르담 부임 초기부터 나는 투표 시스템을 당시 방식대로 운영하는 데 반대한다는 뜻을 분명히 밝혀왔다. 나는 너무 많은 투표 참여자들이 순전히 승패 기록에 근거해 결정을 내리기 때문에 이 시스템이 까다로운 일정을 소화하는 팀에 보상을 제공하지 않는다고 생각했다. 내 주장을 입증하기 위해 나는 다수의 상위권 학교 미식축구팀의 일정을 10년 전 같은 학교 팀의 일정과 비교해봤다. 예상했던 대로 많은 학교가 최상위 팀과의 대결을 취소하고 규모와 기량에서 한참 뒤처지는 학교와 경기를 잡는다는 사실을 발견했다. 전국 1위를 차지하려면 전승을 거둬야 하니 이해할 만도 했다. 아직 일정을 확정하지 못한 주가 있다면 막강 마이애미대학교와 최약체 머시칼리지 중에 어디와 경기를 추진하겠는가? 힘든 경기를 포기하는 코치와 학교 당국을 탓할 수는 없지만, 나는 투표 시스템이 계속해서 까다로운 일정을 소화하는 팀들에 공평하지 못하다고 생각했다.

조이스 신부가 내게 단언했던 대로, 11년 동안 우리는 가능한 한 가장 까다로운 일정을 소화했다. 1992년 딕 로젠탈이 펜실베이니아주립대가 빅텐 콘퍼런스에 합류하기를 원하기 때문에 1993~1994년에 맞붙기로 한 계약을 해지해달라는 요청이 있었다고 내게 전했다. 나는 딕에게 이렇게 말했다.

"펜실베이니아전은 대학 체육에 좋은 일이지만 그들의 상황을 이해합니다. 그들을 대신할 팀으로 어떤 학교를 섭외할 수 있을까요?"

딕이 "플로리다주립대는 어때요?"라고 되물었다. 당시 플로리다주립대는 전국 1위 팀이었다. 나는 이렇게 대답했다.

"그거 좋네요. 합시다."

우리 팀 일정의 강도를 고려한다면, 내 재임 기간에 노트르담이 최소한 한 번 아마도 두 번은 더 내셔널 챔피언 타이틀을 차지했어야 마땅하다고 생각한다. 하지만 내가 투표 과정을 통제하는 게 아니므로 결과를 받아들여야 했다. 우리로선 할 수 있는 최선을 다했고, 코치들과 선수들도 할 수 있는 최선을 다했다. 우리가 통제할 수 없는 어떤 절차의 결과가 우리 뜻대로 되지 않는다면, 우리는 받아들이는 수밖에 없다. 이제 와 생각해보면 투표 전에 내가 노트르담이 내셔널 챔피언이 돼야 마땅하다고 말한 건 실수였다. 그냥 이렇게 말했어야 했다.

"될 대로 되라지요. 제 생각이 중요합니까?"

노트르담에 대해 그리고 나 자신에 대해 어떤 기사가 실리고 어떤 기사가 실리지 않느냐 역시 내가 어찌할 수 없는 부분이었다. 내가 보기에 코치 생활 동안 나를 취재한 기자의 99퍼센트는 맡은 바 임무를 잘 수행했다. 때로는 기자들이 한 말이나 쓴 기사가 마음에 들지 않았지만, 기자가 악의적으로 행동했다고 생각한 적은 거의 없다. 언론과 나의 관계는 언제나 거리낌 없고 솔직했다.

1987년 덕 루니라는 《스포츠 일러스트레이티드》 기자가 책 출간을 제의했을 때 특이한 예외 상황이 벌어졌다. 나는 출간에 회의적이었고 노트르담대학교 당국도 마찬가지여서 우리는 제의를 거절했다. 농구 감독 바비 나이트에 관해 썩 아름답지 않은 이야기를 담은 책 『위기의 계절 *A Season on the Brink*』이 막 출간된 데다, 우리는 독립 작가의 손을 빌리고 싶지 않았다. 게다가 나는 사이먼앤슈스터 출판사가 판권을 산 『불굴의 정신: 노트르담의 챔피언십 시즌The Fighting Spirit: A Championship Season at Norte Dame』이라는 책을 우리 학교의 뛰어난 스포츠 홍보팀장 존 하이슬러의 도움을 받아 집필한 뒤였다. 처음 쓰기 시작할 때만 해도 책에 내셔널 챔피언십을 차지한 시즌을 담게 되리라고는 짐작조차 하지 못했는데, 챔피언으로서 책을 마무리할 수 있어서 참 좋았다. 우리의 바람은 노트르담의 미식축구 시즌이 내부적으로 어떻게 작동하는지 기록하는 것이었다. 존과 나는 시즌 내내 모든 팀 미팅을 녹음하고 내가 어떤 생각을 했는지를 담아 운영 일지를 작성했다.

시즌 중반쯤 루니가 쓰는 책이 좋은 내용이 아니라는 얘기가 내 귀에 흘러들었다. 노트르담 선수 출신 몇 사람이 내게 전화를 걸어 걱정을 해주었다. 루니를 만난 사람들은 그가 오해받기 십상인 말을 내뱉도록 부추긴다고 느꼈다. 일례로 한 선수는 약물 복용에 관한 질문을 받고 "약물을 사용하는 사람을 한 번도 본 적이 없다"라고 대답했다. 하지만 루니가 두세 차례 압박 질문을 던지자 그 선수는 마침내 이렇게 말했다.

"약물을 사용하는 선수가 일부 있었을 수도 있지만 나는 몰랐고 우리 팀에서 복용한 선수가 있는지는 더더군다나 전혀 모릅니다."

이 말은 루니의 책에 이렇게 인용됐다.

"아마 몇몇 선수는 약물을 복용했을 겁니다."

루니의 책은 1989년에 출간됐는데 제목이 『퇴색된 돔 아래Under

the Tarnished Dome』였다. 신문 기자들부터 ABC 간판 뉴스 프로그램 「나이트라인」의 앵커 테드 코펠까지 전화가 쇄도했지만, 나는 그 책을 전혀 읽지 않았고 그에 관해 언급도 하지 않았다. 뛰어난 기량으로 똘똘 뭉친 노트르담 미식축구팀을 지도하느라 시간적 여유가 없기도 했다. 내가 읽지도 않은 데다 저자가 개인감정을 가지고 써 인용문들의 진위가 의심스럽다는 걸 뻔히 아는 책을 놓고 이러쿵저러쿵 논쟁에 휘말리고 싶은 마음이 전혀 없었다. 내 오랜 친구이자 거대 스포츠 매니지먼트 기업 IMG의 설립자 마크 매코맥은 이렇게 말하곤 했다.

"돼지와는 씨름을 하지 마라. 둘 다 진흙투성이가 될 테고 돼지는 그걸 좋아할 테니."

딕 로젠탈 역시 상황에 어떻게 대처해야 할지 좋은 충고를 해주었다.

"책은 출간될 테고 우리가 할 수 있는 일은 아무것도 없어요. 내용에 조금이라도 진실이 있다면 우리가 곤란해질 수도 있겠죠. 진실이 아니라면 아마도 우리에게 도움이 될 거예요. 어느 쪽이든 이제 우리가 할 수 있는 일은 없어요. 그러니 우리가 통제할 수 있는 일이나 신경 씁시다."

처음에는 언론의 요란스러운 주목을 받았지만 『퇴색된 돔 아래』는 어떤 영향도 미치지 못했다. 책은 흐지부지 묻힌 반면, 우리가 펴낸 책 『불굴의 정신』은 《뉴욕타임스》 베스트셀러가 됐다. 그리고 우리 팀은 대학 미식축구의 모든 팀을 통틀어 가장 험난한 일정을 소화하고도 12승을 거뒀다.

그때 말고도 내가 눈을 감고 평온을 위한 기도문 구절을 떠올려야
했던 때가 또 있었다. 때때로 칼럼니스트들이 내가 NCAA 규정을 무
시한다고 비난하며, 승리를 위해서는 부정행위를 포함해 무슨 짓이
든 서슴지 않을 사람이라는 인상을 만들어냈다. 개중에는 내가 승리
를 위해 고의로 규정을 위반하고 나서 NCAA에 발각될 경우 학교
측에 뒤처리를 떠맡긴다고 암시하는 이들도 있었다. 내가 물려받은
팀들의 역사와 내 재임 기간에 우리가 이룬 성과들을 생각할 때 이
런 비난은 특히 가슴 아팠다. 아칸소는 내가 7년간 재임하는 동안 어
떤 규정 위반도 범한 적이 없다. 우리가 속한 사우스웨스트 콘퍼런
스에서 일부 학교는 후원자들이 선수들의 학비를 대기도 했지만, 우
리는 어떤 선수나 부모에게도 돈을 주지 않았고 단 한 번도 고의로
규정을 어긴 적이 없다. 선수들을 입단시키기 위해 자동차나 취업이
라는 당근을 제의한 적도, 티켓 판매 관련 부정행위를 저지른 적도
없을 뿐 아니라 잘못을 은폐하려는 시도 비슷한 행위에도 관여해본
적이 없다. 내가 코치 생활을 하는 내내 보조코치나 졸업생 선수 가
운데 누구도 우리가 NCAA 규정을 어겼다고 비난한 적 역시 단 한
번도 없다. 물론 우리도 실수를 범한 적은 있지만 고의로 그런 적은
한 번도 없다.

　정말로 규정을 어긴 적이 몇 차례 있긴 했지만 명백한 실수이거
나 아니면 내 지시를 받지 않거나 나와 상의하지 않은 사람들이 저

지른 일이었고, 내가 선수들을 위해 나서달라고 그들에게 요청한 적은 결코 없었다. 그럼에도 그런 비난은 뼈아팠고, 그런 비난에 대응할 때마다 상처를 받았다. 그때 나는 '닥쳐오는 모든 고난을 평화에 이르는 길로 받아들이게 하시고'라는 기도 구절이 내가 소중히 여겨야 할 축복임을 떠올렸다. 그렇게 하는 게 항상 쉬웠던 건 아니지만, 비난과 험담에 무너져 내리는 것보다는 늘 더 나은 일이었다.

평생토록 나는 무슨 일을 하든 최선을 다하려고 노력했다. 내 많은 골프 친구들이 증언해주듯 그 노력이 늘 성공적이었던 건 아니지만, 성공하기 힘들다고 최선을 다하지 않은 적은 한 번도 없다. 그런 습관 덕에 나는 열정적이라는 평판을 얻었다. 사실 최근 난생처음으로 TV 광고를 찍었는데, 내 열정을 패러디해 주유소에서 방심한 운전자를 붙잡고 흔들어대는 장면이 있었다. 그 광고가 재미있었던 건 좋은 유머가 모두 그렇듯 사실에 뿌리를 두었기 때문이다. 내가 열정적이라고 평가되는 건 내 앞에 놓인 일이라면 그게 무엇이든 가리지 않고 온전히 전념하기 때문이다. 골프장에서 7번 아이언으로 벙커를 살짝 넘겨 핀에 붙이는 것이든, 이 책을 쓰기 위해 내 생각을 정리하는 것이든 모든 일에 최선을 다했다. 결국 누군가에게 바랄 수 있는 전부는 최선의 노력뿐이다. 최선을 다했지만 바라는 결과를 만들어내기엔 부족하다면, 가진 모든 것을 쏟아내고 그 노력 덕에 더 나은 사람이 됐음에 만족하고 마음 편히 쉬어도 좋다.

지금까지 지도한 모든 선수에게도 내가 기대하는 건 최선의 노력을 다하는 것뿐이라고 말해왔다. 선수들 스스로 생각하는 능력 이상으로 밀어붙인 건 그들이 가진 능력의 최대치가 깊숙이 숨겨져 있다는 사실을 알았기 때문이며, 할 수 없다고 생각되는 일을 하라고 요구한 적은 한 번도 없다. 마찬가지로, 누구도 내게 내가 할 수 있는 최선 이상을 요구한 적이 없다.

노트르담에서 보낸 11년 동안 우리 팀이 야유를 받은 적이 한 번 있었다. 묘하게도 그건 유일하게 5할 승률에 미달한 1986시즌이나, 핵심 선수들이 졸업한 뒤 리빌딩 과정에서 그저 그런 성적을 낸 1994시즌에 일어난 일이 아니었다. 충성스러운 노트르담 팬들에게 유일하게 야유를 들은 건 10승을 거두며 전국 4위로 시즌을 마감한 1992년이었다.

그 이유는 간단했는데 많은 점에서 이해할 만했다. 미시간과 맞붙은 홈경기였는데 경기 종료가 얼마 남지 않은 가운데 동점 상황에서 우리는 지금 생각해보면 당시 상황에 비해 지나치게 보수적인 몇 가지 공격 플레이를 시도했다. 팬들은 우리가 무승부를 노리고 경기를 한다고 생각했다. 그건 용납할 수 없는 일이었다. 노트르담 팬들에게 패배는 우리가 가진 모든 것을 쏟아부었음을 확인했을 때 비로소 용납할 수 있는 것이었다. 패하지 않으려고 플레이하는 건 노트르담의 방식이 아니었고, 팬들은 그 사실을 내게 분명히 일깨워주었다. 물론 당시 나는 무승부를 노린 플레이를 한 게 아니었지만(35년 동안 코치 생활을 하면서 그런 적은 한 번도 없다), 팬들의 반발이 이해는 됐다. 그들이 원한 건 오직 우리가 최선을 다하는 것뿐이었다.

항상 원하는 결과를 얻은 건 아니지만, 나는 우리가 최선의 노력을 다했다고 생각한다. 나는 노트르담대학교에 내 모든 노력을 바쳤고, 노트르담은 내게 훨씬 더 많은 것을 되돌려주었다. 단 하루라도 노트르담의 지휘봉을 잡는 영예는 결코 보답할 수 없을 만큼 가치 있는 일이다. 보샹 신부가 은퇴할 때까지 노트르담의 코치를 맡게 해주겠다며 내게 종신 계약에 준하는 약속을 해주었을 때, 나는 지구상의 누구보다 더 큰 축복을 받았다고 느꼈다. 나는 내 발로 떠날 준비가 되는 날까지 노트르담에 남을 수 있다는 사실을 알고 있었다. 그날은 1996년에 찾아왔다.

우리 팀은 1995시즌을 실망스러운 성적으로 마친 터였다. 1994년 훌륭한 선수 다수가 졸업으로 떠나갔고, 뛰어난 보조코치 몇 명이 다른 팀 수석코치가 돼 팀을 떠났는데 그중에는 공격 총괄 코치 겸 리시버 코치로 일하던 아들 스킵도 있었다. 스킵은 내 허락을 받고 코네티컷대학교 수석코치 제의를 수락했다. 스킵은 새 자리를 맡기 전에 꾀를 내 내가 어반 메이어라는 콜로라도주립대 출신 리시버 코치를 면접 보게 함으로써 결과적으로 내게 큰 호의를 베풀었다. 나는 어반 메이어가 누군지 몰랐고 그와 얘기를 나눠볼 마음도 전혀 없었다. 그래서 스킵은 내게 전국 미식축구 코치협의회 오찬에 참석해달라고 부탁하고는, 내가 나타나자 "아버지, 어반 메이어를 소개해드릴게요"라고 말했다. 스킵이 나를 어반과 만나게 한 방식이 썩 마음에 들진 않았지만, 일단 어반을 고용해 우리 팀 리시버들의 지도를 맡기고 나자 매우 만족스러웠다. 어반은 훗날 유타대학교 수석코치로 올해의 코치상을 받는 영예를 안았고, 2005년 플로리다대학교 수석코치 자리가 공석이 됐을 때 당연히 선택을 받았다.

훗날 NFL에서 성공을 거둔 조지 스튜어트, 내 수비 총괄 코치로 일하다 신시내티대학교 수석코치가 된 릭 민터 같은 코치이자 친구들도 노트르담을 떠나갔다. 이어 내 가장 친한 친구가 된 딕 로젠탈이 1994시즌이 끝난 뒤 노트르담 체육이사에서 물러났다. 그의 후임인 마이크 워즈워스는 아라 파세기안이 코치이던 시절 노트르담에서 디펜시브태클로 뛴 캐나다 출신의 영리한 변호사로, 체육이사로 부임하기 전에 아일랜드 주재 캐나다 대사를 역임한 인물이다.

나는 마이크 워즈워스와 직업적으로 관계를 맺었지만, 딕과 나는 그런 관계는 아니었다. 딕과는 이런저런 일로 거의 매일 대화를 나눴지만, 워즈워스와는 전혀 교류가 없었다. 그는 내가 자신의 비서인 조지 켈을 거쳐 연락하기를 원했다. 이는 전혀 다른 접근법으로 훨씬 더 관료적이었지만, 그가 캐나다 외무부에 몸담았던 만큼 예상하지 못한 바는 아니었다. 소통 채널이 작동하는 한 비서를 거쳐 연락하는 건 아무래도 괜찮았다. 하지만 1995시즌이 진행되면서 나는 스스로 지쳐가는 걸 느꼈다. 노트르담에 몸담는 동안 사귄 친구들 중 상당수가 은퇴를 하거나 다른 자리로 옮겨간 데다, 수석코치직에 따른 기대치도 나를 힘들게 했다. 프랭크 리히와 아라 파세기안 두 사람 다 11년 동안 노트르담을 이끌었는데, 내 재임 기간도 이들과 같은 11년이 됐다.

부정적인 생각에 빠져드는 대신 나는 1996년을 끝으로 노트르

　　　　　　　　　　　　　　　　　　　승리, 패배, 그리고 교훈

담을 떠나기로 마음먹었다. 나는 노트르담대학교를 위해 내가 가진 모든 것을 쏟아부은 뒤에 은퇴하고 싶었다. 그런데 한편으로는 크누트 로크니가 가진 노트르담 수석코치 역대 최다승 기록을 깨기 전에 물러나고 싶은 마음도 있었다. 1996시즌을 무패로 마감한다면 내 통산 승수가 로크니보다 몇 승 모자라는데, 나는 그렇게 끝을 내는 게 옳다고 생각했다. 어떤 기록은 절대 깨져서는 안 되는데, 내가 생각하기에 로크니의 기록도 그중 하나다. 로크니가 코치 경력의 전성기를 구가할 때 비행기 추락 사고로 사망하지 않았다면 아마도 나는 그의 기록에 근접하지도 못했을 것이다. 내가 로크니보다 더 많은 경기를 지휘했다는 이유만으로 기록을 깨려고 계속 자리를 보전하는 건 옳지 않아 보였다. 그래서 나는 보샹 신부에게 물러나겠다는 뜻을 밝혔다.

딱 하나 유감스러웠던 건 수석코치 교체가 이뤄진 과정이다. 1996시즌 내 사임이 공식 발표됐을 때 우리는 8승 2패로 전국 10위를 기록 중이었다. 앞서 나는 마이크 워즈워스에게 시즌이 끝날 때까지는 내 후임자를 임명하지 말아 달라고 요청했다. 게리 파우스트의 임기가 끝나기 전에 내가 수석코치로 임명됐을 때 그에게 어떤 일이 일어났는지 지켜봤기 때문이다. 남은 시즌의 경기를 이기는 것에서 누가 다음 수석코치에 임명될지로 관심의 초점이 옮겨갔고, 선수들과 보조코치들은 자신들의 미래를 걱정하지 않았던가. 하지만 워즈워스는 서던캘리포니아와의 시즌 최종전을 며칠 앞둔 월요일에 내 수비 총괄 코치 밥 데이비를 새로운 수석코치로 임명했다. 나는 옳지 못한 처사라고 생각했지만 워즈워스의 판단은 달랐다. 일주일 뒤 우려했던 대로 신임 수석코치 선임을 둘러싼 혼란은 현실이 됐고, 우리는 서던캘리포니아전에서 맥 빠지고 무기력한 경기를 펼쳤다.

다행스럽게도, 내가 노트르담대학교 수석코치로 치른 마지막 두 차례의 홈경기에서는 피츠버그를 60:6으로, 러트거스를 62:0으로 대파했다. 나는 대학 측으로부터 마지막 홈경기인 러트거스전이 끝난 뒤 관중들에게 몇 마디 해달라는 요청을 받았다. 우리 팀이 하프타임 때 35점 차로 앞섰고 3쿼터 종료 후에는 62점 차로 벌렸기 때문에 무슨 말을 할지 생각할 시간은 충분했다.

하지만 노트르담에서 보낸 시간에 대한 내 기억 중에서 언급할 일이 너무 많은데 감정이 복받쳐 하고 싶은 얘기를 다 못 할까 봐 걱정이 됐다. 우선 노트르담의 새 수석코치가 돼달라던 조이스 신부의 첫 전화가 떠올랐고, 부임 첫 시즌 여러 차례 가슴 아픈 패배를 당하며 고전했던 일도, 내가 가르침을 준 것만큼이나 내게 가르침을 준 뛰어난 선수들과 훌륭한 사람들도 생각났다. 그중 하나인 제롬 베티스는 2005시즌 소속팀과 함께 슈퍼볼 정상에 서는 등 피츠버그 스틸러스 구단의 최고 인기 선수가 됐다.

1987년 여름 노트르담이 스페셜 올림픽(발달장애인들의 국제 경기 대회로 4년마다 개최된다-옮긴이)을 개최한 일도 떠올랐다. 6,000명의 선수가 사우스벤드로 와 경기를 펼쳤다. 모두 특별한 보살핌이 필요한 사람들이었지만, 누구도 불편한 기색을 비치지 않았다. 올림픽에서 내 역할은 4번 레인에서 결승선을 통과하는 선수들을 하나하나 안

아주는 것이었다. 몇 등을 하든 상관없이 나는 선수들을 껴안고 이렇게 말해주었다.

"축하해요. 당신이 자랑스러워요. 그리고 사랑해요."

선수들 얼굴에 피어난 기쁨은 9년이 지난 그때까지도 방금 눈앞에서 벌어진 일처럼 생생했다. 스페셜 올림픽의 기억이 주마등처럼 머릿속을 스칠 때 나는 하마터면 눈물을 흘릴 뻔했다. 이들이야말로 최선을 다한 사람들 아닌가! 남은 평생 나는 당시 경험을 통해 얻은 깨달음을 절대 잊지 않을 것이다.

1996시즌 우리 팀의 마지막 홈경기가 끝났을 때 나는 선수들이 승리를 축하하며 경기장을 한 바퀴 돌게 해달라는 요청을 거절했다. 우리는 아직 서던캘리포니아와의 경기를 치르기 위해 LA로 이동해야 했기 때문에, 선수들의 집중력이 흐트러지는 것을 원치 않았다. 하지만 관중 앞에서 마이크를 잡자 목이 메어왔다. 경기장은 만원으로 공식 집계된 관중 수는 5만 9,054명이었지만, 내가 고별인사를 하기 위해 임시 연단으로 걸어갔을 때 경기장에는 6만 명이 넘는 사람들이 운집해 있었다.

내가 무슨 말을 했는지는 거의 기억나지 않는다. 감정을 주체하지 못해 무너져 내리지 않는 게 내가 할 수 있는 전부였다(잠시 뒤 경기 후 기자회견에서는 결국 감정이 복받쳐 올랐는데, 코치 인생에서 처음 있는 일이었다). 내가 한 말 중에 기억나는 부분은 이것이다.

"노트르담의 일원이 돼본 적이 없다면 그게 어떤 건지 설명해달라고 해도 설명할 수가 없습니다. 이곳에서 우리가 누리는 것들을 묘사할 만한 말이 없기 때문이죠. 하지만 일단 노트르담 가족의 일원이 되고 나면 어떤 설명도 필요치 않습니다. 저는 필드에서 그리고 필드 밖에서 성모 마리아를 모시는 노트르담의 대표가 될 기회를 누린 기억을 언제나 소중히 간직할 겁니다. 가톨릭 신자로서 삶에서 이보다 더 중요한 역할을 바랄 수는 없으니까요."

노트르담에서 내가 남긴 업적이 무엇이라고 생각하느냐는 질문도 받았는데, 거기엔 답하지 않았다. 업적을 남겼는지 어떤지는 다른 사람들이 결정할 일이다. 나는 노트르담대학교를 위해 할 수 있는 모든 것을 한 사람으로 알려지기를 바랐다. 역사가 내게 친절하다면 기쁘겠지만, 미래 세대가 내 노력을 잊는다고 해도 만족할 것이다. 나는 노트르담에 나의 최선을 바쳤고, 그걸로 충분했기를 바랄 뿐이다. 하지만 충분치 않았다고 해도 내가 최선을 다했다는 사실에는 변함이 없다.

베스와 나는 세상을 떠난 뒤 노트르담에 묻힐 것이다. 보샹 신부의 도움으로 우리는 골든돔 위의 성모상이 내려다보이는 아름다운 언덕 위에 우리가 묻힐 자리를 골랐다. 그곳은 당연히 우리가 마지막 안식을 취할 땅 밑보다 땅 위에 두 발로 서서 바라볼 때 더 아름답다. 하지만 적어도 우리가 그곳에 누웠을 때 성모 마리아가 영원토록 우리를 지켜주실 것이다.

15

WINS, LOSSES,
AND LESSONS

다시는 코치를 맡을 생각이 없었지만
내가 처음 108개의 목표를 적어 내려갔던 그 학교에서
경력을 끝낸다는 생각에 이내 끌리기 시작했다.
어쨌든 누구에게나 뭔가 기대를 걸 만한 희망은 있어야 하니까.

(사우스캐롤라이나대학교 홍보팀 제공)

누구에게나 기대를 걸 만한
무언가가 필요하다

노트르담에서 물러났을 때 내 계획은 올랜도 집에서 시간을 보내며 골프도 많이 치고, 아내와 정원도 가꾸고, 호숫가에서 가끔 낚싯대를 드리우고, 스코틀랜드나 아일랜드 같은 곳으로 여행을 다니면서 가족과 즐거운 시간을 보내는 것이었다. 우리는 할아버지·할머니였기 때문에 손주들 응석도 받아주고 싶었다. 그즈음 나는 전국에서 가장 인기 있는 동기부여 강사가 돼 베스트셀러 책을 두 권 썼고, 짐 낸츠와 함께 CBS의 대학 미식축구 경기 전 프리뷰 프로그램을 진행하기로 막 계약을 체결했다. 1년에 두어 차례 강연을 하고, 시즌 동안엔 열다섯 경기 정도 TV 프로그램에 출연하면서 플로리다에서 새로운 일상을 만들어갈 생각이었다.

우리 가족은 1979년부터 올랜도에 집을 소유하고 있었는데, 처음엔 아널드 파머 소유의 베이 힐 클럽 커뮤니티에 터전을 잡았다가 베이 힐 빌리지로 옮겨 골퍼 페인 스튜어트와 이웃이 됐다. 아널드 파머와 마크 매코맥이 최고급 골프 커뮤니티 아이즐워스 프로젝트를 처음 시작할 당시 우리 가족도 그곳에 집을 지으려고 땅을 구입했다. 그런데 얼마 뒤 올랜도 공항 인근에서 진행된 경쟁 골프 커뮤니티 개발 프로젝트인 레이크 노나 측에서 우리에게 무료 회원권과 주택 부지 할인을 제안했다. 우리는 이를 받아들여 클럽하우스 근처에 집을 지었다. 이곳에서 남은 생을 보내고 싶었다.

다시 코치를 맡는 건 전혀 생각하지 않았다. 일단 노트르담에 몸담았다면 다음 갈 곳은 천국뿐이라는 게 내 생각이었다. 내가 은퇴를 발표했을 때 노트르담 지휘봉을 이어받을 밥 데이비가 내게 다가와 이렇게 말했다.

"코치님. 관심이 있으시다면 메릴랜드에서 자리를 잡으실 수 있게 도와드릴 수 있습니다. 그쪽 사람들을 꽤 잘 알거든요. 코치님을 위해 기꺼이 전화 몇 통 해드릴 수 있습니다."

나는 크게 웃음을 터뜨리며 대답했다.

"밥, 나는 은퇴하는 걸세. 코치를 계속하고 싶었다면 여기 계속 있었을 거야."

나는 내 코치 인생이 끝났다고 생각했다. 이제 남은 삶을 위해 새 출발을 할 시간이었다. 상황이 급변할 거라고는 전혀 생각하지 못했다.

사우스벤드에서 보낸 마지막 해에 베스는 목에 문제가 생겼는데 상태가 악화돼 목소리가 잘 나오지 않게 됐다. 아내가 찾아간 의사는 세균 배양 검사를 했지만 아무것도 찾아내지 못했다고 말했다.

의사는 경기장에서 소리를 질러대 성대 결절이 온 것일 수도 있다고 했다. 나는 의사의 말을 대수롭지 않게 넘기면서도 혼란스러웠다. 베스는 경기가 있는 날 노트르담 스타디움에 모인 관중 가운데 가장 조용한 사람이었다. 아내는 미식축구 경기에서 소리를 지르다가 목소리를 잃느니 차라리 유니폼을 입고 펀트를 날리는 쪽을 택할 사람이었다. 그래도 나는 의사의 말이 맞을 것으로 생각했다. 기껏해야 인후염일 테니 괜찮을 거라고 낙관했다.

하지만 문제는 나아지지 않았고, 우리가 올랜도로 이사했을 때는 상태가 더 나빠졌다. 그래도 여전히 나는 크게 걱정하지 않았는데 아내가 걱정하지 않았기 때문이다. 중부 플로리다의 꽃가루는 아주 튼튼한 목이라도 상하게 할 만하다. 이제 이곳에서 한두 달 쉬고 나면 말끔히 낫지 않을까? 아내가 다른 의사를 찾아갔을 때도 나는 전혀 고민하지 않았다. 아마 알약 몇 개를 받아오겠지 싶었다.

3월 초의 어느 목요일 오후, 병원에 간 아내에게서 전화가 왔다. 아내는 울고 있었다.

"왜 그래요?"

내가 물었다. 그녀가 무슨 말을 했는지 단어 하나까지 절대 잊지 못할 것이다.

"의사 말로는 식도암이래요. 치료가 가능한지 확실치 않대요."

그런 소식에 대비하는 방법은 어디에도 없다. 암 진단을 받은 친구 얘기를 아무리 많이 들어봤다고 해도 가족 중 누군가에게 그런 얘기를 들으면 순간 머리가 멍해진다. 나는 손에 쥔 전화기가 몇십

킬로그램이라도 되는 듯 무겁게 느껴졌고, 더는 머리를 떠받칠 수 없을 것처럼 어깨에 힘이 쭉 빠졌다. 무엇보다 전화선을 타고 넘어가 아내를 껴안고 입을 맞춰주고 싶었다. 그러나 내가 할 수 있는 거라곤 "어서 집으로 와요"라는 말뿐이었다. 아내가 암에 걸렸다는 사실을 믿을 수 없었던 건 그녀가 흡연자가 아니었기 때문이다. 하지만 아내는 젊은 시절 직업이 X선 기사였다.

전화를 끊고 나서 나는 우리에게 집을 판 부동산 개발업자에게 전화를 걸었다. 15분 만에 우리는 우리 집 바로 옆 땅 1에이커를 추가로 거래하는 데 합의했다. 이윽고 나는 건축업자에게 전화해 집을 증축하겠다고 말했다. 나는 베스가 암을 이겨내고 살 수 있다고 믿게 하고 싶었을 뿐 아니라, 아침에 일어났을 때 뭔가 기대할 만한 게 있기를 바랐다. 아내에게 병을 잊고 마음을 쓸 만한 소일거리를 마련해주고 싶었다. 아내는 집을 짓고 수리하는 걸 무척 좋아했다. 아내가 암에 걸렸다는 소식을 들은 지 한 시간 만에 나는 우리 집을 거의 두 배로 키우기 위한 채비를 마쳤다.

아내가 집에 왔을 때 나는 최선을 다해 그녀를 다독였다. 그러고 나서 우리는 주방에 앉아 다음에 해야 할 일들을 상의했다. 장인어른이 몇 년 전 세상을 떠난 뒤로 장모님이 우리와 함께 살고 있었는데, 그게 큰 도움이 됐다. 처음 몰아친 감정들을 가라앉힌 다음 우리는 목록을 만들기 시작했다. 그 첫 번째 항목은 최고의 의사를 찾아 한 번 더 진단을 받아보는 것이었다.

감사하게도 내게는 지상 최고의 의사를 찾아낼 만한 재정적 여력이 있었다. 물론 내가 그보다 형편이 덜 좋았더라도 나는 수중의 모든 걸 팔고 모자라는 돈은 빌려서라도 베스가 반드시 최고의 치료를 받을 수 있게 했을 것이다. 목숨이 걸린 수술을 받으려고 수술대에 실려 들어가면서 "비용이 얼마인가요?"라고 묻는 사람은 없지 않겠는가.

우리는 메이요 클리닉의 브루스 피어슨 박사에게 치료를 받기로 했는데, 그는 모든 면에서 이 분야의 최고 권위자였다. 그는 진단 결과를 듣기 좋게 꾸며 말하지 않았다. 베스는 식도암 4기였다. 피어슨 박사는 수술을 권했지만 방사선 치료는 몸에 치명적인 영향을 미친다는 이유로 권하지 않았다. 우리가 어떤 길을 선택하든 베스가 생존할 가능성은 10퍼센트가 채 안 된다는 게 그의 말이었다.

나는 아내가 암 투병을 하는 동안 그녀 곁을 지킬 수 있도록 신께서 나를 코치 자리에서 물러나게 했다고 굳게 믿는다. 1996년 나는 고작 쉰아홉 살로, 보통 같으면 생애 처음으로 수석코치 자리에 오를 나이이지 수석코치를 완전히 그만두고 물러날 나이는 아니었다. 하지만 나는 노트르담에서 은퇴한 것이 옳은 일이었다고 진심으로 느꼈다. 나는 아내가 가장 도움을 필요로 할 때 신이 나를 있어야 할 시간, 있어야 할 장소에 있게 해주셨다고 믿는다. 36년 동안이나 아내는 나를 돌봐주었다. 이제 내가 아내를 돌볼 차례였다.

수술은 열네 시간이나 걸렸다. 의사들은 이곳저곳에 흩어진 종양을 제거하는 한편 수술이 진행되는 내내 조직 검사까지 해야 했다. 환자 본인뿐 아니라 우리 가족에게도 힘겨운 시간이었다. 루앤과 스킵, 케빈, 리즈가 모두 나와 함께 기도를 드렸고, 며느리와 사위 그리고 손주들도 함께했다. 가족들은 내가 기대했던 것보다 훨씬 더 강했고, 그들의 용기가 나를 붙잡아주었다. 우리 앞에 놓인 길이 멀고 험하다는 걸 알았기에 내게는 가능한 모든 도움이 필요했다.

나는 배우자가 암에 걸렸을 때 어떻게 행동해야 하는지에 관해 찾을 수 있는 책을 죄다 찾아 읽었다. 도움이 되는 정보도 일부 있었는데, 특히 암 환자에게 신체적·정신적으로 어떤 반응을 예상해야 하는지에 관한 책들이 도움이 됐다. 베스는 무척 아플 텐데, 치료 과정에서 더 아파 보일 것이다. 그리고 아마도 내가 익히 지켜봐 온 것보다 훨씬 더 잦은 감정 변화를 겪게 될 것이다. 배우자로서 내 역할은 힘이 되어주고, 건강이 좋든 나쁘든 긍정적인 태도로 사랑이 넘치는 환경을 마련해주는 것이었다.

베스는 육체적으로 정말 힘들어했다. 피어슨 박사는 불필요하다는 견해를 밝혔지만 우리는 수술 후 방사선 치료를 받기로 했다. 베스는 부작용을 감수하더라도 방사선 치료를 받는 게 필요하다고 판단했다. 아내는 6주에 걸쳐 86회의 방사선 치료를 받았다. 치료를 받을 때마다 매번 구토와 무기력이 찾아들었다. 움직이거나 말하는 것도 힘들어할 정도였다. 베스는 몸무게가 59킬로그램에서 40킬로그램으로 줄었다. 아내는 감당하기 힘들어했다. 그리고 많은 점에서 나역시 그랬다.

그즈음 CBS 관계자들이 더없이 큰 힘이 되어줬다. CBS스포츠의 숀 맥마누스 사장은 개인적으로 그리고 회사 차원에서 제공할 수 있는 모든 것을 우리 부부에게 주려고 각별히 노력했다. 사실 그 첫해에 나는 TV에서 썩 잘하지 못했다. 마음이 늘 베스에게 가 있어서 카메라에 잡힌 내 태도와 말투에는 프로그램에 걸맞은 긍정적 활기가 없었다. 다행히 내 옆에는 역사상 가장 뛰어난 스포츠 캐스터이자 방송계에서 가장 친절하고 진실한 사람인 짐 낸츠가 있었다. 크레이그 제임스는 촬영 현장에서 함께한 세 번째 인물로, 짐처럼 재능 있고 매력적인 청년이었다. 우리 셋은 호흡이 굉장히 잘 맞았다.

주말마다 나는 뉴욕으로 날아가 프로그램에 참여했고, 그동안 베스와 장모님은 기사가 딸린 차를 타고 플로리다주 올랜도에서 게인스빌로 치료를 받으러 갔다. 내가 집에 없을 때면 친한 친구 하비 매케이가 차편을 구하는 걸 도왔고, 당시 플로리다대학교 수석코치였던 또 다른 친구 스티브 스퍼리어와 그의 아내 제리가 아내를 돌봐주었다. 촬영 일정이 허락할 때면 아내가 치료를 받는 동안 내가 그녀 곁을 지켰다.

그 기간에 나는 기회 있을 때마다 무릎 꿇고 기도를 드렸다. 내가 미처 몰랐던 건 수백만 명이 아내를 위해 함께 기도해줬다는 사실이다. 25년간의 결혼 생활 동안 베스는 하루도 빠짐없이 매일 한 시간씩 홀로 기도를 드렸다. 아내는 내가 만나본 어떤 사람보다 믿음이 두터웠다. 이제 내 차례였다. 상황이 좋진 않았지만 나는 세 가지 이유로 베스가 살아남을 가능성이 크다고 생각했다.

첫째, 아내는 믿음이 무척 강했다. 둘째, 아내는 놀랄 만큼 긍정적인 사고방식의 소유자였다. 아내를 처음 진단한 의사가 오진을 하는 바람에 암이 한창 퍼질 때 치료할 기회를 놓쳤다는 걸 알고 나는 무척 화가 났다. 하지만 베스는 우리 둘 중 누구도 화를 내거나 부정적인 생각에 사로잡히는 걸 용납하지 않았다. 아내는 내게 이렇게 말했다.

"병을 이겨내려면 내가 가진 온 힘을 여기에 써야 해요. 지금 처한 상황에 대해 다른 누구를 비난하는 데 기력을 낭비하고 싶지 않아요."

마지막으로, 메이요 클리닉에서 받게 된 수준 높은 진료 덕에 나는 자신감이 붙었다. 그곳의 의사와 간호사들은 내가 만나본 어떤 의료 전문가보다 더 오랜 시간 더 열심히 일했다. 확신하건대 그들이 없었다면 베스는 지금 내 곁에 있지 못했을 것이다.

베스는 놀라울 만큼 치료를 잘 견뎠다. 1998년이 되자, 완전히 고비를 넘긴 건 아니어도 그녀가 회복세로 돌아섰다고 믿을 만한 상태가 됐다.

CBS 해설을 맡은 둘째 해에는 내 방송 실력이 조금 나아졌지만 스스로 바라던 기대치에는 여전히 못 미쳤다. 짐 낸츠가 「NFL 투데이」라는 프로그램으로 옮겨갔고, 새로운 파트너로 틈 브랜도가 왔다. 그 역시 재능 있는 캐스터여서 나는 TV 해설을 즐기기 시작했다. 나에게 질문이 던져질 때마다 프로듀서인 비니 드비토가 내 이어폰에 대고 "5, 4, 3, 2"라고 카운트다운을 해줬지만 말이다.

당시 나는 기업가치가 60억 달러에 달하는 US필터에서도 일했는데, 내가 아는 사람 중 가장 재능 있는 경영자인 딕 헤크먼이 이끄는 회사였다. 당초 헤크먼은 내게 US필터의 부사장 자리를 제안했다. 나는 그의 제안을 수락할 수 없지만 특별 프로젝트에 한해 회사를 위해 일할 수는 있다고 말했다.

TV 해설가로 두 번째 해가 끝나갈 무렵 나는 사우스캐롤라이나 대학교 체육이사 마이크 매기 박사의 전화를 받았다. 그와 나는 동년배였다. 내가 켄트주립대에서 선수로 뛸 때 그는 듀크대학교에서 오펜시브태클로 뛰고 있었다. 우리 둘의 공통점은 그게 전부였다. 매기 박사는 전미 대표에도 선발된 듀크대 주전 선수로, 1959년 전국 최고의 라인맨에게 수여되는 아웃랜드 트로피를 받았다. 반면 내가 물망에 오른 전국 단위의 상은 켄트주립대 선수 시절 '경기 중에 평생 회복 불가능한 부상을 입지 않은 가장 체구가 작은 미식축구 선수' 상이 고작이었다.

매기 박사는 좋았던 옛 시절을 추억이나 하자고 전화한 게 아니었다. 그는 내가 사우스캐롤라이나 지휘봉을 잡는 문제를 놓고 대화하고 싶어 했다. 내 첫 반응은 거절이었다. 베스의 회복과 강연 계약, TV 해설, US필터까지 내 일정은 이미 예약 초과 상태였다. 오죽하면 베스에게 이런 말까지 했을까.

"난 은퇴한 게 아니에요. 남들보다 한발 늦게 시작했을 뿐이지."

내가 짜놓은 일정은 이미 말이 안 될 만큼 빡빡했다. 하지만 코치를 맡고 싶다는 욕망, 더 정확히는 가르치는 일로 돌아가고 싶다는 욕망이 자꾸만 되살아났다. 노트르담에서 물러날 때 나는 코치 일이 지겹다고 생각했다. 하지만 사실 내가 싫증이 난 건 현상을 유지하는 것이었다. 10년 연속 5할 이상 승률을 기록하는 동안 볼 경기 9회 출장과 내셔널 챔피언십 한 차례 우승을 기록하고, 10년 연속 전국 20위 이내에 들면서 내가 할 수 있는 모든 것을 했으니 은퇴해야 할 때가 됐다고 생각했다. 내 실수는 그저 현상 유지(노트르담에서 요구되는 현상 유지의 수준은 무척 높았지만)를 하고 싶지 않다는 마음과 코치 일을 그만두고 싶다는 마음을 완전히 혼동한 것이었다. 이제 나는 60대 초반이었고, 현장에 복귀해 몇 년은 더 팀을 이끌 에너지와 새로운 학생 선수들에게 영향을 미칠 만큼 가르치려는 열정이 여전히 충분하다고 느꼈다. 인생의 규칙 중에는 점점 커지다가 마침내 사라진다는 것이 있다. 풀은 점점 자라다가 죽어가며 사람이나 결혼, 사업도 마찬가지다. 현상을 유지하는 것은 생명체의 본성과 맞지 않는다. 노트르담을 떠날 때 나는 코치 일에 싫증이 난 게 아니었다. 현상 유지가 싫었을 뿐인데 그 차이를 구분할 만큼 현명하지 못했던 것이다.

베스는 그런 사실을 간파했다. 아내는 내가 다시 현장에 서야 한다는 걸 알았다. 그뿐만이 아니라 나처럼 사람은 누구나 삶에서 네 가지가 필요하다는 걸 알았다.

- 첫째는 할 일이다. 건강하던 사람이 은퇴한 지 불과 몇 년 만에 갑자기 세상을 떠난 사례는 일일이 거론하기 힘들 만큼 많다.

승리, 패배, 그리고 교훈

종신형을 선고받고 복역 중인 죄수가 하루에 열두 시간에서 열네 시간씩 자는 건 삶에서 잠자리를 털고 일어나게 하는 일이 아무것도 없기 때문이다.

- 둘째는 사랑할 사람이다. 우리가 세상에 태어난 건 다른 사람을 사랑하기 위해서다. 사랑할 사람이 아무도 없다면 행복을 모르는 것이다.

- 셋째는 믿고 의지할 만한 대상이다. 나는 신을 믿지 않는 건 인간으로서 할 수 있는 선택이 아니라고 늘 말해왔다. 나와 달리 하늘에 계신 아버지를 믿지 않을 수도 있지만, 누구에게나 신처럼 떠받드는 무언가가 있다. 그 무언가가 권력이나 물질적 이득일 수도 있고, 환경보호주의나 자연보호주의 또는 전 지구적 사회주의를 비롯한 수많은 주의 중 하나일 수도 있고, 아니면 평화일 수도 있다. 무엇이 됐든 누구에게나 신은 있다.

- 마지막으로, 기대를 걸 만한 무언가다. 홀로코스트 생존자인 빅터 프랭클 박사는 명저 『죽음의 수용소에서』를 통해 아우슈비츠에서 극심한 공포를 느낀 가운데 흥미로운 임상적 관찰을 몇 가지 했다고 밝혔다. 프랭클 박사는 살아남아야 할 이유도 기대를 걸 만한 대상도 없는 수감자들이 굶주림이나 피로, 자신을 감금한 사람들의 학대로 금세 목숨을 잃는다는 사실을

발견했다. 반면 생존자들은 친척을 다시 만나거나 다른 나라로 탈출하려는 희망 때문에 살아남았다. 때론 나치에 대한 복수심으로 버텨내기도 했다. 이유가 무엇이든, 역사상 가장 잔혹한 행위를 견뎌내고 살아남은 사람들은 기대를 걸 만한 무언가를 가진 이들이었다.

1998년 말 내게는 할 일, 사랑할 사람, 믿고 의지할 만한 대상은 충분히 있었다. 없는 건 기대를 걸 만한 무언가였다. 베스가 눈치를 채고 이렇게 말했다.

"매기 박사와 그냥 이야기라도 나눠보지 그래요? 그냥 얘기만 하는 건데 뭐 어때요."

아내의 말이 옳았기에 나는 사우스캐롤라이나에서 코치로 복귀하는 문제를 매기 박사와 논의하기 시작했다. 결론이 어떻게 날지 확신할 수 없었지만, 내가 처음 108개의 목표를 적어 내려갔던 그 학교에서 경력을 끝낸다는 생각에 이내 끌리기 시작했다. 사우스캐롤라이나는 팬들의 성원이 믿기 힘들 만큼 대단했다. 나는 매기 박사를 신뢰했다. 그는 무척 똑똑하고 품위 있는 사람으로, 함께 일하면 무척 즐거울 것 같았다.

나는 사우스캐롤라이나의 미식축구 프로그램이 엉망으로 망가졌다는 설명을 들었다. 1998년 사우스캐롤라이나대학교 게임콕스는 개막전에서 승리한 뒤 내리 10연패를 당했다. 더 심한 건 사우스이스턴 콘퍼런스에 합류한 뒤로 콘퍼런스 소속 팀들과 맞붙은 경기에서 8승 1무 37패에 그쳤다는 점이다. 108년 팀 역사상 볼 경기 승리는 단 한 차례뿐이었다. 그래도 나는 낙담하지 않았다. 나는 비슷하게 망가진 팀을 맡아 성공을 거둔 적이 있으므로, 또 한 번 할 수 있다고 생각했다.

베스의 건강 말고 가장 큰 걱정거리는 내가 고작해야 2~3년 정도만 더 코치를 맡을 것이라는 사실이었다. 내 건강은 나쁘지 않았고 활력도 충분했지만, 3년 이상은 계약을 맺고 싶지 않았다. 그런데 3년짜리 계약만 할 수 있는 코치에겐 관심을 보이지 않는 학교가 꽤 많다. 게다가 실력 있는 보조코치들은 대부분 몇 년 뒤에는 떠나겠다고 마음을 굳힌 수석코치 밑에서 일하고 싶어 하지 않는다. 어쨌든 나는 사우스캐롤라이나 총장인 존 팜스 박사와 매기 박사에게 계약 기간을 3년만 약속할 수 있으며, 내가 물러날 때 내 코칭 스태프 중에서 후임 수석코치를 임명하겠다고 대학 측이 약속해야 수석코치직 수락을 고려하겠다고 말했다.

"열심히 노력해 경기에서 승리하고 볼 경기에도 출전하겠지만 영원히 지휘봉을 잡지는 못할 겁니다. 그리고 보조코치들이 내가 떠날 것으로 생각해서 몇 년 후에 다른 팀으로 도망치게 할 수는 없어요. 내가 물러나도 연속성이 있으리라는 사실을 알아야 우수한 코치들과 우수한 선수들을 영입할 수 있으니까요."

게다가 내가 떠나도 보조코치들이 자리에서 쫓겨나지 않을 테니 편안한 마음으로 은퇴할 수 있다고 생각했다. 매기 박사는 그렇게 하겠다고 약속하면서도 문서화하지는 못하겠다고 버텼다. 내 입장에서 그건 합의를 가로막는 걸림돌이었다. 협상 당사자 가운데 한쪽이 해임되거나 은퇴하거나 아니면 편리하게도 기억에 착오를 일으키는 통에 구두 합의가 깨지는 걸 숱하게 지켜봤다. 내가 사우스캐롤라이나와 계약하기 위해서는 내가 은퇴할 때 내 보조코치 중 한 사람이 그 자리를 물려받을 거라는 서면 보증이 필요했다. 하지만 팜스 총장과 매기 박사는 입을 모아 이렇게 말했다.

"약속은 할 수 있어도 서면으로 써드릴 수는 없습니다."

그래서 나는 이 내용을 문서화해주지 않으면 계약할 수 없다고 다시 한번 강조했다. 두 사람은 코네티컷으로 날아와 아들 스킵과 면담한 뒤 우리가 볼 경기 출전권을 따낸다는 전제하에 스킵을 내 후임자로 임명한다는 조건을 기꺼이 수용하겠다고 말했다. 하지만 나는 다시 한번 거절했다.

"아뇨. 그 내용을 문서화해주지 않으면 받아들일 수 없습니다."

주거니 받거니 한동안 실랑이를 벌이던 끝에 베스가 마침내 이런 말로 상황을 해결해주었다.

"미래에 대해 열심히 기도해왔는데 당신이 사우스캐롤라이나 수석코치를 맡아야 한다고 생각해요."

스물네 시간 뒤 나는 자리를 수락했다. 그리고 지체 없이 뛰어난 코칭 스태프를 구성했다. 스킵 외에 노트르담에서 찰리 스트롱(현재 플로리다대학교에서 수비 총괄 코치를 맡고 있다)을 데려오는 등 재능 있는 보조코치들을 다수 영입했다. 나는 스킵과 찰리에게 우리 팀의 공격과 수비 전략이 상호보완적으로 운영될 것이라고 말했다. 나는 기록에는 관심이 없었다. 내 관심사는 오직 승리뿐이었다. 나는 총괄 코치들이 신중한 러닝 플레이로 승리를 굳힐 수 있는 상황에서 패스 플레이를 고집하는 바람에 팀이 승리할 가능성을 위협하는 모습을 여러 차례 봐왔다.

학교 이사회 구성원 중 일부는 팜스 총장과 매기 박사가 스킵과 나와 맺은 합의를 알고 있었다. 스킵은 코치로서 능력이 있기 때문에(현재 이스트캐롤라이나 수석코치로 이를 증명해 보이고 있다) 내가 떠났을 때 다른 우리 코치들은 걱정이 돼도 스킵의 장래는 그다지 염려되지 않았다. 다만 사우스캐롤라이나 미식축구 프로그램에 연속성을 다질 거라면 내가 떠난 뒤에도 그 연속성이 이어지기를 바랐다.

내 영입을 발표하는 기자회견은 6,000명의 열성 팬이 운집한 가운데 경기장에서 열렸다. 나는 팬들에게 힘이 닿는 한 최선을 다해 팀을 재건하겠다고 다짐하며, 사우스캐롤라이나가 승리하는 미식축구팀이 되지 못할 이유가 없다고 말했다. 우리 구장의 수용 인원은 8만 명이었는데, 사우스캐롤라이나의 관중 수는 이미 경기당 평균 8만 1,000명을 웃돌아 전국 11위를 기록하고 있었다.

훈련이 시작됐을 때 나는 기자회견에서 내가 지나치게 낙관적이었는지도 모른다는 사실을 깨달았다. 이 팀은 갈 길이 멀었다. 재능 있는 선수는 많았지만 경기에서 승리할 가능성은 전혀 없었다. 수비진은 꽤 괜찮았다. 하지만 공격 면에서는 해결책보다 문제가 더 많았다. 우리 팀에는 뛰어난 오펜시브 라인맨이 넷 있었지만 그중 둘을 가을 캠프에서 부상으로 잃었다. 장학금을 받고 다니는 쿼터백 한 명은 시즌 네 번째 경기에서 무릎을 다쳤다. 후위에는 상대를 블로킹하라고 하면 그저 해본 소리려니 하고 생각하는 신입생 셋을 선발로 내세워야 했다. 선수들은 대체로 열심히 노력했고 승리를 갈망했지만, 마음속 깊은 곳에서는 나와 보조코치들을 신뢰하지 않는 것 같았다.

그러던 어느 날 조지아대학교와의 경기를 앞둔 월요일에 문제가 생겼다. 스킵이 심한 위염에 걸려 그 주 거의 내내 병원 신세를 지게 된 것이다. 스킵은 한 달이 지나도록 완전히 회복하지 못했다.

몇 주 뒤 스킵이 아픈 걸 까맣게 잊을 만한 소식이 전해졌다. 베스의 주치의가 정기검사에서 혈구 수치가 올라갔다는 사실을 발견한 것이다. 몇 차례 더 검사를 해본 결과 암 생존자가 받을 수 있는 최악의 소식을 받아 들었다. 암이 재발한 것이다. 베스는 다시 수술대에 올라야 했는데, 이번에는 내분비샘의 하나인 부신을 제거해야 했다. 이 때문에 미식축구에 제대로 집중하지 못했다는 말로는 부족한 상황이었다. 나는 매일같이 이렇게 자문했다. 사우스캐롤라이나로 온 게 잘한 일일까? 내가 다시 코치직을 맡은 게 어떤 식으로든 베스의 암이 재발하는 데 원인이 된 걸까? 이 도전에 너무 목을 맨 나머지 아내를 소홀히 한 건 아닐까?

이 질문들과 씨름하는 것만으로는 부족하기라도 하듯 또 다른 일이 터졌다. 신입생 스카우트를 위해 전용기를 타고 조지아와 플로리다, 사우스캐롤라이나를 오가던 중 조종사들이 나를 사우스캐롤라이나주 레이디 아일랜드 공항에 내려주었다. 조종사들은 힐튼헤드섬까지 15킬로미터 정도 날아가 주유를 한 뒤에 다시 모시러 오겠다고 말했다. 하지만 그 15킬로미터를 비행하는 도중 비행기가 추락했다. 학교 소속 조종사 한 명이 현장에서 사망했고, 다른 조종사도 얼마 뒤 숨을 거뒀다. 그 뒤 11월 초에는 플로리다대학교와의 경기를 준비하고 있을 때 어머니가 돌아가셨다. 크리스마스 무렵 나는 1999년을 우리의 '잃어버린 해'로 부르게 됐다.

그럼에도 나는 우리 팀이 승리할 능력이 있다는 사실을 결코 의심하지 않았다. 넘어지긴 했지만, 완전히 주저앉은 건 아직 아니었다. 구덩이에 빠졌을 때 제일 중요한 건 더 파지 않는 것이다. 우리 팀은 구덩이 바닥을 파고 들어갈 만큼 깊숙이 곤두박질친 상태여서 일단은 바닥까지 올라와야 했다. 우리에게는 두 가지 선택지가 있었다. 계속 쓰러져 있든지, 아니면 추스르고 다시 일어서든지.

내가 기운을 차릴 수 있게 된 첫 번째 계기는 12월 12일 피어슨 박사가 우리에게 베스가 언젠가는 암을 완전히 극복할 수 있을 것으로 생각한다고 말해준 것이다. 베스를 믿은 건 나뿐만이 아니었다. 피어슨 박사는 이렇게 말했다.

"아시다시피 메이요 클리닉 12층에서는 좋은 소식이 그다지 많지 않아요. 환자가 여기 올 즈음에는 상황이 이미 무척 절망적이거든요. 하지만 코치님 부인은 흔치 않은 사례가 될 것 같군요."

감사하게도 그의 예측은 정확했다.

미식축구팀에 대해 말하자면 우리는 단 1승도 거두지 못하고 11

전 전패로 시즌을 마감했다. 사우스캐롤라이나가 단 1승도 거두지 못하고 시즌을 마친 건 1897년 이후 처음으로, 당시엔 단지 세 경기를 치렀고 그중 두 경기는 같은 팀을 상대한 것이었다. 우리 팀은 21연패로 대학 미식축구 최다 연패의 불명예도 기록했다. 그러나 그 모든 것보다 괴로웠던 건 이 팀이 나에 대해 그리고 서로에 대해 신뢰가 부족하다는 것이었다.

상황은 그해 여름에 바뀌었다. 여름 훈련이 한창이던 어느 월요일 저녁 6시 무렵, 나는 앞선 시즌에 우리 팀 소속 선수였던 두 사람이 마약을 팔다가 체포됐다는 소식을 들었다. 순간 정신이 멍해졌다. 그 선수들이 마약 판매 총책 혐의를 받고 있다는 것이다.

저녁 7시에 나는 팀 미팅 장소 한가운데 서서 회의실에 있는 모든 선수에게 말했다.

"왜 여러분이 내게 말하지 않았는지 알고 싶어요. 여러분은 알고 있었잖아요. 그런데 왜 나는 몰랐지? 어떻게 이런 일을 숨길 수 있는지…. 그 정도로 나를 신뢰하지 못하는 겁니까?"

잠시 침묵이 흐른 뒤에 한 선수가 일어나서 말했다.

"코치님, 저는 코치님을 믿습니다. 보조코치님들도 믿고요. 하지만 지금 이 방에 있는 선수들 중에 몇 명은 믿지 않아요. 우리 팀에는 거짓말을 일삼아서 전혀 믿을 수 없는 친구들이 있어요."

이어 또 다른 선수가 일어나 말했다.

"저도 같은 생각입니다."

이 둘은 동료들에게 상당히 존경받는 선수들이었는데, 잠시 후 팀원 대부분이 일어나서 비슷한 불만을 털어놓았다. 이 순간이 우리 팀의 운명을 좌우할 것임을 알았기에 나는 선수들의 말에 귀를 기울였다. 나중에 다시 생각해보니 당시가 우리에게 꼭 필요한 순간이었다.

모두가 한마디씩 한 뒤 나는 지난 수십 년간 내가 지도한 모든 선수에게 했던 말을 다시 한번 힘주어 말했다.

"여러분, 그래서 우리에게 세 가지 규칙이 있는 겁니다. 올바르게 행동하고, 최선을 다하고, 동료들을 아낀다는 걸 보여주기 바랍니다. 동료가 '내가 너를 믿을 수 있니?', '너는 탁월함을 위해 헌신하고 있니?', '나를 좋아하니?'라고 물으면 대답은 언제나 '그래'여야 합니다. 그렇게만 되면 이런 미팅을 할 필요도 없어요."

이야기를 마친 뒤 나는 모든 선수에게 종이를 한 장씩 나눠주었다.

"각자 자기 자신에 대해 마음에 들지 않는 점을 적어봐요. 하나도 빼놓지 말고 전부 다. 자신에게 최대한 솔직해져 봐요."

선수들이 내용을 적느라 몇 분간 침묵이 흘렀다. 내가 다시 말했다.

"여러분이 적은 내용은 비밀로 남을 겁니다. 이제 집에 돌아가세요. 여기서 내일 다시 만납시다. 지금 적은 종이를 가져가서 하룻밤 동안 그 내용을 곰곰이 생각해보세요."

다음 날 오후 우리는 야외 훈련장에서 만났다. 구덩이를 하나 판 다음, 선수들이 적은 종이들을 던져 넣게 하고 불태운 후 구덩이를 메웠다. 그날 아침 나는 아무것도 적히지 않은 묘비 하나를 가져왔는데, 그 묘비를 잿무덤 앞에 세웠다.

"지금 이 순간부터 여러분이 적은 모든 것, 스스로에 대해 마음에 들지 않았던 것들 그리고 우리를 한 팀이 되지 못하게 갈라놓은 것들은 지나간 옛일입니다. 땅에 묻어버렸으니 이제 다시는 되살아나지 못할 거예요. 오늘부터 새로운 약속이 시작되는 겁니다."

우리는 피트 캐롤이 제안한 아이디어도 이행했다. 밤 10시 30분 텅 빈 스타디움에서 우리는 공격수와 수비수 간 줄다리기 대결을 했다. 양쪽 편으로 나눠 한참이나 거친 숨을 쏟아낸 뒤, 줄다리기를 중단시키고 내가 말했다.

"여러분, 중구난방으로 자기 쪽으로만 끌어당겨서는 승리할 수 없습니다. 모두가 힘을 합쳐 서로를 도와야 비로소 승리할 가능성이 생깁니다."

나는 선수들이 내 뜻을 이해했다고 느꼈다.

가을 캠프 동안 우리는 오로지 선수들끼리 서로 친해지게 할 목적으로 매일 밤 회의를 열었다. 회의 때마다 나는 선수들을 대여섯 명씩 일으켜 세워 각자 삶의 경험을 이야기하게 했다. 모두의 성장 배경을 알게 되면서 선수들은 서로 더 가까워졌다. 우리는 선수들의 주거 환경에도 손을 댔다. 2000시즌을 앞두고 나는 캠퍼스 밖에 사는 선수들을 전부 선수 기숙사로 들어오게 했다. 모든 선수가 이 조치에 따랐다. 이제 선수들은 훈련을 하기 전과 훈련 도중 그리고 훈련이 끝난 뒤에도 계속 함께 시간을 보내게 됐다. 캠프가 시작됐을 때 우리는 모든 선수의 자동차 키를 모아 따로 보관했다. 전체 팀이 함께 버스를 타고 훈련장을 오갔다. 사람들은 이를 끔찍한 일이라고 생각했지만, 이 조치로 우리 팀워크는 더욱 강화됐다.

2000시즌 개막전에서 뉴멕시코주립대를 상대로 승리를 거두자 사우스캐롤라이나 학생들이 필드로 달려 나와 골포스트를 끌어내렸다. 일주일 뒤 우리는 전국 9위 조지아와의 홈경기에서도 21:10으로 승리했다. 이번에도 학생들이 함성을 지르며 골포스트를 끌어내렸다. 이어 우리는 미시시피주립대와의 스탁빌 원정경기에서도 승리하며 3연승을 달렸다. 사우스캐롤라이나가 개막 3연승을 이룬 건 사우스이스턴 콘퍼런스에 합류하기 2년 전인 1990년 이후 처음 있는 일이었다.

11월이 되자 우리는 21연패를 기록한 뒤 맞은 정규 시즌에서 7승 4패를 거두며 NCAA 역사상 두 번째로 큰 반전을 완성했다. 이어 아웃백볼에서 오하이오주립대를 꺾고 사우스캐롤라이나주 소재 팀으로는 6년 만에 처음이자 학교 역사상 두 번째로 볼 경기 승리를 달성했다.

1년 뒤 우리는 전 시즌보다 1승을 더 거뒀고, 시즌 후반 테네시와 플로리다에 패하기 전까지 콘퍼런스 챔피언십을 다투기도 했다. 이어 새해 첫날 볼 경기에서 다시 한번 오하이오주립대를 꺾고 전국 12위로 시즌을 마쳤다. 이는 사우스캐롤라이나 역사상 두 번째로 높은 순위로, 2년 연속 볼 경기 승리는 물론 2년 연속 볼 경기 진출조차 학교 역사상 처음 있는 일이었다.

훗날 나는 사우스캐롤라이나를 되살리기 위해 어떤 노력을 했는지 질문을 받았다. "무슨 마법을 부린 건가요?"가 내가 많이 받은 질문이었다. 대답은 간단했다.

"마법은 없습니다. 노력과 규율, 인내를 모두 갖추면 패배하는 경기보다 승리하는 경기가 더 많아지기 마련이죠."

정말 간단한 일이다. 그 세 가지 규칙(그리고 이에 더해 우리 팀의 속도를 활용하기 위해 공격수와 수비수의 배치를 넓게 벌린 것) 외에 내가 한 일이라고는 선수들에게 기대를 걸 만한 무언가를 준 것뿐이다. 그것으로 선수들은 승리에 필요한 모든 것을 갖췄다.

3년 차가 끝나 사우스캐롤라이나와 맺은 계약 기간을 채웠을 때 나는 떠날 준비가 돼 있었다. 하지만 매기 박사가 계속 팀을 맡아달라고 설득했다. 왜 그 설득을 받아들였냐고? 사우스캐롤라이나주와 학교, 학생들 그리고 전 세계에서 가장 충성스럽고 훌륭한 팬들을 사랑하게 됐다는 것 말고는 달리 뭐라 말해야 할지 모르겠다. 모두 챔피언십을 차지할 자격이 있는 사람들로, 나는 그들의 꿈을 실현하고 싶었다.

신입생 스카우트도 순조롭게 진행됐다. 우리는 신입생 스카우트 시즌을 2년 연속 전국 7위와 8위로 마쳤고, 미래는 탄탄해 보였다. 팬들의 기대는 그저 몇 경기 승리하는 것에서 볼 경기 승리로, 그리고 내셔널 챔피언십을 다투기를 바라는 마음으로 빠르게 바뀌었다.

2002시즌이 끝난 뒤 존 팜스 박사가 뛰어난 지도력을 발휘한 10년을 뒤로하고 사우스캐롤라이나 총장에서 물러났다. 팜스 박사는 진실한 사람이자 내 친구였다. 그의 후임에는 앤드루 소렌슨 박사가 선임됐다. 자신을 고용한 총장이 떠나면 상황은 변하기 마련이다. 내 코칭 스태프 중에 누군가가 내 후임이 될 수도 있고 아닐 수도 있다는 소문이 내 귀에 들어오기 시작했는데, 이를 결정하는 건 새 총장의 몫이었다.

나는 두 시즌 내리 기껏해야 그저 그런 성적을 냄으로써 총장이 쉽게 결정할 수 있게 해주었다. 우리는 마지막 네 경기를 앞두고 5승 2패를 기록 중이었지만 볼 경기 출전권을 따내는 데는 실패했다. 2년 연속 조지아, 테네시와 접전을 벌이고도 아쉽게 패했다. 어쨌든 패배는 패배였다.

이 실망스러운 시즌들은 누구의 잘못도 아닌 오로지 내 탓이었다. 가을 캠프 기간에 나는 전에 없이 강하게 선수들을 밀어붙였고, 시즌 초반만 해도 우리는 아주 뛰어난 팀이었다. 하지만 시즌이 진행될수록 내가 우리 팀을 충분히 열심히 조련하지 못하면서 우리는 육체적 강인함을 잃어갔다. 클렘슨을 상대할 무렵 우리는 형편없는 팀이 돼 경기력이 스스로 보기에도 창피할 지경이었다.

2003시즌이 끝나자 1년만 더 한 다음 내가 물러나더라도 내 후임으로 우리 코칭 스태프 중 하나가 선임되지 않으리라는 사실이 내 눈에는 분명해 보였다. 스킵과 내가 잘못된 정보에 현혹된 셈이었기 때문에 이는 깊은 상처가 됐다. 2002시즌이 끝났을 때 스킵은 한 명문 대학교에서 수석코치 자리를 제안받았다. 하지만 매기 박사와 상의한 뒤 그 제안을 거절했다. 내가 떠난 뒤에도 사우스캐롤라이나에서 미래를 보장하겠다는 다짐을 받은 것이다. 하지만 그 다짐은 결국 사실이 아니었다.

내 마지막 시즌은 기복이 심했다. 앨라배마와 아칸소 같은 팀을 꺾으며 상승세를 타기도 했다. 하지만 조지아와 미시시피에 패하며 주저앉았는데, 두 경기 모두 거의 마지막 플레이에서 승리를 내주고 말았다. 그럼에도 우리는 여전히 볼 경기에 출전할 만한 성적을 유지하고 있었다. 숙적 클렘슨과 정규 시즌 최종전을 치르고 나서 어떤 볼 경기에 나서게 될지가 남은 문제일 뿐이었다.

슬프게도 사우스캐롤라이나에서 내 마지막 경기이자 수석코치로서도 최종전은 패배와 험악한 벤치 클리어링*bench-clearing*(선수들 사이에 싸움이 벌어졌을 때 양 팀의 모든 선수가 나와 싸우거나 말리는 것-옮긴이)으로 끝이 났다. 경기 후반 우리가 뒤진 가운데 공수가 교대되는 동안 몸싸움이 벌어졌다. 공수 교대를 위해 우리 팀 수비수들과 클렘슨의 공격수들이 필드로 나갈 때 두 팀 선수 모두 벤치 클리어링이 벌어졌다고 착각했고, 곧 양 팀 선수가 모두 뛰쳐나와 전면전이 벌어졌다. 코치 경력을 통틀어 우리 팀 선수가 싸움을 벌여 퇴장당한 일은 그때가 처음이었다.

그 사건은 기자와 평론가 그리고 두 학교 당국과 팬들의 분노를 불러일으키기에 충분했다. 모든 면에서 당혹스럽고 용납하기 힘든 일이었다. 그 일 때문에 우리 학교 당국은 볼 경기 출장을 포기하기로 했다.

그 때문에 내 생애 마지막 경기는 온갖 좋지 않은 이유로 기억에 남게 됐다. 코치로서 내가 마지막으로 취한 행동은 스티브 스퍼리어를 선수들에게 소개하는 것이었다. 스티브처럼 뛰어난 사람에게 지휘봉을 넘긴다는 게 그나마 위안이 됐다. 스티브라는 역량 있는 코치를 영입한 건 사우스캐롤라이나에 행운이었다. 영리한 사람이라면 누구라도 홀츠가 이끈 코칭 스태프의 보조코치 중 한 사람이 아니라 스티브 스퍼리어에게 사우스캐롤라이나의 지휘봉을 넘기는 게 낫다고 말했을 것이다. 나도 동의한다. 하지만 우리가 사우스이스턴 콘퍼런스의 우승을 차지할 만큼 경쟁력 있는 팀을 만들지 않았다면 과연 그가 사우스캐롤라이나로 왔을까? 아니라고 본다.

나는 골프와 파이프 담배를 사랑하고,
살면서 누린 많은 축복을 되짚어보는 것도
무척 좋아한다.

2004년 11월 22일 올랜도 집으로 돌아왔을 때(베스를 위한 증축이 마무리돼 집은 당황스러울 만큼 커져 있었다) 나는 수석코치로 통산 249승을 거둬 대학 미식축구 역대 8위라는 기록의 보유자가 됐다. 강연에 앞서 청중에게 나를 소개할 때 사회자는 보통 이렇게 말한다. NCAA 역사상 여섯 개 팀을 이끌고 볼 경기에 출장한 유일한 코치로, 5할 이상 승률을 기록한 팀을 물려받은 적이 한 번도 없지만 그래도 언제나 최소한 부임 2년 차에는 볼 경기 출전권을 따냈다고. 또 NCAA 역사상 네 개 팀을 모두 시즌 최종 순위에서 전국 20위 안에 올린 유일한 코치라고. 사회자가 이런 기록들을 언급할 때 나는 이런 일들을 이루기 위해 내 가족과 나와 함께 뛴 선수들 그리고 보조코치들이 치른 희생을 떠올린다. 사람이 인정을 받는 건 누군가가 그럴 기회를 주었기 때문이다.

　수석코치를 맡은 학교마다 뛰어난 선수들과 코치들을 만나는 복을 누렸다. 내가 가장 많이 받는 질문은 "코치로 일하는 동안 가장 좋아하는 선수는 누구였나요?"다. 그럴 때마다 나는 이렇게 되묻는다.

"자녀 중에 제일 좋아하는 아이가 누군가요?"

나처럼 수십 년에 걸쳐 뛰어난 선수들을 많이 지도해본 사람이라면 좋아하는 선수를 딱 한 명만 꼬집어 말할 수는 없다. 나는 모든 학교에서 나를 위해 뛰어준 대부분 선수를 기억할 뿐 아니라, 그들 한 사람 한 사람이 가진 장점과 가치를 기억한다. 되돌아보면 내가 강하게 다그친 선수일수록 나중에 내게 더 고마워했던 것 같다. 그들 가운데는 전미 대표로 선발된 스타급 선수뿐 아니라 재능이나 기량은 뛰어나지 않아도 팀을 위해 개인의 행복을 기꺼이 희생한 연습생 출신 선수도 있다. 이들은 지금까지도 내 친구로 남아 있고, 내가 미식축구 현장을 누비던 시절을 떠올릴 때면 가장 생생하게 기억하는 사람들이다.

요즘 과거를 되돌아볼 때면 우리가 지시한 플레이나 승리한 경기 생각은 거의 나지 않는다. 내가 만날 기회를 누렸던 사람들과 우정을 쌓을 수 있었던 친구들이 떠오른다. 나는 교황과 대통령, 각국의 왕들을 만났고 남은 평생 가깝게 지낼 많은 친구를 사귀었다.

베스와 나는 아칸소대학교 시절 처음으로 백악관을 방문해 레이건 대통령과 만찬을 함께하는 행운을 누렸다. 큰맘 먹고 리무진을 빌려 타고 갔는데, 그날 저녁은 내가 꿈꾸고 바라던 그대로였다. 우리가 앉은 만찬 테이블에는 워런 버거 대법원장과 가수 올리비아 뉴턴 존 같은 이들이 함께했다. 베스와 나는 둘 다 춤을 그다지 좋아하지 않아서 우리는 자정 무렵 백악관을 빠져나왔다. 나는 리무진 기사에게 국회의사당과 링컨기념관, 연방대법원 같은 역사적 건물들을 차로 둘러보게 해달라고 말했다. 전에도 본 적이 있는 곳들이지만 당시 나는 강한 애국심을 느꼈고 미국인인 게 자랑스러웠다.

그런데 내가 두통을 느끼는 바람에 백악관에서 다섯 블록 떨어진 곳에 있는 어느 약국 앞에 잠시 차를 세우게 됐다. 내가 차에서 내리자마자 기사는 안전을 위해 차 문을 잠갔다. 약국 안으로 발을 들인 순간 주머니에서 총이 삐져나온 한 남자가 눈에 들어왔다. 그리고 가게 모서리에 모여 있는 한 무리의 마약 중독자들과 노숙자들도 눈에 띄었다. 인상이 장난이 아니었다!

불과 한 시간 전만 해도 나는 미국 대통령과 대법관, 상원의원, 영화배우, 연예인들과 어울리고 있었다. 하지만 백악관에서 다섯 블록 떨어진 이곳은 내가 여전히 미국에 있다고는 믿기 힘들 지경이었다. 정신이 번쩍 든 그 순간을 그 뒤로 한시도 잊은 적이 없는데, 내가 백악관에서 만난 사람들이 아무리 대단한 업적을 이뤘더라도 약국에서 마주친 사람들보다 더 중요할 건 전혀 없다는 가르침을 얻은 순간이었다. 그날 총을 든 노숙자들을 만찬장에서 만난 사람들을 대할 때와 같은 존중과 호의로 대하지 못한 게 마음에 걸렸다. 나는 그날 밤 자신에게 한 다짐을 지난 25년간 지키려고 노력해왔다. 모든 낯선 사람을 유명인사처럼 대하기 위해 최선을 다하겠다는 다짐이다. 모든 사람에겐 그런 대접을 받을 자격이 충분히 있으니까.

레이건 대통령은 우리가 내셔널 챔피언십을 차지했을 때 백악관에 다시 초청해주었다. 레이건은 배우 시절 영화 「크누트 로크니 올 아메리칸」에서 유명한 노트르담 선수 조지 깁 역을 연기한 적이 있다. 그런 인연이 있기에 대통령으로서 마지막 공식 행사로 노트르담의 무패 시즌을 축하하고 싶어 했다. 나는 조지 H. W. 부시 대통령과 영부인 바버라와도 만나 좋은 친구가 됐다. 백악관 공식 만찬에서 부시 대통령을 처음 만났을 때만 해도 나는 그가 얼마나 배려심 깊은 사람인지 미처 몰랐다. 이후 같은 행사에서 자주 만나면서 그를 잘 알게 됐고, 매사에 그가 보여준 진실함과 사려 깊음에 지금까지도 감동하고 있다. 일례로 내가 코치 생활을 마치고 은퇴하던 날 받은 첫 번째 전화가 그의 전화였다.

클린턴 대통령이 전화를 걸어 백악관 공식 만찬에 우리를 초대했을 때는 놀라지 않았지만, 그가 전화 말미에 "링컨 침실(링컨 대통령의 집무실을 바꿔 꾸민 백악관 내 게스트 스위트-옮긴이)에서 하룻밤 자고 가실래요?"라고 했을 때는 놀라지 않을 수 없었다. 저녁 식사 전에 우리는 클린턴 대통령과 고어 부통령, 아일랜드 총리 부부와 함께하는 비공개 파티에 참석했다. 저녁을 마치고 잠자리에 들었는데, 다음 날 아침 클린턴 대통령이 커피를 쟁반에 받쳐 들고 들어오는 바람에 잠을 깼다. 대통령이 직접 안내해주는 백악관 개인 투어를 마친 뒤, 우리는 대통령 집무실인 오벌 오피스로 자리를 옮겨 리더십과 문제 해결에 대해 대화를 나눴다. 굉장한 사람과 함께한 놀라운 하루로, 결코 잊지 못할 경험이었다.

하지만 내 평생 만날 기회가 있었던 사람 가운데 가장 경외심이

드는 인물은 교황 요한 바오로 2세다. 바티칸을 방문해 미스첸코 대주교의 안내로 경내를 특별 관람할 기회가 있었는데, 평생 가톨릭 신자였던 나로서는 마치 이 세상을 떠나 천국으로 가는 기분이었다. 교황 알현은 내가 평생 이룬 그 밖의 모든 일이 하찮아 보이게 했다.

모든 직업 분야에서 유명하고 영향력 있는 사람들에 대해 내가 깨달은 사실은 이들 모두 속은 착한 사람들이라는 것이다.

1990년대 초에 스킵은 내 보조코치가 돼 노트르담으로 돌아왔다. 스킵의 옆집에는 노트르담의 연습생 출신 선수였던 댄 루에티거가 살고 있었다. 모두가 그를 '루디'라고 불렀다. 그가 우리 집에 와서 내게 '루디'라는 제목의 직접 쓴 영화 대본을 건넸다. 자신이 노트르담에 입학해 미식축구팀 선수가 되기까지 겪은 고생을 담은 자전적 이야기였다. 루디는 단 한 경기에 출장해 딱 30초를 뛴 게 전부였지만 동료 선수들의 목말을 타고 필드 밖으로 나왔다. 루디는 내게 대본을 읽고 느낌을 말해달라고 부탁했다. 글을 읽는 건 내가 우선시하는 일이 아니었기 때문에 나는 대본을 한구석에 던져두었다. 결국 스킵이 전화를 해서 루디가 대본에 대한 내 반응을 빨리 알고 싶어 한다고 말하고 나서야 읽기 시작했다. 읽어보니 감동적이었다. 루디에게 괜찮은 것 같다고 말했더니, 그는 곧장 노트르담 부총장인 보상 박사에게 가 캠퍼스 내에서 영화를 촬영할 수 있도록 허가를 받아냈다.

훗날 루디는 내게 내 추천이 있은 지 두어 시간 만에 노트르담이 대본을 승인해줬다고 말해주었다. 그 승인은 루디가 할리우드와 맺은 계약이 만료되기 하루 전에 이뤄졌다. 수백만 명의 관객들에게는 다행스럽게도, 영화 「루디」는 루디를 돕는 친구들 덕에 세상에 나올 수 있었다. 그 자신이 끈질기게 매달리긴 했지만 스킵이나 로저 발디세리를 비롯한 친구들의 도움이 아니었다면 그의 이야기가 스크린에 오르지 못했으리라는 사실을 누구보다 그가 잘 알고 있을 것이다.

루디의 이야기는 인생에 관한 이야기다. 꿈이 있다면 그 꿈을 좇아라. 그리고 삶에서 친구를 원한다면 먼저 다른 사람들에게 친구가 되어주어라.

요즘은 나도 승리와 패배에 대해 생각하지 않기 때문에, 내가 세상을 떠나고 난 뒤에 나를 떠올릴 때 누구도 승리와 패배를 기억하지 않았으면 좋겠다. 명승부들을 떠올릴 때면 사이드라인을 서성이던 키 작고 삐쩍 마른 사내가 아니라 실제 필드를 달린 선수들을 기억해주기 바란다. 나는 코치로서나 대중 연설가로서 거둔 성공으로 기억되기를 원치 않는다. 성공은 신기루처럼 사라지기 때문이다. 하지만 말과 행동을 통해 사람들의 삶이 나아지도록 돕는 의미 있는 삶은 영원히 남는다. 내 유일한 소망은 죽고 나서 누군가가 이렇게 말해주는 것이다.

"루 홀츠 그 친구는 많은 사람에게 의미 있는 존재였어."

그건 인간이 받을 수 있는 최고의 찬사다. 나도 그런 말을 들을 수 있기를 소망한다.

자신이 죽었을 때 아내가 관을 멜 사람을 돈으로 사지 않아도 되도록 사람은 친구가 여섯 명은 있어야 한다. 나는 코치를 맡은 학교마다 정말 특별한 친구들을 많이 사귈 수 있었으니 정말 운이 좋은 사람이다. 내가 어느 학교의 지휘봉을 잡는지 또는 우리가 얼마나 성공을 거두는지와 상관없이 오래도록 이어온 우정도 있다. 고등학교 친구로 50년간 우정을 이어온 빌 라우시, 내 결혼식 들러리를 서준 잭 굿윈과 밥 도시, 팀 시어러, 론 프리스, 네빗 스톡데일, 대학 시절 룸메이트였던 존 콘스탄티노스, 세인트 앤드루스 프로덕트의 스킵 스트젤레키와 마이크 놀런, 노트르담대학교의 마이크 립과 아라 파세기안, 조지 토머스, 조이스 신부, 헤스버그 신부, 프랭크 에크, 제이 조던, 빈스 나이몰리, 테리 맥글린, 아칸소의 조 포드, 워런 스티븐스와 잭 스티븐스, 프랭크 브로일스, 미네소타의 시드 하트먼과 하비 매케이 그리고 이스트리버풀의 조 웰스 3세와 프랭크 도슨이 그들이다. 그리고 물론 레이크 노나의 좋은 친구들과 골프 친구들도 빼놓을 수 없다.

언급한 한 사람 한 사람에 대해 책을 쓸 수 있을 만큼 많은 이야기를 간직하고 있지만 그건 가능한 일이 아닐 것이다. 그래도 내 인생에 대한 책을 펴내면서 이 사람들이 내게 얼마나 특별한 존재였는지 말하지 않는다는 건 가당치 않은 일이다.

네 명의 아들딸을 내가 얼마나 자랑스러워하는지도 꼭 이야기하고 싶다. 아이들 각자가 성취하거나 내 삶에 긍정적인 영향을 미친 수많은 일을 이야기할 시간도, 장소도 내게는 마땅치가 않다. 그래서 여기서 아이들이 지금 자신의 인생에서 어느 지점에 와 있는지만 언급하려 하는데, 그들의 성취를 되풀이할 필요가 있다고 생각하는 걸 너그럽게 이해해주기 바란다.

루앤은 마흔네 살로 센터너리칼리지를 졸업하고 22년 전에 테리 알텐바우머와 결혼했다. 테리는 아칸소대학교를 나온 화공 기술자다. 이들 부부는 휴스턴에 살며 예쁜 딸 린지를 두고 있는데 린지는 이번 가을 대학에 입학할 예정이다.

스킵 루이스 주니어는 마흔두 살로 노트르담대학교에 다닐 때 미식축구 선수로 뛰었다. 14년 전 스킵은 플로리다주립대를 나온 제니퍼 피츠제럴드와 결혼했다. 두 사람 사이에는 재능 있는 자녀 셋이 있다. 트레이(루이스 3세)는 열두 살, 채드는 열 살, 헤일리는 일곱 살이다. 스킵은 현재 이스트캐롤라이나의 수석코치를 맡아 멋진 활약을 펼치고 있다. 이들 가족은 현재 노스캐롤라이나주 그린빌에 살고 있다. 언젠가 내가 '스킵의 아버지'로 이야기될 날이 올 것이다.

케빈은 마흔 살로 노트르담 학부와 노트르담 로스쿨을 졸업했다. 7년 전 켈리 맥러플린과 결혼했으며, 켈리는 미시시피대학교를 졸업했다. 케빈은 국선 변호사로 가족과 함께 플로리다주 데이토나 비치에 산다. 케빈은 댈러스 카우보이스에서 5년간 일했고 슈퍼볼 우승 기념반지를 세 개나 가지고 있다. 하지만 그가 가장 자랑스러워하는 건 아내와 두 아이로, 캐터린은 네 살, 애런은 두 살이다.

막내 엘리자베스는 서른일곱 살로 노트르담대학교를 졸업했다. 역시 노트르담 졸업생으로 노트르담 로스쿨을 나온 마이크 메사글리아와 결혼했다. 마이크는 인디애나폴리스 소재 로펌 크리그 드볼트의 대표 변호사를 맡고 있다. 두 사람은 결혼 생활 12년째로 예쁜 자녀 셋을 두고 있다. 재커리는 여덟 살, 베스는 여섯 살, 제이컵은 세 살이다.

우리 가족은 전국 곳곳에 흩어져 살기 때문에 7월에 한 주 동안 한데 모인다. 해마다 모이는 장소는 다르지만 일정은 변함이 없다. 아침에 골프를 치고 나서 오후에는 아이들 놀이에 시간을 할애하고, 저녁에는 미니 골프나 놀이공원 관람처럼 온 가족이 참여하는 활동을 한다. 저녁 9시에 베이비시터가 아이들을 위층으로 데리고 올라가면 우리는 11시까지 가족회의를 연다. 보통 밤을 꼬박 새우다시피 하며 검토해야 할 문제들을 논의하는데, 우리에겐 정해진 안건이 있다. 첫날 밤은 가족 이야기만 하고, 둘째 날 밤은 우리 재단, 셋째 날 밤은 신앙의 발전에 집중하고, 넷째 날 밤에는 다가올 한 해의 목표와 지난 1년간 이룬 가장 큰 성취를 다룬 다음, 다섯째 날 밤은 우리가 가족으로서 도울 수 있는 아이들이나 아이들 친구들의 문제에 전념한다. 이 행사는 우리가 한 가족으로서 하는 일들 중 최고로 꼽을 수 있다. 손주들에게는 숙모와 삼촌, 사촌들을 더 잘 알게 되는 기회가 된다. 여러 해 동안 이 행사를 이어오고 있는데 참석률은 100퍼센트다.

내 아버지는 1977년 1월 예순여섯 살의 나이에 심장마비로 세상을 떠났는데, 내가 뉴욕 제츠에서 사임한 지 두 달 만의 일이었다. 내 어머니는 1982년 뇌졸중으로 쓰러진 뒤로 17년 동안 신체 마비와 언어 장애를 겪었다. 어머니는 1999년 11월 세상을 떠났는데, 우리 팀이 플로리다와의 경기를 하루 앞둔 금요일이었다. 특별한 사람이었던 내 여동생 비키는 2006년 2월 쉰여섯 살의 나이에 뇌동맥류로 사망했다. 셜리 누나는 인디애나에 살고 있다.

미식축구처럼 자서전 집필도 관련된 모든 사람이 110퍼센트의 노력을 쏟아부어야 성공할 수 있는 단체전 경기다. 지금 당신이 들고 있는 책은 이름 없는 많은 영웅의 각별한 노력을 필요로 했다. 그들 가운데는 윌리엄 모로 출판사의 내 편집자이자 친구인 마우로 디프레타와 조엘 유딘, 내 에이전트인 IMG의 샌디 몬테그, 강연 전문 기업 워싱턴 스피커즈 뷰로의 내 친구 해리와 버니, K-2의 딕 헤크먼, 내 협력자인 스티브 유뱅크스 그리고 내 행정 비서 리타 리카르드와 로렐 램이 있다.

이름을 언급하진 않았지만 이 책을 쓸 만한 가치가 있도록 도와주고 내 인생 이야기를 사람들이 읽고 싶어 할 만한 것으로 만드는데 도움을 준 내 친구들과 가족, 선생님, 체육이사, 선수, 동문, 스포츠 홍보팀장, 보조코치들에게도 각별한 감사 인사를 전하고 싶다. 모든 성공적인 삶은 다른 사람들의 도움을 통해 만들어진다. 내 삶 역시 예외가 아니다. 너무 많아 일일이 언급하진 못하지만 너무 중요해서 결코 잊을 수 없는 이 사람들은 말로 설명할 엄두를 낼 수 없을 만큼 여러 가지 방법으로 나에게 도움을 주었다. 이들에게 나는 영원히 감사할 것이다.

　　그리고 마지막으로 내가 맡은 다른 모든 프로젝트에서도 그랬던 것처럼 이 책 집필을 위해 지칠 줄 모르고 오랜 시간 도움을 준 아내 베스에게 고맙다고 말하고 싶다. 내가 앞으로 뭘 더 성취할 수 있을지 몰라도 그녀와 함께하는 삶이 내겐 언제나 가장 큰 승리가 될 것이다.

옮긴이 **이종민**

연세대학교 국어국문학과를 졸업하고 일간스포츠와 스포츠투데이에서 스포츠 현장을 취재하는 기자로 일했다. 현재 한국원자력연구원에 근무 중으로, 글밥아카데미를 수료하고 바른번역 소속 번역가로도 활동하고 있다. 옮긴 책으로는 『일터의 품격』, 『Z세대 부모를 위한 SNS 심리학』, 『3분 룰, 원하는 것을 얻는 말하기의 기술』, 『퓨처 홈』 등이 있다.

루 홀츠, 인생에 꼭 필요한 네 가지
승리, 패배, 그리고 교훈

초판 1쇄 인쇄 2021년 2월 22일
초판 1쇄 발행 2021년 3월 2일

지은이 루 홀츠
옮긴이 이종민
펴낸이 김선준

편집1팀 마수미
디자인 김세민
마케팅 원숙영, 조아란, 유채원, 유준상
경영관리 송현주
외주 편집 공순례
외주 디자인 김영남

펴낸곳 포레스트북스 출판등록 2017년 9월 15일 제2017-000326호
주소 서울시 영등포구 국제금융로2길 37 에스트레뉴 1304호
전화 02) 332-5855 팩스 02) 332-5856
홈페이지 www.forestbooks.co.kr 이메일 forest@forestbooks.co.kr
종이 ㈜월드페이퍼 출력·인쇄·후가공·제본 더블비

ISBN 979-11-91347-06-7 (03190)

• 책값은 뒤표지에 있습니다.
• 파본은 구입하신 서점에서 교환해드립니다.
• 이 책은 저작권법에 의하여 보호를 받는 저작물이므로 무단 전재와 복제를 금합니다.

포레스트북스(FORESTBOOKS)는 독자 여러분의 책에 관한 아이디어와 원고 투고를 기다리고 있습니다. 책 출간을 원하시는 분은 이메일 writer@forestbooks.co.kr로 간단한 개요와 취지, 연락처 등을 보내주세요. '독자의 꿈이 이뤄지는 숲, 포레스트북스'에서 작가의 꿈을 이루세요.